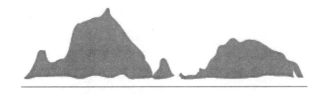

한국영토 독도,
일본의 영유권 조작 방식

韓国領土である独島に対する日本の領有権捏造の方法

최 장 근
崔 長 根

제이앤씨
Publishing Company

한국의 고유영토, 독도

韓國の固有領土, 獨島

출처: 서울시교육청 공식블로그: http://blog.daum.net/seouledu2012/1277

出處: ソウル市教育廳 公式ブローグ: http://blog.daum.net/seouledu2012/1277

〈서도 전경〉
〈西島 全景〉

〈동도 전경〉
〈東島 全景〉

출처: 동북아역사재단 독도연구소
出處: 東北亞歷史財團 獨島研究所

울릉도와 〈독도〉의 위치

鬱陵島と〈獨島〉の位置

한국의 〈울릉도〉와 〈독도〉는 서로 보이는 거리에 있다.
일본의 〈오키 섬〉에서는 〈독도〉가 보이지 않는다.
韓國の〈鬱陵島〉と〈獨島〉は互いに見える距離にある。
日本の〈隱岐の島〉からは〈獨島〉が見えない。

출처: 국제한국연구원(원장 최서면), 2007년 11월2일 촬영, 울릉도 내수전에서 보이는 독도
出處: 國際韓國研究院(崔書勉院長), 2007年11月2日 撮影,(、) 鬱陵島 內水田から見える獨島

출처: 공익법인 국민사랑운동본부, http://blog.daum.net/kdadong/391
出處: 公益法人 國民サラン運動本部、 http://blog.daum.net/kdadong/391

512년(한국측 고문헌)
512年(韓國側の古文獻)

512년(지증왕13년) 6월 여름에 우산국이 신라에 귀복(歸服)하다
일본은 고대시대에 독도의 존재를 전혀 알지 못했다.

512智證王13年6月夏に于山國は新羅に歸服する。
日本は古代において獨島の存在を全く認識していなかった。

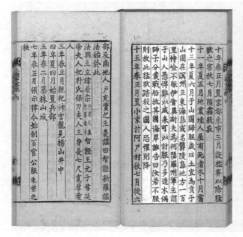 

연대: 512년 6월
출전:「三國史記」卷 四, 新羅本記 四, 智證麻立干 十三年 六月條
출처: 동북아역사재단, 독도연구소 http://www.dokdohistory.com/
年代: 512年 6月
出典:「三國史記」卷 四, 新羅本記 四, 智證麻立干 十三年 六月條
出處: 東北亞歷史財團, 獨島研究所 http://www.dokdohistory.com/

1019년(한국측 고문헌)
1019年(韓國側 古文獻)

우산국(于山國) 민호(民戶)를 귀향시키다
于山國の民戶を帰郷させる

본문: "기묘己卯에 우산국于山國의 민호民戶로서 이전에 여진女眞에
　　　게 잡혀갔다가 도망쳐온 자를 모두 고향으로 돌아가게 하였다."
本文: 「己卯に于山國の戶籍の一種として過去女眞連れ去られて、逃げてきた
　　　者を皆故郷に帰らせた。」

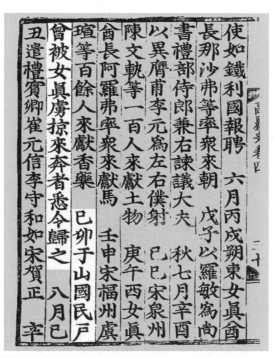

연대: 1019년 7월 24일
출전: 高麗史 卷 四, 世家 四, 顯宗 十年 七月 己卯條
출처: 동북아역사재단, 독도연구소 http://www.dokdohistory.com/]
年代: 1019年 7月 24日
出典: 高麗史 卷 四, 世家 四, 顯宗 十年 七月 己卯條
出處: 東北亞歷史財團, 獨島研究所 http://www.dokdohistory.com/]

1022년(한국측 고문헌)
1022年(韓國側 古文獻)

도병마사가 구 우산국 주민을 편호(編戶)로 삼으라고 건의 하다
都兵馬使が旧于山国の住民について編戸させることを提案である

본문: "도병마사都兵馬使가 주奏하기를, "우산국于山國 백성으로 여진
女眞의 노략질을 피하여 도망하여온 자는 예주禮州에 두고 관官
에서 양식을 나누어 주도록 하여 아주 편호編戶하소서." 하니 이
를 받아 들였다."

本文:「都兵馬使が奏するには、「于山国の國民で女眞の略奪を避けて逃げて
きた者は、禮州に置き官役所で食糧を与えるようにして、是非、編戸
願い賜う。」と言うのでこれを受け入れた。」

연대: 1022년 7월 8일
출전: 「高麗史」 卷 四, 世家 四, 顯宗 十三年 七月 丙子條
출처: 동북아역사재단, 독도연구소 http://www.dokdohistory.com/
年代: 1022年 7月 8日
出典: 「高麗史」 卷 四, 世家 四, 顯宗 十三年 七月 丙子條
出處: 東北亞歷史財團, 獨島研究所 http://www.dokdohistory.com/

1454년(한국측 고문헌)
1454年(韓國側 古文獻)

우산于山과 무릉武陵 두 섬이 현의 정동해중正東海中에 있다
于山島と武陵島、二つの島が県の正東海中にある

연대: 1454년
출전: 「世宗實錄」卷 一百五十三, 地理志/江原道/三陟都護府/蔚珍縣
출처: 동북아역사재단, 독도연구소 http://www.dokdohistory.com/
年代: 1454年
出典: 「世宗實錄」卷 一百五十三, 地理志/江原道/三陟都護府/蔚珍縣
出處: 東北亞歷史財團, 獨島研究所 http://www.dokdohistory.com/

1531년(한국측 고문헌)
1531年(韓國側 古文獻)

우산도于山島 울릉도鬱陵島, 두 섬이 고을 바로 동쪽 바다 가운데 있다
于山島・鬱陵島、二つの島が県の正東の海中にある

본문: "우산도와 울릉도 두 섬은 울진현 정동 해중에 있다. 청명한날 바람이 불면, 잘 보인다. 바람을 타고 2일이 걸린다."

本文: 「于山島と鬱陵島の二つの島は蔚珍県の貞洞の海にある。快晴の日、風が吹くと、よく見える。風に乗って2日がかかる。」

연대: 1531년
출전: 「新增東國輿地勝覽」卷 四十五, 蔚珍縣 于山島 鬱陵島條
출처: 동북아역사재단, 독도연구소 http://www.dokdohistory.com/

年代: 1531年
出典: 「新增東國輿地勝覽」卷 四十五, 蔚珍縣 于山島 鬱陵島條
出處: 東北亞歷史財團, 獨島研究所 http://www.dokdohistory.com/

1531년(한국측 고문헌)
1531年(韓國側 古文獻)

『신증동국여지승람』 부속도 「팔도총도」
울진현 정동에 우산도(독도)와 울릉도가 있다.
『新増東国輿地勝覧』付属島「八道総図」
蔚珍県貞洞に于山(独島)と鬱陵島がある。

연도: 1531년
출전: 『新増東国輿地勝覧』付属図 「八道總圖」
출처: 동북아역사재단, 독도연구소 http://www.dokdohistory.com/

年度: 1531年
出典: 『新増東国輿地勝覧』付属図 「八道總圖」
出處: 東北亞歷史財團, 獨島研究所 http://www.dokdohistory.com/

1667년(일본측 고문헌)
1667年(日本側 古文獻)

일본의 서북 경계는 오키도로 한다. 이즈모(出雲: 현재의 시마네현 동부) 지방 관료 사이토 도요노부(斎藤豊宣)가 저술했다
日本の西北境界は隠岐島である. 出雲(現在の島根県東部)地方官僚であった斎藤豊宣が著した.

본문: 무인도인 두 섬은 운주(시마네현)에서 오키를 보듯이 고려가 보인다. 오키섬을 일본의 서북경계로 삼는다.
本文: 無人島である二つの島は、ウンジュ（島根県）から隠岐を見るように高麗が見える。隠岐の島を日本の西北の境界とする。

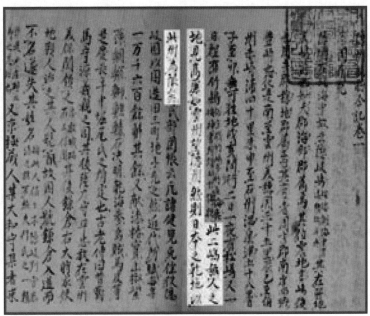

연도: 1667년
출처: 외교부
출전: 은주시청합기隱州視聽合記(1667년)
年度: 1667年
出處: 外交部
出典: 隱州視聽合記(1667年)

1695년(일본측 고문헌)
1695年(日本側 古文獻)

「돗토리번 (鳥取藩) 답변서」「鳥取藩答弁書」

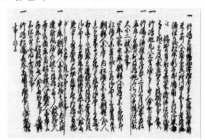

一. 因州佰州之付候竹島は、いつの此より兩國之附屬候哉...
一. 竹島の外兩國之附屬の島有之候哉

1. 인슈因州와 하쿠슈佰州, 이나바와 호키: 현재의 돗토리현에 속하는
   죽도울릉도는 언제쯤 부터 양국이나바, 호키에 속하게 된 것인가?
1. 죽도울릉도 외에 양국에 속하는 섬이 있는가?
1. 因州と佰州、因幡と伯耆：現在の鳥取県に属する竹島鬱陵島はいつ頃から
   両国の因幡、伯耆に属したのか。
1. 竹島鬱陵島のほか、両国に属する島があるのか。

一. 竹島は因幡伯耆附屬にては無御座候...
一. 竹島松島其外兩國之附屬の島無御座候事

1. 죽도울릉도는 이나바와 호키현재의 돗토리현에 속하는 섬이 아닙니다...
1. 죽도울릉도와 송도독도 및 그 외 양국이나바와 호키에 속하는 섬은
   없습니다.
1. 竹島鬱陵島は因幡と伯耆、現在の鳥取県に属する島ではありません。
1. 竹島鬱陵島と松島独島及びその他、因幡と伯耆両国に属する島はありません

연도: 1895년1월25일
출전: 돗토리번답변서
출처: 동북아역사재단, 독도연구소http://www.dokdohistory.com/
年度: 1895年12月25日
出典: 鳥取藩答辯書
出處: 東北亞歷史財團, 獨島研究所 http://www.dokdohistory.com/

1696년(일본측 고문헌)
1696年(日本側 古文獻)

「朝鮮之八道」 중에 강원도에 죽도(울릉도)와 송도(독도)가 소속되어있음
「朝鮮之八道」の中の江原道に竹島鬱陵島と松島独島が含まれている.

 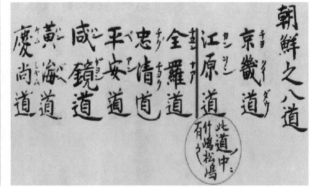

연도: 1696년
출전: 元禄九丙子年朝鮮舟着岸一巻之覚書, 2005년 일본 시마네현 아마쵸 무라카미家에서 발견
출처: 동북아역사재단, 독도연구소 http://www.dokdohistory.com/

年度: 1696年
出典: 元禄九丙子年朝鮮舟着岸一巻之覚書, 2005年 日本 島根県 海士町 村上家で發見
出處: 東北亞歷史財團, 獨島研究所 http://www.dokdohistory.com/

1770년(한국측 고문헌)
1770年(韓國側 古文獻)

동국문헌비고
東国文献備考

본문: "여지지興地志에, '울릉鬱陵·우산于山은 모두 우산국于山國 땅
　　　이며, 이 우산을 왜인들은 송도松島라고 부른다.'

本文: 興地志に、「鬱陵·于山はすべて于山国の土地であり、この于山を倭
　　　人たちは松島と呼ぶ。」

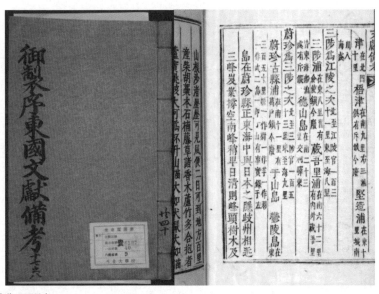

연대: 1770년
출전: 동국문헌비고(東國文獻備考)
출처: 동북아역사재단, 독도연구소 http://www.dokdohistory.com/
年代: 1770年
出典: 東國文獻備考
出處: 東北亞歷史財團, 獨島研究所 http://www.dokdohistory.com/

1808년(한국측 고문헌)
1808年(韓國側 古文獻)

울릉도와 우산도는 모두 우산국 땅이며, 우산도는 왜인들이 말하는 송도이다.
鬱陵島と于山島独島はすべて于山国の地であり、于山島は倭人たちのいう松島

본문: "여지지에 이르기를 울릉도와 우산도는 모두 우산국 땅이며, 우산도는 왜인들이 말하는 송도이다"라고 함
本文: 輿地志云, 鬱陵于山皆于山國地于山則倭所謂松島也

연대: 1808년경
출전: 『萬機要覽』「軍政編」海方 江原道條
출처: 동북아역사재단, 독도연구소 http://www.dokdohistory.com/
年代: 1808年頃
出典: 『萬機要覽』「軍政編」海方 江原道條
出處: 東北亞歷史財團, 獨島研究所 http://www.dokdohistory.com/

1846년(일본측 고지도)
1846年(日本側 古地圖)

1695년 돗토리번답변서에서 "죽도(울릉도)와 송도(독도)가 일본영토가
아니다"라고 했다.
1696년 죽도(울릉도)와 송도(독도)를 조선영토로 인정하여 "죽도(울릉
도) 도해금지령"을 내렸다. 따라서 본 그림지도는 1846년의 지도로서
단지 〈울릉도-독도-오키섬〉의 관계를 나타낸 것으로서 영유권과 무관
한 지도이다.

1695年の鳥取藩答弁書で「竹島(鬱陵島)と松島(独島)が日本の領土ではない」とした。
1696年の竹島(鬱陵島)と松島(独島)を朝鮮の領土として認めて「竹島(鬱陵
島)渡海禁止令」を公布した。したがって、本地図は1846年の地図というだ
けであり、〈鬱陵島-独島-隠岐の島〉の位置関係を単純に示したもので領有
権とは無関係な地図である。

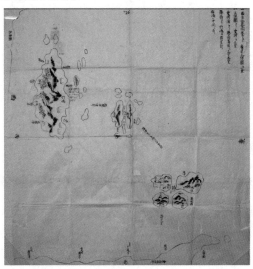

연도: 1846年
출전: 「改正日本輿地路程全図」(明治大学図書館所蔵)
출처: 외무성 http://www.mofa.go.jp/mofaj/area/takeshima/g_ninchi.html

年度: 1846年
出典: 「改正日本輿地路程全図」(明治大学図書館所蔵)
出處: 外務省 http://www.mofa.go.jp/mofaj/area/takeshima/g_ninchi.html

1870년(일본측 고문헌)
1870年(日本側 古文獻)

죽도(울릉도)와 송도(독도)가 조선국의 부속이 된 시말
竹島(鬱陵島)と松島(獨島)が朝鮮国の付属とされた始末

외무성 출사 사다 하쿠보 외 2명 조선국교제시말내탐서
外務省出仕佐田伯芧外二名朝鮮国交際始末内探書

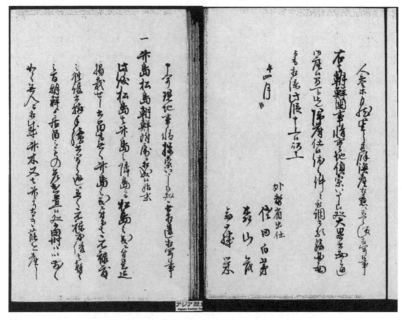

연도: 1870년
출전: 「朝鮮国交際始末探書」公文別録・朝鮮事件・明治元年~明治四年・第一巻・明治元年・明治四
　　　年　アジア歴史資料センター所蔵
출처: 동북아역사재단, 독도연구소 http://www.dokdohistory.com/

年度: 1870年
出典: 「朝鮮国交際始末探書」公文別録・朝鮮事件・明治元年~明治四年・第一巻・明治元年・明治四
　　　年　アジア歴史資料センター所蔵
出處: 東北亞歷史財團, 獨島研究所 http://www.dokdohistory.com/

1846년(일본측 고지도)
1846년(日本側 古地圖)

1695년 돗토리번답변서에서 "죽도(울릉도)와 송도(독도)가 일본영토가 아니다"라고 했다.

1696년 죽도(울릉도)와 송도(독도)를 조선영토로 인정하여 "죽도(울릉도) 도해금지령"을 내렸다. 따라서 본 그림지도도 1846년의 것으로 영유권 지도가 아니고, 단지 〈울릉도-독도-오키섬〉의 관계를 나타낸 것이다.

1695年の鳥取藩答弁書で「竹島（鬱陵島）と松島（独島）が日本の領土ではない」と言った。

1696年の竹島(鬱陵島)と松島(独島)を朝鮮の領土として認めて「竹島(鬱陵島)渡海禁止令」を命令した。従って、本絵図も1846年のとして領有権の地図ではなくただ、〈鬱陵島-独島-隠岐の島〉の関係を示したものである。

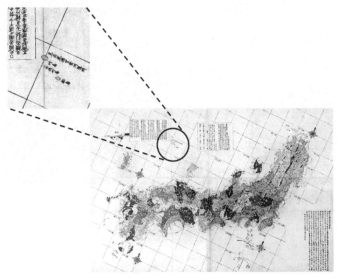

연도: 1846년
출전: 「改正日本輿地路程全図」 (明治大学図書館所蔵)
출처: 외무성 http://www.mofa.go.jp/mofaj/area/takeshima/g_
年度: 1846年
出典: 「改正日本輿地路程全図」 (明治大学図書館所蔵)
出處: 外務省 http://www.mofa.go.jp/mofaj/area/takeshima/g_ninchi.htmlninchi.html

1857년(러시아 고지도)
1857年(ロシア 古地圖)

조선동해안도
朝鮮東海岸圖

"러시아 군함 올리부차호가 1854년 조선동해안 탐사 결과를 바탕으로 러시아에서 최초의 정교한 조선동해안 지도를 1857년도에 발행함."
「ロシア軍艦のオリブチャ号が1854年、朝鮮東海岸探査の結果をもとに、ロシアで最初の精巧な朝鮮東海岸地図を1857年度に発行する。」

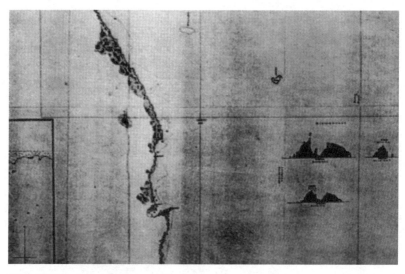

연도: 1857년
출처: e뮤지움, http://terms.naver.com/entry.nhn?docId=2231372&contentsParamInfo=isList%3Dtrue %26navCategoryId%3D51293&cid=51293&categoryId=51293
年度: 1857年
出處: eミュウジアム, http://terms.naver.com/entry.nhn?docId=2231372&contentsParamInfo=isList%3Dtrue%26navCategoryId%3D51293&cid=51293&categoryId=51293

1877년(일본측 고문헌)
1877年(日本側 古文獻)

일본해 내에 있는 울릉도와 〈그 외1도〉가 일본영토가 아님을 분명히 한다
日本海内竹島外一島ヲ版図外ト定ム

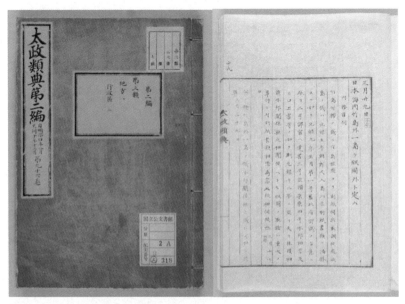

연도: 1877년
출전: 태정유전(太政類典), 국립고문서관 소장
출처: 동북아역사재단, 독도연구소 http://www.dokdohistory.com/
年度: 1877年
出典: 太政類典, 國立古文書館 所藏
出處: 東北亞歷史財團, 獨島研究所 http://www.dokdohistory.com/

1877년 (일본측 고문헌)
1877年(日本側 古文獻)

"품의한 취지의 울릉도 외 일도(一島)의 건에 대해서 일본은 관계가 없다는 것을 명심할 것"

「伺之趣竹島外一嶋之義本邦関係無之義ト可相心得事」

(竹島と他一島の件は本邦と関係無しとして良いと心得る事)

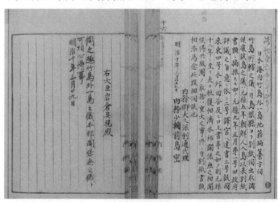

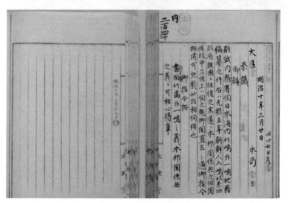

연도: 1877년
출전: 태정관지령(太政官指令)
출처: 동북아역사재단 독도연구소

年度: 1877年
出典: 太政官指令
出處: 東北亞歷史財團, 獨島研究所

1877년 (일본측 고문헌)
1877年 (日本側 古文獻)

이소다케시마약도
琦竹島略圖

태정관지령의 "품의한 취지의 울릉도 외 일도(一島)의 건에 대해서 일본은 관계가 없다는 것을 명심할 것"에서 울릉도와 "외 일도(一島)"가 기죽도약도에서 독도임을 명확히 하고 있다.
太政官指令の「竹島と他一島の件は本邦と関係無しとして良いと心得る事」で鬱陵島と「外一島」が磯竹島略図で独島であることを明確にしている。

연도: 1877년
출전: 태정관지령(太政官指令)
출처: 동북아역사재단 독도연구소
年度: 1877年
出典: 太政官指令
出處: 東北亞歷史財團, 獨島研究所

1881년(일본측 고지도)
1881年(日本側 古地圖)

대일본국전도
大日本國全圖

이노 다다타카의 측량대는 오키 섬까지 측량했지만, 울릉도와 독도는
일본의 영토로 보지 않았기 때문에 측량을 하지 않았다
伊能忠敬は、隱岐島まで測定、鬱陵島と独島は日本の領土として認識して
いなかったので、測定はしなかった.

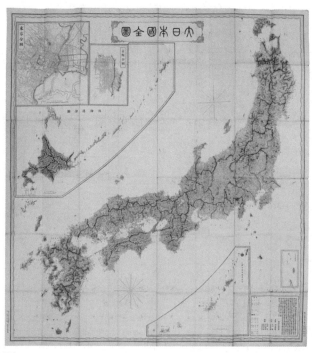

연도: 1881년
출전: 일본 내무성 지리국 지지과(內務省 地理局 地誌課),
출처: 동북아역사재단, 독도연구소, http://www.dokdohistory.com/
年度: 1881年
出典: 日本 內務省 地理局 地誌課
出處: 東北亞歷史財團, 獨島研究所 http://www.dokdohistory.com/

1897년 (일본측 고지도)
1897年(日本側 古地圖)

신찬조선국전도
新撰 朝鮮國全圖

"한반도와 제주도 등 부속 섬들은 모두 황색으로 동일하게 채색하였는데, 동해에 위치한 울릉도(竹島)와 독도(松島)도 모두 한반도와 동일하게 황색으로 채색하여 한국 소속으로 간주하였다."
「韓半島と済州島などの付属島はすべて黄色で同じように彩色され、東海に位置する鬱陵島竹島と独島松島もすべて韓半島と同じように黄色に着色していることから韓国の所属とみなされた。」

연도: 1894년
출전: 신찬조선국전도(新撰 朝鮮國全圖), 다나카 쇼쇼(田中紹祥)
출처: 동북아역사재단, 독도연구소 http://www.dokdohistory.com/

年度: 1894年
出典: 新撰 朝鮮國全圖, 田中紹祥
出處: 東北亞歷史財團, 獨島研究所 http://www.dokdohistory.com/

1900년(한국측 고문헌)
1900年(韓國側 古文獻)

'울도군'을 설치하여 울릉 전도와 죽도, 석도(독도)를 관할하다
鬱島郡を設置して鬱陵全島と竹島、石島(獨島)を管轄する

본문: 칙령 제41호
第二條 郡廳 位實ᄂᆞᆫ 台霞洞으로 定ᄒᆞ고 區域은 鬱陵全島와 竹島·石島
ᄅᆞᆯ 管轄ᄒᆞᆯ 事
제2조 군청郡廳 위치位實는 태하동台霞洞으로 정정定定하고, 구역區域은
울릉전도鬱陵全島와 죽도竹島·석도石島를 관할管轄할 사事.
本文: 勅令勅令 第41号
第二條 郡廳の位實は台霞洞に定めて、區域は鬱陵全島と竹島·石島を管轄
すること。

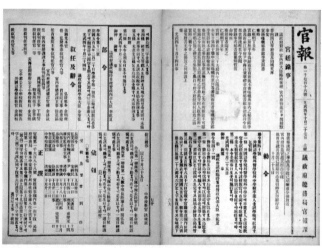

연대: 1900년 10월 25일
출전: 대한제국관보 제 1716호, 고종 광무4년, 27일 공포
사진 출처: 서울대학교 규장각한국학연구원(http://e-kyujanggak.snu.ac.kr)
출처: 동북아역사재단, 독도연구소(http://www.dokdohistory.com/)
年代: 1900年 10月 25日
出典: 大韓帝國官報 第 1716号, 高宗 光武4年, 27日 公布
寫眞 出處: ソウル大學校 奎章閣韓國學硏究院(http://e-kyujanggak.snu.ac.kr)
出處: 東北亞歷史財團, 獨島硏究所 http://www.dokdohistory.com

1905년(일본측 자료)
1905年(日本側 資料)

각의결정
閣議決定

"무인도(독도)는 타국이 점령한 흔적이 없기 때문에 일본영토에 편입조치를 취한다"라는 이유이지만, 1905년 이전에 존재한 독도관련 수많은 자료에서는 독도가 한국영토임을 인정하고 있으므로 본 〈각료회의결정〉은 타국영토에 대한 침략행위였다.

「「無人島(独島)は、他国が占領した痕跡がないので、日本の領土に編入措置をとる」という理由であるが、1905年以前に存在した独島関連の数多くの資料では、独島が韓国の領土であることを認めているので、本の〈閣僚会議の決定〉は、他国の領土に対する侵略行為であった。」

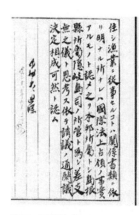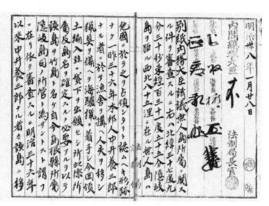

연도: 1905년
출전: 각의결정(閣議決定)
출처: 외무성, http://www.kr.emb-japan.go.jp/territory/takeshima/pdfs/takeshima_point.pdf
年度: 1905年
出典: 閣議決定
出處: 外務省, http://www.kr.emb-japan.go.jp/territory/takeshima/pdfs/takeshima_point.pdf

1946년 1월(미국측 자료)
1946年 1月(米国側 資料)

1946년 1월 29일자의 SCAPIN(連合国最高司令部指令)677에서 독도가
한국영토로서 결정되었다.
1946年1月29日のSCAPIN(連合国最高司令部指令)677号で独島が韓国領土と
して決定された。

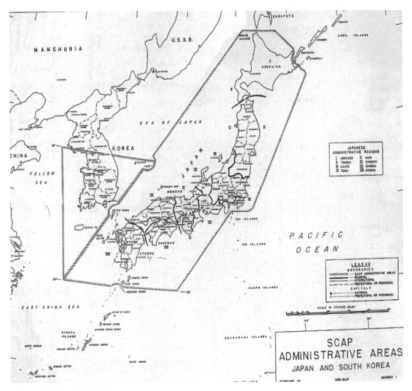

연도: 1946년 1월 29일
출처: 동북아역사재단, 독도연구소 http://www.dokdohistory.com/
年度: 1946年 1月 29日
出處: 東北亞歷史財團, 獨島研究所 http://www.dokdohistory.com/

1948년6월(미국측 자료)
1948年 6月(米国側 資料)

극동최고사령관(CINCFE) 딘 소장이 독도의 영유권에 관해서 육군중장 하지(John R. Hodge)에게 문의했다. 이때 육군중장 하지(John R. Hodge)는 "이 지역을 한국인 어부들이 이용해야 하는 것은 아주 바람직한 일이다."라고 했다. 그 결과, 9월13일 극동최고사령관(딘 소장)은 독도를 폭격연습장으로 지정한 것을 영구히 중지했다.

極東の最高司令官(CINCFE)ディーン所長は独島の領有権に関して陸軍中将のハジ(John R. Hodge)に問い合わせた。この時、陸軍中将のハジ(John R. Hodge)は、「この地域を韓国人の漁師たちが利用しなければならないことは非常に望ましいことである。」と述べた。その結果、極東の最高司令官(ディーン所長)は、9月13日に独島を爆撃練習場の指定から永久に解除させた。

출처: 유병구 연구(로브머 수집자료 활용)
出處: 兪炳久 研究(ローブマーの収集資料の活用)

주한 미군 군사 정부본부
군사우체국(APO) 235 부대(UNIT) 2

MGOCG 684 1948년 6월24일
제목: 리앙쿠르 바위(독도) 폭탄투하
발신: 주한미군사령관 APO 235
수신: 극동최고사령관 APO 500

1. 이 문서에 의하여 약 북위 37도16분, 동경131도 50분에 위치한 다케시마 혹은 리앙쿠르 바위(독도)의 12해리 동쪽 지점에서 정 남북으로 흐르는 가상 선 서쪽으로 연결되는 남한의 해안에 폭탄투하 중지요청이 요구됩니다.

2. 리앙쿠르 바위(독도)는 한 해의 특정한 계절 동안에 이동하는 물개의 휴식처입니다.

3. 리앙쿠르 바위(독도) 근처의 수역은 한국 어부들에게 이용 가능한 가장 좋은 고기잡이 지역 가운데에 해당합니다. 그 수역은 확실히 세계에서 가장 훌륭한 오징어가 사는 지역이라고 말합니다. 1947년 동안에 그 지역은 11,000미터톤의 오징어를 생산해 내었습니다. 게다가, 1947년 동안에 이 수역에서 11,550미터톤 양의 다양한 것들이 잡혔습니다. 이 수역은 또한 정어리 새끼들을 위한 유명한 고기잡이 장소로 존재하여 왔습니다. 다양한 많은 무리들이 돌아올 때 어부들은 그 수역을 이용하지 않으면 안 됩니다.

4. 이 수역은 이 지역에서 456개의 보트를 소유하거나 운영하는 울릉도와 근처의 섬들에 살고 있는 16,000명의 어부들과 그들의 가족들을 위한 생계의 중요한 원천입니다.

5. 대량으로 해산물을 생산하는 것은 한국 경제에 필수적이 것입니다. 물고기는 단백질 음식의 중요한 원천들 중의 하나입니다. 현재 한국의 물고기 소비는 바람직한 양의 50% 미만입니다.

W.F. DEAN
미군사령부 육군소장

출처: 유병구 번역

在韓米軍の軍事政権本部
軍事郵便局(APO)235部隊(UNIT)2

MGOCG 684 1948年 6月24日
題目: リアンクール岩（独島）爆弾投下
発信: 在韓米軍司令官 APO 235
受信: 極東最高司令官 APO 500

1. この文書によって約北緯37度16分、東経131度50分に位置した竹島あるいは
   リアンクール岩（独島）の東側12海里の地点からまっすぐ北から南に向け
   て流れる仮想線を西の方角に伸ばして結び付く韓国の海岸に対して爆弾投
   下の停止要請が要求されます。

2. リアンクール岩（独島）は、一年の特定の季節の間に移動するおっとせい
   の憩いの場です。

3. リアンクール岩（独島）の近くの水域は、韓国の漁師たちに利用可能な最
   良の漁撈地域に該当します。その水域は、確かに、世界で最もりっぱなイ
   カが捕れる地域であると言います。1947年に、その地域は11,000メートル
   トンのイカを生産し得ました。さらに、1947年には、この水域で11,550
   メートルトンもの量になる様々なものが取れました。この水域は、またイ
   ワシの稚魚にとって重要な場所であり、有名な漁撈の場所として存在して
   きました。様々な多くの群れが戻ってくるとき漁師たちは、その水域を利
   用しなければなりません。

4. この水域は、この地域だけで456個のボートを所有し、運営している鬱陵島と近く
   の島々に住んでいる16,000人の漁師とその家族のための重要な生計の源です。

5. 大量に海産物を生産することは、韓国経済に不可欠なことです。魚は蛋白
   質の食糧の重要な摂取源の一つです。現在、韓国の魚の消費は、必要とさ
   れる量の50％未満です。

W.F. DEAN
米軍司令部 陸軍所長

出處: 兪炳久 飜譯

1948년6월(미국측 자료)
1948年 6月(米国側 資料)

BASIC: Ltr Hq USAMGIK, APO 235 Unit 2, dated 24 June 1948, file
MGOCG 684, subject: "Bombing of Liancourt Rocks."

TFGCG 684   1st Ind

HEADQUARTERS, UNITED STATES ARMY FORCES IN KOREA, APO 235, 28 June 1948.

TO: Commander-in-Chief, Far East, APO 500

    I concur in request contained in the basic communication. It is
highly desirable that this area be available to Korean fishermen.
Favorable action will do much to counteract the unfavorable conditions
created by the recent bombing.

                    JOHN R. HODGE
                Lieutenant General, U. S. Army
                      Commanding

BASIC: 1948년 6월24일자 주한미군사령부 공문서, 군사우체국(APO)235,
부대2.
파일MGOCG 684. 주제: "리앙쿠르 바위 폭격"

TFGCG 684 1st Ind
주한미군본부, 1948년 6월28일, APO 235
수신: 극동최고사령관, APO 500

나는 위의 BASIC 서한에 포함된 요청에 동의합니다. 이 지역을 한국인 어부들이 이용해야 하는 것은 아주 바람직한 일입니다. 최근의 폭격으로 인하여 유발된 좋지 않은 상황에 대응하기 위하여 호의적인 조치는 큰 기여를 할 것입니다.

미군사령부
육군중장 하지(JOHN R. HODGE)

출처: 유병구 연구와 번역(로브머 수집자료 활용)

BASIC: 1948年 6月24日　駐韓美軍司令部 公文書, 軍事郵便局(APO)235, 部隊2.
ファイルMGOCG 684. 主題: "リアンクルの岩の爆撃"

TFGCG 684 1st Ind
駐韓美軍本部, 1948年 6月28日, APO 235
受信: 極東最高司令官, APO 500

私は、上記のBASIC書簡にしたためられた要請に同意します。この地域の韓国人漁師が利用するのは非常に望ましいことです。最近の爆撃により引き起こされた芳しくない状況に対応するために、寛大な措置は、大きく貢献するものと思われます。

米軍司令部
陸軍中將 ハジ(JOHN R. HODGE)

出處: 兪炳久 研究と翻訳(ローブマーの収集資料の活用)

1951년 8월(일본측 자료)
1951年 8月(日本側 資料)

〈일본영역참고도〉는 조약국장이 일본국회에서 대일평화조약 비준을
위해 배포한 한일 국경지도로서 독도가 한국영토로 표기되었다

日本の條約局長が対日平和條約批准国会で配布した「日本領域参考図」には
独島が韓国領土として表記されていた.

연도: 1951년8월
출처: 〈일본영역참고도〉, http://blog.naver.com/PostView.nhn?blogId=qldpeb&logNo=22010 264
    19 71, YTN뉴스 캡쳐화면, 정태만씨 제공
年度: 1951年8月
出處: 〈日本領域参考図〉, http://blog.naver.com/PostView.nhn?blogId=qldpeb&logNo=22010 264
    19 71, YTNニュース スクリーンショット, 鄭泰萬氏の提供

1952년 6월(일본측 자료)
1952年 6月(日本側 資料)

『대일평화조약』(마이니치신문사 발간, 1952년)의 부속지도 「일본영역도」에는 독도를 한국영토로 분류했다
『対日平和條約』(毎日新聞、1952)の挿入図には独島が韓国領土と表記された

연도: 1952년 6월
추전: 對日平和條約(마이니치신문, 1952),
출처: 對日平和條約(毎日新聞,1952)

年度: 1952年 6月
出典: 對日平和條約(毎日新聞, 1952)
出處: 對日平和條約(毎日新聞, 1952)

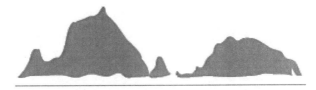

프롤로그

プロローグ

프롤로그

    세계사를 보면 불변한 영토는 없다. 우리 한국의 근대사만 보더라도 영토는 여러 차례 변화가 있었다. 1910년 대한제국의 영토는 완전히 일본에 강압당하여 국가를 잃었다. 한국은 제2차 세계대전에서 연합국의 일원이었던 미국이 투하한 원자폭탄으로 일본이 항복함으로써 영토를 회복하였다. 그러나 종전 후 세계질서는 자유주의와 사회주의가 대립하는 체제로 재편되어 독립된 한국은 38도선을 경계로 이남은 대한민국, 이북은 조선민주주의 인민공화국으로 영토가 분할되어 2개의 국가가 되었다. 더 거슬러 올라가면, 전근대시대에 조선과 청국은 넓은 간광지를 봉금지역으로 하는 국경지대를 두었다. 그런데 1712년 청국은 백두산에 정계비를 설치하여 강압적으로 토문강과 압록강을 자연경계로 하는 국경선을 정하였다. 그후 150여년이 지나면서 1870년을 전후해서 자연스럽게 압록강과 두만강을 넘어 이북지역에 한민족들이 서서히 정착하기 시작했다. 이렇게 해서 간도지역은 무주지 선점이론으로 조선의 영토가 되었다. 그런데 1881년 청국은 강압적이고 일방적으로 압록강과 두만강 이북지역을 중국영토임을 선언하고 그 이남지역으로 우리 민족인 한인들을 추방하거나 중국국적 취득을 강요하는 방식으로 영토를 강탈해갔다. 조선은 청나라에 대해 영토분쟁 해결을 요청했고 급기야 1885년과 1887년 두 번에 걸쳐 국경담판을 했다. 그런데 청국은 일방적이고 압록강과 두만강을 한청 양국의 경계임을 주장하면서 조선 조정을 강압했다. 그 사이에 일본이 아시아의 패권국가로 성장하여 1903년 러일전쟁을 앞두고 조선과 청국의 국경문제에 개입했다. 1904년 일본은 조선과 만주의 영토를 취하기 위해 러시아를 침략하여 전쟁을 일으켰다. 일본은 조선과 청국에 대해 러일전쟁이 종결된 후 일본의 중재로 국경문제인 간도영토의 해결을 강요했다. 러일전쟁이 끝난 후 일본은 간도 현지에 군경을 파견하여 간도지역의 관할통치를 시도했다. 그런데 청국은 결코 간도지역을 일본에 양보할 수 없다는 입장을 분명히 함으로써 일본은 철도부설권과 석탄채굴권 등 만주지역의 이권을 확보하는 교환조건으로 간도영토를 청국영토로 인정하는 간도협약을 체결함으로써 조선은 간도영토를 잃게 되었다.

해방 한국은 대일평화조약을 체결하는 과정에서 일본이 침략한 영토를 환수한다는 카이로선언과 포츠담선언의 정신을 바탕으로 간도의 영유권을 주장해야했다. 그럼에도 불구하고 해방 한국은 종전 직후 자유진영과 공산진영이 대립되는 남북분단과 미소 양국에 의한 신탁통치 그리고 한국전쟁의 어수선한 국난상황 때문에 간도의 영유권을 주장할 수 있는 기회를 놓치고 말았다. 1962년 중국과 국경을 접하고 있던 북한은 은밀한 방법으로 조중변계조약을 체결하여 두만강과 압록강을 국경선으로 기정사실화하고 말았다.

이처럼 영토는 지키지 않으면 잃게 된다는 교훈이다. 우리 한국의 고유영토인 독도의 경우도 지키지 않으면 잃을 수 있다는 사실을 간과해서는 안 된다. 일각에서 전근대시대는 돗토리번 답변서에서 막부가 한국영토임을 인정했고, 근대시대에는 메이지정부가 태정관지령 등에서

독도를 한국영토라고 인정했다는 명확한 증거가 있다. 이와 같이 한국
이 역사적 권원에 의거하여 독도를 실효적으로 관할하고 통치하고 있
기 때문에 국제법적으로도 한국영토이다. 일본정부가 시마네현고시 40
호로 무주지 선점이론으로 독도를 편입하였기 때문에 국제법적으로 일
본영토라고 주장하지만, 이것 또한 돗토리번 답변서나 태정관문서에서
일본정부도 인정했듯이 무주지가 아닌 독도에 대한 영토조치이므로 일
본의 주장은 모순이다. 그래서 "일본이 제 아무리 자신의 영토라고 우
겨도 독도는 우리땅"이므로 아무런 걱정을 하지 않아도 된다는 사람들
도 있다. 과거 한말 이완용 국무총리가 처음부터 대한제국을 일본에 팔
아먹으려고 했던 것은 아니다. "한일합방" 즉 한일 두 나라가 동등한
입장에서 서로 합쳐서 하나가 된다면 동양의 평화를 구축할 수 있다는
일본의 거짓 속임수에 속아서 나라를 일본에 넘겨준 것이다. 이처럼 우
매한 국민들은 상황판단을 잘못하여 영토를 잃게 하는 것이다. 일본이
영유권 주장을 포기하지 않은 이상, 알 수 없는 미래에 일본이 힘이 강
하고 한국이 국력이 약하여 일본의 요구에 대응할 수 없는 상황이 되면
영토는 잃게 된다. 이런 상황이 독도에 한해서는 절대로 없다고 단정할
수 없다. 따라서 우리의 고유영토 독도를 영원히 우리민족의 품에 남겨
두려면 더 이상 일본의 독도 영유권 주장을 묵과해서는 안 된다.

　유사이래의 영토적 권원에 의거하여 독도가 한국영토임에 분명함에
도 불구하고 미국은 대일평화조약에서 정치적 이득을 위해 일본의 부
정적 요구에 편승하여 독도의 영유권을 분명히 하지 않아서 오늘날 독
도문제를 야기한 책임은 면할 수 없다. 일본정부는 대일평화조약에 '일
본영토에서 제외되는 지역'에 '제주도, 거문도, 울릉도'라고 하여 '독도'
의 명칭을 언급하지 않았기 때문에 독도는 일본영토라고 영유권을 주
장했다. 그런데 1951년 9월 대일평화조약에서 독도의 지위를 언급하지

않았다는 것은 1946년 1월 연합국최고사령부 각서(SCAPIN 677호)로 이미 한국이 독도를 관할 통치하고 있었기 때문에 한국의 관할통치권을 묵인한 것이다. 이승만대통령은 이를 실천하는 의미에서 평화선등을 선언하여 한국영토로서 독도의 영토주권을 수호했다. 그런데 박정희 정권에서 한일협정을 체결하면서 한국이 관할통치하고 있던 독도의 영토주권을 고수하는 입장을 취하면서도 '독도밀약'이라는 방식으로 일본이 영유권을 주장하는 현상을 묵인하였다. 다시 말하면 한일협정에서 한국정부는 독도가 명백한 한국영토라는 입장을 관철했지만, 일본 또한 영유권 주장을 포기하지 않았다는 것이었다. 그래서 독도영유권 문제가 100% 해결하지 못했다. 한일협정 이후 일본정부는 소극적이긴 했지만, 영유권을 주장을 포기하지 않았다. 그러나 한국의 관할권에 대해서는 그다지 문제 삼지 않았다. 그런데 1998년 신 한일어업협정이 체결된 이후, 시마네현이 조직한 죽도문제연구회는 한일 양국정부 간에 외교적으로 합의한 기존의 독도 지위를 전적으로 무시하고 새롭게 영유권을 주장하기 시작했다. 2013년에 다시 집권한 아베정권은 시마네현의 선동에 편승하여 새롭게 독도문제를 외교적 과제로 삼아 한국정부에 대해 영유권을 주장하고 동시에 정규과정에서 의무적으로 독도교육을 하도록 하여 독도가 일본영토라고 조작된 논리를 강요하고 있다. 잘못된 영토교육을 통해 미래에 일본 국민들이 일본의 고유영토를 한국이 무력으로 불법점령하고 있다고 오인하게 될 때 독도 전쟁을 피할 수 없게 된다. 그날이 오지 않도록 일본의 독도도발을 막아야한다.

  본서의 구성은 2부로 나누었는데, 〈제1부 일본의 논리조작 방식〉에서는 〈제1장 '죽도문제연구회'의 한국영토로서의 역사적 증거 부정, 제2장 '죽도문제연구회'의 한국영토 '우산도=석도=독도'의 부정, 제3장 '죽도문제연구회'의 '대일평화조약'에서의 죽도=일본영토 주장, 제4장 독도문제 해결을 위한 한일 양국의 상호인식〉이라는 주제로 죽도문제연구회의 조작된 논리를 지적했다. 〈제2부 일본의 영유권 조작과 대응방안〉에서는 〈제5장 한국의 고유영토로서의 독도, 제6장 일본의 침략적 독도 도발의 현황, 제7장 일본의 독도 영유권 논리 조작〉이라는 주제로 독도가 한국영토라는 것과 일본이 영유권의 논리를 조작했다는 것과 일본이 독도 영토를 취하기 위해 도발을 감행하고 있다는 것을 사설로서 지적했다.

본서는 이런 관점에서 저술된 것으로 필자는 건전한 한일관계의 발전을 위해 일본의 조작된 논리가 어떠한 것인지를 파악하게 됨으로써 독도문제 해결에 약간의 보탬이라도 되었으면 하는 기대를 해본다.

2017년 1월 2일
대구대학교 독도영토학연구소에서
저자 씀

プロローグ

　世界史を見ると、不変な領土はない。私たち韓国の近代史を見ても領土は複数回の変化があった。1910年の大韓帝国の領土は、日本に制圧され完全に国を失ってしまった。韓国は第2次世界大戦で連合国の一員であった米国が投下した原子爆弾により、日本が降伏することで、領土を回復した。しかし、終戦後の世界秩序は、自由主義と社会主義が対立する体制に再編され、独立した韓国は、38度線を境に南側は大韓民国、北側は朝鮮民主主義人民共和国と領土が分割され、2つの国となった。さらに遡れば、前近代の時代に朝鮮と清国は、広い間廣地を封禁地域とする国境地帯を置いた。ところが、1712年の清国は白頭山に定界碑を設置して、強圧的に土門江と鴨緑江を自然境界とする国境線を定めた。その後、150年が過ぎ1870年を前後して、自然に鴨緑江と豆満江を越えて北側地域に韓民族の人々が徐々に定着し始めた。このようにして間島地域は、無主地の先占理論的により朝鮮の領土となった。ところが、1881年の清国は強圧的であり、一方的に鴨緑江と豆満江の北側の地域が中国の領土であると宣言して、その南側の地域では我が民族である韓国人

を追放したり、中国国籍取得を強要するように領土を強奪していった。朝鮮は清の国に対して領土紛争の解決を要請し、ついに1885年と1887年の二度にわたり、国境談判を行った。ところが、清国は一方的であり、鴨緑江と豆満江を韓・清両国の境界であることを主張し、朝鮮の政府を威圧した。その間に日本はアジアの覇権国に成長して、1903年、日露戦争を前に、朝鮮と清国の国境問題に介入した。1904年、日本は朝鮮と満州の領土を取るために、ロシアを侵略して戦争を起こした。日本は朝鮮と清国に対して日露戦争が終結した後、日本の仲裁で国境問題である間島領土の解決を強要した。日露戦争が終わった後、日本は間島の現地に軍警を派遣して間島地域の管轄統治をしようとした。ところが、清国は決して間島地域を日本に譲ることはできないという立場を明らかにすることで、日本では、鉄道敷設権と石炭採掘権など満州地域の利権を確保することを交換條件として、間島の領土を清国の領土と認める間島協約を締結した。これにより朝鮮は間島の領土を失ってしまった。

　解放後の韓国は対日平和條約を締結する過程で、日本が侵略した領土を返還するというカイロ宣言とポツダム宣言の精神に基づいて、間島の領有権を主張しなければならなかった。それにもかかわらず、解放後の韓国は終戦直後の自由陣営と共産陣営が対立する南北分断と、米・ソ両国による信託統治、そして韓国戦争の複雑な国難状況のため、間島の領有権を主張する機会を逃してしまった。1962年、中国と国境を接していた北朝鮮は、内密裡に朝中邊戒條約を締結して、豆満江と鴨緑江を国境線として規定事実化してしまった。

　このように領土は守らなければ失われるという教訓である。私た

ち韓国固有の領土である独島の場合も、守らなければ失われるという事実を見落としてはならない。前近代では、鳥取藩答弁書で、幕府が韓国の領土であることを認めており、近代には、明治政府が太政官指令などで独島を韓国領土と認めたという明確な証拠がある。このように、韓国が歴史的権原に基づいて独島を実効的に管轄して支配しているため、国際法的にも韓国の領土である。日本政府が島根県告示40号で無主地の先占理論により独島を編入したため、国際法的に日本の領土だと主張するが、これもまた、鳥取藩の回答書や太政官文書で日本政府も認めたように、無主地ではない独島に対する領土措置であるため、日本の主張は矛盾である。よって「日本がいくら自分の領土だと言い張っても独島は私たちの土地」であるため、何の心配をしなくてもいいという人もいる。過去、大韓帝國末期の李完用首相が、最初から大韓帝国を日本に売り払おうとしていたわけではない。「日韓併合」、つまり日・韓両国が同等の立場で、互いに力を合わせて一つになれば、東洋の平和を構築することができるという日本のトリックに騙されて国を日本に渡したものである。このように愚昧な国民は、状況判断を誤って領土を失うことになる。日本が領有権の主張を放棄しない以上、未来を先取る能力に長ける日本は力強く、韓国は国力に心許ないので、日本の要求に対応することができない状況になると領土を失うことになる。このような状況が独島に限っては絶対にないと断言することはできない。したがって、私たちの固有の領土独島を、永遠にわが民族の拠り所として残しておくためにも、もはや日本の独島領有権の主張を容認してはならない。

　有史以来の領土的な権原に基づいて、独島が韓国の領土であるこ

とは明らかにもかかわらず、米国は対日平和條約で政治的利益のために、日本の否定的な要求に便乗して、独島の領有権を明らかにしなかったことで、今日の独島問題を引き起こした責任は免れることができない。日本政府は、対日平和條約の「日本の領土から除外される地域」に「済州島、巨文島、鬱陵島」とあり、「独島」の名称を言及していなかったため、独島は日本の領土だと領有権を主張した。ところが、1951年9月の対日平和條約で独島の地位を言及していなかったのは、1946年1月、連合国最高司令部覚書(SCAPIN 677号)に、すでに韓国が独島を管轄統治していたため、韓国の管轄統治権を黙認したものである。李承晩大統領は、これを実践する意味から平和線などを宣言して、韓国領土として独島の領土主権を守護した。ところが、朴正熙政権で韓日協定を締結し、韓国が管轄統治していた独島の領土主権を固守する立場を取りながらも、「独島密約」という方式で、日本が領有権を主張する現象を黙認した。すなわち、韓日協定で韓国政府は独島が明らかに韓国の領土という立場を貫いたが、日本もまた領有権主張を放棄しなかったということである。よって独島の領有権問題が100％解決できなかった。韓日協定以降、日本政府は消極的ではあったが、領有権の主張を放棄しなかった。しかし、韓国の管轄権については、それほど問題視しなかった。ところが、1998年に新韓日漁業協定が締結された後、島根県が組織した竹島問題研究会は、日韓両国政府の間で外交的に合意した既存の独島の地位を完全に無視して、新たに領有権を主張し始めた。2013年に再び執権した安倍政権は、島根県の扇動に便乗して、新たに独島問題を外交的課題にして、韓国政府に対して領有権を主張、同時に正規の課程で義務的に独島教育を行うようにして、

独島は日本領土であると捏造された論理を強要している。誤った領土教育を通じて、将来的に日本国民が日本の固有の領土を韓国が武力で不法占領していると誤認することになると、独島戦争を避けることができなくなる。その日が来ないように、日本の独島挑発を防がなければならない。

　本書の構成は、2部に分けているが、〈第1章「竹島問題研究会」の韓国領土としての歴史的な証拠の否定、第2章の「竹島問題研究会」の韓国領土の「于山島=石島=独島」の否定、第3章の「竹島問題研究会」の「対日平和條約」での竹島=日本の領土の主張、第4章の独島問題を解決するための日韓両国の相互認識」というテーマで竹島問題研究会の捏造された論理を指摘した。〈第5章の韓国の固有領土としての独島、第6章の日本の侵略的独島挑発の現況、第7章の日本の独島領有権論理捏造〉というテーマで独島が韓国の領土ということと、日本が領有権の論理を捏造したということ、日本が独島を奪うために、挑発を敢行していることを社説として指摘した。

　本書は、このような観点から書かれたもので、筆者は健全な韓日関係の発展のために、日本の捏造された論理がどのようなものかを把握することで、独島問題の解決の一助にでもなれば、これ幸いである。

2017年 1月 2日

大邱大學校 獨島領土學研究所にて

著者書く

제2장
'죽도문제연구회'의 한국영토 '우산도=석도=독도'의 부정

第2章
「竹島問題研究会」の韓国領土である 「于山島=石島=独島」の否定

제3장
'죽도문제연구회'의 '대일평화조약'에서의
죽도=일본영토 주장

第3章
「竹島問題研究会」の
「対日平和條約」での「竹島=日本領土」の主張

제4장
독도문제 해결을 위한 한일 양국의 상호인식

第4章
独島問題の解決のための日・韓両国の相互認識

··· 제2부 일본의 영유권 조작과 대응방안 ···

제5장
한국의 고유영토로서의 독도

··· 第2部 日本の領有権捏造と対応策 ···

第5章
韓国の固有領土としての独島

제6장
일본의 침략적 독도 도발의 현황

第6章
日本の侵略的な独島挑発の現況

제7장
일본의 독도 영유권 논리 조작

第7章
日本の独島領有権に対する論理捏造

제1부
일본의
논리조작 방식

第1部
日本の
論理捏造の方法

제1장
'죽도문제연구회'의
한국영토로서의
역사적 증거 부정

1. 들어가면서

독도의 역사적 사료를 영유권적 측면에서 분석해보면 독도가 일본영
토라는 논리는 존재하지 않는다.[1] 그런데 과거 일본제국은 독도의 역
사적 권원을 무시하고 러일전쟁 중의 혼란한 틈을 타서 제국주의의 침
략적인 방법으로 「시마네현 고시40호」라는 이름으로 「무주지 선점」조
치로 일본의 신영토가 되었다고 했다.[2] 그래서 오늘날 일본정부는 「죽
도」가 일본의 고유영토라고 주장한다. 이러한 일본의 주장은 사실이 아
니고 일본제국주의가 침략한 영토에 대한 영유권 주장이다. 침략한 영
토는 연합국의 포츠담선언에 의해 일본영토에서 전적으로 분리되었
다.[3] 그렇다면 일본이 주장하는 고유영토론은 어떻게 생성되었는가에

1) 송병기, 「地方官制 編入과 石島」, 『鬱陵島와 獨島』단국대학교출판부. pp.112-132.
   송병기, 「광무(光武)4년(1900) 칙령(勅令) 제41호」, 『독도영유권 자료선』자
   료총서34, 한림대학교 아시아문화연구소, 2004, pp.237-241. 신용하, 「1900
   년 대한제국의 勅令 제41호와 울릉도, 독도 행정구역 개정」, 『독도의 민족
   영토사연구』지식산업사, 1996, pp.192-201.
2) 田村清三郎, 『島根県竹島の新研究』復刻板, 島根県総務部総務課,1996, pp.40-65.
   川上健三, 「竹島の島根県編入」, 『竹島の歴史地理学的研究』古今書院, pp.209-211.

대해 의문이 생기지 않을 수 없다. 그래서 본고는 이러한 의문을 풀기 위해 시모조의 논리를 분석하기로 한다. 최근에 시모조 마사오가 한국 측에 대해 반박하는 논리가 있다.[4] 즉 ①"일본의 공식 지도에 독도가 존재하지 않는다"고 하는 것은 당연하다」, ②"한국 고지도에 우산도가 독도"라고 하는 것은 빨간 거짓말」, ③"고문서를 봐도 독도는 한국 영토"가 될 수 없는 이유」, ④"1900년 일본의 독도 편입은 무효"라는 논리는 날조」, ⑤"샌프란시스코 조약이 독도를 한국 영토라고 승인"했다고 하는 것은 허구」, ⑥"미국의 러스크 서한은 무효"라는 것은 기만」이라는 것이다.[5] 본고에서는 고유영토론과 관련있는 ①~④을 가지고 「죽도=일본의 고유영토」론이라는 일본의 논리가 어떻게 창출되었는가를 고찰하려고 한다. 선행연구에 대해서 일본영토론의 역사적 권원에 관한 고찰은 있어도 일본의 논리 조작 방식에 관한 연구는 전무하다고 하겠다.[6]

---

3) 최장근, 「일본정부의 대일평화조약에서 '죽도' 영토확립의 억측 주장」, 『일본문화학보』제53집, 한국일본문화학회, 2012년5월. pp.261-277. 최장근, 「한일협정에서 확인된 일본의 독도영유권 주장의 한계성」, 『일어일문학』제47집, 대한일어일문학회, 2010.8, pp.429-447.

4) 한국측 주장은 호사카 유지와 김장훈이 함께 개설한 '독도의 진실'이다. 한국측 논리로서의 선행연구는 송병기, 『鬱陵島와 獨島』단국대학교출판부.2004. 송병기, 『독도영유권 자료선』자료총서34, 한림대학교 아시아문화연구소, 2004. 신용하, 『독도의 민족영토사연구』지식산업사, 1996. 최장근, 「고지도상의 '우산도'명칭에 관한 연구 -'석도=독도' 규명을 중심으로」, 『일본근대학연구』제36집, 한국일본근대학회, 2012.5, pp.221-240.

5) 下條正男, 「竹島の「真実」と独島の≪虚偽≫」, http://www.pref.shimane.lg.jp/soumu/web-takeshima/takeshima04/takeshima-dokdo/takeshima-dokdo_index.html(검색일: 2013년 12월 7일). 본문에서 시모조의 주장에 대해서는 별도로 '각주'를 달지 않고 인용하도록 함을 일러둔다.

6) 대표적인 업적으로서 田村清三郎의 『島根県竹島の新研究』(復刻板, 島根県総務部総務課,1996), 川上健三의 『竹島の歴史地理学的研究』(古今書院,1966)가 있다.

본 연구에 활용한 모든 사료는 죽도문제연구회 「죽도의 '진실'과 독도의 '허위'」[7]에서 인용한 것임을 일러둔다.

2. "일본의 공식지도에 독도가 존재하지 않는다"의 부정[8]

일본에서 발행한 공식지도에 대한 시모조의 사료해석과 그 논리에 대해 고찰해보기로 한다.

첫째로, 시모조는 한국측이 「"한국 고지도의 우산도는 독도"라고 하는 우산가 한국 측 연구[9]에서도 울릉도의 동쪽 약 2km의 죽서(竹嶼: 죽도)로 알려져 "한국 고지도의 우산도가 독도"라는 주장은 근거가 없어졌다.」[10]라고 주장한다. 그렇게 주장하려면, 한국 측 연구자나 참고문헌을 제시해야하는데 단지 「한국연구자」가 그렇게 논증했다고만 말한다. 실제로 누가 설득력 있는 그러한 논증을 했는지의 출처를 분명히 밝혀야한다.

둘째로, 시모조는 「그것은 『동국문헌비고』의 분주(分註)에서 "우산도는 왜의 송도"라고 한 부분은 그것을 인용한 『동국여지지』의 원문과

---

7) 전게의 下條正男 「竹島の'真実'と独島の≪虚偽≫」에서 인용.
8) 下條正男, 『"日本の公式地図に独島は存在しない"のは当然』, http://www.pref.shimane.lg.jp/soumu/web-takeshima/takeshima04/takeshima-dokdo/takeshima-dokdo_1.html(검색일: 2013년 12월 7일). 사진자료 인용.
9) 나이토우 세이쮸우, 『독도와 죽도』제이앤씨, 2000. 内藤正中・金柄烈, 『史的検証竹島・独島』岩波書店, 2007. 内藤正中・朴炳渉, 『竹島=独島論争』新幹社, 2007. 이외에도 한국학자는 물론이고, 일본학자들 중에서도 山辺健太郎, 堀和生, 梶村秀樹 등 일본을 대표하는 역사학자들이 논증하고 있다.
10) 전게의 下條正男 「竹島の真実と独島の≪虚偽≫」에서 인용.

다르다는 사실이 밝혀졌기에 우산도가 다케시마(독도)라는 논거도 깨졌다」11)라고 주장했다. 그런데 시모조는 『동국문헌비고』와 『동국여지지』가 어떤 관련성이 있는지에 대해 제시하지 않았다.

셋째로, 한국 측이 「"일본의 공식지도에 독도는 존재하지 않는다."를 논증하기 위해 열거한 것 즉, 행기도(行基図)(8세기~16세기), 게이초일본도(慶長日本図)(1612년), 쇼호일본지도(正保日本地図)(1655년), 겐로쿠일본지도(元禄日本地図)(1702년), 교호일본지도(享保日本地図)(1717년), 대일본연해여지전도(大日本沿海輿地全図)(1821년), 대일본전도(1877년) 등과 일본이 1894년 작성한 신찬조선국전도(新撰朝鮮国全図)』에는 죽도와 송도(현재의 다케시마)가 그려있다. 그런데 그 송도가 조선반도와 같은 색으로 채색되어 있다. 이것은 일본이 현재 독도를 한국영토로서 인정한 증거이다.」12)라는 것에 대해 부정했다. 시모조의 논리는 한마디로 요약하면 이렇다. 「주인 없는 땅의 다케시마가 일본령이 되는 것은 1905년이다. 따라서 쟁점이 되는 것은 편입 시점에서 독도가 한국 땅이었는지 여부이다. 그것은 일본이 독도를 일본영토로서 편입했을 때, "타국이 이를 점령했다고 하는 흔적이 없다"13)라고 한 것처럼 "임자 없는 땅."이었기 때문이다.」14)라는 주장이다. 위에 열거한 증거들은 일본영토가 아니라는 것을 일본인 스스로가 제작하여 남겼다.15) 그럼에도 불구하고

---

11) 전게의 下條正男「竹島の真実と独島の≪虚偽≫」에서 인용.
12) 전게의 下條正男「竹島の真実と独島の≪虚偽≫」에서 인용.
13) 원문을 인용하면, 「他国ニ於テ之ヲ占領シタリト認ムベキ形跡ナク」라고 되어있음.
14) 전게의 下條正男「竹島の「真実」と独島の≪虚偽≫」에서 인용.
15) 한국 측에서 제작된 지도나 고문헌은 물론이고, 일본 측에서 제작된 고지도나 고문헌들 중에서도 죽도가 일본 영토임을 표기한 지도는 한 점도 없다. 그런데 '죽도=일본영토'를 주장하는 내셔널리즘적인 연구자들은 한국 영토로서의 증거를 부정하고 일본영토로서의 근거로 활용하고 있는 경향

1905년 무주지라는 명목으로 편입조치를 취한 것은 제국주의가 한국의 영토를 침략한 또 다른 어떤 형태이다. 그런데 시모조는 이러한 사실에 대해 전혀 귀를 기울이지 않고 오직 '죽도는 한국영토가 아니다'라는 주장만 되풀이하고 있다.

넷째로, 시모조는 「일본 고지도, 즉 1905년 이전에 만든 일본지도에 지금의 다케시마가 그려져 있지 않다고 강변해도 그것을 근거로 다케시마는 일본 땅이 아니라고 할 수는 없다. 게다가 일본에는 지금의 다케시마가 그려진 지도가 다수 존재하고, 공식지도도 있다. 그것을 가지고 "일본 공식지도에 다케시마는 존재하지 않는다."고 주장하는 것은 무지의 극치이다. 그보다 한국 측이 해야 할 일은 다케시마가 역사적으로 한국 땅이라는 사실을 증명해야한다. 그것을 증명하지 못하고, 다케시마의 영유권 문제와는 관계없는 고지도를 앞세우고 다케시마를 한국령이라고 하는 것은 기만이다.」라고 주장했다. 즉 일본측이 제작한 1905년 이전의 지도는 영유권과 관계없는 지도라는 주장이다.

사실 일본의 공식지도에 독도가 일본영토라고 할 수 있는 지도는 없다. 독도가 한국영토로서 논증되지 않았다고 주장하지만,16) 위에 제시한 그런 자료들의 존재 자체가 바로 한국영토로서의 증거이다. 독도에 문제가 있다면, 그것은 아무리 논리적인 논증이 있다고 하더라도 시모조를 포함한 일본이 이를 인정하려고 하지 않는 것이 문제이다.

다섯째로, 「한국측은 일본 민간인 타나카 쇼죠(田中紹祥)가 편집하여 히로후미관(博文館)이 1894년 발행한 『신찬 조선국전도』에서 죽도

이 강함.

16) 나이토우 세이쮸우, 『독도와 죽도』제이앤씨, 2000. 内藤正中・金柄烈, 『史的検証竹島・独島』岩波書店, 2007. 内藤正中・朴炳渉, 『竹島=独島論争』新幹社, 2007. 이외에도 한국학자는 물론이고, 일본학자들 중에서도 山辺健太郎, 堀和生, 梶村秀樹 등 일본을 대표하는 역사학자들이 논증하고 있다.

와 송도가 조선 반도와 같은 색으로 채색되고 있고, 일본이 울릉도와 '다케시마(竹島)'를 조선 땅으로 인식하고 있다는 것」[17]에 대해 그것이 성립되려면, 첫째, 에도시대까지 송도라고 불리던 독도가 1905년 편입의 시점에서 왜 울릉도의 호칭인 '다케시마'라고 명명되었는가? 둘째, 독도는 동도와 서도 두 섬으로 되어 있는데,『신찬 조선국전도』의 송도는 왜 한 섬뿐인가? 이 두 가지 점을 설명하지 못한다면『신찬 조선국전도』에 그려진 송도를 오늘날의 '다케시마'로 해석하는 것은 자의적 해석이다」라고 주장한다.

사실 1905년 이전에 일본의 고지도나 고문서에서는 울릉도를「다케시마(竹島)」라고 했고, 지금의 독도를「마쓰시마(松島)」[18]라고 했다.[19] 이 지도가 1894년에 제작되었기 때문에 1905년 이후의 '다케시마;의 명칭과는 무관하다. 왜냐하면 일본정부도 동해의 섬에 대한 정보가 대체로 정확하여 조선 측의 동해에 울릉도와 독도 2개의 섬이 존재한다는 사실은 이미 메이지시대에는 정착되어 있었기 때문이다. 특히 영토 확장에 관심을 갖고 있던 일본인 중에는 독도가 일본영토가 아니었기 때문에 시볼트의 잘못된 지도도 잘못된 것인 줄도 모르고 그대로 활용한 경우도 간혹 있었다.[20]

---

17) 전게의 下條正男「竹島の真実と独島の≪虚偽≫」에서 인용.
18) 본문에서는 울릉도를 가리키는 섬을 '죽도'라고 표기한다. 독도를 가리키는 섬을 '송도'라고 표기한다.
19) 나이토우 세이쮸우,『독도와 죽도』제이앤씨, 2000. 内藤正中・金柄烈,『史的検証竹島・独島』岩波書店, 2007. 内藤正中・朴炳渉,『竹島=独島論争』新幹社, 2007. 大西俊輝,『獨島』제이앤씨, 2004. 이외에도 정통적인 역사학을 연구한 대부분 학자는 독도를 일본영토라고 논증하지 않았다.
20) 일본지도 중에 3개의 섬을 표기하고 있는 지도는 대체로 勝海舟,「大日本国沿海略図」. 橋本玉蘭,「大日本四神全図」에는「죽도, 송도, 리앙쿠르 록」정도이다. 川上健三,「わが国における島名の混乱」,『竹島の歴史地理学的研究』古今書院、pp.29-30.

그리고 시모조는 「한국 측이 고지도를 해석할 때, 지도에 그려진 도서의 색깔이나 섬 이름이 같은지 여부를 문제로 삼고 있지만, 그것은 문헌을 비판하고 사료를 조작하기 위한 것일 뿐, 중요한 것은 근거를 제시하여 실증하는 것이다.」21)라고 영토를 구분하기 위해 도색한 영토지도를 전적으로 부정하고 새로운 논증을 제시하려고 한다.

사실 도색으로 구분된 영토경계 지도는 도색으로 특정국가의 영토를 확인하기 위한 것으로 최상의 논증방법이다. 더 이상의 논증법은 있을 수 없다. 또한 고지도나 지금의 지도도 마찬가지이지만, 일반적으로 울릉도도 1개의 섬, 독도도 1개의 섬으로 표기한다. 즉 섬 군(무리)을 하나로 보는 것이다. 다만 독도 주변의 상세도를 필요로 할 때는 동도와 서도를 나누어 그린다. 그런데 시모조는 독도주변에 작고 큰 6개의 섬과 암초가 산재해 있는 울릉도에 대해서는 왜 여러 개의 섬으로 표기하지 않았느냐? 라고는 하지 않고, 유독 독도에 대해서만 왜 동도, 서도 2개의 섬으로 표기하지 않았느냐? 라고 강변한다.

여섯째로, 송도(실제의 독도)가 울릉도가 될 수밖에 없는 이유에 대해, 시모조는 「아즈마 후미스케(東文輔)는 "울릉도는 에도시대까지 죽도라고 통칭해 왔지만, 해도(海圖)에서는 울릉도가 송도로 표기되고 그것이 일반화되었다. 지도에 그려진 송도가 울릉도이기 때문에, 새로운 섬에는 그 동안 울릉도의 호칭으로 사용되어온 '죽도(다케시마)'로 호칭해야 한 것이다. 아즈마 후미스케가 일반적으로 울릉도를 죽도라고 해 왔지만, 사실은 송도"22)라고 불렀다. 이처럼 1894년에 발행된 『신찬 조선국전도』의 송도도 한 개의 섬으로 이루어진 울릉도였던 것이다. 한 개의 섬으로 그려진 송도(울릉도)를 동도와 서도 두개의 섬으로 이루어

---

21) 전게의 下條正男 「竹島の「真実」と独島の≪虚偽≫」에서 인용.
22) 원문으로는 「欝陵島ヲ竹島ト通称スルモ、其実ハ松島」라고 표기되어 있음.

진 지금의 다케시마라고 하는 것은 궤변이다.」23)라고 주장한다.

사실 울릉도는 「울릉전도, 죽도, 관음도」 등 3개의 섬과 암초로 되어 있고, 독도는 동도와 서도로 되어있다. 그런데 시모조는 독도는 2개의 섬으로 되어 있고, 울릉도는 1개의 섬으로 되어있다고 황당한 주장을 한다. 또한 시모조는 울릉도도 송도이고, 독도도 송도이라는 논리를 편다. 1905년 이전에 울릉도는 죽도이고 독도는 송도였다. 1905년 시마네현 고시40호 이후 한국의 울릉도를 「송도」라 하고, 독도를 「죽도」라고 부르기 시작했던 것이다. 그 이유는 일본인들이 독도와 울릉도의 존재를 명확히 알지 못하여 대략 1881년부터 울릉도를 송도를 부르기 시작하였기 때문에 1905년 독도를 편입하면서 섬의 명칭의 혼란을 피하기 위해 「죽도」라고 표기하기 시작했던 것이다. 따라서 『신찬 조선국전도』에 등장하는 「죽도-송도」의 두 섬은 하나는 울릉도이고 하나는 독도이다. 그런데 시모조는 「서로 이름은 다르지만 모두 울릉도를 나타내는 섬」이라고 억측을 부린다.

시모조의 이런 논리는 어디에서 나왔을까? 시모조는 조선 동해에 한국영토로 해석되는 '죽도'(실제의 울릉도)와 '송도'(실제의 독도)가 표기된 지도에 대해서는 궁색할 때마다 늘 만능열쇠처럼 편리하게 활용하는 것이 시볼트의 '일본도'이다.24) 즉 「이 죽도와 송도의 섬 이름이 바뀌게 된 것은 1840년 시볼트의 '일본도'에서 실재하지 않는 '아르고 노트 섬'에 죽도로 표기되고 울릉도가 송도로 표기되었던 것에 기인한다. 이후 서양지도에서는 울릉도가 송도로 표기되고 그것을 무비판적으로 답습하여 몇몇 지도에서는 울릉도를 송도로 표기하게 되었다. 『신찬 조

---

23) 전게의 下條正男「竹島の真実と独島の≪虚偽≫」에서 인용.
24) 川上健三, 「わが国における島名の混乱」, 『竹島の歴史地理学的研究』古今書院, pp.29-30 참조.

선국전도』는 그 일례」25)라는 것이다. 시모조의 논리에 의하면 '과거 일
본인들은 모두 자신의 나라의 지도를 그리면서 왜 잘못된 서양의 지도
만 참고로 했을까? 라고 반문하지 않을 수 없다. 또 왜 과거 일본인들은
자국의 지도를 하나도 올바르게 그리지 않았을까?' 라도 또 반문하고
싶어진다.

「해도(海図)77호」, 『세계전도』(1887) 『신찬 조선국전도(新撰朝鮮国全図)』(1894)

또한 시모조는 이 지도에서 송도가 지금의 독도라는 것을 부정하기
위해 1887년 제작의 『세계전도』인 「해도(海圖)77호」를 활용하고 있다.
이 지도는 울릉도가 「송도」로 되어있고, 독도가 「리앙쿠르암」으로 표
기되어 위도가 블라디보스토크 가까이에 있다. 그런데, 「이 지도(신찬
조선국전도)에 나와 있는 죽도, 송도는 경위도에서 죽도는 아르고노트
도, 송도는 다쥬레ー 섬(현재의 울릉도)이다. 현재의 독도(당시 일본에
서는 리앙쿠르 록으로 불림)는 기록되어 있지 않다. 현재의 울릉도는
경도에서는 북ー러 국경에 위치한 두만강의 바로 동쪽 부근, 현재의 독

---

25) 인용문 중에 출처를 명기하지 않은 시모조의 주장은 모두 「竹島の真実と
独島の≪虚偽≫」http://www.pref.shimane.lg.jp/soumu/web-takeshima/
takeshima04/takeshima-dokdo/takeshima-dokdo_1.htm)에서 인용한 것임
(검색일: 2013년12월5일).

도는 러시아의 블라디보스토크 부근에 위치한다. 이러한 점에서 이 지도에 기록되어 있는 '송도'는 현재의 '다케시마'가 아니라 현재의 울릉도임이 명백하다.」26)라고 하여 위도 상으로도 송도가 지금의 독도의 위도와 맞지 않다는 주장이다.

사실상 이 지도에는 위도 표시가 없을 뿐만 아니라 당시의 많은 지도가 경위도까지 정확한 지도는 거의 없다. 왜 하필이면 시모조는 1887년에 제작된 『세계전도』의 '해도 77호'를 기준으로 비교했을까? 그 이유는 마침 독도가 한국영토라고 논리를 조작할 수 있는 꺼리가 되었기 때문이다. 거기에는 설득력 있는 논리 같은 것은 필요하지 않았다.

이처럼 시모조 논리의 특징은 자신 이외에 아무도 이해할 수 없는 황당한 해석방식으로 한국영토론을 부정하는 것이었다.

3. "한국 고지도에 우산도는 독도"의 부정27)

여기서는 시모조가 "한국 고지도에 우산도는 독도"를 부정하는 논리에 관해서 고찰해보기로 한다.

첫째로, 시모조는 우산도와 울릉도는 동일한 섬이라고 주장한다. 즉「『신증동국여지승람』에서 우산도와 관련되는 기사를 찾으면 "팔도총도"의 우산도가 어떤 섬인지를 알 수 있다. 『신증동국여지승람』의 "울진현조"(산천[山川])를 보면 다음과 같은 기술이 있다. 즉 "태종 때, 그 섬으로 도망하는 자가 많다고 듣고 삼척의 사람 김인우를 다시 안무사

---

26) 전게의 下條正男「竹島の真実と独島の≪虚偽≫」에서 인용.

27)「韓国古地図の于山島は独島という真っ赤な嘘」, http://www.pref.shimane. lg.jp/soumu/web-takeshima/takeshima04/takeshima-dokdo/takeshima-dokdo_2.html(검색일: 2013년12월5일). 사진자료 인용.

로 명하여 그 땅에서 사람을 데리고 나와 섬을 비웠다"[28]라는 내용이
있다. 이는 태종 16(1416)년 9월 김인우가 '무릉등처안무사'에 임명되어
태종17(1417)년 2월 5일에 복명될 때까지의 기록에서『태종실록』의 기
사가 바탕이 되어 있다. 그『태종실록』에서 우산도의 초견은, "태종 17
년 2월 임술조"이다. 거기에는 무릉도(울릉도)에서 귀환했을 김인우가
우산도 주민 3명을 데리고 "우산도에서 돌아오다"라고 복명한다. 이후
『태종실록』에서는 우산도를 실제의 섬으로 우산인이 거주하고 있었다.
그렇다면 우산도는 어떤 섬인가?『태종실록』(태종 17년 2월 을축조)에
의하면, 우산도에서 돌아온 김인우는 "그 섬의 호수, 대략 15가구로서
남녀 합해서 86명"으로 보고하고 있다. 우산도에는 15호가 입주해서 86
명의 사람들이 살고 있었다. 이 15라는 호수는『태종실록』(태종 16년
9월 경인조)에서 호조참판 박습(朴習)이 무릉도(울릉도)에는 "옛날, 방
지용(方之用)이라는 사람이 있었다. 15가구를 이끌고 입주했다"고 보
고했는데, 그 15가구와 일치한다. 이는『태종실록』과 "팔도총도"에 그
려진 우산도는 울릉도와 동일한 섬의 별명이라는 것이다. 사실 울릉도
주변에 15가구 86명의 사람들이 거주할 수 있는 섬은 없다. 하물며 암
초의 섬, 현재의 다케시마는 될 수가 없다.」[29]라고 주장했다.

시모조는 우산도는 지금의 독도가 아니라는 주장이다. 그렇다고 해
서 우산도가 지금의 울릉도와 동일한 섬, 즉 1도 2명이라고 단정하는
것은 잘못이다. 그렇다면 왜「김인우가 '무릉등처안무사'에 임명」되었
을까? 라는 것에도 의문을 가져봐야 한다. 시모조는 의문을 가지지 않
는다. 왜냐하면 우산도가 독도가 아니라는 주장을 하기에 적당하기 때

---

28) 원문은「太宗時、聞流民逃其島者甚多。再命三陟人金麟雨為按撫使、刷出
空其地」라고 표기됨.
29) 전게의 下條正男「竹島の '真実' と独島の≪虚偽≫」에서 인용.

문이다. 그러나 사실은 '무릉등처안무사'에서 동해에 무릉(울릉)도 이외에 또 다른 섬인 우산도가 존재한다는 것으로 해석할 수 있어야한다. 우산도는 울릉도와 다른 별개의 섬으로서 명확히 존재했다는 것을 알수 있다. 그래서 팔도총도에도 2개의 섬으로 그렸다. 그런데 시모조는 팔도총도에 2개의 섬이 그려져 있다는 것 자체를 무시하고 한 개의 섬이라는 단정하는 것은 사료 해석의 조작 행위이다.

둘째로, 시모조는 대동여지도에 우산도가 없으므로 동국여지승람에서도 우산도는 독도가 아니라고 주장한다. 즉 「한백겸(韓百謙)은 『동국지리지』(1615년)에서 신라국의 봉강(封疆)에는 우산국에서 유래된 우산도만을 기재하고, 『신증동국여지승람』을 바탕으로 편찬한 김정호의 『대동지지』(1864년)에서는 우산도를 삭제하고 울릉도만 남긴 사실에서도 할 수 있다.」라고 하여 우산도가 독도라는 사실은 이미 「조선시대의 한백겸과 김정호 등에 의해 부정되고 있었던 것이다」30)라고 주장한다.

한백겸과 김정호가 그린 지도에 독도가 그려져 있지 않는 이유는 1403년부터 1882년까지 일반 백성들에게 울릉도 도항과 거주를 금지했기 때문이다. 이들은 조선조정의 관료가 아니었기 때문이다. 조선조정에서는 세종실록과 동국여지승람 등을 비롯해서 많은 고지도와 고문헌에 울릉도와 더불어 우산도를 기록했다. 그것은 오늘날의 독도와 울릉도가 조선의 영토로서 관리했다는 것을 의미한다. 그런데 시모조는 19세기의 김정호의 대동여지도를 가지고 300년 이전 16세기의 팔도총도(그림3)를 해석하려드는 오류를 범하고 있다. 후세의 자료를 갖고 그 이전시대의 사료의 진실관계를 따질 수 없다. 대동여지도가 신증동국여지승람을 토대로 작성되었다고 하는 주장도 논증되어야한다. 시모조

---

30) 전게의 下條正男「竹島の真実と独島の≪虚偽≫」에서 인용.

는 아무런 논증도 없이 그 이전시대의 것은 반드시 그 이후의 시대에 답습한다는 식으로 논리를 비약했다. 그렇다면, 신증동국여지승람에 우산도와 울릉도가 있었으므로 대동여지도에도 울릉도와 우산도가 그려져 있어야 이후 시대가 이전시대의 사료를 참고했다고 말할 수 있는 것이다.

셋째로, 『해동여지도(海東輿地図)』(19C)에 그려진 우산도에 대해, 시모조는 「『동국여지승람』의 기사에 의거한 "팔도총도"의 우산도와 달리 『해동여지도』의 우산도는 『동국여지승람』과는 별도의 계보에 속해 있다. 한국 측이 우산도가 오늘날의 독도라는 근거로 삼았던 『해동여지도』의 우산도는 1711년 울릉도 수토사 박석창이 만든 『울릉도도형(鬱陵島図形)』에서 유래한다. 그 『울릉도도형』에서는 울릉도 동쪽에 우산도가 나타나고, 거기에는 "이른바 우산도(所謂于山島)/해장죽도(海長竹田)"라고 명기돼 있다.」[31]라고 지적하고 있다.

팔도총도(1530)　　『해동여지도』　　행기도(18세기)　　『울릉도도형』

사실상, 지도에 등장하는 「우산도」에 관해서 조선 중기와 조선 후기는 서로 다르다. 조선 중기의 우산도는 독도를 가리키지만, 조선 후기의 우산도는 오늘날의 「죽도(댓섬)」을 가리킨다. 조선 중기의 「독도」를 가리키는 우산도가 조선 후기에 「죽도(댓섬)」를 가리키는 우산도로 표

---

31) 전게의 下條正男 「竹島の真実と独島の《虚偽》」에서 인용.

기한 것은 동해에 조선영토로서 2개의 섬이 존재한다는 인식을 기반으로 작성되었다는 것이다. 물론 이는 오늘날의 독도를 죽섬으로 잘못 표기한 것이 불과하다. 그러나 시모조는 우산도가 지금의 독도라는 사실을 애써 부정하기 위해 때로는 동해에 그려진 두 개의 섬은 모두 울릉도이라고 하기도 하고, 우산도는 독도와 전혀 무관한 지금의 죽도(죽서도)라고 하기도 한다. 시모조는 이러한 방식은 올바른 사료해석을 포기하고 독도가 한국영토라는 논리를 부정하기 위한 사료 해석 조작 행위라고 할 수 있다.

4. "고문서를 봐도 독도는 한국영토"의 부정[32]

한국측은 "일본의 고문서들도 독도는 조선 땅으로서, 일본의 영토가 아님을 인정하고 있다. 그래서 독도가 일본 고유영토라고 하는 일본의 주장은 완전히 거짓이다. 일본은 이러한 역사를 은폐하면서 한국 땅 독도를 시마네 현에 강제 편입한 것이다."라는 인식을 갖고 있다. 그 증거는 다음과 같다.

첫째로, 「막부가 겐로쿠 8년(1695년) 12월 24일 돗토리 번의 에도제후 저택(江戶藩邸)에 대해 울릉도는 언제부터 돗토리 번의 부속이 되었는가. 조상의 영지였는가. 돗토리 번에 입봉 후 영지가 되었는가를 물었다. 돗토리 번의 대답은 다음 날 문서를 가지고 막부에 제출되었다.」[33] 「거기에는 울릉도는 이나바, 호키의 부속이 아니다(「竹嶋は, 因幡伯耆

---

32) 「第3回「古文書を見ても独島は韓国領土」でない理由」, http://www.pref.shimane.lg.jp/soumu/web-takeshima/takeshima04/takeshima-dokdo/takeshima-dokdo_3.html(검색일: 2013년12월1일). 사진자료 인용.
33) 전게의 下條正男「竹島の「真実」と独島の≪虚偽≫」에서 인용.

附属ニ而は御座無候」).」34) 「마쓰다이라 신타로(이케다 미쓰마사)가 돗토리 번의 영지를 받았을 때 봉서(奉書)에 의해 도해가 허용된 것으로 알고 있다(「松平新太郎領国の節, 御奉書をもって仰せ付けられ候旨承り候」)」35)라고 회신했던 것이다.

이에 대해 시모조는 「돗토리 번에서는 무라카와 이치베 등이 막부에 울릉도 도해를 청원해 막부의 도해 면허(신하)를 받은 사정을 감안하여 "울릉도는 이나바, 호키의 부속이 아니다"라고 대답했다.」36)라고 하여 「한국측이 "울릉도를 왕래한 돗토리 번은 독도가 돗토리 번의 영지가 아니다"」37)라는 것이 잘못이라고 한다.

이 문건은 막부가 당시 울릉도와 독도가 일본영토가 아님을 명확히 한 부정할 수 없는 증거자료이다. 당시 일본어부가 일본영역 밖을 넘는 울릉도행의 도항을 불법으로 단정하고 이를 계기로 울릉도행의 도항을 금지시켰다. 독도는 일본영역을 넘은 울릉도를 도항하는 과정에 위치한다. 울릉도 도항의 금지는 바로 독도에 대한 도항금지였다.

여기서도 시모조의 특징은 아무런 합당한 논증 없이 일본측의 고문헌에 기록된 사실을 부정하는 것이다.

둘째로, 「사다 하쿠보(佐田白茅) 등이 메이지정부38)에 올린 '조선국교제시말내탐서(朝鮮国交際始末内探書)'(1870년)」에 「죽도(울릉도)와 송도(현재의 독도)가 조선의 부속 섬으로 된 경위에 대해」라는 제목 외

---

34) 상게의 下條正男「竹島の「真実」と独島の≪虚偽≫」에서 인용.
35) 상게의 下條正男「竹島の「真実」と独島の≪虚偽≫」에서 인용.
36) 상게의 下條正男「竹島の「真実」と独島の≪虚偽≫」에서 인용.
37) 상게의 下條正男「竹島の「真実」と独島の≪虚偽≫」에서 인용.
38) 앞에서 논증했듯이, 산죠오 사네토미(三條実美)가 내무경 야마다 아키요시(山田顕義)를 통해 일본인이 「松島 일명 竹島」에 도항하지 못하도록 전국에 통달했던 것임.

무성에 「1870년 4월 조선의 부산에 출장한 외무성 출사 사다 하쿠보(佐田白茅) 등의 복명서」[39]를 제출했다. 메이지정부는 울릉도와 독도가 조선영토로 인식하고 있었고, 그 경위에 대해 조사하게 한 것이었다. 사다 하쿠보 등은 현지 조사를 실시하고, "울릉도가 조선 땅으로 된 기록은 있지만 이웃 섬 송도(다케시마)가 조선 땅으로 된 기록은 없다"고 복명[40]했던 것이다. 사다 하쿠보가 「송도에 대한 기록은 없다」라고 한 것은 조선사정에 대한 조사가 부족하여 독도가 조선영토라는 기록을 확인하지 못했기 때문이다. 독도가 조선영토임을 확인할 수 있었던 동국여지승람, 세종실록지리지, 군기요람 등을 확인하지 않은 것이다.

이에 대해 시모조는 「사다 하쿠보 등이 "송도(다케시마)가 조선 땅으로 된 기록은 없다"라고 하는 결정적인 부분을 무시 혹은 "은폐"하고, 메이지정부가 독도를 한국영토라고 인정했다고 한다」[41]고 하여 한국측의 주장을 부정한다. 그 증거로서 김정호의『대동여지도』등에 「오늘의 죽서도인 우산도는 그려져 있는데, 송도(다케시마)를 조선 땅으로 하는 문헌은 존재하지 않는다. 조선 측에서는 송도(다케시마)를 자국영토로 인식하지 않았기 때문이다.」[42]라고 한다. 대동여지도에는 독도가 보이지 않지만, 다른 고지도와 고문헌에서는 독도가 표기된 기록이 많이 있다. 조사결과는 「독도의 기록이 없다」라고 보고했더라도 메이지정부가 「죽도(울릉도)와 송도(현재의 독도)가 조선의 부속 섬으로 된 경위」라고 하여 이미 그 이전부터 울릉도와 독도를 조선영토로 인식하고 있었다는 것을 의미한다. 또한 「오늘날의 죽서도인 우산도」라고 주

---

39) 전게의 下條正男「竹島の真実と独島の≪虚偽≫」에서 인용.

40) 상게의 下條正男「竹島の真実と独島の≪虚偽≫」에서 인용.

41) 상게의 下條正男「竹島の真実と独島の≪虚偽≫」에서 인용.

42) 상게의 下條正男「竹島の真実と独島の≪虚偽≫」에서 인용.

장하는데, 이것은 올바른 해석이 아니다. 우산도는 원래 「울릉군도」가
아닌 「독도군도」를 지칭하는 것이었는데, 조선 말기에 일시적으로 오
기한 고지도가 있을 뿐이다.

대동여지도에는 왜 독도가 없을까? 대동여지도는 오늘날의 지도와
사뭇 다르다. 당시 독도가 암초로 이루어져 아무런 가치를 발견하지 못
했다고도 할 수 있고, 독도를 알지 못했다고도 할 수 있다. 그렇다고
해서 대마도도 한국지도영토로 표기하고 있기 때문에 독도를 일본영토
라고 인정하지는 않았을 것이다.

여기서도 시모조의 특징은 아무런 합당한 논증 없이 일본측의 고문
헌에 기록된 사실을 부정하는 것이다.

셋째로, 태정관지령에는 「죽도와 1도는 일본의 영토가 아니다」라고
되어 있다. "태정관 지령문"의 "부도"인 "이소 다케시마 약도(磯竹島略
図)"에 죽도(울릉도)와 송도(독도)가 명확히 그려져 있다. 즉 메이지정
부는 특히 태정관은 '울릉도와 독도는 일본영토가 아니라'라고 명확히
했다. 그리고 이미 일본외무성이 『조선국 교제시말 내탐서』에서 「죽도
(울릉도)와 송도(현재의 독도)가 조선의 부속 섬으로 된 경위」라고 한
것은 이미 메이지정부가 울릉도와 독도를 조선부속이라고 인식하고 있
었던 것이다.

그런데 시모조는 「시마네 현에서는 에도시대 이후의 지리적 이해를
근거로 울릉도를 이소 다케시마라고 했고, 현재의 다케시마를 송도라
고 하여 이들 섬을 시마네현의 판도로 해야 한다고 했다.」[43] "태정관
지령문의 부속도"로서의 "이소 다케시마 약도"는 시마네현이 제출한 지
도이고, 태정관 지령문의 부도가 아니다.」[44]라고 하여 태정과 지령문과

---

43) 전게의 下條正男「竹島の真実と独島の≪虚偽≫」에서 인용.
44) 상게의 下條正男「竹島の真実と独島の≪虚偽≫」에서 인용.

이소타케시마 약도와는 별개라는 주장이다. 즉,『공문록』과『대정유전 제2편』에 "태정관 지령문의 부도"로서의 "이소 다케시마 약도"와 "태정관 지령"을 철해져있다. 그런데, "태정관 지령"은 메이지정부의 자료이지만, "태정관 지령문의 부도"로서의 "이소 다케시마 약도"는 시마네현이 제출한 서류이기 때문에 태정관의 인식과 다르다는 주장이다. 그래서 오히려 이소다케시마는 시마네현이 울릉도와 독도가 일본영토임을 주장하기 위해 만든 것이기 때문에 일본영토로서의 증거라는 주장이다.

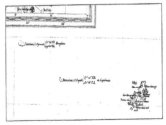 

시볼트 「일본도」(1840). 　　　영국해군지도 「일본 일본, 큐슈, 시코쿠, 조선 일부」(1863)

또한 시모조는 「죽도와 송도에 대한 메이지정부의 인식은 (시마네현과는) 달랐다. 당시 일본이 참고한 서양의 해도(海圖) 등에는 울릉도를 송도라고 표기한 시볼트의 『일본도』(1840년)[45]를 답습하고 있었기 때

---

45) 「지도(시볼트"일본도"("Karte vom Japanischen Reiche", 1840년)에 "Takashima(Argounaut Island)"가 북위 37도 52분, 동경 129번 50분으로 되었고, "Matsushima(Dagelet Island)"는 북위 37도 52분, 동경 37도 25분, 동경 130도 56분으로 되어있다. 실제로 존재하지 않는 아르고 노트 섬에 Takashima(죽도)라고 표기되었고, 다쥬레ー 섬=울릉도가 송도로 표기되었다. 북위 37번 14분, 동경 131번 52분에 위치한 현재의 독도는 1840년 시점에서는 서양에서는 아직 발견되지 않고 이 지도에는 기재되어 있지 않다.」, http://www.pref.shimane.lg.jp/soumu/web-takeshima/takeshima

문에 실재하지 않는 죽도(아르고노트 섬)와 송도(울릉도)가 그려져 있었기 때문이다. 그 서양지도 등에 현재의 독도가 그려지는 것은 1849년 프랑스 포경선 리앙쿠르호가 독도를 발견한 이후이다. 그래서 한때 '해도' 등에는 죽도(아르고노트 섬)와 송도(울릉도), 그것에 리앙쿠르 록스(현재의 다케시마)가 그려지는 등의 혼란이 있었다.」46)라고 주장했다.

시모조는 '이소다케시마약도'에 섬의 형상가지 명확히 그려진 울릉도와 독도 2개의 섬에 대해서도 「'외1도'는 송도로서 지금의 울릉도」이라고 사료 해석을 조작하고 있다.

시모조는 자신의 논리를 합리화하기 위해 「이것은 시마네 현도 마찬가지로 시마네 현령의 사카이 지로(境二郎)는 1881년 11월 12일 "일본해 내의 송도 개간에 관한 문의"47)를 내무경(대신)과 농업 상무경에 제출했다.」48)라고 하여 송도가 울릉도라는 주장을 한다.

여기서는 '송도'라는 명칭으로 울 「송도개척원」49) 즉 울릉도를 송도로 오인한 것이다. 그래서 군함 아마기(天城)가 「마쓰시마는 울릉도, 그 외의 다케시마(죽도)가는 것은 일개의 암석에 지나지 않는다는 것을 알았다. (중략) 고래 일본판도가 아니라는 것을 알았다.」50)고 했다. 또한 메이지정부는 1883년 태정대신 산죠오 사네토미(三條実美)가 내무경 야마다 아키요시(山田顕義)를 통해 일본인이 「송도(松島) 일명 죽

04/takeshima-dokdo/takeshima-dokdo_3.html(검색일: 2013년11월5일).
46) 전게의 下條正男「竹島の真実と独島の≪虚偽≫」에서 인용.
47) 원문은 「日本海内松島開墾之儀ニ付伺」라고 됨.
48) 전게의 下條正男「竹島の真実と独島の≪虚偽≫」에서 인용.
49) 大西俊輝, 「마쓰시마 개척의 염원」, 『獨島』제이앤T, 2004, pp.64-66. 1876년의 貿易商 武藤平学「松島開拓之儀」, 1877年 貿易事務官 瀬脇寿人와 児玉貞易, 斎藤七郎兵衛 3명이 함께 〈松島開拓願〉를 외무성에 제출했다. 여기서 외무성에 제출하였다고 하는 것은 일본영토가 아니었다는 것을 의미한다.
50) 大西俊輝, 「군함 아마기(天城)의 조사」, 『獨島』제이앤씨, 2004, pp.70-71.

도(竹島)」에 도항하지 못하도록 전국에 통달했던 것이다.[51] 이처럼 메이지정부는 울릉도와 독도에 대해 일본영토라는 인식이 없었다. 메이지정부에서 1880년 이후 울릉도를 송도라 인식했던 것이다.

시모조는 고지도에 조선 동해에 「죽도」(울릉도-필자주)와 「송도」(독도-필자주) 2개의 섬이 등장하기만 하면, 모두가 시볼트의 잘못된 지도 때문이라고 하여 위도와 경도의 오류에 의해 송도와 죽도 모두 울릉도라고 주장한다.

시모조는 죽도가 일본영토라는 것을 전제로 독도가 한국영토라는 아무리 명확한 증거라도 일단 부정하는 방식으로 논리를 만들고 있다.

5. "1905년, 일본의 독도편입은 무효"의 부정[52]

시모조는 「1905년 1월 28일 일본정부가 각의결정으로 "타국이 이 섬을 점령한 흔적이 없다"고 하여, 국제법상으로 일본정부가 시마네현에 편입한 것에 대해 한국 측이 "무효"라고 할 자격이 없다.」[53]고 했다. 이처럼, 일본은 1905년 시마네현 고시40호가 합당하다고 해야 죽도가 일본영토라고 주장할 수 있다. 시마네현 고시40호에서 「무주지이기 때문에 일본영토에 편입한다」라고 했기 때문에 1905년 이전에는 무주지여야 한다. 이를 위해서는 일본은 독도가 한국영토라는 모든 사료적 근거를 부정해야만했다. 이러한 맥락에서 시모조는 「다케시마는 역사적으

---

51) 大西俊輝, 「울릉도 도항금지」, 『獨島』제이앤씨, 2004, pp.71-72.
52) 「第4回 「1905年、日本の独島編入は無効」説の捏造」, http://www.pref.shimane. lg.jp/soumu/web-takeshima/takeshima04/takeshima-dokdo/takeshima-dokdo_ 4.html(검색일: 2013년12월1일). 사진자료 인용.
53) 전게의 下條正男「竹島の真実と独島の≪虚偽≫」에서 인용.

로나 국제법상으로도 한국영토와 무관한 존재였기 때문이다.」「1900
년의 "칙령 제41호"의 '석도'는 울릉도의 동북 수십미터의 '도항(島項)'
이었다.」54)라고 했다.

첫째로, 시모조는 「1900년 10월 25일에 공포된 "칙령 제41호"에는 확
실히 울도군의 행정 구역이 "울도 전도와 죽도, 석도"라고 규정돼 있는
데, 한국 측에서는 그 석도를 오늘날의 독도라고 아무런 실증 없이 주
장한다.」55)라고 하여 한국영토론을 부정했다.

시모조는 그 증거로서 「실제로 '칙령 제41호'가 공포되는 3일 전, 내
부대신 이건하가 울릉도를 울도군으로 하기 위해 의정부에 제출한 '청
의서'에서 울릉도의 강역이 "세로 80리(약 32km)정도와 가로 50리(약
20km)"라고 명기되어 있다. '청의서'에 기록된 이 울릉도의 강역은 분명
히 독도가 울도군의 행정 구역 외에 있었다는 사실을 나타내고 있다.
독도는 그 울릉도에서 더 동남쪽으로 90km 가까이(약 360리)나 떨어져
있기 때문이다.」56)라는 것이다. 여기서 시모조는 「내부대신 이건하가
울릉도의 강역을 '세로 80리정도 가로 50리'라고 한 것은 우용정(禹用
鼎) 등의 조사보고서를 참고한 것이다.」57)라고 했다.

시모조가 「울릉도에서 일본인에 의해 벌목이 문제되어 이건하가
1899년 9월, 우용정을 울릉도 시찰관에 임명했다. 현지에서의 청취 조
사는 1900년 6월 1일부터 5일까지 한일 합동으로 실시됐다. 일본 측에
서는 부산 영사관의 아카츠카 시요우스케(赤塚正助) 부영사가 파견되
었다. 그때의 개요와 조사 범위에 대해서는 우용정의 『울도기』와 아카

---

54) 상계의 下條正男「竹島の真実と独島の≪虚偽≫」에서 인용.
55) 상계의 下條正男「竹島の真実と独島の≪虚偽≫」에서 인용.
56) 상계의 下條正男「竹島の真実と独島の≪虚偽≫」에서 인용.
57) 상계의 下條正男「竹島の真実と独島の≪虚偽≫」에서 인용.

츠카 시요우스케 보고서『울릉도 조사개황』에서 확인을 할 수 있다. 『울릉도 조사개황』에는 '부도'가 수록되어 울릉도와 그 부속 섬으로 공도(空島), 도항(島牧), 죽서도(竹島)의 3섬이 그려져 있다.

시모조의 지적처럼『울도기』와『울릉도 조사개황』은 울도군을 조사한 것이 아니고 울릉도를 조사한 것이다. 시모조의 오류는「울릉도」와「울도군」을 동일하게 취급하고 있는 것이다. 아래의「부도」는「울도군」이 아닌「울릉도의 조사개황」이다. 칙령41호에 의하면「울도군」은「울릉전도, 죽도, 석도」라고 표기하고 있다.

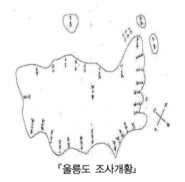 

『울릉도 조사개황』　　　　이규원의『울릉도외도』

시모조는「우용정은 울릉도의 범위에 관해 "길이 70리(약 28km)이고, 넓이 40리(16km), 둘레 140-150리(56km~60km)"의 섬이었다.」「이것은 우용정이 현지에서 얻은 지식을 기초로 했으며 울릉도 도민 등이 울릉도를 일주하는데 "140-150리"가 되는 섬이라고 인식했기 때문이다. 우용정은 둘레 "140-150리"의 울릉도를 군으로 승격할 것을 건의했고 그것에 의거하여 내부대신 이건하가 10월 22일 울릉도를 울도군으로 "청의서"를 의정부에 제출한 것이다.」라고 주장했다.

여기서 우용정은 울릉도의 범위에 대해 "길이 70리(약 28km), 넓이

40리(16km), 둘레 140-150리(56km~60km)"라고 했고, 이건하는 「울릉도의 강역이 "세로 80리(약 32km), 가로 50리(약 20km)"」라고 했다. 그런데 '우용정의 지식을 토대로 이건하가 의정부의 건의했다'고 하는 시모조의 논리라면 숫자가 동일해야한다. 그러나 이건하의 울릉도의 범위인식과 우용정의 범위인식은 서로 다르다. 즉 다시 말하면 우용정이 이건하에게 건의해서 이건하가 우용정의 건의내용을 받아들였다는 시모조의 주장은 논리적으로 옳지 않다.

이처럼 전혀 관계없는 것을 관련시켜서 끼워 맞추기식으로 자신이 원하는 논리를 조작하는 것이 시모조식의 사료해석 조작방식이다.

둘째로, 울도군의 행정구역에 관해, 「칙령 제41호」 제2조에서 "울릉전도와 죽도, 석도"라고 된 울도군의 행정 구역도 "청의서"의 범위를 넘지 않다는 것이다. 그럼 울도군의 죽도와 석도는 울릉도의 어느 섬을 가리키는 것일까. 이를 아카츠카 시요우스케의 "부도"에서 확인하면 죽도는 울릉도의 동쪽 약 2km의 죽서도이다. 그렇다면 석도는 공도(空島)와 도목(島牧) 중의 하나가 된다. 그런데 공도(空島)는 현재의 공 바위(孔岩)이고, 도목은 도항이 되었다. 아카츠카 시요우스케의 "부도"에서 공도, 도목(섬목)이라고 한국어 음을 한자로 옮겨 표기하고 있어 공도(空島)는 공 바위(孔岩)의 바위(岩)를 섬(島)으로 바꾼 점만 다르다. 도목(島牧)은 도항(島項; 섬목)과 동음이기 때문이다. 이 가운데 도항(島項; 島牧)은 1882년 울릉도를 답사한 울릉도검찰사 이규원의 『울릉도도』와 『울릉도 검찰일기』 등에 등장하고, 이규원은 『울릉도 검찰일기』에서 도항과 죽서도(죽도)를 "두 작은 섬(二小島)"[58]이라고 표기했

---

58) 이규원은 「울릉도외도」에는 울릉전도와 죽도와 도항을 섬으로 표기했다. 나머지는 암석으로 표기했다. 독도는 발견하지 못했다. 이규원의 감찰 목적에는 울릉도 이외의 또 다른 섬 즉 「우산도=독도」를 찾는 것도 포함되어

다. 이후 죽도(죽서도)와 도항은 울릉도의 부속 섬으로 알려져 1910년
대한 제국이 간행한 『한국수산지』에서도 울도군의 부속 섬으로 '죽도
(죽서도)와 서항도(도항) 두 섬과 구멍 바위'를 표기하고 있다. 그곳에
서 일본 측에서는 죽서도를 죽도, 도항(서항도과 관음도)을 '석도'로 한
것」59)이라는 주장이다.

먼저 지적해둘 것은 한국말로 '도항(島項)'과 '도목(島牧)'은 동음어라
고 하는 시모조의 주장은 말도 안 되는 거짓말임을 밝혀둔다. 그리고
시모조는 칙령41를 제정할 때 마치 아카츠카 시요우스케의 "부도"를 표
준으로 했던 것처럼 해석하고 있다. 그 지도를 모방하고 답습했다면 왜
"도항"이라하지 않고 '석도'라고 했을까? 그 이유는 도항이 석도가 아니
라는 것을 의미한다. 사실은 조선조정에서 한일 간에 영토분쟁의 소지
를 갖고 있는 독도에 대해 한국영토임을 명확히 할 필요가 있었기 때문
에 당시 울릉도 사람들이 불렀던 「독섬」 혹은 「독도」를 한자어로 표기
하여 「석도」라고 명칭했던 것이다.60) 거기에는 논리성은 없고 모순성
만 있는 자의적 해석에 불과하다.

셋째로, 도항이 석도일 수밖에 없는 이유에 대해서는 「그 도항은
1900년 10월 25일 『칙령 제41호』가 공포되고 나서는 서항도라고도 표
기되어 1909년에 작성된 해도에서는 "somoku somu(섬목섬-필자주)"
와 한국어음의 읽는 법이 적혀 있다.」

있었다. 그러나 발견하지 못했다.
59) 전게의 下條正男「竹島の真実と独島の≪虚偽≫」에서 인용.
60) 최장근, 「고지도상의 '우산도'명칭에 관한 연구 - '석도=독도' 규명을 중심으
로」, 『일본근대학연구』제36집, 한국일본근대학회, 2012.5, pp.221-240.

島項(鼠項島。觀音島)

「해도308호」(竹邊灣 至水源端)

「『칙령 제41호』에서 울도군의 속도가 '석도'가 된 것과 관련이 있다. 도항과 석도가 밀접한 관계에 있었기 때문이다. 서항도(somoku somu)의 서항을 전통적인 발음 표시 법("반절")로 읽으면, 서(so)의 모음(o)이 제외되어 목(moku)의 첫번째 자음(m)이 생략되어, 서항은 "(속)soku"(돌)이다. 서항도(somoku somu)를 "반절"로 읽으면, 석도(soku somu)로 된다. 이것은 1882년의 시점에서는 섬의 형상으로부터 도항(섬목)으로 표기되고 있었지만, 1900년에 석도(soku somu)가 되면, 그것을 전후해서, "반절"에서 "soku somu"가 되는 서항도로 표기를 바꾸었다는 것이다.」[61]라고 했다. 한국의 발음상으로 서항도와 석도는 전혀 상관없다. 「전통적인 발음표시법」을 활용했다는데 이런 논리를 주장하는 한국학자는 없다.[62] 따라서 시모조의 논리는 설득력 있는 논증은 하지 않고 독도가 한국영토라는 논리를 부정하는 데 그치고 있다.

넷째로, 시모조는 1903년 쿠즈 오사무스케가 발간한 『한해통어지침』에 대한제국의 강계를 "동경 124도 30분 내지 130도 35분"으로 기술하

---

61) 전게의 下條正男「竹島の「真実」と独島の≪虚偽≫」에서 인용.

62) 한국의 전통적인 반절법에 의해 「서항도」가 「석도」로 변했다고 주장하지만, 이를 인정받을 설득력 있는 논증이 필요하지만 아무런 논증도 없을 뿐만 아니라, 선행연구에 대한 인용에 관해서도 언급이 없음.

고 있는데, "동경 131도 52분"에 위치한 랴은코 섬은 분명히 대한제국의 강역 밖에 있었다고 주장한다.[63] 쿠즈 오사무스케가 한국영토를 어떻게 규정하든지, 독도가 한국영토임을 부정할 수 있는 자료는 될 수 없다. 왜냐하면 한국정부가 영토의 범위를 규정하기 위해 편찬한 것이 아니기 때문이다.

이상에서 보는 것처럼, 메이지정부의 공문서에 의하면 해석상으로 1970년과 1977년 울릉도와 같이 독도를 한국영토로 인정했다.[64] 이 공문서는 서로 7년의 격차가 있다. 내용적으로 보면 1977년의 태정관 지령에서 울릉도와 독도를 한국영토로 인정했다는 것은 1970년에 사다 하쿠보가 '공문서에 독도에 관한 기록이 없다'고 보고한 것은 독도에 관한 조사가 부족했다는 것을 인정하는 증거가 된다. 그럼에도 불구하고 시모조는 「독도=한국영토론」을 다양한 방식으로 왜곡하고 있다. 특히 시볼트가 「일본도」를 잘못 그려서 그것을 모방하였기 때문에 「송도」는 모두 「울릉도」이라고 아무리 강변해도 거기에는 설득력은 없고 모순성만 보인다.

사실상, 1905년 이전에 독도가 일본영토였다는 증거는 한 점도 없다.[65] 반면 당시 한국정부는 물론이고 일본정부도 울릉도와 독도가 한국영토임을 인정하는 사료는 많다. 그래서 일본의 영토편입조치 「시마네현고시 40호」는 타국영토에 대한 침략행위에 불과하다.

---

63) 전게의 下條正男「竹島の「真実」と独島の≪虚偽≫」에서 인용.

64) 산조 사네토미(三條実美) 태정대신의 '울릉도 도항금지령', 태정관 문서에서 '죽도외 1도(독도) 일본영토와 무관', 외무성의 '조선국교제시말내탐서(朝鮮国交際始末内探書)' 등이 있다.

65) 이미 内藤正中, 山辺健太郎, 堀和生, 梶村秀樹 등 일본을 대표하는 일본인의 역사학자들이 논증했다.

6. 맺으면서

본 연구는 '다케시마=일본영토'라는 논리가 어떠한 방식으로 생산되는지 그 조작방식에 관해 고찰했다. 전통적으로는 오쿠무라 헤키운(奧原碧雲)이 제일 먼저 만들었고, 이를 답습하여 다무라 세이자부로(田村淸三郎)[66]와 가와가미 켄죠(川上健三)[67]가 체계화했고, 현재 이를 답습하고 있는 자가 시모조 마시오이다. 그는 「죽도문제연구회」를 통해 새로운 논리를 개발하고 있다. 이를 정리하면 다음과 같다.

첫째, 조선시대 왕실의 지리지에 「우산도, 울릉도 2섬은 조선 동해에 위치하며 날씨가 청명하면 바람이 불면 서로 잘 보인다.」라고 하여 조정이 울릉도와 우산도(독도)를 조선영토로서 관리해왔다는 기록이 있다. 일본은 이를 부정하지 않으면 독도를 한국영토로 인정해야한다. 그래서 시모조는 무리한 방식으로 부정하는 논리를 만들어낸다. 울릉도와 우산도는 「1도2명」으로서 동일한 섬에 대한 다른 명칭이 2개라는 주장을 한다. 즉 우산도는 울릉도의 별칭이라는 것이다.

둘째, 일본에서 발행된 고지도(관찬, 사찬포함)로서 조선 동해에 죽도(울릉도)와 송도(독도)를 명확히 표기한 지도들이 매년처럼 발굴되고 있다. 이를 부정하지 않으면 일본은 독도를 한국영토로 인정해야한다. 그래서 시모조는 시볼트가 「일본도」를 잘못 그렸기 때문이라고 한다. 즉 「죽도(울릉도)-송도(독도)」의 경위도를 잘못 표기하여 유럽지도에서 「죽도(실존하지 않는 섬)-송도(실제의 울릉도 위치)-리앙쿠르(실제의 독도 위치)」라는 형태의 지도가 만들어지게 되었다는 것이다. 그래서 조선 동해에 「죽도-송도」형태의 두 섬이 그려진 모든 지도에서 「죽도

---

66) 田村淸三郎(1996)『島根県竹島の新研究』復刻板, 島根県総務部総務課.
67) 川上健三(1966)『竹島の歴史地理学的研究』古今書院.

(울릉도)도 울릉도이고, 「송도(독도)도 울릉도이다」라는 방식의 사료 조작 해석을 하여 독도영유권을 부정하고 있다.

요컨대 시모조는 사료를 설득력 있게 비판한다는 것은 아예 포기하고 시대적 관련성이나 내용적 접합성도 무시하고 「막무가내 끼워 맞추기식」으로 「독도=한국영토론」을 부정하는 방식을 동원하고 있다고 하겠다.

〈참고문헌〉

동북아역사재단편(2009)『일본국회 독도관련 기록모음집 제1부 1948-1976』
　　　동북아역사재단.

송병기(1999)「地方官制 編入과 石島」,『鬱陵島와 獨島』단국대학교출한부.
　　　pp.112-132.

　　　(2004)「광무(光武)4년(1900) 칙령(勅令) 제41호」,『독도영유권 자료
　　　선』자료총서34, 한림대학교 아시아문화연구소, pp.237-241.

신용하(1996)「일본 메이지정부 내무성과 태정관의 조선왕조의 독도 영유권
　　　재확인」,『독도의 민족영토사연구』지식산업사, pp.164-171

최장근(2005)「대일평화조약에 있어서 영토처리의 정치성」,『일본의 영토』
　　　백산자료원, pp.33-71.

　　　(2012.5)「일본정부의 대일평화조약에서 '죽도' 영토확립의 억측 주장」,
　　　『일본문화학보』제53집, 한국일본문화학회. pp.261-277.

川上健三(1966)『竹島の歴史地理学的研究』古今書院, pp.29-211.

外務省(2013)「竹島問題」,「パンフレット'竹島問題を理解するための10のポイ
　　　ント'」, 外務省.

高野雄一(1962)「サンフランシスコ平和條約(日本国との平和條約)」,『日本の
　　　領土』東京大学出版会, pp.347-349.

田村清三郎(1996)『島根県竹島の新研究』復刻板, 島根県総務部総務課.

島根県(2013)「竹島問題研究會」, http://www.pref.shimane.lg.jp/soumu/we
　　　b-takeshima/(검색일: 2013년12월4일).

下條正男(2013)「竹島の真実と独島の≪虚偽≫」, http://www.pref.shimane.lg.jp/
　　　soumu/web-takeshima/takeshima04/takeshima-dokdo/takeshima-do
　　　kdo_1.htm(검색일: 2013년12월4일).

毎日新聞社編(1952)『対日平和條約』毎日新聞社刊.

内藤正中・金柄烈(2007)『史的検証竹島・独島』岩波書店.

内藤正中・朴炳渉(2007)『竹島=独島論争』新幹社.

大西俊輝(2004)「울릉도 도항금지」,『獨島』제이앤씨, pp.71-72.

第1章

「竹島問題研究会」の韓国領土としての歴史的証拠の否定

1. はじめに

　独島の歴史的史料を領有権的側面から分析すると、独島が日本領土という論理は存在しない。[1]ところが、過去の日本帝国は独島の歴史的権原を無視し、日露戦争中の混乱した隙に乗じて、帝国主義の侵略的な方法により「島根県告示40号」という名で「無主地先占」の措置を行い、日本の新領土になったとした。[2]それにより、今日の日本政府は、「竹島」が日本の固有の領土だと主張している。このような日本の主張は事実ではなく、日本帝国主義が侵略した領土の領有権の主張である。侵略した領土は連合国のポツダム宣言によっ

---

1) 宋炳基，「地方官制の編入と石島」，『鬱陵島と獨島』檀國大學校出版部.pp.112-132.宋炳基，「光武4年(1900)勅令第41号」，『獨島領有權の資料選』資料叢書34,翰林大學校のアジア文化研究所，2004，pp.237-241.愼鏞廈，「1900年の大韓帝國の勅令の第41号と鬱陵島,獨島の行政區域の改訂」，『獨島の民族領土史研究』知識産業社，1996，pp.192-201.
2) 田村清三郎，『島根県竹島の新研究』復刻板,島根県総務部総務課,1996，pp.40-65.川上健三，「竹島の島根県編入」，『竹島の歴史地理学的研究』古今書院，pp.209-211.

て、日本の領土から完全に分離された。3)次に、日本が主張する固
有領土論は、どのように生成されたかについて疑問が生じざるを得
ない。そこで本稿では、これらの疑問を解くために下條の論理を分
析することにする。最近、下條正男が韓国側に対して反論する論理
がある。4)つまり①「「日本の公式地図に独島が存在していない」とす
るのは当然である」、②「「韓国古地図に于山島が独島」というのは
真っ赤な嘘」、③「「古文書を見ても独島は韓国の領土」とは言えない
理由」、④「「1900年の日本の独島編入は無効」という論理は捏造」、
⑤「「サンフランシスコ條約が独島を韓国領土と承認」したとするの
はフィクション」、⑥「米国のラスク書簡は無効」というのは欺瞞」と
いうものである。5)本稿では、固有領土論と関連している①~④から
「竹島=日本の固有の領土」論という日本の論理がどのように創出さ
れたかを考察しようと思う。先行研究は日本の領土論の歴史的の権
原に関する考察はあっても、日本の論理の捏造方法に関する研究は
皆無であるといえる。6)

---

3) 崔長根,「日本政府の對日平和條約から'竹島'領土確立の臆測の主張」,『日
   本文化學報』第53輯, 韓國日本文化學會,2012年5月. pp.261-277.崔長根,
   「韓日協定で確認された日本の獨島領有權の主張の限界性」,『日語日文學』
   第47輯, 大韓日語日文學會, 2010.8, pp.429-447.
4) 韓國側の主張は保坂祐二と金章勳と一緒に開設した'獨島の眞實'である。
   韓國側の論理としての先行研究は宋炳基,『鬱陵島と獨島』檀國大學校出版
   部,2004.宋炳基,『獨島領有權資料選』資料叢書34,翰林大學校のアジア文化
   研究所, 2004.愼鏞廈,『獨島の民族領土史研究』知識産業社, 1996.崔長根,
   「古地圖上の'于山島'名稱に関する研究-'石島=獨島'糾明を中心に」,『日本
   近代學研究』第36輯,韓國日本近代學會,2012.5, pp.221-240.
5) 下條正男,「竹島の「真実」と独島の≪虚偽≫」, http://www.pref.shimane.lg.
   jp/soumu/web-takeshima/takeshima04/takeshima-dokdo/takeshima-dok
   do_index.html(檢索日:2013年12月7日).本稿では、下條の主張については
   別途、'脚注'をつけないで引用することを先に述べておく。

本研究に活用したすべての史料は、竹島問題研究会の「竹島の「真実」と独島の「虚偽」」[7]から引用したものであることを告げておく。

2. 『「日本の公式地図に独島は存在しない」のは当然』の否定[8]

日本で発行された公式の地図に対する下條の史料解釈とその論理について考察してみることにする。

最初に、下條は韓国側が「「韓国古地図の于山島は独島」とする于山島は、韓国側の研究[9]でも、欝陵島の東約2キロの竹嶼(チクトウ)のこととされ、「韓国古地図の于山島は独島」と言う主張には根拠がなくなった」。[10]と主張している。そう主張するならば、韓国側の研究者や参考文献を提示するべきなのに単に「韓国の研究者」がそう論証したとしか言わない。実際に誰が、そのような論証を行ったのか出処を明らかに明記しなければならない。

---

6) 代表的な業績として田村清三郎の『島根県竹島の新研究』(復刻板,島根県総務部総務課,1996),川上健三の『竹島の歴史地理学的研究』(古今書院,1966)がある。

7) 前掲の下條正男「竹島の'真実'と独島の≪虚偽≫」から引用.

8) 下條正男,『"日本の公式地図に独島は存在しない"のは当然』, http://www.pref.shimane.lg.jp/soumu/web-takeshima/takeshima04/takeshima-dokdo/takeshima-dokdo_1.html(検索日 : 2013年12月7日). 写真史料引用。

9) 内藤正中,『獨島と竹島』J&C(出),2000.内藤正中・金柄烈,『史的検証竹島・独島』岩波書店,2007.内藤正中・朴炳渉,『竹島=独島論争』新幹社,2007.以外にも韓國の學者は勿論のこと、日本の學者たちのなかにも山辺健太郎,堀和生,梶村秀樹などの日本を代表する歴史學者たちが論證している。

10) 前掲の下條正男「竹島の真実と独島の≪虚偽≫」から引用.

　第二に、下條はそれは『東国文献備考』の分註で「于山島は倭の松島である」とされていた箇所が、引用した『東国輿地志』の原文とは異なる事実が判明し、于山島を竹島(独島)とする論拠も崩れたからである[11]と主張した。ところで、下條は「東国文献備考」と「東國餘地図」がどのような関連性があるのかについて提示していなかった。

　第三に、韓国側が「「日本の公式地図に独島は存在しない。」を論証するために列挙したもの、つまり、行基図(8世紀～16世紀),慶長日本図(1612年),正保日本地図(1655年),元禄日本地図(1702年),享保日本地図(1717年),大日本沿海輿地全図(1821年),大日本全図(1877年)などや、日本が1894年に作成した「新撰朝鮮国全図」には、竹島と松島(現在の竹島)が描かれている。ところが、その松島が朝鮮半島のような色で彩色されている。これは、日本が現在独島を韓国領土として認めた証拠である。」[12]ということについて否定した。無主の地の竹島が日本領となるのは1905年である。従って、争点となるのは、編入の時点で竹島が韓国領であったかどうかである。それは日本が竹島を日本領とした際、「他国ニ於テ之ヲ占領シタリト認ムベキ形跡ナク」[13]として、「無主の地」としているからである。[14]という主張である。上記に列挙した証拠は、日本の領土ではないということを日本人自らが製作して残した。[15]それにもかかわらず、1905

---

11) 前揭の下條正男「竹島の真実と独島の≪虚偽≫」から引用.
12) 前揭の下條正男「竹島の真実と独島の≪虚偽≫」から引用.
13) 原文を引用すれば,「他国ニ於テ之ヲ占領シタリト認ムベキ形跡ナク」となっている。
14) 前揭の下條正男「竹島の真実と独島の≪虚偽≫」から引用.
15) 韓國側で製作された地圖と古文獻は勿論のこと、日本側で製作された古

年の無主地という名目で編入措置を取ったのは帝国主義が韓国の領土を侵略したもう一つのどのような形である。ところが、下條はこれらの事実については全く耳を傾けず、只管「竹島は韓国の領土ではない」という主張だけを繰り返している。

第四として、下條は「1905年以前に作成された日本の地図に、竹島が描かれていないと強弁しても、それを根拠に竹島は日本領ではない、とは言えないのである。それに日本には、竹島が描かれた地図が多数現存し、公式と言える地図もある。それを「日本の公式地図に独島は存在しない」とするのは、無知の極みである。それよりも韓国側がすべきことは、竹島が歴史的に韓国領であった事実の証明である。それが出来ずに、竹島の領有権問題とは関係のない古地図を並べ立て、竹島を韓国領とするのは、欺瞞である。」と主張した。すなわち、日本側が製作した1905年の以前の地図は領有権と関係のない地図という主張である。

実際に、日本の公式地図で独島が日本の領土だと証明できる地図はない。独島が韓国領土として論証されなかったと主張するが、[16] 前述したデータの存在自体がまさに韓国の領土としての証拠である。独島に問題があるとすれば、それはいくら論理的な論証があったとしても下條を含む日本がこれを認めようとしないことが問題な

地圖と古文獻の中でも竹島が日本領土であると表記した地圖は一点もない。ところが、'竹島=日本領土'を主張するナショナリズム的な研究者たちは韓国領土としての證據を否定して、日本領土の根據として活用している傾向が強い。

16) 内藤正中,『獨島と竹島』J&C(出),2000.内藤正中・金柄烈,『史的検証竹島・独島』岩波書店,2007.内藤正中・朴炳渉,『竹島=独島論争』新幹社,2007.以外にも韓國の學者は勿論のこと、日本の學者たちのなかにも山辺健太郎,堀和生,梶村秀樹などの日本を代表する歴史學者たちが論證している。

のである。

第五に、「韓国側は日本の民間人の田中紹祥が編集して、博文館が1894年に発行した「新撰朝鮮国全図」で竹島と松島が朝鮮半島のような色で彩色されており、日本は鬱陵島と「竹島」を朝鮮領と認識しているということ」[17]について、それが成立するためには、まず、江戸時代まで松島と呼ばれた独島が1905年編入の時点でなぜ鬱陵島の呼称である「竹島」と命名されたのか。二つ目に、独島は東島と西島の二つの島になっているが、「新撰朝鮮国全図」の松島はなぜ一つの島だけなのか。このような二つの点を説明していなければ、「「新撰朝鮮国全図」に描かれた松島を、今日の「竹島」と解釈するのは恣意的解釈である」と主張している。

実際には1905年以前の日本の古地図と古文書では、鬱陵島を「竹島」とし、今の独島を「松島」[18]とした。[19]この地図は、1894年に製作されたため、1905年以降の「竹島の名称とは無関係である。なぜなら、日本政府も東海の島についての情報がほぼ正確で朝鮮側の東海に鬱陵島と独島の2つの島が存在するという事実は、すでに明治時代には定着していたからである。特に領土拡張に関心を持っていた日本人の中には独島が日本の領土ではなかったので、シーボルトの誤った地図も誤ったものであることも知らず、そのまま活用した

---

17) 前掲の下條正男「竹島の真実と独島の≪虚偽≫」から引用.
18) 本文では鬱陵島を指している島を「竹島」と表記する。獨島を指している島を「松島」と表記する。
19) 内藤正中, 『獨島と竹島』J&C(出), 2000. 内藤正中・金柄烈, 『史的検証竹島・独島』岩波書店, 2007. 内藤正中・朴炳渉, 『竹島=独島論争』新幹社, 2007. 大西俊輝, 『獨島』J&C(出), 2004. 以外にも正統派の歴史學を研究した大部分の學者は獨島を日本領土と論證しなかった。

場合もたまにあった。[20)]

　そして下條は「韓国側が古地図を解釈する際、地図に描かれた島嶼の色や、島名が同じかどうかを問題としているが、それは文献批判と史料操作の方法に則り、根拠を示して実証されたものでなければならない[21)]と言う領土を区分するために色分けされた領土の地図を完全に否定し、新しい論証を提示しようとしている。

　実際に色分けで区切られた領土境界の地図は色付けによって、特定国家の領土を確認するためのもので最高の論証の方法である。これ以上の論証法はありえない。また、古地図や現在の地図も同様であるが、一般的に鬱陵島も1つの島、独島も1つの島と表記する。すなわち、島群(群れ)を一つに見るのである。ただし、独島の周辺の詳細図を必要とするときは、東島と西島を分けて描く。ところが、下條は独島の周辺に小さく、大きな6つの島と岩礁が散在している鬱陵島については、なぜ複数の島と表記していないかとはせず、唯一独島に対してのみ、なぜ東島、西島の2つの島と表記していないかと強弁する。

　第六に、松島(実際の独島)が鬱陵島になるしかない理由について、下條は「東文輔は、「欝陵島は江戸時代まで、竹島と通称してきたが、海図では欝陵島が松島と表記され、それが一般化している。海図に描かれた松島は欝陵島なので、新島にはこれまで欝陵島の呼称としてきた竹島を付けるべきである」と、具申したのである。東

---

20) 日本地図の中に3つの島を表記している地図は大体勝海舟,「大日本国沿海略図」.橋本玉蘭,「大日本四神全図」には「竹島,松島,リアンクールロックが出ている。川上健三,「わが国における島名の混乱」,『竹島の歴史地理学的研究』古今書院、pp.29-30.

21) 前掲の下條正男「竹島の真実と独島の≪虚偽≫」から引用.

文輔が「欝陵島ヲ竹島ト通称スルモ、其実ハ松島」としたように、1894年に発行された『新撰朝鮮国全図』の松島も、一島からなる欝陵島のことだったのである。その一島が描かれた松島(欝陵島)を、東島と西島の二島からなる竹島とするのは詭弁である。」[22]と主張している。

　実際には鬱陵島は「鬱陵伝導、竹島、観音島」などの3つの島と岩礁からなっており、独島は東島と西島からなっている。ところが、下條は独島は2つの島になっていて、鬱陵島は1つの島になっていると突拍子のない主張をする。また、下條は鬱陵島も松島であり、独島も松島という論理を広げる。1905年以前に鬱陵島は竹島であり、独島は松島であった。1905年の島根県告示第40号以降、韓国の鬱陵島を「松島」とし、独島を「竹島」と呼び始めたのである。その理由は、日本人が独島と鬱陵島の存在を明確に把握しておらず、約1881年から鬱陵島を松島と呼び始めたので、1905年に独島を編入しながら、島の名称の混乱を避けるために「竹島」と表記し始めたのである。したがって、「新撰朝鮮国全図」に登場する「竹島-松島」の二つの島は、一つは、鬱陵島であり、もう一つは独島である。ところが、下條は「お互いの名前は異なるが、すべて鬱陵島を示す島」と憶測を揮う。

　下條のこのような論理はどこから出てきたのだろうか。下條は朝鮮東海に韓国の領土として解釈される「竹島」(実際の鬱陵島)と「松島」(実際の独島)が表記された地図については、苦し紛れに、いつもの合鍵のように便利に活用することがシーボルトの「日本図」であ

---

22) 前掲の下條正男「竹島の真実と独島の≪虚偽≫」から引用.

る。[23]つまり「この竹島と松島の島名の入れ替わりは、1840年、シーボルトの「日本図」で、実在しないアルゴノート島に竹島と表記され、欝陵島が松島とされたことに起因する。以後、西洋の海図では、欝陵島が松島と表記され、それを無批判に踏襲した地図では、欝陵島を松島と表記することになるのである。『新撰朝鮮国全図』は、その一例」[24]ということである。下條の論理によれば、過去の日本人たちは皆、自分の国の地図を描きながら、なぜ間違った西洋の地図だけ参考にしたのかと反問せざるをえない。また、なぜ過去の日本人たちは自国の地図を一つも正しく描かなかったのか。とも、また反問したくなる。

「海図77号」,『世界全圖』(1887)

『新撰 朝鮮国全図)』(1894)

　また、下條はこの地図から松島が今の独島であることを否定するために1887年の制作の「全図」である「海圖77号」を活用している。こ

---

23) 川上健三,「わが国における島名の混乱」,『竹島の歴史地理学的研究』古今書院,pp.29-30参照.
24) 引用文の中に出處を明記しない下條の主張はすべて「竹島の真実と独島の≪虚偽≫」http://www.pref.shimane.lg.jp/soumu/web-takeshima/takeshima04/takeshima-dokdo/takeshima-dokdo_1.htm)から引用したこと。(検索日:2013年12月5日).

の地図は、鬱陵島が「松島」になっていて、独島は「リアンクール岩」と表記されて緯度がウラジオストク近くにある。ところが、「この地図(新撰朝鮮国全図)に記載されている竹島、松島は経緯度から竹島はアルゴノート島、松島はダジュレー島(現在の鬱陵島)である。現在の独島(当時日本ではリアンクールロックと呼ばれる)は、記録されていない。現在の鬱陵島は経緯度から、「松島」はダジュレー島(現在の鬱陵島)、「リヤンコールド岩」は現在の竹島である。経度をみても、「松島」は北朝鮮・ロシア国境に位置する豆満江のすぐ東側、「リヤンコールド岩」はロシアのウラジオストク(地図には「浦塩斯徳」とある)付近にある。当時日本の政府機関も「松島」は、現在の竹島ではなく、現在の鬱陵島を認識していたことが明白である。」[25]として緯度上にも、松島が今の独島の緯度と合わないという主張である。

事実上、この地図には緯度表示がないだけでなく、当時の多くの地図の中で経緯度まで正確な地図はほとんどない。なぜよりによって下條は1887年に制作された「世界全図」の「海図77号」を基準に比較したのか。その理由は、ちょうど独島が韓国の領土だと論理を否定して捏造ができると見られる。そこには、説得力のある論理のようなものは必要ではなかった。

このように、下條の論理の特徴は、自分以外の誰も理解できない不合理な解釈方法で韓国領土論を否定するものであった。

---

25) 前掲の下條正男「竹島の真実と独島の≪虚偽≫」から引用.

3. 『「韓国古地図の于山島は独島」という真っ赤な嘘』の否定26)

ここでは、下條が「韓国の古地図に于山島は独島」を否定する論理に関して考察してみるにする。

最初に、下條は于山島と鬱陵島は同じ島だと主張する。つまり「「新増東国輿地勝覧」で于山島と関連する記事を探すと、「八道総図」の于山島がどのような島なのかを知ることができる。『新増東国輿地勝覧』の「蔚珍県條」(山川)をみると、次のような記述がある。すなわち、「太宗時、聞流民逃其島者甚多。再命三陟人金麟雨為按撫使、刷出空其地」27)という内容がある。これは、太宗16(1416)年9月金麟雨が「武陵等処按撫使」に任命され太宗17(1417)年2月5日に復命されるまでの記録で「太宗実録」の記事が基になっている。その「太宗実録」で于山島の初見は、「太宗17年2月壬戌朝」である。そこには、武陵島(鬱陵島)から帰還した金麟雨が于山島の住民3人を連れて「于山島から帰ってくる」と復命する。以来、「太宗実録」では、于山島を実際の島として于山人が居住していたとしている。

では于山島とは、どのような島なのか。『太宗実録』(太宗17年2月乙丑條)によると、于山島から戻った金麟雨は、「其の島の戸、凡そ十五口、男女併せて八十六」名と報告している。于山島には十五戸が入居し、八十六名もの人が住んでいた。この十五という戸数は、

---

26) 「韓国古地図の于山島は独島という真っ赤な嘘」, http://www.pref.shimane.lg.jp/soumu/web-takeshima/takeshima04/takeshima-dokdo/takeshima-dokdo_2.html(検索日: 2013年12月5日).

27) 原文は「太宗時、聞流民逃其島者甚多。再命三陟人金麟雨為按撫使、刷出空其地」と表記される。写真史料引用。

『太宗実録』(太宗16年9月庚寅條)で、戸曹参判の朴習が、武陵島(欝陵島)には「昔、方之用なる者あり。十五家を率いて入居」と報告した十五家と一致する。この一致は、『太宗実録』と「八道総図」に描かれた于山島は、欝陵島と同島異名の島であったということを示している。事実、欝陵島の周辺に十五戸、八十六名の人々が居住できる島はなく、ましてや岩礁の島、現在の竹島ではないからである。」[28]と主張した。

　下條は于山島は今の独島ではないという主張である。だからといって于山島が今の鬱陵島と同じ島、すなわち1島の2名称だと断定するのは誤りである。では、なぜ「金麟雨が「武陵等処按撫使」に任命」されたのかということにも疑問を持って見なければならない。下條は疑問を持たない。なぜなら、于山島が独島ではないという主張をするのに適しているからである。しかし、実際には「武陵等処按撫使の「東海に武陵(鬱陵)島以外に、もう一つの島である于山島が存在するものと解釈することができなければならない。于山島は鬱陵島の他の別個の島として明確に存在したことが分かる。よって、八道総図にも2つの島で描いた。ところが、下條は八道総図に、2つの島が描かれているということ自体を無視して、一つの島というふうに断定することは史料解析の捏造行為である。

　第二、下條は大東輿地図に于山島がないので東国輿地勝覧でも于山島は独島ではないと主張する。すなわち、「韓百謙が『東国地理誌』(1615年)で、新羅国の封疆には、于山国に由来する于山島のみを記載し、『新増東国輿地勝覧』を基に編修した金正浩の『大東地志』(1864

---

28) 前掲の下條正男「竹島の真実と独島の≪虚偽≫」から引用.

年)では、于山島を削除して、欝陵島だけを残した事実からも言える。保坂氏は文献批判もせず、「八道総図」に描かれた于山島を独島(竹島)と独断しているが、その主張は朝鮮時代の韓百謙や金正浩等(注2)によって、すでに否定されていたのである」[29]と主張している。

韓百謙と金正浩が描いた地図に独島が描かれていない理由は、1403年から1882年までの間一般の人々に欝陵島の渡航と入居を禁止したためである。彼らは朝鮮政府の官僚ではなかったからである。朝鮮政府では、世宗実録と東国輿地勝覧などをはじめ、多くの古地図や古文献に欝陵島とともに于山島を記録した。それは、今日の独島と欝陵島が朝鮮の領土として管理されていたことを意味する。ところが、下條は19世紀の金正浩の大東輿地図を用いて、300年以前の16世紀の八道総図(図3)を解析しようとする過ちを犯している。後世の資料を用いて、それ以前の時代の史料の真実関係を正すことはできない。大東輿地図が新増東国輿地勝覧をもとに作成されたという主張も論証されるべきである。下條は何の論証もなく、その以前の時代のことは必ずそれ以降の時代に踏襲されるというような論理の飛躍を行った。次に、新増東国輿地勝覧に于山島と欝陵島があったので大東輿地図にも欝陵島と于山島が描かれていて初めて、以降の時代が古い時代の史料を参考したと言うことができるだろう。

第三、「海東輿地図」(19C)に描かれた于山島について、下條は「『東国輿地勝覧』の記事に依拠した「八道総図」の于山島とは違

---

29) 前掲の下條正男「竹島の真実と独島の≪虚偽≫」から引用.

い、『海東輿地図』の于山島は『東国輿地勝覧』とは別の系譜に属して
いるからだ。保坂氏が根拠とした『海東輿地図』の于山島は、1711
年、欝陵島捜討使朴錫昌が作成した『欝陵島図形』(図5)に由来する。
その『欝陵島図形』では欝陵島の東側に于山島が描かれ、そこには
「所謂于山島/海長竹田」と明記されている。」30)と指摘している。

八道総図(1530)　　『海東輿地図』　　行其圖(18世紀)　　『欝陵島圖形』

　事実上、地図に登場する「于山島」に関して、朝鮮中期と朝鮮後期
は互いに異なっている。朝鮮中期の于山島は独島を指しているが、
朝鮮後期の于山島は、今日の「竹島(デトソム)」を指す。朝鮮中期の
「独島」を指す于山島が朝鮮後期に「竹島(デトソム)」を指す于山島と
表記したのは、東海に朝鮮領土として、2つの島が存在するという
認識に基づいて作成されたものである。もちろん、これは、今日の
独島をジュクソム(竹島)と間違って表記したものに過ぎない。しか
し、下條は于山島が今の独島という事実を努めて否定するために、
時には東海に描かれた2つの島は、すべて鬱陵島でもあり、于山島
は独島とは全く関係のない今の竹島(竹嶼島)であるともする。下條
のこの方法は、適切な史料解釈を放棄し、独島が韓国領土という論
理を否定するための史料解析捏造行為と言える。

---

30) 前掲の下條正男「竹島の真実と独島の≪虚偽≫」から引用.

4. 「『古文書を見ても独島は韓国領土』 でない理由」の否定[31]

　韓国側は「日本の古文書も独島は朝鮮領であり、日本の領土ではないと認めています。ですから独島が日本の固有領土と言う日本の主張は完全に虚偽であります。日本はこのような歴史を隠蔽しながら、韓国領独島を島根県に強制編入したのでした。」という認識を持っている。その証拠は、次のとおりである。

　最初に、「幕府は元禄8年(1695年)12月24日、欝陵島はいつから鳥取藩の付属となったのか。先祖からの領地であったのか。鳥取藩に入封後、領地となったのかを尋ねたのである。鳥取藩の返答は翌日、書付をもって幕府に提出された。」[32]

　「竹嶋は,因幡伯耆附属二而は御座無候」[33]「松平新太郎領国の節,御奉書をもって仰せ付けられ候旨承り候」[34]と返信したのだ。

　これに対して、下條は、「鳥取藩では、村川市兵衛等が幕府に欝陵島渡海を願い出て、幕府から渡海免許(奉書)が給されていた事情を踏まえ、「欝陵島は因幡、伯耆附属二而は御座無候」と答えた。」[35]として、「韓国側が「欝陵島を往来していた鳥取藩は、独島が鳥取藩の領地ではない」[36]というのが間違っているとする。

---

31) 「第3回 「古文書を見ても独島は韓国領土」でない理由」, http://www.pref.shimane.lg.jp/soumu/web-takeshima/takeshima04/takeshima-dokdo/takeshima-dokdo_3.html(검색일: 2013년12월1일).

32) 前掲の下條正男「竹島の真実と独島の≪虚偽≫」から引用. 写真史料引用。

33) 上掲の下條正男「竹島の真実と独島の≪虚偽≫」から引用.

34) 上掲の下條正男「竹島の真実と独島の≪虚偽≫」から引用.

35) 上掲の下條正男「竹島の「真実」と独島の≪虚偽≫」から引用.

36) 上掲の下條正男「竹島の「真実」と独島の≪虚偽≫」から引用.

この文書は、幕府が当時鬱陵島と独島が日本の領土ではないこと
を明確にした否定することはできない証拠資料である。当時日本の
漁師が日本の領域の外を超える鬱陵島行の渡航を不法に断行し、こ
れを契機に、鬱陵島行の渡航を禁止させた。独島は日本の領域を超
えた鬱陵島を渡航する過程に位置する。鬱陵島の渡航の禁止は、ま
さに独島に対する渡航禁止であった。

ここでも下條の特徴は、何の正当な論証もなく日本側の古文献に
記録された事実を否定することである。

第二、「佐田白茅などが明治政府[37]に掲載した「朝鮮国交際始末内
探書」(1870年)」には「竹島(鬱陵島)と松島(現在の独島)が朝鮮の付属
島となった経緯について」というタイトルの項目があり、外務省に
「1870年4月、朝鮮の釜山に出張した外務省の出仕の佐田白茅などの
復命書」[38]として提出した。明治政府は鬱陵島と独島が朝鮮の領土
であると認識していた、その経緯について調査するようにしたので
あった。佐田白茅などは、現地調査を実施して、「欝陵島が朝鮮領
となった記録はあるが、隣島の松島(竹島)が朝鮮領となった記録は
ない、と復命」[39]したのである。佐田白茅が「松島に対する記録はな
い」としたのは、朝鮮の事情についての調査が不足している独島が
朝鮮の領土という記録を確認していなかったからである。独島が朝
鮮の領土であることを確認した東国興地勝覧、世宗実録地理志、軍
器要覧などを確認していないのだろう。

---

37) 以前論證したように,三條実美が内務警の山田顕義を通じて日本人が「松
　　島または竹島」に渡航できないように全國に通達したのである。
38) 前掲の下條正男「竹島の真実と独島の≪虚偽≫」から引用.
39) 上掲の下條正男「竹島の「真実」と独島の≪虚偽≫」から引用.

　これに対して、下條は、「佐田白茅などが「松島(竹島)が朝鮮の地になった記録はない」という決定的な部分を無視あるいは「隠蔽」」と、明治政府が独島を韓国領土と認めたという」40)として韓国側の主張を否定する。その証拠として、金正浩の「大東輿地図」などに、「今日の竹嶼島の于山島は描かれているが、松島(竹島)を朝鮮の地とする文献は存在しない。朝鮮側では松島(竹島)を自国の領土と認識していなかったのである。」41)という。大東輿地図には独島が見えないが、他の古地図と古文献では、独島が表記された記録が多数ある。調査結果は、「独島の記録がない」と報告したが、明治政府が「竹島(鬱陵島)と松島(現在の独島)が朝鮮の付属島にされた経緯」として、すでにそれ以前から鬱陵島と独島を朝鮮の領土として認識していたことを意味する。また、「今日の竹嶼島である于山島」と主張するが、これは正しい解釈ではない。于山島はもともと「鬱陵郡島」ではない「独島諸島」を指すものであったが、朝鮮末期に一時的に誤記した古地図があるだけである。

　大東輿地図には、なぜ独島がないのか。大東輿地図は、今日の地図と全く違う。当時、独島が暗礁で構成おり何の価値も見出だせなかったとも言え、独島を知らなかったとも言える。だからといって対馬も韓国地図の領土と表記しているので、独島を日本の領土と認めなかっただろう。

　ここでも下條の特徴は、何の正当な論証もなく日本側の古文献に記録された事実を否定するものである。

　第三、太政官指令には「竹島と1島は日本の領土ではない」とされ

---

40) 上掲の下條正男「竹島の「真実」と独島の≪虚偽≫」から引用.
41) 上掲の下條正男「竹島の「真実」と独島の≪虚偽≫」から引用.

ている。「太政官指令文」の「付図」である「磯竹島略図」に竹島(鬱陵島)と松島(独島)が明確に描かれている。すなわち、明治政府は、特に太政官は「鬱陵島と独島は日本の領土ではなく」と明確にした。そして、すでに日本の外務省が「朝鮮国交際始末内探書」で「竹島(鬱陵島)と松島(現在の独島)が朝鮮の付属島で(と)された経緯」としたのは、すでに明治政府が鬱陵島と独島を朝鮮付属と認識していたのである。

ところで、下條は「島根県では、江戸時代以来の地理的理解に基づき、欝陵島を磯竹島とし、現在の竹島を松島として、両島を島根県の版図とすべきとしていた)」[42]「「太政官指令文の付図」とする「磯竹島略図」は島根県が提出した地図で、太政官指令文の付図ではない。」[43]として太政官指令文と磯竹島略図とは別だという主張である。つまり、「公文録」と「太政類典第二編」に「太政官指令文の付図としての磯竹島略図」と「太政官指令」が綴じられている。ところが、太政官指令」は、明治政府の資料であるが、「太政官指令文の付図」としての磯竹島略図」は、島根県が提出した書類であるため、太政官の認識と異なる主張している。従って、むしろ磯竹島は島根県が鬱陵島と独島を日本の領土であると主張するために作成させたので、日本の領土としての証拠という主張である。

---

42) 前掲の下條正男「竹島の真実と独島の≪虚偽≫」から引用.
43) 上掲の下條正男「竹島の真実と独島の≪虚偽≫」から引用.

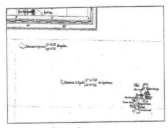

シーボルト「日本島」(1840).

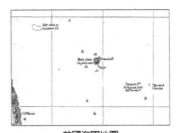

英國海軍地圖
「日本, 日本, 九州, 四国, 朝鮮の一部」(1863)

　また、下條は「竹島と松島に対する明治政府の認識は、(島根県とは)違った。当時、日本が参考にした西洋の海圖などには鬱陵島を松島と表記したシーボルトの「日本図」(1840年)[44]を踏襲していたので、実在しない竹島(アルゴノート島)と松島(鬱陵島)が描かれていたからである。その西洋地図などに、現在の独島が描かれるのは、1849年にフランスの捕鯨船のリアンクール号が独島を発見した以後以降である。よって、かつて「海図」などには竹島(アルゴノート島)と松島(鬱陵島)、それにリアンクールロス(現在の竹島)が描かれるなどの混乱があった。」[45]と主張した。

　下條は「磯竹島略図」に島の形状が明確に描かれた鬱陵島と独島の

---

44) 「地圖(シーボルト「日本島「(「KartevomJapanischenReiche」,1840年)に「Takashima(ArgounautIsland)」が北緯の37五度52分,東經の129度50分になっており、「Matsushima(DageletIsland)」は北緯の37度52分、東經の37度25分、東經の130度56分になっている。實際に存在していないアルゴノート島にTakashima(竹島)と表記されて、ダジュレール島=鬱陵島が松島として表記された。北緯の37度14분、東經の131度52分に位置した現在の獨島は1840年の時點では西洋ではまだ發見されていないのでこの地圖には記載されていない。」、http://www.pref.shimane.lg.jp/soumu/web-takeshima/takeshima04/takeshima-dokdo/takeshima-dokdo_3.html(檢索日:2013年11月5日).

45) 前掲の下條正男「竹島の真実と独島の≪虚偽≫」から引用.

2つの島に対しても「「外1島」は松島として、今の鬱陵島」と史料解釈を捏造している。

　下條は自分の論理を合理化するために、「日本海内松島開墾之儀ニ付伺」[46]を内務卿(大臣)と農商務卿に提出した。」[47]として松島が鬱陵島という主張をする。

　ここでは、「松島」という名称で「松島開拓願」、すなわち鬱陵島を松島に誤認したものである。だから軍艦の天城が「松島は鬱陵島、その他の竹島に行くことは一つの岩石に過ぎないことが分かった。(中略)古来日本の版図ではないことが分かった。」[48]と言った。また、明治政府は、1883年の太政大臣の三條実美が内務卿の山田顕義を介して、日本人が「松島、別名竹島」に渡航しないように、全国に通達したのである。[49]このように、明治政府は鬱陵島と独島について、日本の領土という認識がなかった。明治政府から1880年以降、鬱陵島を松島と認識したのである。

　下條は古地図に朝鮮東海に「竹島」(鬱陵島-筆者注)と「松島」(独島-筆者注)2つの島が登場するだけで、全てがシーボルトの誤った地図のせいだとして緯度と経度のエラーによって松島と竹島の両方が鬱陵島だと主張する。

　下條は竹島が日本の領土であることを前提に、独島が韓国領土といういくら明確な証拠でも一旦否定する方法で、論理を作っている。

---

46) 原文は「日本海内松島開墾之儀ニ付伺」という。
47) 前掲の下條正男「竹島の真実と独島の≪虚偽≫」から引用.
48) 大西俊輝,「軍艦の天城の調査」,『獨島』J&C,2004,pp.70-71.
49) 大西俊輝,「鬱陵島の渡航禁止」,『獨島』J&C,2004,pp.71-72.

5. 「『1905年、日本の独島編入は無効』説の 捏造」の否定」50)

　下條は「1905年1月28日、日本政府が閣議決定で「他国がこの島を占領した痕跡がない」として、「国際法上、日本政府が島根県に編入したことについて、韓国側が「無効」とする資格がない。」51)とした。このように、日本は1905年の島根県の告示40号が妥当であれば竹島が日本の領土だと主張することができる。島根県の告示40号で、「無主地なので日本領土に編入する」としたので、1905年の以前には、無主地でなければならない。このためには、日本は独島が韓国領土というすべての史料的な根拠を否定しなければならなかった。この脈略では下條は「竹島は歴史的にも國際法上にも韓國領土と無關係な存在なのである。」「1900年の「勅令第41号」の「石島」は鬱陵島の東北の十数メートルの「島項」であった。」52)とした。

　最初に、下條は「1900年10月25日に公布された「勅令第41号」には、確かに欝島郡の行政区域が「欝島全島と竹島・石島」と定められているが、韓国側ではその石島を今日の独島とする実証ができていないからである。」53)として韓国の領土論を否定した。

　下條はその証拠として「現に「勅令第41号」が公布される三日前、内部大臣の李乾夏が欝陵島を欝島郡とするため議政府に提出した

---

50)「第4回「1905年、日本の独島編入は無効」説の捏造」, http://www.pref.shimane.lg.jp/soumu/web-takeshima/takeshima04/takeshima-dokdo/takeshima-dokdo_4.html.

51) 前掲の下條正男「竹島の真実と独島の≪虚偽≫」から引用.

52) 上掲の下條正男「竹島の真実と独島の≪虚偽≫」から引用. 写真史料引用。

53) 上掲の下條正男「竹島の真実と独島の≪虚偽≫」から引用.

「請議書」では、欝陵島の疆域が「縦八十里(約32キロ)ばかり、横五十里(約20キロ)」、と明記されている。「請議書」に記されたこの欝陵島の疆域は、明らかに独島が欝島郡の行政区域外にあった事実を示している。独島は、その欝陵島からさらに東南に90キロ近く(約360里)も離れているからである。」[54]とした。

下條が「鬱陵島で日本人によって伐採が問題されて李乾夏が1899年9月、禹用鼎を鬱陵島視察官に任命した。現地での聞き取り調査は、1900年6月1日から5日まで、日韓合同で実施された。日本側では釜山の領事館の赤塚正助の副領事が派遣された。その時の概要と調査範囲については、禹用鼎の「鬱島紀」と赤塚正助のレポートの「鬱陵島調査の概況」で確認をすることができる。「鬱陵島調査の概況」には、「附図」が収録されて鬱陵島とその付属島で(空島、渡航(島牧)、竹嶼島(竹島)の3島が描かれている。

下條の指摘のように「鬱島紀」と「鬱陵島調査の概況」は、鬱島郡を調査したものではなく、鬱陵島を調査したものである。下條の誤謬は、「鬱陵島」と「鬱島郡」を同じように扱っているのである。下記の「附図」は「鬱島郡」ではない「鬱陵島の調査概況」である。勅令41号によると、「鬱島郡」は「鬱陵全図、竹島、石島」と表記している。

---

54) 上掲の下條正男「竹島の真実と独島の≪虚偽≫」から引用.

『鬱陵島 調査概況』

李奎遠の≪鬱陵島外圖』

　下條は「禹用鼎は鬱陵島の範囲について「長さ70里(約28km)であり、広さ40里(16km)、周囲140~150里(56km~60km)」の島であった。」「これは禹用鼎が現地で得られた知識をもとにしており、鬱陵島の島民などが鬱陵島を一周するのに「140~150里」程度の島だと認識したからである。禹用鼎は周囲「140~150里」の鬱陵島を郡に昇格することを提案した。それに基づいて内部大臣の李乾夏が10月22日、鬱陵島を鬱島郡に「請議書」を議政府に提出したものである。」と主張した。

　ここで禹用鼎は鬱陵島の範囲について「長さ70里(約28km)、広さ40里(16km)、周囲140~150里(56km~60km)」と言って、李乾夏は「鬱陵島の疆域が「縦80里(約32km)、横50里(約20km)」とした。ところが「禹用鼎の知識をもとに李乾夏が議政府に建議した。」としている下條の論理なら数が同じでなければならない。しかし、李乾夏の鬱陵島の範囲の認識と「禹用鼎の範囲の認識は互いに異なっている。つまり、言い換えれば、禹用鼎が李乾夏に建議して李乾夏が禹用鼎の建議の内容を受け入れたと言う下條の主張は論理的に正しくない。

　このように、全く関係のないことを関連させて填め合わせるよう

　に、自分が希望する論理を捏造することが下條式の史料解析の捏造
方式である。

　第二、鬱島郡の行政区域について、「「勅令第41号」第2條で「鬱陵
全圖と竹島、石島」とされた鬱島郡の行政区域も「請議書」の範囲を
超えないということである。その後、鬱島郡の竹島と石島は鬱陵島
のどの島を指しているのだろうか。これを赤塚正助の「付圖」で確認
すると竹島は鬱陵島の東の方の約2kmの竹嶼島である。ならば、石
島は空島と島牧の中の一つとなる。ところが、空島は、現在の孔岩
であり、島牧は渡航となった。赤塚正助の「付圖」で空島、島牧(ソム
モク)と韓国語音を漢字に置き換えて表記しており、空島は、孔岩の
岩を島に変えた点だけ異なる。島牧は島項(ソムモク)と同音である
からである。このうち島項(島牧)は1882年に鬱陵島を踏査した鬱陵
島の検察社の李奎遠の「鬱陵島図」と「鬱陵島の検察日記」などに登場
して、李奎遠は「鬱陵島の検察日記」で島項と竹嶼島(竹島)を「二小島」
と表記した。以来、竹島(竹嶼島)と島項は鬱陵島の付属島として知
られて1910年に大韓帝国が出版された「韓国水産地」でも鬱島郡の付
属島で「竹島(竹嶼島)と鼠項島(島項)の二つの島と穴岩」を表記して
いる。そこで日本側では竹嶼島を竹島、島項(鼠項島と観音島)を「石
島」とした」[55]という主張である。という主張である。

　まず指摘しておくことは、韓国語で「島項」と「島牧」は、同音語と
いう下條の主張はとんでもない嘘であることを明らかにしておく。
そして、下條は勅令41号を制定する際に、まるで赤塚正助の「付図」
が標準であるかのように解釈している。その地図を模倣して踏襲し

---

55) 上掲の下條正男「竹島の真実と独島の≪虚偽≫」から引用.

たならば、なぜ「渡航」とせずに「石島」としたのか。その理由は、渡航が石島ではないことを意味する。実際には、朝鮮の政府で日・韓の間で領土紛争の素地がある独島について、韓国の領土であることを明確にする必要があったため、当時、鬱陵島の人々が呼んだ「ドクソム」あるいは「独島」を漢字で表記し、「石島」と名称したのである。[56] そこに論理性はなく、矛盾性だけの恣意的な解釈に過ぎない。

　第三、渡航が石島であるしかない理由については、「その島項は1900年10月25日、『勅令第41号』が公布されてからは鼠項島とも表記され、1909年に作成された海図「somokusomu(ソムモクソム-筆者注)」と韓国語音の読み方が記されている。」

島項(鼠項島。観音島)

「海圖308号」(竹邊灣 至水源端)

　「『勅令第41号』で、欝島郡の属島が石島とされたことと関連している。島項と石島は密接な関係にあったからである。鼠項島(somokusomu)の鼠項を伝統的な発音表示法(「反切」)で読むと、鼠(so)の母音の(o)が除かれ、項(moku)の最初の子音である(m)が省か

---

56) 崔長根,「古地圖上の「「于山島」名稱に關する研究-「石島=獨島」糾明を中心に」,『日本近代學研究』第36輯,韓國日本近代學會, 2012.5, pp.221-240.

れて、鼠項は「soku」(石)となる。鼠項島(somokusomu)を「反切」で読むと、石島(sokusomu)となるのである。これは1882年の時点では、島の形状から島項(ソンモク)と表記されていたが、1900年に石島(sokusomu)となると、それと前後して、「反切」で「sokusomu」と読める鼠項島に、表記を変えたということである。」57)とした。韓國の發音上で鼠項島と石島は全然関係ない。「伝統的な発音表示法」を活用したと言っているが、この論理を主張する韓國學者はない。58)従って下條の論理は説得力のある論証はせず、独島が韓国領土という論理を否定することにとどまっている。

　第四、下條は1903年刊行の葛生修亮の『韓海通漁指針』でも所属が明確でなかったとしている。『韓海通漁指針』では大韓帝国の疆界を「東経百二十四度三十分乃至百三十度三十五分」としており、「東経百三十一度五十二分」に位置するリャンコ島は、明らかに大韓帝国の疆域外に在ったからであると主張している。59)葛生修亮が韓国領土をどのように規定するか、独島が韓国の領土であることを否定することができる材料にはならない。なぜなら、韓国政府が領土の範囲を規定するために編纂したものではないからである。

　以上のように、明治政府の公文書によると、解釈上で、1970年と1977年に鬱陵島のように独島を韓国の領土として認めた。60)内容的

---

57) 前掲の下條正男「竹島の「真実」と独島の≪虚偽≫」から引用.
58) 韓国の伝統的な反切法により「鼠項島」が「石島」に変更したと主張するが、これを認められる説得力のある論証が必要であるが、何の論証もないだけでなく、先行研究に対する引用に関しても言及がない。
59) 前掲の下條正男「竹島の「真実」と独島の≪虚偽≫」から引用.
60) 　三條実美の太政官大臣の「鬱陵島の渡航禁止令」、太政官の文書で「竹島外一島(独島)日本の領土と無関係」、外務省の「朝鮮国交際始末内探書」などがある。

にみると、1977年の太政官指令で鬱陵島と独島を韓国の領土として
認めたということは、1970年に佐田白茅が「公文書に独島に関する
記録がない」と報告したのは、独島に関する調査が不足したことを
認める証拠となる。それにもかかわらず、下條は、「独島=韓国領
土論」をさまざまな方法で歪曲している。特にシーボルトが「日本
図」を間違って描いて、それを模倣したため、「松島」はすべて「鬱
陵島」だと、いくら強弁してもそこには説得力はなく、矛盾性だけ
に見える。

　事実上、1905年以前に独島が日本の領土だったという証拠は一点
もない。[61] 一方、当時の韓国政府はもちろんのこと、日本政府も鬱
陵島と独島が韓国の領土であることを認める史料は多い。よって日
本の領土編入措置の「島根県告示40号」は他国の領土に対する侵略行
為に過ぎない。

6. おわりに

　本研究では、「竹島=日本の領土」という論理がどのような方法で
生産されるかその捏造方法について考察した。伝統的には、奥原碧
雲がその嚆矢であり、これを踏襲して田村清三郎[62] と川上健三[63] が
体系化した、現在これを踏襲している者が下條である。彼は「竹島
問題研究会」を通じて、新しい論理を開発している。これをまとめ

---

61) すでに内藤正中、山辺健太郎、堀和生、梶村秀樹などの日本を代表する
　　日本人の歴史學者たちが論證した。
62) 田村清三郎(1996)『島根県竹島の新研究』復刻板,島根県総務部総務課.
63) 川上健三(1966)『竹島の歴史地理学的研究』古今書院.

ると、次のとおりである。

　まず、朝鮮時代の王室の地理志に「于山島、鬱陵島の2島は朝鮮の東海に位置し、天気が清明で風が吹くとお互いによく見える。」として朝政が鬱陵島と于山島(独島)を朝鮮の領土として管理してきたと言う記録がある。日本はこれを否定できなければ、独島を韓国の領土として認めなければならない。よって下條は無理な方法で否定する論理を作り出す。鬱陵島と于山島は「1島2名称」として一つの島に対して名称が2つという主張をする。すなわち、于山島は鬱陵島の別称だということである。

　第二、日本で発行された古地図(官撰、私撰を含む)でありながら朝鮮の東海に竹島(鬱陵島)と松島(独島)を明確に表記した地図が毎年のように発掘されている。これを否定できなければ、日本は独島を韓国の領土として認めなければならない。よって下條はシーボルトが「日本図」を誤って描いたからだという。すなわち、「竹島(鬱陵島)-松島(独島)」の経緯度を誤って表記したヨーロッパの地図から「竹島(存在していない島)-松島(実際の鬱陵島の位置)-リアンクール(実際の独島の位置)」と呼ばれる形態の地図が作られるようになったのである。よって、朝鮮の東海に「竹島-松島」の形態の二つの島が描かれたすべての地図を用いて「竹島(鬱陵島)も、鬱陵島であり、「松島(独島)も、鬱陵島である」という方式の史料の捏造解釈をして独島の領有権を否定している。

　要するに、下條は史料に対し説得力のある批判は、完全に放棄して時代的な関連性や内容的な接合性も無視して、「強引な填め合わせ式」に「独島=韓国の領土論」を否定する方法を総動員しているといえる。

〈参考文獻〉

東北亞歷史財團編(2009) 『日本國會 獨島關聯 記錄集 第1部 1948-1976』東北
　　　亞歷史財團.

宋炳基(1999) 「地方官制の編入と石島」, 『鬱陵島と獨島』檀國大學校出版部, pp.112-132.

＿＿＿(2004) 「光武4年(1900) 勅令の第41号」, 『獨島領有權 資料選』資料總書
　　　34, 翰林大學校 アジア文化研究所, pp.237-241.

愼鏞廈(1996) 「日本の明治政府の內務省と太政官の朝鮮王朝の獨島の領有權の
　　　再確認」, 『獨島의 民族領土史研究』知識産業社, pp.164-171

崔長根(2005) 「對日平和條約において領土處理の政治性」, 『日本の領土』 白山
　　　資料院, pp.33-71.

＿＿＿(2012) 「日本政府の對日平和條約から'竹島'の領土確立の臆測の主張」,
　　　『日本文化學報』第53輯, 韓國日本文化學會. pp.261-277.

川上健三(1966) 『竹島の歴史地理学的研究』古今書院, pp.29-211.

外務省(2013) 「竹島問題」, 「パンフレット'竹島問題を理解するための10のポイ
　　　ント'」, 外務省.

高野雄一(1962) 「サンフランシスコ平和條約(日本国との平和條約)」, 『日本の
　　　領土』東京大学出版会、pp.347-349.

田村清三郎(1996) 『島根県竹島の新研究』復刻板, 島根県総務部総務課.

島根県(2013) 「竹島問題研究會」, http:/www.pref.shimane.lg.jp/soumu/web-
　　　takeshima/(検索日: 2013年12月4日).

下條正男(2013) 「竹島の真実と独島の≪虚偽≫」, http://www.pref.shimane.lg.jp
　　　/soumu/web-takeshima/takeshima04/takeshima-dokdo/takeshima-d
　　　okdo_1.htm(検索日: 2013年12月4日).

毎日新聞社編(1952) 『対日平和條約』毎日新聞社刊.

内藤正中・金柄烈(2007) 『史的検証竹島・独島』岩波書店.

内藤正中・朴炳渉(2007) 『竹島=独島論争』新幹社.

大西俊輝(2004) 「鬱陵島の禁止」, 『獨島』J&C(出), pp.71-72.

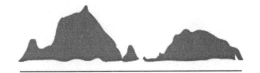

제2장
'죽도문제연구회'의 한국영토 '우산도= 석도=독도'의 부정

1. 들어가면서

일본 시마네현 죽도문제연구회가 집필한 책자 '100문100답'의 삽입 그림지도에는 "죽도(독도)[1]에서 한반도까지를 217km, 죽도에서 시마네현까지를 약211km"라고 하여 독도가 일본영토에 더 가깝다고 강조하고 있다. 더 가깝기 때문에 일본영토라는 주장을 하고 싶어한다. 그러나 사실 독도는 사람이 사는 한국의 울릉도에서 87.4km, 사람이 사는 일본의 오키섬에서 157km 거리에 위치하고 있어서 사람의 가시거리 100km 이내의 울릉도에서는 보이고 오키도에서는 보이지 않는다는 사실이 중요하다. 이처럼 죽도문제연구회는 논리성도 없이 무엇이든지 내세워 일본영토론을 주장하는데 급급하다.

죽도문제연구회가 제작한 '100문100답' 중에서 특히 '제8부 한국의 주장에 반론한다(2)'[2]는 부분이 한국의 주장인 '우산도=석도=독도'를

---

1) 죽도는 일본호칭 '다케시마(竹島)'를 말한다. 본문에서는 이를 '죽도'라고 표기한다.
2) 73. 한국의 문헌이나 고지도에 보이는 '우산도(于山島)'는 죽도(竹島)인가? 74. '세종실록지리지', '신증동국여지승람'의 우산도는 죽도인가?

부정하기 위한 것이다.

필자의 연구에 의하면, 한국 측과 일본 측에 있는 모든 독도 관련 사료는 '독도=한국영토'를 논증하는 것이다.[3] 그런데 죽도문제연구회는 오히려 한일 양국에 존재하는 사료들은 모두 '독도=한국영토'를 입증하는 것이 아니라고 부정한다.[4] 그래서 본 연구는 죽도문제연구회의 주

---

75. 한국은 죽도의 명칭이 우산도→석도→독도로 변천했다고 하지만, 증거는 있는가?
76. 에도시대의 문헌에서는 죽도가 일본의 범위에서 제외되었는가?
77. 伊能忠敬의 지도에서는 죽도가 일본의 범위에서 제외되었는가?
78. 長久保赤水의 지도에서 죽도가 일본의 범위에서 제외되었는가?
79. 林子平의 회도(그림지도)에서는 죽도가 일본의 지도에서 제외되었는가?
80. '막부가 울릉도 도항을 금지했을 때 죽도가 한국영토로 확인되었다'라는 한국 주장은 옳은가?
81. 에도막부의 울릉도도항금지령에서 죽도는 울릉도의 속도로서 한국영토로서 간주되었는가?
82. 안용복이 '일본의 관백(쇼군)에게 죽도가 조선영토임을 인정하도록 했다.'라는 한국의 주장은 올바른가?
83. 한국이 '죽도=조선영토'의 근거로 들고 있는 1877년의 태정관지령이란 무엇인가?
84. 한국의 1900년의 칙령에 있는 '석도'는 죽도인가?
85. 한국의 1900년의 칙령으로 죽도는 한국영토가 되었는가?
86. "이미 영토권을 갖고 있었던 것을 1905년에 다시 영토편입조치를 취한 것은 불법인가?"

3) 대표적인 선행연구로서, 송병기(1999)『鬱陵島와 獨島』단국대학교출판부. 송병기(2004)『독도영유권 자료선』자료총서34, 한림대학교 아시아문화연구소. 신용하(1996)『독도의 민족영토사연구』지식산업사. 內藤正中·金柄烈(2007)『歷史的檢証独島·竹島』岩波書店. 內藤正中·朴炳渉(2007)『竹島=独島論争ー歴史から考えるー』新幹社. 內藤正中(2011)「1905年の竹島問題」,『北東アジア文化研究』34호등이 있다.
4) 대표적인 선행연구로서, 奥原碧雲(1906)『竹島及鬱陵島』松江: 報光社. 奥原碧雲(1906)『竹島経営者中井養三郎氏立志伝』. 奥原碧雲(1907)「竹島沿革考」,『歴史地理』第8巻 第6号. 川上健三(1966)『竹島の歴史地理学的研究』古今書院. 川上健三(1953)『竹島の領有』日本外務省條約局. 島根県編,=田村

장이 설득력을 갖고 있는 것인지 아닌지를 분석하려는 것이 목적
이다.

연구방법으로서는 본론인 2장에서는 '한국 고지도의 우산도는 독도
가 아니다'에 대한 비판으로 ①한국의 문헌이나 고지도에 보이는 '우산
도(于山島)'는 죽도(竹島)인가? ②'세종실로 지리지', '신증동국여지승
람'의 우산도는 죽도인가? ③한국은 죽도의 칭이 우산도→석도→독도
로 변천했다고 하지만, 증거는 있는가?에 대해 분석한다.

3장에서는 '일본 고지도의 독도는 일본영토이다'에 대한 비판으로 ①
"에도시대의 문헌에서는 죽도가 일본의 범위에서 제외되었는가?" ②"이
노 다다타카(伊能忠敬)의 지도에서는 죽도가 일본의 범위에서 제외되
었는가?" ③"나가쿠보 세키스이(永久保赤水)의 지도에서 죽도가 일본
의 범위에서 제외되었는가?" ④"하야시 시헤이(林子平)의 그림지도에
서는 죽도가 일본의 지도에서 제외되었는가?"에 대해 분석한다. 4장에
서는 '막부의 도항금지령에는 독도는 포함되지 않았다'에 대한 비판으
로 ①"막부가 울릉도 도항을 금지했을 때 죽도가 한국영토로 확인되었
다" ②"에도막부의 울릉도 도항 금지령에서 죽도는 울릉도의 속도로서
한국영토로서 간주되었는가?" ③"안용복이 '일본의 관백(쇼군)'에게 죽
도를 조선영토임을 인정하도록 했다"라는 한국의 주장은 올바른가?"에
대해 분석한다. 5장에서는 '명치정부도 독도를 한국영토로 인정한 적이
없다'에 대해 비판했고, 6장에서는 '1900년의 칙령의 석도는 독도가 아
니다'에 대한 비판으로 ①"한국의 1900년의 칙령에 있는 '석도'는 죽도

清三郎(1954)『島根県竹島の 研究』. 下條正男(2005)『「竹島」その歴史と領
土問題』竹島・北方領土返還要求運動島根県民会議. 下條正男(2004)『竹島
は日韓どちらのものか』文春親書377. 田村清三郎(1965)『島根県竹島の新
研究』島根県総務部総務課 등이 있다.

인가?" ②"한국의 1900년의 칙령으로 죽도는 한국영토가 되었는가?"에 대해 고찰한다.

선행연구로서 죽도문제연구회가 발행한 '100문100답'이 출간된 지 얼마 되지 않아서 이를 비평한 연구가 없기에 더욱 흥미진진한 논증이 될 것이다.

2. '한국 고지도의 우산도는 독도가 아니다'의 비판

2.1 "한국의 문헌이나 고지도에 보이는 '우산도(于山島)'는 죽도(竹島)인가"에 대한 비판

이글의 필자인 시모조[5]는 우산도는 죽도가 아니라는 논거로서 다음과 같이 지적하고 있다. 즉,

우산도는 안용복의 밀항사건 이전에 울릉도의 별칭이었으나, 안용복의 허위진술에 의해 "일본의 송도(독도-필자주)"로 되었다가, 또다시 울릉도에서 2km지점에 있는 '도서(竹嶼)'를 가리키게 되었다는 것이다.[6] 시모조는 '송도가 우산도이라는 역사적 인식만 남아있다'라고 주장한다.[7] 즉 시모조는 다음과 같이 주장한다.

① 조선조정에 의해 1770년 편찬된『동국문헌비고』에서 '여지지가 말하기를 울릉, 우산 모두 우산국의 땅, 우산도는 왜가 말하는 소위 송

---

5) 다쿠쇼쿠(拓殖)대학 국제개발학부 교수로서 죽도문제연구회의 좌장을 맡고 있고, 2005년부터 시마네현을 움직여 죽도문제연구회를 조직하여 일본정부 주도의 적극적인 독도정책을 선동하고 있다. 그는 오늘날 독도문제를 일으킨 장본인으로서 시마네현에 소속된 대표적인 어용학자이다.

6) 제3기 죽도문제연구회편(2014)『죽도문제 100문100답』,『WILL』2014년3월호증간, ワック株式会社, 2014.3.14, p.170-171.

7) 제3기 죽도문제연구회편(2014)『죽도문제 100문100답』. pp.170-171.

도이다.'라는 것에 대해, 한국이 '우산도'가 지금의 독도라고 주장한다. 그것은 '1770년에 편찬된『동국문헌비고』의 분주에 의한 것이고 그것은 조선조정에 대해 안용복이 '돗토리번과 교섭하여 번주로부터 울릉도와 우산도는 모두 조선의 것이 되었다고 인정했다고 거짓된 증언을 했기 때문'이라고 한다.[8] 또 조선조정에 대해 '울릉도에서 일본어민을 만났을 때 송도는 우산도다. 그것도 조선의 땅이다'[9]라고 하여 일본어민을 쫓았다고 공술했기 때문이라는 것이다.

'죽도기사'에 의하면, '울릉도에서 일본어민을 만났을 때 송도는 우산도다. 그것도 조선의 땅이다'라고 한 것은 1693년의 안용복 체험에 의한 것이라는 주장이다. 안용복은 그때 울릉도의 동북에 있는 큰 섬을 목격하고 함께 건너가 조선어민으로부터 그것이 우산도라는 사실을 알았다는 것이다. 그후 안용복은 돗토리번 요나고의 오야가문사람들에 의해 일본에 연행되는 도중 안용복은 황혼의 해상에서 울릉도보다도 더 큰 섬을 발견했다(변례집요[變例集要])고 진술함으로써 당시 조선국에서는 안용복의 증언에 의해 우산도가 '송도' 즉 지금의 '죽도'(독도)가 되었다는 인식을 갖게 되었다고 주장한다.[10]

시모조의 문제점은 다음과 같다. 즉 1690년대의 안용복사건과 1770년의『동국문헌비고』와의 관련성을 논증하지 않고, 추측성으로『동국문헌비고』은 안용복의 영향에 의한 것이라는 주장은 모순이다.

② 원록각서[11]의 '조선지팔도(朝鮮之八道)'와 '조울양도감세장(朝鬱

---

8) 제3기 죽도문제연구회편(2014)『죽도문제 100문100답』. pp.170-171.
9) 제3기 죽도문제연구회편(2014)『죽도문제 100문100답』. pp.170-171.
10) 제3기 죽도문제연구회편(2014)『죽도문제 100문100답』. pp.170-171.
11) 원래 명칭은「원록9 병자년조선주착안일권지각서」로서 원록9년(1696)에 일본에서 기록한 안용복의 2차 도일에 관한 기술이다. 본문에서는「원록각서」라고 표기하기로 한다.

兩島監税長)'에 대해서는, 시모조는 '1696년 안용복은 울릉도와 우산도를 조선령이라고 주장하기 위해 일본에 밀항했다'고 한다.[12] 원록각서에 의하면 안용복의 '조선지팔도'에 그려진 우산도가 '신증동국여지승람에 유래되었다'는 것이다. 안용복은 일본인들이 우산도에 살고 있었기 때문에 '조울양도감세장'[13]이라는 관직명을 사칭했다고 한다.[14] 우산도가 울릉도의 4분의 3정도 크기의 큰 섬이라고 생각했기 때문이라는 것이다.[15]

시모조의 오류는 다음과 같다. 즉 안용복은 신증동국여지승람의 영향을 받아 '조선지팔도'라고 하여 우산도가 조선영토라고 했지만, 우산도가 울릉도의 4분의 3정도라고 생각했기 때문이라고 주장한다. 그러나 시모조는 '조선지팔도'와 신증동국여지승람과의 관련성을 논증하지 않고 추측하는 것은 모순이다.

원록각서의 '조선지팔도'와 '조울양도감세장'은 안용복으로 하여금 막부로부터 울릉도와 독도를 조선영토로 확인받았다는 것을 증명한다. 시모조는 이처럼 명명백백한 것을 부정하기 위해 객관적인 논증없이 다음과 같이 주장한다. 첫째로는 막부가 울릉도 도항을 금지한 것은 안용복의 밀항보다 반년 전에 결정되었기 때문에 안용복은 일본인을 만날 수가 없었다는 것이고, 둘째로, 안용복의 교섭으로 울릉도와 우산도가 조선영토가 된 적도 없다고 단정했다.[16] 셋째로, 1711년 제작된 박석창의 '울릉도도형'에는 현재의 죽서를 '소위 우산도'라고 명기되어 있다는 것이다.[17]

---

12) 제3기 죽도문제연구회편(2014)『죽도문제 100문100답』. pp.170-171.
13) 이것은 시모조의 '조울양도감세장'에 대한 오류임.
14) 제3기 죽도문제연구회편(2014)『죽도문제 100문100답』. pp.170-171.
15) 제3기 죽도문제연구회편(2014)『죽도문제 100문100답』. pp.170-171.
16) 제3기 죽도문제연구회편(2014)『죽도문제 100문100답』. pp.170-171.

시모조는 결론적으로 안용복이 본 우산도는 지금의 독도가 아니라는 주장이다.[18] 그 이유는 우산도는 울릉도의 동남에 있는데 '동북'이라고 하고 있고, 박석창의 울릉도도형은 안용복의 밀항사건과 공술에 의해 작성된 것으로 우산도는 지금의 죽서를 가리킨다는 것이다.[19] 여기서 시모조의 모순은 이들에 대해 아무런 논증 없이 공허한 주장이라는 것이다.

그런데 시모조는 이러한 사실에 대해서는 부정하고 있는 것도 논리적 모순이다. 즉, 첫째로 세종실록 지리지, 고려사지리지, 증보동국여지승람 등의 관찬문헌에 의하면 조선조정이 조선시대 내내 조선의 영토로서 동해에 2개 섬이 존재했다는 인식을 갖고 있었다. 둘째로 안용복은 1차와 2차 도일에서 울릉도 이외에 또 다른 섬으로서 우산도를 눈으로 확인했고, 그 사실을 막부와 돗토리번에 대해 한국영토임을 주장했던 것이고, 막부가 이를 부정하지 않았다는 것이다. 셋째로 박석창의 울릉도도형은 수토사로서 동해의 두 섬에 대한 조사를 목표로 했는데, 지금의 독도를 확인하지 못하고 '죽서도'에다가 '소위 우산도'라고 했던 것이다. 이것은 지금의 독도를 찾지 못하고 추측성으로 우산도의 위치를 잘못 표기한 것에 불과하다. 이는 조선 조정의 인식이 아니고 박석창의 인식에 지나지 않는다.

2.2 "'세종실로 지리지', '신증동국여지승람'의 우산도는 죽도인가"에 대한 비판

이 글의 필자인 시모조는 '세종실록 지리지', '신증동국여지승람'의 우

---

17) 제3기 죽도문제연구회편(2014)『죽도문제 100문100답』. pp.170-171.
18) 제3기 죽도문제연구회편(2014)『죽도문제 100문100답』. pp.170-171.
19) 제3기 죽도문제연구회편(2014)『죽도문제 100문100답』. pp.170-171.

산도는 죽도가 아니라고 부정하고, 그 이유에 대해 다음과 같이 주장한다. 즉, 세종실록지리지(1454)와 신증동국여지승람(1540)의 울진현조에 '우산, 무릉 2섬, 현의 정동 해중에 있다'[20]라는 기록이 있다. 한국은 우산도에 대해『동국문헌비고』의 '우산도는 송도'라는 기록을 갖고 우산도를 송도라고 집착하고 있다고 주장한다.[21] 그러나 1776년의『동국문헌비고』에 '여지지에 의하면 왜가 말하는 소위 송도(지금의 독도)는 우산도(독도)이다'라고 되어 있는데, 여지지에는 '일설에 우산도 울릉도 원래 1개 섬만 기록되어있다. 따라서 우산도는 죽도(독도)가 아니다.'라는 주장이다.[22]

그런데 시모조는 한국이 잘못 해석하는 이유로서는 동국문헌비고의 '우산도는 일본이 말하는 송도'라는 것에 집착하고 있기 때문이라는 것이다.[23] 세종실록지리지와 동국여지승람의 '우산, 울릉 2섬은 서로 보이는 거리에 있다.'라는 것은『신증동국여지승람』의 울진조의 섬에 대한 기록상황은 조선반도에서 바라본 울릉도의 모습이라는 것이다.[24] 그 예로 1693년 막부와 대마도가 조선반도에서 울릉도가 보였기 때문에 울릉도를 조선영토로 인정했다는 것이다.[25] 위에서 어느 하나도 시모조는 객관적인 논증없는 단순한 주장이다.

또한 '태종실록'에 울진현에서 우산도의 '수목과 모래가 보인다'라는 기록이 있는 것으로 볼 때 죽도(독도)에는 수목도 없고 모래도 없기 때문에 동국여지승람의 '우산도'는 죽도(독도)가 아니라는 것이다.[26]

20) 제3기 죽도문제연구회편(2014)『죽도문제 100문100답』. pp.172-173.
21) 제3기 죽도문제연구회편(2014)『죽도문제 100문100답』. pp.172-173.
22) 제3기 죽도문제연구회편(2014)『죽도문제 100문100답』. pp.172-173.
23) 제3기 죽도문제연구회편(2014)『죽도문제 100문100답』. pp.172-173.
24) 제3기 죽도문제연구회편(2014)『죽도문제 100문100답』. pp.172-173.
25) 제3기 죽도문제연구회편(2014)『죽도문제 100문100답』. pp.172-173.
26) 제3기 죽도문제연구회편(2014)『죽도문제 100문100답』. pp.172-173.

사실 김인우는 울릉도에서 돌아왔으면서도 이를 잘못알고 '우산도'에서 왔다고 했기 때문에 우산도가 사람이 사는 섬이 되어버린 것이다. 사실 김인우가 울릉도를 '우산도'로 오인한 것에 불과하다.

이상의 내용으로 볼 때 시모조 주장의 오류는 다음과 같다.

첫째로, 시모조는 여기서 '여지지'에 대해 아무런 논증 없이 '세종실록지리지와 동국여지승람을 두고 말한다.'라고 단정하고 있다. 세종실록지리지와 동국여지승람의 울진현조에 '우산, 무릉 원래 1개 섬'으로서 1도2명의 섬으로 되어있다[27]라고 하여 글의 핵심내용인 우산도, 울릉도 두 섬은 거리가 멀지 않아 서로 잘 보인다'라는 부분을 무시하고 '일설에 의하면 두 섬은 한 섬이다'라는 부분만 취하고 있다. 필요한 부분만을 취사선택하는 방식으로 역사적 사실을 왜곡 해석하고 있다. 또한 우산도가 독도라는 것을 부정하기 위해 김정호의 대동여지도를 들고 나와서 '본 현에서 날씨가 맑은 날 높은 곳에 오르면 울릉도가 보인다는 기록이 있으나, 우산도의 기록이 없다'라고 하여 우산도는 죽도(독도)와 관계가 없다는 것이다.[28] 게다가 시모조는 '보인다'라는 것은 조선 실록의 기록 방식이라고 단정하고, '보인다'라는 표현만 있으면 모두 '울진현에서 울릉도가 보인다는 것'을 해석한다.[29]

둘째로, 15세기 초엽의 태종실록은 15세기 중엽의 세종실록에 반드시 영향을 주었고, 세종실록은 또 다시 반드시 16세기 중엽의 동국여지승람에 영향을 주었다는 것이다. 그래서 18세기의『동국문헌비고』의 경우는 그 전시대의『여지지』의 영향을 받았다는 것이다. 분명히 시대별로 서로 인식이 다를 수도 있는 부분인데, 반드시 영향을 받고 영향

27) 제3기 죽도문제연구회편(2014)『죽도문제 100문100답』. pp.172-173.
28) 제3기 죽도문제연구회편(2014)『죽도문제 100문100답』. pp.172-173.
29) 제3기 죽도문제연구회편(2014)『죽도문제 100문100답』. pp.172-173.

을 주었다는 식의 해석은 모순이다. 전시대의 잘못된 인식을 후시대에 수정하여 올바른 인식을 갖을 수 있다.

15세기의 세종실록 지리지와 16세기의 신증동국여지승람은 그 시대 조선 조정의 인식이다. 15-16세기 동해에 2개의 섬이 조선영토로서 존재한다는 것이다. 그렇다면 2개의 섬은 울릉도와 독도뿐이다. 18세기의 『동국문헌비고』에 "왜가 말하는 송도는 조선영토로서 우산도"이라는 기록은 그 당시 일본이 처음으로 조선영토의 우산도를 알게 되어 일본에서 조선의 우산도를 송도라고 불렀다는 사실을 알았다는 것을 의미한다. 세종실록지리지, 동국여지승람 등의 '여지지'는 그 시대의 독도에 대한 영토인식을 반영한 것이다.

2.3 "한국은 죽도의 명칭이 '우산도→석도→독도'로 변천했다고 하지만, 증거는 있는가"에 대한 비판

이글의 필자도 시모조이다.

①시모조는 우산도에 관해서 한국이 우산도를 독도라고 하는 근거로는 『동국문헌비고』 '여지고'의 울진현조에 '여지지가 말하기를 우산, 울릉 모두 우산국의 땅 우산도는 왜가 말하는 소위 송도(지금의 죽도)이다.'라는 것에 의한 것이다.[30] 그래서 한국은 우산도를 독도라는 전제로 하고 있지만 우산도가 송도이고 독도라는 방정식은 성립하지 않는다라고 주장하고 있다.[31] 그 이유는 한국측이 의거한 '여지지'의 원전에는 '일설에 우산, 울릉 원대 1개의 섬'이라고 되어 있기 때문이다. 게다가 『세종실록 지리지』에 기록된 우산도는 '여지도서(18세기)나 김정호의 『대동지지』의 본문에서 사라지고 울릉도만 남았다.'는 것이다.[32]

30) 제3기 죽도문제연구회편(2014) 『죽도문제 100문100답』. pp.174-175.
31) 제3기 죽도문제연구회편(2014) 『죽도문제 100문100답』. pp.174-175.

시모조는 사료적 해석으로 '한국영토=독도'로 해석되기 때문에 이를 부정하기 위해 사료 자체를 그대로 해석하지 않고 자신의 논리를 만들기에 유리한 관련 없는 사료를 취사선택으로 대입시켜 올바른 사료 해석을 부정하고 있다. 그렇게 해서 사료 자체를 부정하여 한국조정이 남긴 모든 고문헌이 잘못되었고 한다. 특히『동국문헌비고』도 안용복의 거짓진술에 의해 내용적으로 오류를 범하고 있다고 주장한다.[33]

② 석도에 관해서는 "한국측이 들고 있는 증거는 발음의 유사성이다. 칙령41호의 공포는 1900년 10월 25일이다. '독도(獨島)' 명칭이 문헌에 처음으로 등장하는 것은 1904년 이후 일본인에 고용된 울릉도민이 독도 주변에서 강치잡이에 종사했기 때문이다. 사실 '독도(獨島)'라는 표기는 1904년 이후부터 사용되었는데, 그 이전에 나온 칙령41호의 '석도(石島)'에 영향을 주었다는 것은 잘못"라는 주장이다.[34]

사실 울릉도민이 1882년 이후 속칭으로 '돌섬' 혹은 '독섬'이라고 불렀다. 이 토속명칭을 조선조정이 1900년 칙령41호에 공문서 형식으로 '석도(石島)'라고 한자 표기한 것이다. 1904년의 독도가 1900년의 석도에 영향을 주었다는 말이 아니다.

그리고 시모조는 칙령41호가 제정될 때 시찰관 우용정의『울도기』를 참고하여 울릉도의 범위를 '대략 145리'라고 했다고 단정했다. 그것은 "1882년 울릉도를 검찰한 이규원이 주위(周回) 145리라고 한 것과 동일하다. 이규원은 그 당시 '울릉외도'를 그렸는데, 울릉도의 방근(傍近)에는 죽도와 도항 2섬이 있다고 했다. 여기서 말하는 '죽도'는 울릉도의 동쪽 2km 지점에 있는 죽서(竹嶼)이고, 도항은 울릉도의 북동에 있다.

---

32) 제3기 죽도문제연구회편(2014)『죽도문제 100문100답』. pp.174-175.
33) 제3기 죽도문제연구회편(2014)『죽도문제 100문100답』. pp.174-175.
34) 제3기 죽도문제연구회편(2014)『죽도문제 100문100답』. pp.174-175.

이규원의 울릉도에 관한 지리의 이해는 1883년 내무성 소서기관(少書記官) 히가키 나오에(檜垣直枝)의 "울릉도출장복명서"에 첨부된 부속도를 답습했다. 1900년 시찰관 우용정과 함께 울릉도를 건너간 재 조선국 부산영사관의 아카쓰카 쇼스케(赤塚正助)가 제출한 "울릉도 산림개황"에 수록된 부속도에서도 울릉도의 속도는 죽도와 도항, 공도(空島[孔岩])로 되어있다. 그리고 1910년 대한제국이 편찬한『한국수산지』제2집에서는 울릉군의 '주변제도'로서 죽도와 서항도(鼠項島[도항])와 공암(孔岩)을 들고 있다. 당초부터 90km나 떨어진 죽도(독도)가 될 수 없다. 그 이유는 우용정과 아카쓰카가 죽도(독도)에 건너가지 않았기 때문이다. 그 조사는 울릉도 1도에 한정되었기 때문이다. 세종실록지리지의 우산도는 울릉도이고, '석도'가 독도라고 하기 전에 '도항'이 '석도'가 아니다는 확실한 증거를 밝혀라"라고 주장한다.[35]

시모조 주장의 다음과 같은 모순성을 갖고 있다. 즉 칙령41호 제정과『울도기』와의 관련성, 이규원이 1883년의 내무성 소서기관 히가키 나오에의 "울릉도출장복명서"를 답습했다는 것 등 이들 모두 아무런 논증이 되지 않았다.『한국수산지』제2집에서 울릉도의 '주변제도'에서 독도가 없는 이유는 독도는 울릉도의 주변 섬이 아니고 87km너 멀리 떨어져 있는 별개의 섬이기 때문이다. 사실 1889년 일본 해군성 수로국이 발간한『일본수로지』에는 없고,『조선수로지』에 독도를 포함시켰다.[36]

사실, 1899년에 파견된 합동조사단은 일본인의 벌목문제를 해결하기 위한 것으로, 영토문제로 지금의 독도를 조사하러 간 것이 아니다. 따라서 1899년의 합동조사를 칙령41호 제정을 위한 것이라고 전제하는

35) 제3기 죽도문제연구회편(2014)『죽도문제 100문100답』, pp.174-175.
36) 이한기(1969)『한국의 영토』서울대학교출판부, pp.253-254.

것은 잘못이다.

칙령41호의 '석도'가 도항(관음도)이라면, 왜 이미 존재했던 '도항 혹은 서항도'라는 명칭을 사용하지 않고 듣지도 보지도 못한 새로운 명칭인 '석도'를 갑자기 사용했을까? 이다.

사실 울릉도합동조사 이후, 『황성신문』은 조사내용을 보도했는데, '가장 두드러진 섬이 "죽도 우산도"'라고 보도했다.[37] '가장' 이라는 의미는 한 개의 섬을 말한다. 당시 이규원의 '울릉외도'의 '죽도'가 당시 청구도, 광여도 등에서 표기되었던 '소위 우산도' 또는 '우산도'라는 명칭과 함께 1도 2명으로 명칭의 혼란을 겪고 있었다. 따라서 칙령41호에서는 당시 일본의 침략을 우려하여 울릉도민이 속칭했던 '독섬 혹은 돌섬'을 한자로 표기하여 새로운 명칭 '석도'를 사용하여 현재의 독도의 소속을 명확히 표기했던 것이다.[38]

그중에서도 시모조의 가장 잘못된 오류는 조선조정이 울릉도 개척을 시작한 계기가 일본인들의 잠입을 막기 위한 것이었기 때문에 이미 많은 일본인들이 독도를 거쳐 울릉도에 도항했고,[39] 울릉도사람들은 울릉도에서 보이는 독도의 존재를 알지 못했고, 울릉도만 알고 있었다고 전제하는 것이었다.

---

37) 「황성신문」1899년 9월 23일자.
38) 최장근(2014)「독도 명칭 : '우산도'가 '석도'로 전환되는 과정의 고찰」, 『한국영토 독도의 고유영토론』제이앤씨, pp.105-159.
39) 1899년 울릉도 합동조사 결과, 일본인 잠입 체류자는 57間에 남녀 합이 144명으로, 일본인 선박 11척이었다. 우용정, 「보고서: 鬱陵島查覇」, 신용하(1996) 『독도의 민족영토사연구』지식산업사, p189.

3. '일본 고지도의 독도는 일본영토이다'의 비판

3.1 "에도시대의 문헌에서 죽도가 일본의 범위에서 제외되었는가"에 대한 비판

이 논지의 저자는 쓰카모토이다. 그는 『은주시청합기』에 '그 오키국의 부(府)는 스키군(周吉郡) 남안(南岸) 사이고 도요사키(西鄕豊崎)이다. 여기서 남방의 이즈모국(出雲国) 미호세키(美穗関)에 도달하는 35리, 남동방향 호키국(伯耆国) 아카사키우라(赤崎浦)에 이르는 40리, 남서방향 이와미국(岩見国) 유노쓰(温泉津)에 이르는 58리, 북에서 동으로 가는 땅은 없다. 북서방향으로 가서 2일 1밤을 가면 송도가 있고, 1일정도가면 죽도가 있다. 이 두 섬은 무인도이다. 이 두 섬에서 고려를 보는 것은, 이즈미국에서 오키국(隠岐国)을 보는 것과 같다. 따라서 즉 일본의 북서의 경계의 땅은 이 주(州)를 삼는다.'라고 있다.[40]

즉 이글은 잘 분석해보면, 송도와 죽도는 무인도로서 일본의 영역은 아니지만, 조선의 영역으로 보인다는 의미이다. 여기서 일본의 본섬 이즈미국에서 오키국를 보는 것은 무인도의 두 섬에서 고려를 보는 것과 같다고 했다. 따라서 표기방식을 대칭적으로 하여 이즈미국과 오키국은 일본영토, 무인도의 두 섬과 고려는 조선영토라는 의미이다. 또한 '주(州)'라는 말은 사람이 사는 행정구역을 말한다.[41] 사람이 살지 않는 무인도를 '주(州)'라고 하지는 않는다. 따라서 '이 주(州)'는 오키(隠岐)를 말한다.

그런데 쓰카모토는 『은주시청합기』의 기술은 '이 주(州)'의 의미 여하에 불구하고 죽도(울릉도)와 송도(독도)가 조선령이라는 인식을 나타

---

40) 제3기 죽도문제연구회편(2014) 『죽도문제 100문100답』, pp.176-177.
41) 大西輝男・권오엽/권정옮김(2004) 『獨島』제이앤씨, pp.263-264.

낸 것은 아니다. '고려를 본다'라고 할 경우에 보고 있는 사람이 서 있는 장소는 고려가 아니다. 당시 일본은 쇄국을 하고 있었기 때문에 외국으로 개항하는 것은 금지되어있었다. 또 현재의 죽도(독도)에 관해서는 『죽도도설』(18세기)에 '오키국 송도', 『장생죽도기』(1801)에 '이 나라의 서해의 끝'이라고 되어있다. 하여튼 은주시청합기는 죽도가 한국영토라는 근거는 아니다'라고 주장한다.[42]

여기서 『죽도도설』(18세기)와 『장생죽도기』(1801)는 출간연대를 보면, 이미 1696년 막부가 울릉도와 독도를 조선영토로 인정한 이후의 기록이다. 그리고 사찬기록이다. 일본국의 영토를 인정하는 사료로서 적합하지 않다. 이들 기록은 독도가 일본영토라고 주장하는 지금의 쓰카모토처럼 영토야욕을 갖고 있는 당시 어민들의 인식에 불과하다.

'보고 있는 사람이 서 있는 장소는 고려가 아니다.'라고 하여 '2개의 무인도(울릉도와 독도)'가 조선의 땅이 아니라고 한다면, '이즈모국에서 오키국을 보는 것'에서도 이즈모국은 일본땅이고, 오키국은 일본땅이 아니라는 논리가 된다.

쓰카모토는 "이 주(州)'의 의미 여하에 불구하고'라는 부분에서 알 수 있듯이 '이 주(州)'가 '오키국'이 아니라는 사실을 논증해내지 못했던 것이다.

3.2 "이노 다다타카(伊能忠敬)의 지도에서는 죽도가 일본의 범위에서 제외되었는가"에 대한 비판

이 논지의 저자는 구체적인 필자명을 숨기고 '죽도자료실'이라고 되어있다. '죽도자료실'은 다음과 같이 주장한다. 이노(伊能)는 막부의 허

---

42) 제3기 죽도문제연구회편(2014) 『죽도문제 100문100답』. pp.176-177.

가를 받아 측량사업을 실시했는데, 4차까지는 개인적인 차원에서 행한 것이고, 5차 이후는 막부의 직할사업으로 실시했다.[43] 한국측이 "막부의 명령으로 이노 다다타카가 작성한 에도시대의 대표적인 실측관찬지도 '대일본연해여지전도'(1821)를 비롯해서 일본의 관찬고지도에는 독도가 없다."라고 한국영토임을 주장했다.[44] 이에 대해 이노 지도에서는 해안과 주요 관도(官道)를 실측한 것으로 내륙부나 본토에서 멀리 떨어진 섬은 측량 자체를 하지 않았다. 그 예시로 최종판의 이노 지도에서는 에토로프(擇捉), 하보마이군도(齒舞群島), 큐로쿠지마(久六島[아오모리현;青森県]), 단죠군도(男女群島[나가사키현;長崎県])도 지도에 표기되어 있지 않았다는 것을 확인했다.[45] 또한 1645년 오키국 회도 '쇼호이즈(正保出雲)・오키국회도(隱岐國絵図)'에 '죽도(竹島)까지의 도해(渡海)' '죽도(竹島)에의 도해(渡海)'라는 식으로 울릉도에 도해한 적이 있다는 기록이 있다. 따라서 죽도가 일본영토라는 근거이라고 주장한다.[46]

'죽도자료실'의 주장에는 다음과 같은 모순이 있다. 즉 '도해했다'는 것은 막부의 도해면허증을 받고 일본영토가 아닌 섬에 도해했다는 것을 의미한다. 또한 '대일본연해여지전도'에 지금의 독도가 포함되어있지 않다면 일본영토로서 증거가 되지 않는 사료이다. 이노의 지도의 특성 때문이라는 주장은 설득력이 없다. 이노 다다타카(伊能忠敬)의 '대일본연해여지전도'에 멀리 떨어진 섬에 대해서는 기록하지 않았다고 주장하려면, 다른 고지도나, 고문헌에서라도 독도가 일본영토로서의 기

43) 제3기 죽도문제연구회편(2014) 『죽도문제 100문100답』. pp.178-179.
44) 제3기 죽도문제연구회편(2014) 『죽도문제 100문100답』. pp.178-179.
45) 제3기 죽도문제연구회편(2014) 『죽도문제 100문100답』. pp.178-179.
46) 제3기 죽도문제연구회편(2014) 『죽도문제 100문100답』. pp.178-179.

록이 있어야할 것이다.

3.3 "나카쿠보 세키스이(長久保赤水)의 지도에서 죽도가 일본의 범위에서 제외되었는가"에 대한 비판

이 논지의 저자도 '죽도자료실'로 되어있다. 저자의 논지는 다음과 같다. 즉 첫째, 한국측은 나가쿠보 세키스이(長久保赤水) 지도는 사찬이라고 한다. 그러나 초판은 1778년 막부의 허가를 받아 1779년에 제작되었다. 1712년의 막부 포교령에 의해 지도는 반드시 부교소에 신고해야 했고, 그것은 다시 학문소에 신고되어 관허가 된다.[47] 둘째, 한국측이 은주시청합기의 표기가 그대로 기술되어 있기 때문에 은주시청합기를 토대로 작성된 것이라고 하여 일본의 서북한계는 오키도라고 하는 주장도 잘못되었다. 단지 '죽도는 기죽도를 말한다."두 섬에서 고려를 보는 것은 또한 은주(오키)에서 운주(돗토리번-필자주)를 보는 것과 같다'라고 하는 문구로만으로 단정하는 것은 억측이다. 실제로 나가쿠보(長久保)는 일본지도를 그릴 때 다양한 자료를 참고로 했다. 특히 1701년의『개정인국기』에 삽입된 '오키국도'와 '일본분야도'에는 죽도(울릉도)를 일본령으로 표기하고 있다. 죽도는 오키제도의 북쪽에 표기되어있다. 그래서 많은 자료를 참고로 하여 울릉도와 독도를 일본령으로 표기했던 것이다.[48] 또한 당시 채색되지 않았던 곳은 죽도뿐만 아니라, 본도에서 멀리 떨어진 곳은 모두 채색되지 않았고, 경위도 표시도 되지 않았다고 한국이 비판하지만, 채색되지 않고 경위도선이 없었던 에죠지(蝦夷地[제1판]), 하치죠지마(八丈島[제2판])도 당시 일본영토가 아니었다.[49] 또한 세키스이가 1789년에 제작한 '아시아소동양도'에서는 울

---

47) 제3기 죽도문제연구회편(2014)『죽도문제 100문100답』. pp.180-182.
48) 제3기 죽도문제연구회편(2014)『죽도문제 100문100답』. pp.180-182.

릉도와 독도를 일본령으로 채색하고 있다. 이것은 세키스이의 영토관을 명확히 알 수 있다는 것이다.[50]

나가쿠보 세키스이(長久保赤水) 지도에 대한 '죽도자료실'의 모순은 다음과 같다.

울릉도는 '죽도일건'의 분쟁에 의해 막부의 결단으로 당시의 '죽도(울릉도)'는 1696년부터 조선령으로 재확인되었다. 그런데 나가쿠보 세키스이 지도에서 울릉도가 일본령으로 표기되었다고 한다면 이는 잘못된 지도이다. 또한 울릉도가 조선영토인데, 다른 부분과 달리 지도에 경위도선이나 채색없이 울릉도와 더불어 독도가 그려졌다면, 그것은 잘못된 지도이든가, 아니면 울릉도와 독도가 조선영토로 보는 것이 타당하다. 그래서 초판의 지도에는 울릉도와 독도가 조선영토와 같은 무색으로 채색되었던 것이다.

또한 세키스이는 하야시 시헤이(林子平)의 지도를 참고했다고 기록하고 있다.[51] 하야시의 지도는 조선반도와 더불어 울릉도와 독도가 황색으로 채색되어 '조선의 것'이라고 분명하게 표기되어 있다. 하야시의 지도를 참고해서 그린 세키스이의 초판 지도는 울릉도와 독도를 조선영토로 표기했음이 명확하다.

3.4 "林子平의 그림지도에서는 죽도가 일본의 지도에서 제외되었는가"에 대한 비판

하야시 시헤이는 1786년 『삼국통람도설』의 부속도로서 '삼국통람여

---

49) 제3기 죽도문제연구회편(2014) 『죽도문제 100문100답』. pp.180-182.

50) 제3기 죽도문제연구회편(2014) 『죽도문제 100문100답』. pp.180-182.

51) 박병섭(2011) 「일본의 독도영유권 주장에 대한 관점」, 『한일 양국의 관점에서 본 울릉도 독도 국제심포지움』, 대구한의대학교 안용복연구소주체, 2011년 12월 2일, 대구한의대학교 학술정보관619호, p.156.

지노정전도'을 그렸다. 죽도자료실은 '하야시 시헤이의 회도(繪圖)는 "일본해"상에 울릉도를 그리고 조선과 동일한 색상인 노란색으로 채색하여 "조선의 것"이라고 쓰여져 있다.[52] 이처럼 이 지도는 현재의 독도를 그린 것이 아니고 울릉도를 그린 것이다.' 또한 막부는 1792년『삼국통람도설』에 대해 발금 처분을 내려 발행이 금지되었다.[53] 막부가 이 지도를 '지리상 정확하지 않은 회도'라고 판결했다는 기록이 있다고 하여 '삼국통람여지노정전도'가 막부의 인식을 표기한 것이 아니다.[54]라는 것이다.

죽도자료실의 주장에는 다음과 같은 모순점이 있다.

하야시 시헤이는 이 지도를 그릴 때, '조선지도'를 참고로 했다고 본문에 기록하고 있다.[55] 조선지도에는 당시의 대부분의 지도에는 동해상에 울릉도와 우산도(지금의 독도)를 표기하고 있다. 따라서 하야시 지도에 2개의 섬을 그리고 있다는 것은 울릉도 동남쪽에 있는 작은 섬의 독도를 표기한 것임에 분명하다. 그런데 아무런 논증없이 울릉도를 표기했다는 주장은 설득력이 없다. 이 지도는 '죽도일건' 이후에 그린 지도로서 도항금지령을 바탕으로 울릉도와 독도를 조선영토로서 그린 지도임에 분명하다. 또한 막부가 하야시의 이 지도를 발행 금지 처리를 내렸다고 하면서 그 이유가 울릉도와 독도를 한국영토로 표기했기 때문이라는 주장이다. 그런데 이에 대한 논증은 없다.

---

52) 제3기 죽도문제연구회편(2014)『죽도문제 100문100답』. pp.183.
53) 제3기 죽도문제연구회편(2014)『죽도문제 100문100답』. pp.183.
54) 제3기 죽도문제연구회편(2014)『죽도문제 100문100답』. pp.183.
55) 박병섭(2011)「일본의 독도영유권 주장에 대한 관점」,『한일 양국의 관점에서 본 울릉도 독도 국제심포지움』, p.156.

4. '막부의 도항금지령에는 독도는 포함되지 않았다'의 비판

4.1 "'막부가 울릉도 도항을 금지했을 때 죽도가 한국영토로 확인되었다'라고 한국의 주장은 옳은가"에 대한 비판

이 논지의 저자는 쓰카모토이다. 그는 '1696년 1월 27일 막부의 로주(老中) 아베노 분고가미(安倍豊後守)는 돗토리번에 대해 울릉도와 돗토리번을 다스리는 이나바(因幡)국과 호키(伯耆)국의 부속인 울릉도는 언제부터 두 나라의 부속 섬이었는가? 울릉도 이외에 양국에 부속된 섬이 있는가? 라고 조회했다.' 이에 대해 "돗토리번의 에도출장소는 다음 날 "울릉도는 이나바, 호키국의 부속섬이 아니다. 요나고(米子) 사람 오야(大屋), 무라카와(村川)라는 자가 도항해서 고기를 잡고 있었던 것은 마스다이라(松平)가 호기국을 통치하였을 때 로쥬(老中)의 봉서를 받은 것으로 알고 있다. 죽도(울릉도)와 송도(독도)는 이나바, 호키 양국의 부속 섬이 아니다'[56]라고 답을 했다는 기록이 있다. 막부는 최종적으로 오야, 무라카미 등에게 1696년 1월28일(양 3월 1일)자로 츨어를 금지했다."라고 하는 것이다.[57] 그런데 쓰카모토는 "17세기말 '죽도일건'으로 인한 외교교섭은 울릉도를 대상으로 한 사건이었다. 독도는 대상이 되지 않았다는 것이다. 당시 조선국에서는 독도에 대한 영토인식도 없었다. 막부는 돗토리번으로부터 송도에 관한 정보를 얻으면서 송도에 대한 도항은 금지하지 않았다.'[58] 17세기말 사건으로 외교교섭을 통해 독도가 한국영토로 확인되었다고 하는 한국의 주장은 옳지 않다.

---

56) 제3기 죽도문제연구회편(2014) 『죽도문제 100문100답』. pp.184-185.
57) 제3기 죽도문제연구회편(2014) 『죽도문제 100문100답』. pp.184-185.
58) 제3기 죽도문제연구회편(2014) 『죽도문제 100문100답』. pp.184-185.

당시 울릉도에 대한 도해금지는 대마도주 무네(宗)씨를 통해 행해졌는데, 그때에 독도에 대해서는 언급되지 않았다. 따라서 17세기의 사건의 교섭대상은 울릉도뿐이었다."라는 것이다.59)

이에 대한 쓰카모토의 문제점은 다음과 같다.

막부와 돗토리번은 1696년 울릉도와 더불어 독도가 일본영토가 아님을 명확히 했다. 그리고 당시 막부가 양국정부 간의 영토분쟁에서 울릉도와 더불어 독도를 일본영토라고 하지 않았다는 것은 울릉도와 더불어 독도가 한국영토로 인정했다는 것을 의미한다. 다만, 막부가 도해면허를 준 것이 울릉도뿐이었기 때문에 울릉도의 도해면허를 취소한 것이 불과하고, 원래부터 조선영토인 독도에 대해서 막부가 언급할 이유가 없었다. 그런데 쓰카모토가 독도만은 일본영토가 되었다는 주장은 옳지 않다. 이 사건의 단서를 제공했던 안용복은 울릉도와 독도가 한국영토임을 일본측에 주장했던 것이다. 당시 독도는 울릉도의 부속 섬으로서, 일본측에서 보면 울릉도 도항의 기항지로 존재했고, 한국측에서 보면, 울릉도와 더불어 '우산도(독도)'가 동해에 존재하는 한국영토로 인식되어 있었던 것이다. 다만 독도가 작은 암초로서 울릉도처럼 사람이 거주할 수 있는 큰 섬이 아니었기에 영유권 분쟁의 대상이 되지 않아서 거론될 이유가 없었다.

따라서 일본에서는 울릉도와 더불어 독도에 대한 영유권 인식을 포기했지만, 독도는 기항지로서만이 가치로 존재했기 때문에 분쟁의 대상으로 존재하지는 않았다. 한국의 입장에서는 울릉도와 우산도(독도)는 조선영토이지만, 울릉도는 분쟁의 대상이 되었지만, 독도는 분쟁의 대상이 아닌 조선영토이었던 것이다. 일본의 에도시대에 막부 혹은 돗

---

59) 제3기 죽도문제연구회편(2014) 『죽도문제 100문100답』. pp.184-185.

토리번 어느 측에서도 독도에 대한 영토의식을 갖고 있은 적은 한 번도 없었다.

4.2 "에도막부의 울릉도 도항금지령에서 죽도는 울릉도의 속도로서 한국영토로서 간주되었는가"에 대한 비판

이글의 논자인 쓰카모토는 "대일평화조약의 초안을 작성하는 과정에서 미국이 한국의 요구를 부인하고 독도를 일본영토로 인정하였다. 이런 경위가 공포되지 않아서 한국정부는 1954년 9월 25일 한국정부의 견해에서 대일평화조약에서 일본영토로 결정된 것에 대해 한국은 독도가 울릉도의 부속도였기 때문에 한국영토로서 승인되었기 때문에 대일평화조약에 독도가 누락되었다고 주장했다. 국제법상 본도라고 할 수 있는 육지나 주된 섬(主島)의 경우는 운명을 같이 하는 작은 섬이라면 속도(屬島)가 될 수 있다. 울릉도에서 87km나 떨어져 있는 독도는 속도가 될 수 없다. 고지도에 존재하는 울릉도에서 2km 떨어져 있는 우산도를 두고 울릉도의 속도라고는 말할 수 있을 것이다. 또한 세종실록 지리지에 '우산, 울릉 2도'라고 되어 있는데, 앞쪽에 있는 섬이 뒤쪽에 나오는 섬의 속도라는 것은 말이 되지 않는다"는 것이다.

쓰카모토 주장의 모순은 다음과 같다.

당시 독도에 대한 연구가 그다지 축척되지 않았을 때 한국정부가 '속도론'을 주장한 적이 있었다. '속도론'만으로 독도의 영유권을 주장하는 것은 아니다. 그럼에도 불구하고 한국 사람이 거주하는 울릉도에서 바라볼 수 있는 독도에 대해 영토의식을 갖는 것은 당연하다. 독도는 울릉도와 불가분의 관계에 있는 울릉도의 속도라고 주장할 수 있다. 따라서 안용복이 자산도(子山島)의 영유권을 주장한 것처럼 울릉도를 모도로 하고 독도를 자도(子島)로 한 것처럼, 울릉도를 모도(母島)로 하고,

독도를 자도(子島)로 하는 경향이 있다. 한국과 일본의 고지도나 고문서를 보면 반드시 '죽도(울릉도)와 송도(독도)', '우산, 울릉'으로 표기되고 있고, 이 동시에 등장한다. 때로는 '울릉도 외 1도'라고 표기하는 것도 울릉도와 독도의 특수한 관계를 말하고 있다. 반대로 고지도나 고문헌상에 일본의 오키섬와 독도와의 특수관계를 기록한 것이 없기 때문에 독도를 오키도의 속도라고 말할 수 없다.

17세기 막부의 울릉도 도항금지에서 울릉도와 더불어 독도가 제외되었다는 근거를 들면, 안용복의 자산도 영유권 주장에 대해 막부가 이를 부정하지 않았다는 것, 19세기에 막부가 일본의 서해안에 '도항금지팻말'을 설치했다는 것, 일본이 1905년 러일전쟁 중에 은밀한 방법으로 독도를 일본영토로서 편입조치를 단행할 때까지 단지 '송도'(독도)에서의 조업을 목적으로 도항한 적이 없었다는 것이다.

4.3 "안용복이 '일본의 관백(쇼군)에게 죽도를 조선영토임을 인정하도록 했다'라는 한국의 주장은 올바른가"에 대한 비판

이글의 논자인 쓰카모토는 안용복의 공술은 허위이고 게다가 조선정부가 안용복의 행적을 부정했다는 것이다. 쓰카모토는 안용복의 공술에 관해 다음과 같이 언급하고 있다.

숙종실록에 의하면 안용복은 1693년과 1696년 2번에 걸쳐 일본을 방문했다. 첫 번째 도항은 1693년 안용복을 포함해 2명이 일본인에 납치되었고, 1개월간 요나고의 오오야댁에서 머물다가 돗토리, 나가사키, 대마도를 경유하여 송환되었다. 두 번째 도항은 1696년 스스로 도항하였는데, 그 때는 '강원도의 자산도가 송도'이다. 관직을 사칭하여 뭔가를 소송하기 위해 왔다가 스스로 귀항했다. 그때 안용복은 월경죄로 비변사에서 조사를 받을 때 '울릉도에 일본선박이 많이 내왕했다.' 자신은

"울릉도는 원래 조선영토이고 함부로 왜 왔느냐고 꾸짖었더니" 일본인이 "자신들이 송도에 사는 사람인데, 어쩌다 고기잡이를 왔다. 지금 돌아가려고 한다"고 해서, "송도도 조선의 자산도로서 조선영토인데 너희들이 그곳에 산다는 말은 무엇인고!"라고 하여 다음날 아침 자산도에 가보니 일본인들이 솥을 걸고 있어서 야단을 치니까 일본으로 갔다. 그래서 그들을 추적하여 큰 풍랑을 만나 오키에 표류했다. 그때 도주가 입도의 이유를 물어서 "울릉, 자산 등의 섬을 조선의 경계로 정하고 관백이 서계를 주었는데, 아직도 경계를 침범하느냐고 따져서 그후 백기주에 가서 대마도의 도주가 관백의 서계를 빼앗았다고 진술했다."라고 했다.[60]

게다가 쓰카모토는 '숙종실록'에 의하면, 대마도 사신이 '작년 귀국사 람이 소송하려고 했던 것은 조선에 의한 것인가'라는 질문에 대해 조선 조정이 회의에서 대처방침으로 '만일 변명할 일이 있으면 통역관을 에 도에 보내겠다. 무엇을 무서워해서 시끄러운 어민을 보낼까? 풍랑으로 백성이 무엇을 했더라도 조정이 알 수 없다.'라는 사실을 일본에 알린 것으로 볼 때, 조선조정은 안용복의 행위의 정당성을 부정했다. 또한, 일본의 주장은 그때 1696년 정월(1월) 일본어부의울릉도 도항이 금제 되어 있었는데, 안용복이 일본인을 만났다고 하는 것은 거짓말이라고 했다.

안용복의 행적을 부정하는 쓰카모토 주장의 모순은 다음과 같다.

일본에서 보관하고 있는 '조선지팔도'에서 볼 수 있듯이 안용복은 1696년 2차 도일에서 '울릉도와 독도'가 조선 강원도의 영토임을 일본 측에 분명히 제시했다는 기록이 있다. 막부는 안용복의 2차도일 이후

---

60) 『肅宗實錄』卷30, 肅宗 22年 9月 戊寅條.

울릉도 도항금지령을 내렸다. 독도에 대해서는 도항면허를 하지 않았기 때문에 영유권에 관한 별다른 언급이 없었다. 게다가 당시의 독도는 울릉도를 도항할 때 단지 기항지로서만 사용되었기 때문이다. 안용복이 영유권을 주장한 독도도항에 대해서는 도항하가를 하지 않았기 때문에 금지를 할 필요도 없이 처음부터 조선영토였던 것이다. 그래서 막부는 독도에 영유권을 주장하지 않았던 것이다.

조선 조정에서는 안용복의 활동을 명령하지는 않았지만, 그의 활동을 긍정적으로 평가했다. 세종실록과 동국여지승람 등을 보더라도 조선 조정이 울릉도와 독도를 포기한 적이 없었고, 이 문제로 월경한 안용복을 심문하였지만, 월경죄에 대해 영토문제 공헌을 인정하여 극형에 처하는 것은 피하고 선처로 유배지로 보내졌던 것이다. 다시 말하면, 안용복의 죄상은 월경죄를 따졌던 것으로 일본으로부터 울릉도와 독도의 영유권을 주장하였기 때문에 유배지로 보내진 것은 아니다. 쓰카모토의 주장처럼 안용복의 행위가 조선조정으로부터 부정된 것은 아니었다.

또한 막부가 이미 울릉도 도항을 금지했던 1696년 정월에 울릉도에서 일본인을 만났다고 하는 안용복의 주장을 허구라고 하지만, 만일 막부가 울릉도 도항을 금지했다고 하더라도 불법도항은 얼마든지 있다. 오야, 무라카와 가문도 1회용 도항면허를 가지고 70여 년 간 불법으로 울릉도를 도항했던 것이다.[61] 명확하지 않은 추론으로 당시의 사정을 잘 기록한 역사적 사료를 전적으로 부정할 수는 없는 일이다.

---

61) 池内敏(2008.2) 「安竜副と鳥取藩」 『鳥取地域史研究』第10号, pp.17-29.

5. '명치정부도 독도를 한국영토로 인정한 적이 없다'의 비판

5.1 "한국이 '죽도=조선영토'의 근거로 들고 있는 1877년의 태정관지령이란 무엇인가"에 대한 비판

이글의 논자인 쓰카모토(塚本)는 '기죽도약도'에 표기된 송도가 '일본해 내 죽도 외 1도 지적편찬방위'(시마네현)의 '외 1도'가 '송도'임을 명확히 인정했다.[62] 즉 내무성이 '시마네현의 문의가 있어 조사한 결과 일본과 관계없다고 생각되지만, 판도의 취사는 중요하기 때문에 만일을 위해 문의한다.'라고 하여 태정관(후일의 내각부)에 문의했다. 이에 대해 내각부는 '울릉도와 외1도'는 일본과 관계없다고 지시했다. 그런데 17세기 당시 조선국에서는 독도에 대한 영토인식이 없었기 때문에 막부와 조선과의 교섭은 울릉도에 대한 것으로 독도에 관한 언급은 없다.[63]고 했다. 또한 '죽도(울릉도) 소관에 관해서 시마네현으로부터 별지의 문의가 있어 조사해본 바'라고 한 것으로 보아 '외 1도'와 설명자료에 있는 '송도'라는 명칭에 대해 무시하고 있다. 그 이유는 메이지 시대 때에 울릉도를 '송도'로 표기하고 있었기 때문이다. '서양지도와 해도'에 의해 울릉도를 송도로 부르는 호칭이 생겨났다. 송도는 에도시대의 호칭에 불과하다. 중앙정부에서는 서양 기원의 지식이 들어와서 울릉도를 송도라고 했다.[64] 그리고 1876년 부토 신페이(武藤新平)가 외무성에 제출한 '송도개척원', 1877년 시마네현 출신 도타 타카요시(戸田敬義)가 동경부에 제출한 '죽도도해지원(竹島渡海之願)'등에 등장하는 송

---

62) 제3기 죽도문제연구회편(2014) 『죽도문제 100문100답』. pp.'190-193'
63) 제3기 죽도문제연구회편(2014) 『죽도문제 100문100답』. pp.'190-193'
64) 제3기 죽도문제연구회편(2014) 『죽도문제 100문100답』. pp.'190-193'

도와 죽도는 모두 울릉도이었다.[65] 1876년 사이토 시치로베에(斎藤七郎兵衛)가 블라디보스톡 주제 무역사무관 세와키 히사토(瀨脇寿人)에게 '송도개척원서 및 건언'을 제출했고, 이것을 세와키(瀨脇)가 1877년 외무성 외무경에게 상신했다. 이에 대해 외무성 공신국장 다나베 타이이치(田辺太一)가 '송도는 조선의 울릉도로서 일본판도가 아니다. 사이토의 요청을 허가할 수 없다'고 결론을 내렸다.[66] 1881년 11월 오야 가네스케(大屋兼助) 등이 출원하는 형태로 시마네현으로부터 내무성과 농상무성에 대해 '일본해 내의 송도개척 문의'가 제출되었다. 이에 대해 내무성은 1877년의 태정관지령을 첨부하여 외무성에 조회한 뒤, 외무성에 회신한 내용 중에 '조선국 울릉도 즉 죽도 송도의 건에 관해서'라고 되어 있다.[67] 내무성은 1882년 1월 시마네현에 대해 '서면 송도의 건은 가장 먼저 지령한 대로 일본영토가 아님을 알아둘 것 따라서 개간의 건은 허가할 수 없다.'라고 지령했다.[68]

또한 쓰카모토는 이상 사료를 종합해 본 결과, 1877년의 태정관 지령은 죽도(울릉도) 및 명칭 상 '외 1도'(송도, 이것도 울릉도)에 관해서 일본영토가 아니라고 했을 가능성이 높다. 현재의 죽도(독도)를 일본과 관계없다고 하는 주장은 시마네현 문의의 첨부자료에만 의존한 해석, 혹은 '송도'라고 하면 늘 독도를 가리킨다고 하는 고정관념에의 해석이라고 할 수 있다.[69] 다시 말하면, '기죽도략도'는 울릉도(죽도)와 송도(독도)로서 시마네현의 인식이다. 따라서 1877년 태정관문서는 메이지 정부의 인식으로서 시마네현의 인식과는 무관하다는 것이다. 또한 송

---

65) 제3기 죽도문제연구회편(2014) 『죽도문제 100문100답』. pp.'190-193'
66) 제3기 죽도문제연구회편(2014) 『죽도문제 100문100답』. pp.'190-193'
67) 제3기 죽도문제연구회편(2014) 『죽도문제 100문100답』. pp.'190-193'
68) 제3기 죽도문제연구회편(2014) 『죽도문제 100문100답』. pp.'190-193'
69) 제3기 죽도문제연구회편(2014) 『죽도문제 100문100답』. pp.'190-193'

도는 독도, 죽도는 울릉도라는 주장은 고정관념에 의한 해석이라는 것
이다.[70]

태정관문서에 관한 쓰카모토 주장의 모순성은 다음과 같다.

이상처럼 메이지정부가 굳이 「죽도(울릉도)와 송도(독도)」라고 하지
않고 「죽도(울릉도)와 외1도(송도)」라고 한 것은 울릉도 주변을 왕래하
던 관련 일본인들이 호칭의 오류를 범하여 울릉도를 「송도」라고 호칭
하는 경향이 생겼기 때문이다. 그래서 메이지정부는 「울릉도와 독도」
라는 2섬을 명확히 하기 위해 「죽도와 외 1도」라고 표기했던 것이다.
실재는 '죽도와 외 송도' 혹은 '죽도와 송도'라고 표기해야 했다. 여기서
「외1도」라고 표기함으로써 오히려 「독도」의 존재를 명확히 하기 위한
것이었다.

6. '1900년의 칙령의 석도는 독도가 아니다'의 비판

6.1 "한국의 1900년의 칙령에 있는 '석도'는 죽도인가"에 대한 비판

이글의 논자인 쓰카모토(塚本)는 칙령41호의 석도가 오늘날의 독도
라는 논증이 되면 1905년 일본보다 먼저 한국이 독도를 관할구역으로
했다고 말할 수 있다고 했다.[71] 또한 한국은 1438(세종20년)이후 울릉
도를 무인도화 했지만, 조선왕조가 수년마다 관리를 파견하여 순견했
다. 일본인의 도항 때문에 1882년 개척민을 파견하여 개척하여 최종적
으로 군을 설치하여 행정구역에 포함시켰다고 했다.[72] 그리고 1882년

---

70) 제3기 죽도문제연구회편(2014) 『죽도문제 100문100답』. pp.'190-193'
71) 제3기 죽도문제연구회편(2014) 『죽도문제 100문100답』. pp.'194-195'
72) 제3기 죽도문제연구회편(2014) 『죽도문제 100문100답』. pp.'194-195'

이규원은 고종황제가 '송죽도, 우산도'를 조사라는 명령을 받고 성인봉에 올라 독도를 발견하지 못하고, '도항과 죽도'의 존재를 보고했다. 또한 1899년 우용정의 울릉도조사에서는 작은 섬을 조사하지 않았다.[73] 우용정의 보고를 받은 참정내부대신 이건하는 칙령 안에 '울릉도를 '울도'로 개칭하고 도감을 군수로 개정에 관한 청의서'에 울릉도의 범위를 '세로 80리, 가로 50리'라고 하여 독도를 포함시키지 않았다. 돌섬의 방언이 독도라는 설명은 부족하다.[74] 그리고 전후 신문에 거문도의 노인이 젊을 때 항해 중에 섬을 발견하고 선배로부터 '石島'라고 했다는 기록은 있지만, 그것은 개인적인 관점에 불과하다.[75]

칙령41호에 대한 쓰카모토 주장의 모순성은 다음과 같다.

고종황제가 이규원 검찰사에게 '송죽도, 우산도'를 조하라고 명령했으나, 이규원은 '죽도와 도항'의 존재를 확인했다. 그러나 고종이 알고자 했던 '송죽도, 우산도'를 확인하지 못했다. 독도는 연중 50여일정도만을 바라볼 수 있는 섬이기에 마침 이규원의 조사 때에는 독도를 바라볼 수 없었던 것이었다. 하지만 이규원은 울릉도 주민의 전언으로 독도의 존재를 확인했다고 한다.[76] 또한 우용정의 울릉도 조사는 그 목적이 울릉도의 벌목사건을 해결하기 위한 조사였기에 독도에 관한 언급을 하지 않았다. 칙령41호에 '석도'라는 명칭을 삽입한 경위에 관해서는 아직 명확한 사료적 검증을 못했다. 하지만 20여 년간 울릉도에 거주했고, 군수직을 역임했던 개척민 배계주가 울릉도를 방문한 우용정에게 건의한 것일 가능성이 가장 높다. 그러나 1906년의 황성신문에 발표된

---

73) 제3기 죽도문제연구회편(2014)『죽도문제 100문100답』. pp.'194-195'
74) 제3기 죽도문제연구회편(2014)『죽도문제 100문100답』. pp.'194-195'
75) 제3기 죽도문제연구회편(2014)『죽도문제 100문100답』. pp.'194-195'
76) 李奎遠의『鬱陵島檢察日記』, 신용하(1996)『독도의 민족영토사 연구』지식산업사, p.180.

'울도의 배치전말'을 보면 통감부가 1900년에 조칙된 칙령41호를 확인하였고, 이를 통해 칙령에서 조치한 「석도」가 1906년 당시의 「독도」임을 명확히 했다. 그래서 통감부도 일본의 「죽도」 편입조치를 부정하는 대한제국정부로부터의 이의 제기를 부정하지 못했던 것이다.

6.2 "한국의 1900년의 칙령으로 '죽도'는 한국영토가 되었는가" 에 대한 비판

이글의 논자인 쓰가모토(塚本)는 다음과 같은 주장을 한다. 일본이 1905년 시마네현고시 40호로 국제법의 의거한 무주지 선점이론으로 영토를 취득했다. 그러나 한국은 1900년 칙령41호에서 '석도'가 '독도'라고 하는 논증이 되지 않기 때문에 국제법에 의해 영토를 취득했다고 할 수 없다.

일본은 17세기 1696년 죽도(울릉도)도항금지령이 내려질 때까지 막부의 허가를 받고 울릉도에 도항할 때에 독도에서 어업에 종사했다. 그러나 경제적인 타당성이 맞지 않아서 1903년 일본인이 조업할 때까지 200년간 조업하지 않았다. 그런데 한국은 1900년 전후해서 국가차원에서 독도를 점유했다는 행위가 없다. 일본이 경우 일본국민(나카이)이 점유한 것을 일본국가가 인정했다. 그러데 한국의 울릉도민은 경제활동을 하지 않았다. 어업에도 종사하지 않고 오히려 1904년 일본인에 의해 고용되어 강치조업을 위해 독도에 들어갔다. 그리고 독도에 대해 한국인이나 일본인을 규제했다는 기록도 없다. 단지 일종의 법령에 해당하는 '울릉도절목'에서 1905년 수출품에 독도에서 잡은 강치의 가죽, 기름, 육질이 있었다고 하여 상품에 대한 과세는 섬을 실효적으로 점유했다는 논증이 된다고 주장하는 설도 있지만, 그'과세'는 강치를 울릉도에서 가공한 상품에 대한 과세이기 때문에 독도와 무관하다. 그러나 일본의 경우는 1905년 편입조치를 행한 후 시마네 현이 어업규칙을 개정하여 독도에 대해 어업허가제를 실시했다. 감찰을 교부하여 국유지의 사용료를 매년 징수했다.

이상과 같은 이유로 한국은 칙령의 '석도'가 독도라고 하더라도 한국은 점유행위가 결여되어 영유권을 취득하지 못했다고 할 수 있다.

실효적 점유에 대한 쓰카모토 주장의 모순성은 다음과 같다.

우선, 국제법적으로 합법하다고 주장하는 시마네현고시 40호는 러일전쟁 중에 불법으로 도취한 것이기에 카이로선언과 포츠담선언에 의해 일본영토에서 박탈된다. 1906년 대한제국은 이런 사실을 알고 일본의 편입조치를 인정하지 않았다. 시마네현고시에서 독도를 무주지라고 했는데, 사실 태정관문서에서 울릉도와 독도는 일본영토와 무관하다고 했던 것으로 보더라도 독도는 한국의 고유영토였던 것이다.

둘째로는 한국은 칙령41호가 있다고 하더라도 실효적 지배를 한적이 없기 때문에 영토취득이 불가능하지만, 일본은 실효적 지배를 했기 때문에 실효적 지배를 했다고 주장한다. 그러나 나카이 요사부로의 강치잡이는 본인이 언급하고 있는 것처럼 한국영토 독도에 대한 강치 약탈행위이다. 1905년 이후 시마네현고시 40호이후의 강치잡이는 일본정부가 도취한 조선영토 독도에서 행해졌기에 약탈행위에 해당한다.

셋째, 「울릉도절목」에 의하면 강치를 일본에 수출할 때 과세를 부과했다는 기록은 한국이 강치가 서식하는 독도를 관리했다는 사실을 시사한다.

일본문헌인 태정관문서에서 메이지정부가 울릉도와 독도가 일본영토가 아니라고 명확히 한 것을 보더라도 독도는 일본의 영토가 아니다. 반면 1900년 칙령41호로 한국은 독도를 한국의 영토임을 명확히 하고 있다. 다시 말하면 독도에서의 나카이의 강치잡이는 한국영토 독도에서 살고 있는 강치를 은밀히 노략질해간 행위인데, 그것을 실효적 지배라고 주장하는 것은 자기모순에 빠져있기 때문이다. 한편 한국에 있어서는 독도가 2개의 암초로 된 무인도였기 때문에 별도로 크게 경제활동을 할 수 있는 섬이 아니었다. 그래서 칙령41호로서 행정구역에 편성하여 국토에 대한 타국의 침략으로부터 독도를 수호해왔다. 그것은 1906년 한국정부가 일본의 '죽도'편입 사실을 알게 되었을 때, 통감부에 강력히 항의했다는 사실로도 충분하다.[77]

7. '1905년 일본의 죽도 편입조치는 정당했다'의 비판

7.1 "이미 영토권이 있었던 것을 1905년에 영토편입조치를 취한 것은 불법인가"에 대한 비판

이글의 논자인 나카노(中野)[78]는 '한국은 칙령 41호'를 가지고 영토를 재확인했다고 하여 1905년 일본의 편입조치를 불법이라고 한다고 했다.[79] 한국의 논증은 칙령의 '석도'가 토속명칭으로서, 돌섬의 의미로서, 현재는 '독도'라고 하고 있다고 한다.[80]

나카노는 칙령41호의 석도가 독도가 될 수 없는 이유에 대해 다음과 같이 지적하고 있다. 즉, ①울릉도의 현지 도민이 돌섬이라고 한 문헌사료가 발견되지 않았다. 문헌사료에 독도의 특징으로서 '돌과 같은 섬이다'라는 문헌사료가 없다.[81] 칙령 발령 이전에 독도를 석도하고 불렀

77) 『大韓每日申報』第1冊, 「報告書號外」, 양태진편(1979) 『韓國國境領土關係文獻集』법경사.
78) 제3기 죽도문제연구회편(2014) 『죽도문제 100문100답』. pp.198-199.
79) 제3기 죽도문제연구회편(2014) 『죽도문제 100문100답』. pp.198-199.
80) 제3기 죽도문제연구회편(2014) 『죽도문제 100문100답』. pp.198-199.

다고 하는 문헌기록이 없다.[82] ②1882년 울릉도 개척민들은 오직 농업에 종사했다. 칙령 발령 시점에 어업에 종사했다는 문헌사료가 없다. 따라서 한국은 칙령41호의 '석도'를 확인하지 못하는 이상, 일본의 '시마네현고시 41호'를 불법이라고 할 수 없다.[83]

'석도'는 독도가 될 수 없다고 하는 나카노 주장의 모순은 다음과 같다.

첫째, 현재까지의 연구 성과로서 일본의 군함일지에서 1904년 니이타카(新高)호가 '독도(獨島)라고 쓴다'고하는 기록이 있다.[84] 일본이 편입 조치했다고 하는 1905년의 시마네현40호 이전이다. 이미 그 시점에 오늘날 사용하는 독도(獨島)라는 명칭이 한자표기까지 완전히 정착되었다. 독도(獨島)는 토속명칭이다. 1882년 울릉도 개척시점에서 개척민의 80%가 '돌섬(石島)'을 '독도'라고 부르는 전라도에서 이주해왔다. 울릉도 주변의 섬 중에 돌섬(石島)이라고 부를만한 순전히 돌로 된 섬은 없다.

둘째, 1882년 개척민이 어업에 종사하지 않았기 때문에 독도의 존재를 알 수 없었다고 한다. 울릉도에 사는 사람들은 최소한 육지에서 217km를 배를 타고 건너온 사람들이다. 울릉도 사람들의 입장에서는 울릉도에서 독도까지의 거리는 고작 87km에 불과하다. 또한 1900년 시점까지 많은 일본인들이 독도를 거쳐 울릉도에 내왕하였기 때문에 울릉도 거주민들은 일본인들을 통해서라도 독도의 존재는 충분히 알고 있었을 것이다.

셋째로, 논자인 나카노(中野)가 더 이상 부인할 수 없는 사실은 1906

---

81) 제3기 죽도문제연구회편(2014) 『죽도문제 100문100답』. pp.198-199.
82) 제3기 죽도문제연구회편(2014) 『죽도문제 100문100답』. pp.198-199.
83) 제3기 죽도문제연구회편(2014) 『죽도문제 100문100답』. pp.198-199.
84) 『軍艦新高戰時日誌』1904년 9월 25일.

년 시마네현 관리들이 울릉도에 내왕하여 처음으로 독도침탈 소식을 심흥택 군수에게 알렸을 때, 심군수는 「본군 소속 독도(獨島)」가 일본에 의해 침탈당하고 있는 상황을 중앙정부에 긴급으로 알림으로써 대한제국이 독도에 대한 영토인식을 명확히 하여 내부대신 이지용의 명의로 통감부에 강력히 항의하여 1900년 칙령41호에 의해 독도가 행정조치되었다는 사실을 알렸던 것이다.

8. 맺으면서

본 연구는 '죽도문제연구회'가 편찬한 '100문 100답'중에서 "한국 고지도·고문헌의 '우산도=석도=독도'를 부정하는 부분에 대해 논증적으로 비판한 것이다. 이상의 내용을 요약하면 다음과 같다.

첫째로, 일본측은 '한국 고지도의 우산도는 독도가 아니다'고 한다. '세종실로 지리지', '신증동국여지승람'등 한국의 문헌이나 고지도 에 보이는'우산도(于山島)'는 울릉도의 별칭이라고 주장한다. 죽도의 명칭이 '우산도→석도→독도'로 변천했다고 하는 한국의 입장에 대해 일본측은 우산도는 울릉도의 별칭이고 석도는 관음도이고, 독도와 무관하다고 했다.

둘째로, 일본측은 '일본 고지도의 독도는 일본영토이다'라고 한다. "에도시대의 문헌에서는 죽도가 일본의 범위에서 제외되지 않았다. 즉 "이노 다다타키(伊能忠敬)의 지도, 나가쿠보 세키스이(長久保赤水)의 지도, 하야시 시헤이(林子平)의 그림지도 등 모든 지도는 독도가 한국영토로서의 논증이 아니고 일본영토로서의 증거라고 주장했다.

셋째로, 일본측은 '막부의 도항금지령에는 독도는 포함되지 않았다'

고 한다. '막부가 울릉도 도항을 금지했을 때 죽도가 한국영토로 확인되지 않았고, 울릉도의 속도로서 한국영토로서 간주되지 않았다. 또한 안용복이 '일본의 관백(쇼군)'에게 죽도를 조선영토임을 인정받았다는 주장은 옳지 않다고 했다.

넷째로, 일본측은 '메이지정부도 독도를 한국영토로 인정한 적이 없다'고 한다. 일본의 주장은 '태정관문서' 등 부정할 수 없는 명확한 증거가 존재함에도 불구하고 한국영토론을 부정하고 있다.

다섯째로, 일본측은 '1900년 칙령의 석도는 독도가 아니다'고 한다. 1900년의 칙령에 있는 '석도'는 독도가 아니라고 부정하고, 1900년의 칙령이 독도라고 하더라도 실효적 지배를 한적이 없기 때문에 국제법적으로 한국영토가 될 수 없다고 한다. 반면 '1905년 일본의 죽도 편입조치는 정당했다'라고 했다.

마지막으로 일본의 이러한 주장은 1905년 '죽도' 편입조치를 정당화하기 위해 1905년 이전의 한국 영토론을 부정한 것이다. 100문100답을 집필한 죽도문제연구회원 중에는 국가가 고용한 어용학자를 제외하면 연구만을 전업으로 하는 연구자가 없기 때문에 학술적인 논증이라 할 수 없다.

〈참고문헌〉

박병섭(2011)「일본의 독도영유권 주장에 대한 관점」,『한일 양국의 관점에
　　　서 본 울릉도 독도 국제심포지움』, 대구한의대학교 안용복연구소주체,
　　　2011년 12월 2일, 대구한의대학교 학술정보관619호, p.156.

송병기(1999)『鬱陵島와 獨島』단국대학교출한부.

_____(2004)『독도영유권 자료선』자료총서34, 한림대학교 아시아문화연구소.

신용하(1996)『독도의 민족영토사연구』지식산업사.

양태진편(1979)『韓國國境領土關係文獻集』법경사.

이한기(1969)『한국의 영토』서울대학교출판부, pp. 253-254.

최장근(2014)『한국영토 독도의 고유영토론』제이앤씨, pp.105-159.

池内敏(2008.2)「安竜副と鳥取藩」『鳥取地域史研究』第10号, pp.17-29.

大西輝男・권오엽/권정옮김(2004)『獨島』제이앤씨, pp. 263-264.

奥原碧雲(1906)『竹島及鬱陵島』松江: 報光社.

_____(1906)『竹島経営者中井養三郎氏立志伝』.

_____(1907)「竹島沿革考」,『歴史地理』第8巻 第6号.

川上健三(1966)『竹島の歴史地理学的研究』古今書院.

_____(1953)『竹島の領有』日本外務省條約局.

島根県編,=田村清三郎(1954)『島根県竹島の 研究』.

下條正男(2005)『「竹島」その歴史と領土問題』竹島・北方領土返還要求運動島
　　　根県民会議.

_____(2004)『竹島は日韓どちらのものか』文春親書377.

田村清三郎(1965)『島根県竹島の新研究』島根県総務部総務課.

第3期竹島問題研究會編(2014)『竹島問題100問100答』,『WILL』2014年3月号増刊,
　　　ワック株式会社、2014.3.14, p. 170-171.

内藤正中・金柄烈(2007)『歴史的検証独島・竹島』岩波書店.

内藤正中・朴炳渉(2007)『竹島＝独島論争ー歴史から考えるー』新幹社.

内藤正中(2011)「1905年の竹島問題」,『北東アジア文化研究』34호

『軍艦新高戰時日誌』1904年9月25日.

『肅宗實錄』卷30, 肅宗22年9月戊寅條.

第2章
「竹島問題研究会」の韓国の領土である「于山島=石島=独島」の否定

1. はじめに

　日本島根県竹島問題研究会が執筆した冊子「100問100答」の挿入の
絵図には、「「竹島」(独島)[1]から韓半島までを217km、竹島から島根
県までを約211km」として独島が日本の領土により近いと強調して
いる。より近いということで、日本の領土であると主張をしたが
る。しかし、実際のところ、独島は人が住んでいるところからする
と、韓国の鬱陵島から87.4km、日本の隠岐島から157kmの距離に位
置していて、人の視界である100km以内の鬱陵島からは見えても隠
岐島からは見えないことが重要である。このように、竹島問題研究
会は、何の論理性もなく何でも掲げ、日本領土論を主張するのに
汲々としている。

　竹島問題研究会が制作した「100問100答」の中で、特に「第8部韓国
の主張に反論する(2)[2]」という部分が、韓国の主張である「于山島=

---

[1] 竹島は日本の呼称「たけしま(竹島)」をいう。本文では、これを「竹島」と表記
　する。
[2] 「73. 韓国の文献や古地図に見える「于山島」は、竹島なのか。

石島=独島」を否定するためのものである。

筆者の研究によると、韓国側と日本側にあるすべての独島関連史料は、「独島=韓国の領土」の論証を可能とする物である。[3]しかし、竹島問題研究会は、むしろ韓日両国に存在している史料は全て「独島=韓国の領土」を証明するものではないと否定している。[4]そこ

---

74. 「世宗実録地理誌」・「新増東国輿地勝覧」の于山島は竹島か。
75. 韓国は竹島の名称が于山島→石島→独島と変遷したというが、証拠はあるのか。
76. 江戸時代の文献では、竹島が日本の範囲から除外されているのか。
77. 伊能忠敬の地図では、竹島が日本の範囲から除外されているのか。
78. 長久保赤水の地図では竹島が日本の範囲から除外されているのか。
79. 林子平の絵図では、竹島が日本の地図から除外されているか。
80. 「幕府の鬱陵島渡航を禁止の際、竹島が韓国領土と確認された。」との韓国の主張は正しいか。
81. 江戸幕府の鬱陵島渡航禁止令で、竹島は鬱陵島の属島として韓国領とみなされたのか。
82. 安龍福が「日本の関白(将軍)に竹島を朝鮮領土と認めさせた」という韓国の主張は正しいか。
83. 韓国が「竹島朝鮮領」の根拠とする1877年の太政官指令とは何か。
84. 韓国の1900年の勅令にある「石島」は竹島か。
85. 韓国の1900年の勅令で竹島は韓国の領土になったのか。
86. 「既に領土権があったものを1905年に領土編入措置を取った」のは不法なのか。」

3) 代表的な先行研究として、宋炳基(1999)『鬱陵島と獨島』檀國大學校出版部、宋炳基(2004)『獨島領有権資料選』資料叢書34、翰林大學校アジア文化研究所、愼鏞廈(1996)『獨島の民族領土史研究』知識産業社、内藤正中・金柄烈(2007)『歴史的検証独島・竹島』岩波書店、内藤正中・朴炳渉(2007)『竹島＝独島論争ー歴史から考えるー』新幹社、内藤正中(2011)「1905年の竹島問題」、『北東アジア文化研究』34號などがある。

4) 代表的な先行研究として、奥原碧雲(1906)『竹島及鬱陵島』松江：報光社、奥原碧雲(1906)『竹島経営者中井養三郎氏立志伝』、奥原碧雲(1907)「竹島沿革考」、『歴史地理』第8巻第6号、川上健三(1966)『竹島の歴史地理学的研究』古今書院、川上健三(1953)『竹島の領有』日本外務省條約局、島

で、本研究では竹島問題研究会の主張が、説得力を持っているかどうかを分析することを目的とする。

　研究方法として本論の第2章では、「韓国古地図の于山島は独島ではない」に対する批判として、①韓国の文献や古地図に見える「于山島」は、竹島なのか。②「世宗実録地理誌」・「新増東国輿地勝覧」の于山島は竹島なのか。③韓国は竹島の名称が于山島→石島→独島と変遷したというが、証拠はあるのか。について分析する。

　第3章では、「日本の古地図の独島は日本の領土である」に対する批判として、①「江戸時代の文献では、竹島が日本の範囲から除外されているのか。」②「伊能忠敬の地図では、竹島が日本の範囲から除外されているのか。」③「長久保赤水の地図では竹島が日本の範囲から除外されているのか。」④「林子平の絵図では、竹島が日本の地図から除外されているか。」について分析する。第4章では「幕府の渡航禁止令には、独島は含まれていない」に対する批判として、①「幕府の鬱陵島渡航を禁止の際、竹島が韓国領土と確認された。」②「江戸幕府の鬱陵島渡航禁止令で、竹島は鬱陵島の属島として韓国領とみなされたのか。」③「安龍福が「日本の関白(将軍)に竹島を朝鮮領土と認めさせた」という韓国の主張は正しいのか。」について分析する。第5章では、「明治政府も独島を韓国領土として認めたことはない」について批判し、第6章では、「1900年の勅令の石島は独島ではない」に対する批判として、①「韓国の1900年の勅令にある「石島」

根県編,=田村清三郎(1954)『島根県竹島の研究』、下條正男(2005)『「竹島」その歴史と領土問題』竹島・北方領土返還要求運動島根県民会議、下條正男(2004)『竹島は日韓どちらのものか』文春親書377、田村清三郎(1965)『島根県竹島の新研究』島根県総務部総務課などがある。

は竹島なのか。」②「韓国の1900年の勅令で竹島は韓国の領土になったのか。」について考察する。

　先行研究である竹島問題研究会が発行した「100問100答」が、出版されてから間もないので、これを批評した研究がない。さらに興味深い論証になること間違いない。

2. 「韓国古地図の 于山島は独島ではない」への批判

2.1 「韓国の文献や古地図に見える「于山島」は、竹島なのか。」への批判

　この文の筆者である下條[5]は于山島は竹島ではないという論拠として、次のように指摘している。すなわ

　ち、于山島は安龍福の密航事件以前の鬱陵島の別称であったが、安龍福の虚偽の供述によって「日本の松島(独島-筆者注)」のこととされ、更に、鬱陵島の東2kmほどの「竹嶼」のこととされたのである[6]。下條は「松島は于山島だとする歴史的認識だけが残ったのである」と主張している。[7]すなわち、下條は次のように主張している。

　①朝鮮の朝廷によって1770年に編纂された「東国文献備考」に「興

---

5) 拓殖大学国際開発学部教授として竹島問題研究会の座長を務めており、2005年から島根県を動かして竹島問題研究会を組織し、日本政府主導の積極的な独島政策を扇動している。彼は今日の独島問題を起こした張本人として島根県に所属している代表的な御用学者である。

6) 第3期竹島問題研究會編(2014)『竹島問題100問100答』、『WILL』2014年3月號増刊、ワック株式会社、2014.3.14、p.170-171。

7) 第3期竹島問題研究會編(2014)『竹島問題100問100答』、pp.170-171。

地誌価云、鬱陵、于山皆于山国の地。于山島は倭の所謂松島なり。」ということについて、韓国は「于山島」が今の独島と主張する。それは「1770年に編纂された「東国文献備考」の分注によるものであり、朝鮮の朝廷について、安龍福が「鳥取藩と交渉して藩主から、鬱陵島と于山島はすでに朝鮮領となったといわれたと嘘の証言したから」とする。[8]また、朝鮮の朝廷について「鬱陵島で日本の漁民に遭遇したときの松島は于山島だ。これもわが国(朝鮮)の地。[9]」として、日本の漁民たちを追い払ったと供述したたためというものだ。

「竹島紀事」によると、「鬱陵島で日本の漁民に遭遇したときの松島は于山島だ。これもわが国(朝鮮)の地。」としたのは、1693年の安龍福体験によるものであると主張している。安龍福はその時鬱陵島の東北にある大きな島を目撃し、一緒に渡った朝鮮の漁民から、それが于山島であると教えられていた。その後、安龍福は鳥取藩米子の大谷家の漁民たちによって、日本に連れてこられる途中、安龍福は黄昏の海上で、鬱陵島よりも頗る大きな島を見ていた(邊例集要)と述べることにより、当時の朝鮮国では、安龍福の証言によって于山島を「松島」、つまり、現在の「竹島」(独島)とする認識が生まれたと主張している。[10]

下條の問題点は、以下の通りである。すなわち、1690年代の安龍福事件と1770年の「東国文献備考」との関連性を論証せず、推測で「東国文献備考」は、安龍福の影響によるものであるという主張は矛盾している。

---

8) 第3期竹島問題研究會編(2014)『竹島問題100問100答』、pp.170-171。
9) 第3期竹島問題研究會編(2014)『竹島問題100問100答』、pp.170-171。
10) 第3期竹島問題研究會編(2014)『竹島問題100問100答』、pp.170-171。

②元禄覚書[11]の「朝鮮之八道」と「于山鬱陵兩島監税長」について、下條は「1696年、安龍福は鬱陵島と于山島を朝鮮領だと主張するために、日本に密航した」とする。[12]元禄覚書によると、安龍福の「朝鮮之八道」に描かれた于山島が「新増東国興地勝覧の記事に由来した」ということだ。安龍福は日本の漁民が于山島に住んでいたので、「朝鬱兩島監税長」[13]と偽りの官職を名乗ったという。[14]于山島が鬱陵島の4分の3程度の大きさの頗る大きな島だと思ったからだというのだ。[15]

　下條の誤謬は、次の通りである。すなわち、安龍福は新増東国興地勝覧の影響を受け「朝鮮之八道」と言って、于山島が朝鮮領土としたが、于山島が鬱陵島の4分の3程度と考えたからだと主張している。しかし、下條は「朝鮮之八道」と新増東国興地勝覧との関連性を論証しないまま推測することは矛盾している。

　元禄覚書の「朝鮮之八道」と「朝鬱兩島監税長」は、安龍福にとって幕府から鬱陵島と独島を朝鮮の領土として確認されたことを証明している。下條はこのように明明白白なことを否定するために、客観的な論証なしに、次のように主張している。第一に、幕府が鬱陵島への渡航を禁止したのは、安龍福の密航より半年前に決定されたため、安龍福は日本人に会うことができなかったはずであり、第二

---

11) 元々の名称は「元禄9丙子年朝鮮舟着岸一巻之覺書」で元禄9年(1696)に日本で記した安龍福の2次渡日に関する記述である。本文では「元禄覺書」と表記することにする。

12) 第3期竹島問題研究會編(2014)『竹島問題100問100答』、pp.170-171。

13) これは下條の「于山鬱陵兩島監税長」に対する誤謬である。

14) 第3期竹島問題研究會編(2014)『竹島問題100問100答』、pp.170-171。

15) 第3期竹島問題研究會編(2014)『竹島問題100問100答』、pp.170-171。

に、安龍福の交渉により鬱陵島と于山島が朝鮮の領土となったこともないと断定した。[16]第三に、1711年に製作された朴石昌の「鬱陵島図形」には、現在の竹嶼に「所謂于山島」と明記されているということだ。[17]

下條は結論として、安龍福の見た于山島は、今の独島ではないという主張である。[18]その理由は、于山島は鬱陵島の東南のほうにあるが、「東北」としており、朴石昌の「鬱陵島図形」は、安龍福の密航事件と供述によって作成されたもので、于山島は現在の竹嶼を指すのである。[19]ここで下條の矛盾は、これらについて何らかの論証もなく空虚な主張ということだ。

ところで、下條がこれらの事実について、否定しているのも論理的矛盾である。つまり、第一に世宗実録地理志、高麗史地理志、増補東国輿地勝覧などの官撰文献によると、朝鮮の朝廷は朝鮮時代ずっと朝鮮の領土として東海に2つの島が存在しているという認識を持っていた。第二に、安龍福は、1次と2次渡日から鬱陵島に加えて、もう一つの島として于山島を目で確認し、その事実を幕府と鳥取藩に韓国の領土であると主張していたものであり、幕府がこれを否定しなかったということである。第三に、朴石昌の鬱陵島図形は、守土使として東海の二つの島の調査を目的としたが、今の独島を確認できず「竹嶼島」を、「所謂于山島」としたのである。これは今の独島を見つけられずに推測により、于山島の位置を誤って表記し

---

16) 第3期竹島問題研究會編(2014)『竹島問題100問100答』、pp.170-171。
17) 第3期竹島問題研究會編(2014)『竹島問題100問100答』、pp.170-171。
18) 第3期竹島問題研究會編(2014)『竹島問題100問100答』、pp.170-171。
19) 第3期竹島問題研究會編(2014)『竹島問題100問100答』、pp.170-171。

たものに過ぎない。これは、朝鮮の朝廷の認識ではなく、朴石昌の認識に過ぎない。

2.2 「「世宗實錄·地理志」、「新増東国輿地勝覧」の于山島は竹島なのか」への批判

　この文の筆者である下條は「世宗実録・地理志」、「新増東国輿地勝覧」の于山島は竹島ではないと否定し、その理由について次のように主張している。すなわち、

　世宗実録・地理志(1454)と新増東国輿地勝覧(1540)の蔚珍県條に「于山・武陵2島、県の正東の海中にあり」[20]という記録がある。

　韓国は于山島について「東国文献備考」の「于山島は松島」と呼ばれる記録を根拠に、于山島を松島だと執着していると主張している。[21]しかし、1776年の「東国文献備考」に「輿地志によると倭のいういわゆる松島(現在の独島)は于山島(独島)である。」となっているが、輿地志では「一説に于山鬱陵本1島だけ記録されている。したがって于山島は竹島(独島)ではない。」という主張である。[22]

　ところが、下條は韓国が誤って解釈する理由としては、東国文献備考の「于山島は日本が言う松島」と呼ばれるものに執着しているからだという。[23]世宗実録地理志と東国輿地勝覧の「于山、鬱陵の2島は互いに見える距離にある。」というのは、「新増東国輿地勝覧」の蔚珍県條の島の記録状況は、朝鮮半島から見た鬱陵島の姿というものである。[24]　その例として、1693年に幕府と対馬が朝鮮半島から

---

20)　第3期竹島問題研究會編(2014)『竹島問題100問100答』、pp.172-173。
21)　第3期竹島問題研究會編(2014)『竹島問題100問100答』、pp.172-173。
22)　第3期竹島問題研究會編(2014)『竹島問題100問100答』、pp.172-173。
23)　第3期竹島問題研究會編(2014)『竹島問題100問100答』、pp.172-173。

鬱陵島が見えたので、鬱陵島を朝鮮領土として認めたということだ。[25]上記のいずれかの一つも下條は、客観的な論証のない単純な主張をしている。

また、「太宗実録」に蔚珍県から于山島の「樹木や沙渚が見える」という記録があることから、竹島(独島)は、樹木もなく、沙渚もないので、東国輿地勝覧の「于山島」は、竹島(独島)ではないということだ。[26]

実際に金麟雨は鬱陵島から帰ってきながらも、これを間違って「于山島」から帰って来たとしたため、于山島が人の住む島になってしまったのだ。実際は金麟雨が鬱陵島を「于山島」として誤認したものに過ぎない。

以上の内容から見て、下條の主張の誤謬は、次のとおりである。

第一に、下條はここで「輿地志」について何の論証なく、「世宗実録地理志と東国輿地勝覧を指して言う。」と断定している。世宗実録地理志と東国輿地勝覧の蔚珍県條に「于山、武陵元々1島」として1島、2名前の島になっている[27]として、文の核心内容である于山島、鬱陵島二島は距離が遠くなく互いによく見える」という部分を無視して「一説によると、2島は1島である」という部分だけをとっている。必要な部分だけを取捨選択することで、歴史的事実を歪曲解釈している。また、于山島が独島であることを否定するために、金正浩の大東輿地図を取り出して「本県より天晴れて高きに登りて望

24) 第3期竹島問題研究會編(2014)『竹島問題100問100答』、pp.172-173。
25) 第3期竹島問題研究會編(2014)『竹島問題100問100答』、pp.172-173。
26) 第3期竹島問題研究會編(2014)『竹島問題100問100答』、pp.172-173。
27) 第3期竹島問題研究會編(2014)『竹島問題100問100答』、pp.172-173。

見すれば鬱陵島が見えるという記録があるが、于山島の記録はない」
として于山島は竹島(独島)とは関係がないということだ。[28]さら
に、下條は「見える」というのは、朝鮮実録の記録方式と断定し、
「見える」という表現があれば、すべて「蔚珍県から鬱陵島が見える
ということ」として解釈する。[29]

　第二に、15世紀初頭の太宗実録は15世紀半ばの世宗実録に間違い
なく影響を与え、世宗実録は再び間違いなく16世紀半ばの東国輿地
勝覧に影響を与えたものである。よって18世紀の「東国文献備考」の
場合は、その前の時代の「輿地志」の影響を受けたものである。明ら
かに時代ごとに、互いの認識が異なる場合もあるわけだが、間違い
なく影響を受けて影響を与えたというふうな解釈は矛盾である。前
の時代の誤った認識を後の時代に修正して、正しい認識を持つこと
もあろう。

　15世紀の世宗実録地理志と16世紀の新増東国輿地勝覧は、その当
時朝鮮の朝廷の認識である。15-16世紀東海に2島が朝鮮領土として
存在するということである。それなら、2島は、鬱陵島と独島だけ
だ。18世紀の「東国文献備考」に「倭が言う松島は朝鮮領土としての
于山島」という記録は、その当時、日本が初めて朝鮮領土の于山島
を知り、日本で朝鮮の于山島を松島と呼んだという事実を知ったこ
とを意味する。世宗実録地理志、東国輿地勝覧などの「輿地志」は、
その時代の独島に対する領土認識を反映したものである。

---

28) 第3期竹島問題研究會編(2014)『竹島問題100問100答』、pp.172-173。
29) 第3期竹島問題研究會編(2014)『竹島問題100問100答』、pp.172-173。

2.3 「韓国は竹島の名称が「于山島→石島→独島」と変遷したというが、証拠はあるのか」への批判

　この文の筆者も下條である。

　①下條が于山島に関して韓国が于山島を独島とする根拠には、「東国文献備考」「輿地考」の蔚珍県條に、「輿地志に云う、于山、鬱陵皆于山国の地、于山は倭の所謂松島(現在の竹島)なり。」ということによるものである[30]。それを韓国側は、于山島を独島とする前提にしているが、于山島が松島であり、于山島を独島とする方程式は成立しないと主張している。[31]　その理由は、韓国側が依拠する「輿地志」の原典には「一説に于山鬱陵本1島」とあるからである。その上、「世宗実録地理志」に記録された于山島は「輿地図書」(18世紀)や金正浩の「大東地志」の本文から消え、鬱陵島だけになった。」というものである。[32]

　下條は史料的解釈から「韓国領土=独島」として解釈されるので、これを否定するために史料自体をそのまま解釈せず、自分の論理を作るために有利で、関係のない史料を取捨選択的に代入させて、正しい史料解釈を否定している。そうして史料自体を否定することで韓国の朝廷が残したすべての古文献が間違ったとしている。特に、「東国文献備考」も安龍福の虚偽によって、内容的に誤謬を犯していると主張している。[33]

　②石島に関しては、「韓国側が挙げている証拠は発音の類似性である。勅令41号の恐怖は、1900年10月25日である。「独島」の名称が

---

30)　第3期竹島問題研究會編(2014)『竹島問題100問100答』、pp.174-175。
31)　第3期竹島問題研究會編(2014)『竹島問題100問100答』、pp.174-175。
32)　第3期竹島問題研究會編(2014)『竹島問題100問100答』、pp.174-175。
33)　第3期竹島問題研究會編(2014)『竹島問題100問100答』、pp.174-175。

文献に初めて登場するのは1904年以後、日本人に雇用された鬱陵島民が独島周辺でアシカ漁に従事したためである。実際に「独島」という表記は、1904年以後使用されたが、それ以前に出てきた勅令41号の「石島」に影響を与えたのは間違いだという主張である。[34]

　実際に鬱陵島民が1882年以降、俗称で「トルソム」あるいは「トクソム」と呼んでいた。この土俗名称を朝鮮の朝廷が1900年の勅令41号に公文書の形式で、「石島」と漢字表記したものである。1904年の独島が1900年の石島に影響を与えたという話ではない。

　そして、下條は勅令41号が制定された際、視察官・禹用鼎の「鬱島記」を参考にして鬱陵島の範囲を「概ね145里」だと断定した。これは、「1882年に鬱陵島を検察した李奎遠が周回145里としたのと同じである。李奎遠はその時、「鬱陵島外図」を描き、鬱陵島の傍近には竹島と島項の2島があるとした。そこで言う「竹島」は鬱陵島の東2kmにある竹嶼で、島項は鬱陵島の北東にある。李奎遠の鬱陵島に関する地理的理解は、1883年、内務省少書記官桧垣直枝の「鬱陵島出張復命書」に添えられた付属図に踏襲された。1900年、視察官・禹用鼎とともに鬱陵島に渡った在朝鮮国釜山領事館の赤塚正助が提出した「鬱陵島の森林概況」所収の付属図にも、鬱陵島の屬島は竹島と島牧(島項)に空島(孔岩)とされている。さらに1910年、大韓帝国が編纂した「韓国水産誌」第2輯でも鬱島郡の「周辺の諸島」として、竹島と鼠項島(島項)に孔岩を挙げている。そもそも鬱陵島から90km近くも離れた竹島(独島)になることができない。その理由は、禹用鼎と赤塚正助が竹島(独島)には渡っておらず、その調査は鬱陵島1島に限

---

34) 第3期竹島問題研究會編(2014)『竹島問題100問100答』、pp.174-175。

られていたからである。「世宗実録・地理志」の于山島は鬱陵島であり、「石島」を独島と決め付ける前に、「島項」が「石島」でないとする証拠を示せ」と主張している。[35]

　下條の主張は次のような矛盾性を持っている。すなわち、勅令41号の制定と「鬱島記」との関連性、李奎遠が1883年の内務省少書記官・桧垣直枝の「鬱陵島出張復命書」を踏襲したことなど、これらはすべて、何の論証もされていない。「韓国水産誌」第2輯に鬱陵島の「周辺諸島」に独島がない理由は、独島は鬱陵島の周辺の島ではなく、87kmも遠く離れている別の島であるからである。実は1889年の日本海軍省水路局が発行した「日本水路誌」にはなく、「朝鮮水路誌」に独島を含ませた。[36]

　実際に、1899年に派遣された合同調査団は、日本人の伐採問題を解決するためで、領土問題で、今の独島を調査しに行ったのではない。したがって、1899年の合同調査を勅令41号の制定のためのものだと前提にすることは誤りである。

　勅令41号の「石島」が島項(観音島)であれば、なぜ既に存在していた「島項あるいは西項島」という名称を使用せずに聞いたことも見たこともない新しい名称である「石島」を突然使用したのかである。

　実際に鬱陵島の合同調査以降、「皇城新聞」は、調査内容を報じたが、「最も顕著な島が「竹島于山島」だと報道した。[37]「最も」という意味は、1つの島をいう。当時、李奎遠の「鬱陵外島」の「竹島」が当時青邱図、廣興図などで記された「所謂于山島」または「于山島」とい

---

35) 第3期竹島問題研究會編(2014)『竹島問題100問100答』、pp.174-175。

36) 李漢基(1969)『韓國の領土』ソウル大學校出版部、pp.253-254。

37) 「皇城新聞」1899年9月23日付.

う名称とともに1島、2名の名称で混乱していた。したがって勅令41号では、当時の日本の侵略を恐れて、鬱陵島民が俗称にしていた「トクソムあるいはトルソム」を漢字で表記して新しい名称である「石島」を使用して、現在の独島の所属を明確に表記したのである。[38]

その中でも下條の最も不適切な誤謬は、朝鮮の朝廷が鬱陵島開拓を始めたきっかけは日本人の潜入を防ぐためのものだったが、すでに多くの日本人が独島を経て鬱陵島に渡航しており、[39]鬱陵島の人々は鬱陵島から見える独島の存在を知らず、鬱陵島だけを知っていたと前提にするには無理がある。

3. 「日本の古地図の 独島は日本領土である」への批判

3.1 「江戸時代の文献では竹島が日本の 範囲から除外されているのか」への批判

この論旨の著者は、塚本である。彼は「隠州視聴合記」に「その隠岐国の府は、周吉郡南岸西郷豊崎なり。これより南の方出雲国美穂関に到る35里、南東の方伯耆国赤崎浦に至る40里、南西の方石見国温泉津に至る58里、北から東に往くべき地なし、北西方向へ行くこと2日に1夜にして松島があり、又1日の路程に竹島がある。この二

---

38) 崔長根(2014)「獨島の名稱:「于山島」が「石島」に転換される過程の考察」『韓國領土の獨島の固有領土論』J&C、pp.105-159。

39) 1899년鬱陵島の合同調査の結果,日本人の潜入滞留者は、57間に男女合計が144人で,日本人の船舶が11隻であった、禹用鼎「報告書:鬱陵島査覈」、愼鏞廈(1996)『獨島の民族領土史研究』知識産業社、189。

島は無人の地、高麗を見ること出雲国から隠岐国を望む如し、然らば、即ち日本の北西の地は此州を限りとなす」とある。[40]

　つまり、この文をよく分析してみると、松島と竹島は無人島で、日本の領域ではないが、朝鮮の領域に見えるという意味である。ここで日本の本島である出雲国から隠岐国を見ることは、無人島の二つの島から高麗を見るのと同じだとした。したがって表記方式を対称的にすると、出雲国と隠岐国は日本領土、無人島の二つの島と高麗は朝鮮領土という意味である。また、「州」という言葉は、人が住んでいる行政区域をいう。[41]人が住んでいない無人島を「州」とはしない。したがって、「此州」は、隠岐をいう。

　しかし、塚本は「隠州視聴合記」の記述は「此州」の意味如何にかかわらず、竹島(鬱陵島)と松島(独島)が朝鮮領だという認識を示すものではない。「高麗を見る」という場合に見ている人が立っている場所は高麗ではない。当時、日本は鎖国であって外国へ渡航することが禁止されていた。また、現在の竹島(独島)については「竹島図説」(18世紀)に「隠岐国松島」、「長生竹島記」(1801年)に「本朝西海のはて也」とある。何はともあれ、「隠州視聴合記は竹島が韓国領土という根拠はない」と主張している。[42]

　ここで言う「竹島図説」(18世紀)と「長生竹島機」(1801年)は、出版年代を見ると、すでに1696年に幕府が鬱陵島と独島を朝鮮領土と認めた以降の記録である。また私撰記録である。日本国の領土を認める史料として適していない。これらの記録は独島が日本領土だと主

---

40)　第3期竹島問題研究會編(2014)『竹島問題100問100答』、pp.176-177。

41)　大西輝男・權五曄/權靜譯(2004)『獨島』J&C、pp.263-264。

42)　第3期竹島問題研究會編(2014)『竹島問題100問100答』、pp.176-177。

張する今の塚本のように領土野心を持っている当時の漁民の認識に過ぎない。

「見ている人が立っている場所は高麗ではない。」とし、「2つの無人島(鬱陵島と独島)」が朝鮮の地ではないとするならば、「出雲国から隠岐国を見ること」でも出雲国は日本領土であり、隠岐国は日本領土ではないという論理になる。

塚本は「「此州」の意味如何にかかわらず、」という部分から分かるように、「此州」が「隠岐国」ではないという事実を論証しきっていなかったのである。

3.2 「伊能忠敬の地図では竹島が日本の 範囲から除外されているのか」への批判

この論旨の著者は、具体的な筆者名を隠して「竹島資料室」とある。「竹島資料室」では、次のように主張している。

伊能は、幕府の許可を得て測量事業を実施したところ、第4次までは個人事業として行われ、第5次以降は幕府直轄事業として実施された。[43]韓国側が「幕府の命令で伊能忠敬が作成した江戸時代の代表的な実測官撰地図「大日本沿海輿地全図」(1821年)をはじめ、日本の官撰古地図には独島がない」として韓国領土であることを主張した。[44]これに対し、伊能図では海岸と主要な官道を実測したものの、内陸部や本土から遠く離れた離島は、測量そのものを実施しなかった。その例として最終版伊能図で択捉島、歯舞群島、久六島(青森県)、男女群島(長崎県)も地図に記載されていないことを確認し

---

43) 第3期竹島問題研究會編(2014)『竹島問題100問100答』、pp.178-179。
44) 第3期竹島問題研究會編(2014)『竹島問題100問100答』、pp.178-179。

た。45)また、1645年の隠岐国絵図「正保出雲・隠岐国絵図」に「竹島までの渡海」「竹島への渡海」というふう(よう)に鬱陵島に渡海したことがあるという記録がある。したがって竹島が日本領土という根拠だと主張する。46)

「竹島資料室」の主張には、次のような矛盾がある。すなわち、「渡海した」ということは、幕府の渡海免許証を受けて、日本領土ではない島に渡海したことを意味する。また、「大日本沿海輿地全図」に今の独島が含まれていなければ、日本領土として証拠にならない史料である。伊能の地図の特性のためだという主張は説得力がない。伊能忠敬の「大日本沿海輿地全図」に遠く離れた島については、記録しなかったと主張するには、他の古地図、古文献でも独島が日本領土としての記録があるべきである。

3.3 「長久保赤水の地図では竹島が日本の 範囲から除外されているのか」への批判

この論旨の著者も「竹島資料室」になっている。著者の論旨は、次のとおりである。つまり、まず、韓国側は長久保赤水の地図は私撰という。しかし、初版は1778年幕府の許可を受けて1779年に製作された。1712年の幕府布令により地図は必ず奉行所へ届け出なければならず、それが再び返され、学問所に出されて官許になる。47)次に、韓国側が「隠州視聴合紀」の文言がそのまま書かれているため、「隠州視聴合紀」に基づいて作成されたものとして、「日本の西北側」

---

45) 第3期竹島問題研究會編(2014)『竹島問題100問100答』、pp.178-179。
46) 第3期竹島問題研究會編(2014)『竹島問題100問100答』、pp.178-179。
47) 第3期竹島問題研究會編(2014)『竹島問題100問100答』、pp.180-182。

の境界の限界は隠岐島であるという主張も間違いである。ただ「竹
島　言磯竹島」「見高麗猶雲州望隠州(鳥取藩-筆者注)」という文句だけ
で断定するのは憶測に過ぎない。実際に長久保は、日本図を作成す
るにあたっては多くの資料を参考にした。特に、1701年の「改正人
国記」所収の「隠岐国図」と「日本分野図」では竹島(鬱陵島)を日本領と
記しており、竹島は隠岐諸島の北に記されている。したがって、多
くの資料を参考にして、鬱陵島と独島を日本領と記したのであ
る。48)また、当時の彩色されていなかったのは、竹島だけでなく、
本土から遠く離れたところにはすべて彩色されておらず、経緯度表
示もされなかったと韓国が批判するが、彩色されず、経緯度線がな
かった蝦夷地(第1版)、八丈島(第2版)も、当時日本領土ではなかっ
た。49)また、赤水が1789年に製作した「アジア小東洋図」では、鬱陵
島と独島が日本領として彩色されている。これは、赤水の領土観を
明確に知ることができるというものである。50)

　長久保赤水の地図に対する「竹島資料室」の矛盾は、次の通りで
ある。
鬱陵島は「竹島一件」の紛争によって幕府の決断により、当時の「竹
島(鬱陵島)」は、1696年から朝鮮領として再確認された。ところが、
長久保赤水の地図で鬱陵島が日本領と記されたとすれば、これは
誤った地図である。また、鬱陵島が朝鮮領土なのに、他の部分とは
異なり、地図に経緯度線や彩色なく鬱陵島とともに独島が描かれた
なら、それは間違った地図であるか、そうでなければ鬱陵島と独島

48) 第3期竹島問題研究會編(2014)『竹島問題100問100答』、pp.180-182。
49) 第3期竹島問題研究會編(2014)『竹島問題100問100答』、pp.180-182。
50) 第3期竹島問題研究會編(2014)『竹島問題100問100答』、pp.180-182。

を朝鮮領土として見るのが妥当である。よって初版の地図には鬱陵島と独島が、朝鮮領土と同じ無色に彩色されていたのである。

　また、赤水は林子平の地図を参考にしたと記録している。[51]林の地図は、朝鮮半島とともに鬱陵島と独島が黄色に彩色され、「朝鮮のもの」と明らかに記されている。林の地図を参考にして描いた赤水の初版の地図は、鬱陵島と独島を朝鮮領土と記したことが明確である。

3.4 「林子平の絵図では、竹島が日本の 範囲から除外されたのか」への批判

　林子平は1786年、「三国通覧図説」の付属図として「三国通覧輿地路程全図」を描いた。竹島資料室は「林子平の繪圖は日本海上に鬱陵島が描かれ、朝鮮と同じ色である黄色で彩色されて「朝鮮ノ持也」と記されている。[52]このようにこの絵図は、「現在の独島を描いたものではなく、鬱陵島を描いたものである。」また、幕府は1792年、「三国通覧図説」について発禁処分を下し、発行が禁止された。[53]

　幕府がこの絵図を「地理相違之絵図」と判決したという記録があるとし、「三国通覧輿地路程全図」が幕府の認識を記したものではない[54]というわけである。

　竹島資料室の主張には、次のような矛盾点がある。

---

51) 朴炳渉(2011)「日本の独島領有権の主張に対する観点」、「韓日両国の観点から見た鬱陵島、独島の国際シンポジウム」、大邱韓醫大學校の安龍福研究所主催、2011年12月2日、大邱韓醫大學校學術情報館 619号、p.156。
52) 第3期竹島問題研究會編(2014)『竹島問題100問100答』、pp.183。
53) 第3期竹島問題研究會編(2014)『竹島問題100問100答』、pp.183。
54) 第3期竹島問題研究會編(2014)『竹島問題100問100答』、pp.183。

林子平はこの絵図を描くときに、「朝鮮地図」を参考にしたと本文に
記している。[55]朝鮮地図は当時のほとんどの地図には、東海上に鬱
陵島と于山島(今の独島)を記している。したがって林の絵図に2つの
島を描いているのは、鬱陵島の東南にある小さな島の独島を記した
ものであることに間違いない。ところが、何の論証もなく鬱陵島を
記したという主張は説得力がない。この絵図は、「竹島一件」の後に
描いた絵図として、渡航禁止令をもとに鬱陵島と独島を朝鮮領土と
して描いた絵図であることに間違いない。また、幕府が林のこの絵
図を発行禁止処分を下したとしながら、その理由は鬱陵島と独島を
韓国領土と記したからだという主張である。ところが、これに対す
る論証はない。

4. 「幕府の渡航禁止令には、独島は含まれていない」への批判

4.1 「「幕府の鬱陵島渡航禁止の際、竹島が韓国領と確認された」との韓国の主張は正しいか」への批判

この論旨の著者は、塚本である。彼は「1696年1月27日、幕府の老
中・阿部豊後守は鳥取藩に対し、「鳥取藩を治める因幡国と伯耆国
に付属している竹島(現在の鬱陵島)はいつの頃から両国へ付属して
いるのか。竹島(現在の鬱陵島)以外に両国へ付属する島があるか」と
照会した。これに対し、鳥取藩の江戸屋敷は翌日、「竹島は因幡伯

---

55) 朴炳渉(2011)「日本の独島領有権の主張に対する観点」、「韓日両国の観点から見た鬱陵島、独島の国際シンポジウム」、p.156。

耆付属ではない。米子の町人である大谷、村川という者が渡航して漁をしているのは、松平が伯耆国を領した折、老中封書を以て仰せ出でられたものと承知している。竹島(鬱陵島)と松島(独島)は因伯両国付属の島はない」[56]云々と返答したという記録がある。

　幕府は最終的に、1696年1月28日(陽暦3月1日)付で大谷、村川家の鬱陵島渡海を禁止した。」というものである。[57]ところが、塚本は17世紀末「竹島一件」による外交交渉は、鬱陵島を対象にした事件だった。独島は対象になっていなかったというのだ。当時朝鮮国では、独島に対する領土認識もなかった。幕府は、鳥取藩から松島に関する情報を得ながら、松島への渡海は禁止していなかった。」[58]17世紀末の事件や外交交渉を通じて、独島が韓国領であることが確認されたという韓国の主張は、成り立たない。当時、鬱陵島への渡海を禁じたことは、対馬の宗氏を通じて伝えられたが、その時に独島への言及はなかった。したがって、17世紀の事件の交渉対象は鬱陵島だけだった。」というものである。[59]

　これに対する塚本の問題点は、次の通りである。

　幕府と鳥取藩は1696年、鬱陵島とともに独島が日本の領土でないことを明確にした。そして、当時、幕府が両国政府間の領土紛争で鬱陵島とともに独島を日本領土としていなかったのは、鬱陵島とともに独島がも韓国領土として認めていたことを意味する。ただし、幕府が渡海免許を与えたのが、鬱陵島だけだったので、鬱陵島の渡

---

56) 第3期竹島問題研究會編(2014)『竹島問題100問100答』、pp.184-185。
57) 第3期竹島問題研究會編(2014)『竹島問題100問100答』、pp.184-185。
58) 第3期竹島問題研究會編(2014)『竹島問題100問100答』、pp.184-185。
59) 第3期竹島問題研究會編(2014)『竹島問題100問100答』、pp.184-185。

海免許を取り消したに過ぎず、もともと朝鮮領土である独島に対して幕府が言及する理由がなかった。ところが、塚本の独島だけは日本領土になったという主張は正しくない。この事件の切っ掛けを提供した安龍福は、鬱陵島と独島が韓国の領土であることを日本側に主張したのだ。当時、独島は鬱陵島の付属島として、日本側から見れば、鬱陵島渡航の寄港地として存在し、韓国側から見ると、鬱陵島とともに「于山島(独島)」が東海に存在する韓国領土であると認識されていたのだ。ただし、独島が小さい暗礁であり鬱陵島のように人が居住することができる大きな島ではなかったので、領有権紛争の対象にはならず議論される理由がなかった。

したがって、日本では鬱陵島とともに独島に対する領有権としての認識を放棄したが、独島は寄港地としてだけの価値で存在したため、紛争の対象として存在しなかった。韓国の立場では、鬱陵島と于山島(独島)は朝鮮領土であり、鬱陵島は紛争の対象となったが、独島は紛争の対象にならない朝鮮領土だったのだ。日本の江戸時代において、幕府あるいは鳥取藩、そのどちら側も独島に対する領土意識を持っていたことは一度もなかった。

4.2 「江戸幕府の鬱陵島渡航禁止令で、竹島は鬱陵島の属島として韓国領と見なされたのか」への批判

この文の論者である塚本は「対日平和條約の草案を作成する過程で、米国が韓国の要求を否認して独島を日本領土と認めた。このような経緯が公布されず、韓国政府は1954年9月25日、韓国政府の見解では対日平和條約で日本領土として決定されたことについて、韓国は独島が鬱陵島の属島であったため、韓国領土として承認されて

おり、対日平和條約で独島が漏れたと主張した。国際法上、本島と言える陸地や主島の場合は、運命を共にする小さな島であれば、屬島になる。鬱陵島から87kmも離れている独島は属島になることができない。古地図に存在している鬱陵島から2km離れた于山島に於いては鬱陵島の属島と言えるだろう。また、世宗実録地理志に「于山、鬱陵2島」と記されているが、前にある島が後ろにある島の属島というのはありえない」ということだ。

　塚本主張の矛盾は、次の通りである。

当時、独島に対する研究があまり蓄積されていない時期、韓国政府が「属島論」を主張したことがあった。「属島論」だけで独島の領有権を主張するものではない。それにもかかわらず、韓国人が居住する鬱陵島から眺めることができる独島について、領土意識を持つことは当然である。独島は鬱陵島と不可分の関係にある鬱陵島の属島と主張することができる。したがって安龍福が子山島の領有権を主張したように、鬱陵島を母島として独島を子島としたように、鬱陵島を母島として、独島を子島とする傾向がある。韓国と日本の古地図・古文書を見れば、必ず「竹島(鬱陵島)と松島(独島)」、「于山、鬱陵」と表記されており、同時に登場する。時には「鬱陵島外1島」と表記することもあり、鬱陵島と独島の特殊な関係を述べている。逆に古地図・古文献上に日本の隠岐島と独島との特殊な関係を記録したものがないので、独島を隠岐島の属島と言うことができない。

　17世紀の幕府の鬱陵島渡航禁止で鬱陵島とともに独島が除外された根拠として、安龍福の子山島領有権の主張に対して幕府がこれを否定しなかったこと、19世紀に幕府が日本の西海岸に「渡航禁止の立て札」を設置したこと、日本が1905年、日露戦争中に内密裡に独

島を日本領土として編入措置を断行するまで、単純に「松島」(独島)での操業を目的として渡航したことはなかったのだ。

4.3 「安龍福が「日本の関白(将軍)に竹島を朝鮮領土と認めさせた」という韓国の主張は正しいのか」への批判

　この文の論者である塚本は、安龍福の供述は虚偽であり、さらに、朝鮮政府が安龍福の行跡を否定したというものである。塚本は、安龍福の供述について次のように言及している。

　粛宗実録によると、安龍福は1693年と1696年の2度にわたり日本を訪問した。最初の渡航は1693年、安龍福を含めて2人が日本人に拉致され、1ヶ月間米子の大谷家宅滞在した後、鳥取、長崎、対馬を経由して送還された。第二の渡航は1696年、自ら渡航したが、その時は「江原道の子山島が松島である。官職を詐称して何かを訴訟するために来たが、自ら帰港した。その時、安龍福は、越境罪で備邊司で調査を受けるとき「鬱陵島に日本の多くの船が往来した。自分は「鬱陵島はもともと朝鮮領土であり、むやみになぜ来たのかと責めたところ」、日本人が「自分たちは松島に住んでいる人なのだが、成り行きで漁にきた。今戻るところだ」として、「松島も朝鮮の島として朝鮮領土なのに、君たちがそこに住んでいるとはどういうことが」と言って、翌日の朝、子山島に行ってみると、日本人が釜の準備をしていたので叱りつけたら、日本に帰った。それで、彼らを追跡したが、大きな嵐に会って隠岐に漂流した。その時の島主が入島の理由を尋ねて」「鬱陵、子山などの島を朝鮮の境界に定め、関白が書契をくれたのに、まだ境界を犯すのかと問い詰め、その後伯耆州に行って対馬島の島主が関白の書契を奪ったと述べ

た。」とした。[60]

　さらに、塚本は「粛宗実録」によると、対馬島使臣が「昨年帰国者が訴訟しようとしたのは、朝鮮によるものか」という質問に対して、朝鮮の朝廷が会議で対処方針として「申し開きすることがあれば通訳官を江戸に送る。何を恐れて騒々しい漁民を送るか。暴風で民が何をしても朝廷が知ることができない。」という事実を日本に知らせたことを見ると、朝鮮の朝廷は、安龍福の行為の正当性を否定した。また、日本の主張は、その時1696年正月(1月)の時点で日本漁師の鬱陵島渡航が禁止されており、安龍福が日本人に会ったのは嘘だとした。

　安龍福の行跡を否定する塚本の主張の矛盾は、次の通りである。

　日本で保管されている「朝鮮之八道」に見られるように、安龍福は1696年の2次渡日で「鬱陵島と独島」が、朝鮮の江原道の領土であることを日本側に明確に提示したという記録がある。幕府は安龍福の2次渡日以降、鬱陵島渡航禁止令を下した。独島には、渡航免許を出していなかったので、領有権に関する特別の言及がなかった。さらに、当時の独島は鬱陵島を渡航するときだけの寄港地としてだけ使用されているからである。安龍福が領有権を主張した独島渡航については、渡航許可を出していなかったので、禁止をする必要もなく、最初から朝鮮領土だったのだ。だから幕府は独島に領有権を主張していなかったのだ。

　朝鮮の朝廷では、安龍福の活動に対し命令してはなかったが、彼の活動を肯定的に評価した。世宗実録と東国輿地勝覧などを見て

---

60)『粛宗實錄』卷30、粛宗22年9月戊寅條。

も、朝鮮の朝廷が鬱陵島と独島を放棄したことがなかった、この問題で越境した安龍福を尋問したが、越境罪について領土問題への貢献を認めて極刑に処することを避け、善処として島流しにしたのだ。言い換えれば、安龍福の罪状は、越境罪を問い詰めたものであり、日本で鬱陵島と独島の領有権を主張したため、島流しにされたものではない。塚本の主張のように安龍福の行為が、朝鮮の朝廷から否定されたわけではなかった。

　また、幕府がすでに鬱陵島渡航を禁止していた1696年の正月に、鬱陵島で日本人に会ったという安龍福の主張を虚構だというが、もし幕府が鬱陵島渡航を禁止したとしても、違法渡航はいくらでもある。大谷、村川家も1回用の渡航免許を持っていて、70余年間、不法に鬱陵島を渡航したのだ。[61]明確ではない推論であり、当時の事情をよく記録した歴史的な史料を完全に否定することはできないのである。

5. 「明治政府も独島を韓国領土として認めたことがない」への批判

5.1 「韓国が「竹島朝鮮領」の論拠とする1877年の太政官指令とは何か」への批判

　この文の論者である塚本は、「磯竹島略図」に記された松島が「日本海内竹島外一島地籍編纂方伺」(島根県)の「外1島」が「松島」である

---

61)　池内敏(2008.2)「安竜副と鳥取藩」『鳥取地域史研究』第10号、pp.17-29。

ことを明確に認めた。[62]すなわち、内務省は「島根県から伺出があ
り、調査したところ、本邦と関係ないと思われるが、版図の取捨は
重要なので、念のために伺う」として、太政官(のちの内閣に当たる
機関)に伺いをたてた。これに対し、太政官は「竹島ほか1島のこと
は、本邦と関係ない」と指示した。ところが、17世紀当時の朝鮮国
では、独島に対する領土認識がなかったので、幕府と朝鮮との交渉
は、鬱陵島のことで独島に関する言及はない[63]とした。また、「竹
島(鬱陵島)所轄のことについて島根県から別紙の伺出があり、調査
したころ」としたことからみると、「外1島」や説明資料にある「松島」
という名称を無視している。その理由は、明治時代に鬱陵島を「松
島」と表記していたからである。「西洋の地図や海図により鬱陵島に
松島という呼称を与えていた。松島は、江戸時代の呼称に過ぎな
い。中央政府では、西洋起源の知識が流入して鬱陵島を松島とし
た。[64]そして1876年武藤平学が外務省に提出した「松島開拓之議」、
1877年島根県出身の戸田敬義が東京府に提出した「竹島渡海之願」な
どに登場する松島と竹島はどちらも鬱陵島のことであった。[65]1876
年に斎藤七郎兵衛がウラジオストク駐在の貿易事務官・瀬脇寿人に
「松島開拓願書並建言」を提出し、これを瀬脇は1877年に外務卿・外
務大輔に上申した。これに対して外務省公信局長・田邊太一は「松
島は朝鮮の鬱陵島にして我版図中ならず、斉藤某の願意は許可する
の権なき旨答ふべし」との結論を下した。[66]1881年11月、大屋兼助

---

62) 第3期竹島問題研究會編(2014)『竹島問題100問100答』、pp.190-193。
63) 第3期竹島問題研究會編(2014)『竹島問題100問100答』、pp.190-193。
64) 第3期竹島問題研究會編(2014)『竹島問題100問100答』、pp.190-193。
65) 第3期竹島問題研究會編(2014)『竹島問題100問100答』、pp.190-193。
66) 第3期竹島問題研究會編(2014)『竹島問題100問100答』、pp.190-193。

などが出願する形で、島根県から内務省・農商務省に「日本海内松島開墾之儀に付伺」が出された。これに対して内務省は、1877年の太政官指令を添付して外務省に照会したが、(外務省の返簡には「朝鮮国鬱陵島即竹島松島の儀に付」とあった。[67]内務省は、1882年1月島根県に「書面松島の儀は最前指令の通本邦関係これ無き義と相心得べし、依って開墾願の義は許可すべき筋にこれ無く候うこと」と指令した。[68]

　また、塚本は以上の史料を総合的に検討した結果として、1877年の太政官指令は竹島(鬱陵島)および名称上」のほか1島」(松島、これも鬱陵島)について、本邦無関係としたものである可能性が高い。現在の竹島(独島)を日本と関係ないとしたという主張は、島根県の伺いの添付資料だけに依拠した議論、あるいは「松島」とあると常に竹島/獨島を指すという思い込みによる解釈だと言える。[69]すなわち、「磯竹島略図」は、鬱陵島(竹島)と松島(独島)として島根県の認識である。したがって、1877年の太政官文書は、明治政府の認識として、島根県の認識とは無関係だということだ。また、松島は独島、竹島は鬱陵島という主張は、思い込みによる解析と言うものである。[70]

　太政官文書に関する塚本主張の矛盾性は、次の通りである。
以上のように、明治政府があえて「竹島(鬱陵島)と松島(独島)」と言わずに「竹島(鬱陵島)と外1島(松島)」としたのは、鬱陵島周辺を往来

67)　第3期竹島問題研究會編(2014)『竹島問題100問100答』、pp.190-193。
68)　第3期竹島問題研究會編(2014)『竹島問題100問100答』、pp.190-193。
69)　第3期竹島問題研究會編(2014)『竹島問題100問100答』、pp.190-193。
70)　第3期竹島問題研究會編(2014)『竹島問題100問100答』、pp.190-193。

していた関連のある日本人が呼称の誤謬を犯して鬱陵島を「松島」と呼称する傾向が生じていたからである。よって明治政府は「鬱陵島と独島」という2島を明確にするために、「竹島と外1島」と表記したのだ。実際は「竹島と外松島」あるいは「竹島と松島」と表記しなければならなかった。ここで、「外1島」と表記することは、むしろ「独島」の存在を明確にするためのものであった。

6. 「1900年の勅令の石島は独島ではない」への批判

6.1 韓国の1900年の勅令にある「石島」は、竹島か」への批判

この文の論者である塚本は、勅令41号の石島が、今日の独島という論証になると、1905年に日本より先に韓国が独島を管轄区域としていたと言えるとした。[71]また、韓国は1438年(世宗20年)以来、鬱陵島を無人島化したが、朝鮮王朝が数年ごとに役人を派遣して巡視していた。日本人の渡航のために1882年に開拓民を派遣して開拓して、最終的に郡を設置し、行政区域に含ませたとした。[72]そして1882年李奎遠は高宗皇帝から「松竹島于山島」を調査してくるよう命じられて、聖人峰に登ったが独島を発見できず、「島項と竹島」の存在を報告した。また、1899年禹用鼎の鬱陵島の調査では、近傍の小島を調査していなかった。[73]禹用鼎の報告を受けた参政内部大臣・李乾夏は勅令の中の「鬱陵島を「鬱島」と改称して島鑑を群守とする

---

71) 第3期竹島問題研究會編(2014)『竹島問題100問100答』、pp.194-195。
72) 第3期竹島問題研究會編(2014)『竹島問題100問100答』、pp.194-195。
73) 第3期竹島問題研究會編(2014)『竹島問題100問100答』、pp.194-195。

改正に関する請議書」で、鬱陵島の範囲を「縦80里、横50里」として独島を含ませていなかった。トルソムの方言が独島という説明では足りない。[74]なお戦後の新聞で、巨文島の老人が若い頃、航海中に島を望見し、先輩から「石島だ」と聞いたとするものがあるが、これも個人の回想に過ぎない。[75]

　勅令41号についての塚本の主張の矛盾性は、次の通りである。

　高宗皇帝は李奎遠検察使に「松竹島于山島」を調査してくるよう命じたが、李奎遠は「竹島と島項」の存在を確認した。しかし、高宗が知りたかった「松竹島于山島」を確認していなかった。独島は年間を通して50日余り程度を眺めることができる島なので、ちょうど李奎遠の調査時には独島を眺めることができなかったということだった。しかし、李奎遠は鬱陵島の住民の話から独島の存在を確認したという。[76]また、禹用鼎の鬱陵島の調査は、その目的が鬱陵島の伐採事件を解決するための調査だったので、独島に関する言及をしていなかった。勅令41号に「石島」という名称を挿入した経緯については、まだ明確な史料的検証ができていない。しかし、20余年間、鬱陵島に居住し、群守を務めていた開拓民である裵季周が、鬱陵島を訪問した禹用鼎に提案したものである可能性が最も高い。しかし、1906年の皇城新聞に発表された「鬱島の配置顛末」を見ると、統監府が1900年に詔勅された勅令41号を確認し、これにより、勅令で措置された「石島」が、1906年当時の「独島」であることを明確にした。

---

74) 第3期竹島問題研究會編(2014)『竹島問題100問100答』、pp.194-195。
75) 第3期竹島問題研究會編(2014)『竹島問題100問100答』、pp.194-195。
76) 李奎遠の『鬱陵島検察日記』,慎鏞廈(1996)『獨島の民族領土使の研究』知識産業社、p.180。

よって、統監府も日本の「竹島」編入措置を否定する大韓帝国政府からの異議申し立てを拒否していなかったのである。

6.2 「韓国の1900年の勅令で「竹島」は韓国の領土になったのか」への批判

　この文の論者である塚本は、次のような主張をする。日本が1905年(の)島根告示40号で国際法に基づく無主地先占理論によって領土を取得した。しかし、韓国は1900年勅令41号の「石島」が「独島」であるとする論証になっていないため、国際法によって領土を取得したとは言えない。

　日本は17世紀の1696年、竹島(鬱陵島)渡航禁止令が下されるまで、幕府の許可を受けて鬱陵島に渡航する際に、独島で漁業に従事していた。しかし、経済的に収支が合わず、1903年に日本人が操業するまで200年間操業していなかった。ところが、韓国は1900年を前後して国家レベルで独島を占有したという事実行為がない。日本の場合、日本国民(中井)が占有したことを日本国が認めた。ところが、韓国の鬱陵島民は経済活動をしていなかった。漁業にも従事していない、むしろ1904年の日本人によってアシカ操業のために独島に入った。そして独島について韓国人や日本人を規制したという記録もない。ただ一種の法令に当たる「鬱陵島節目」で1905年の輸出品に独島で取ったアシカの皮、油、肉質があったとし、商品に対する課税は、島を実効的に占有した論証になると主張する説もあるが、その「課税」は、アシカを鬱陵島で加工した商品に対する課税であるため、独島とは無関係である。しかし、日本の場合は、1905年に編入措置を行った後、島根県が漁業規則を改正して、独島について漁業許可制を実施した。鑑札を交付して国有地の使用料を毎年徴収した。

　以上のような理由から、韓国は勅令の「石島」が独島であったとしても、韓国は占有行為そのものがなきに等しく領有権を取得していなかったと言える。

　実効的占有の塚本の主張の矛盾性は、次の通りである。

　まず、国際法的に合法だと主張する島根県告示40号は、日露戦争中に不法に窃取したものなので、カイロ宣言とポツダム宣言によって、日本領土から剥奪される。1906年の大韓帝国は、このような事実を知り、日本の編入措置を認めなかった。島根県告示で独島を無主地としたが、実際には太政官文書で鬱陵島と独島は日本領土とは無関係であるとしていたことを見ても、独島は韓国固有の領土だったのである。

　第二には、韓国は勅令41号があったとしても実効的支配をしたことがないので、領土取得が不可能だが、日本は実効的支配をしたため、実効的支配をしたと主張する。しかし、中井養三郎のアシカ漁は本人が言及しているように、韓国領土独島に対するアシカ略奪行為である。1905年以来、島根県告示40号以降のアシカ漁は、日本政府が窃取した朝鮮領土の独島で行われたため略奪行為に当たる。

　第三に、「鬱陵島節目」に存在するアシカを日本に輸出する際に課税を課すという記録は、韓国がアシカの生息する島を管理したという事実を示唆している。日本の文献である太政官文書で、明治政府が鬱陵島と独島が日本領土ではないと明確にしたことを見ても、独島は日本領土ではない。一方、1900年の勅令41号で、韓国は独島が韓国領土であることを明確にしている。言い換えれば、独島での中井のアシカ漁は、韓国領土の独島に生息するアシカをひそかに略奪していった行為なのに、それを実効的支配と主張するのは自己矛盾

に陥っているのである。一方、韓国においては、独島が2つの暗礁で構成された無人島だったので、特別大きな経済活動が行える島ではなかった。だから勅令41号として行政区域に編成し、国土である獨島を他国の侵略から守護してきた。これは、1906年に韓国政府が日本の「竹島」編入事実を知った時、統監府に強く抗議したという事実からも十分に知り得る。[77]

7. 「1905年日本の竹島編入措置は正当なものだった」への批判

7.1 「既に領土権があったものを1905年に領土編入措置を取ったのは違法なのか」への批判

この文の論者である中野[78]は「韓国は勅令41号」を以て領域を再確認したとし、1905年の日本の編入措置を違法だとした。[79]韓国の論証は、勅令の「石島」が土俗名称として、トルソムの意味であり、現在は「独島」になっているという。[80]

中野は勅令41号の石島が、独島でない理由について次のように指摘している。つまり、①鬱陵島の現地島民がトクソムと呼んだ文献史料が発見されなかった。文献史料に独島の特徴として、「石のような島である」という文献史料がない。[81]勅令発令以前に独島を石

---

77) 『大韓毎日申報』第1冊、「報告書號外」、楊太眞編(1979)『韓國國境領土關係文獻集』法經社.
78) 第3期竹島問題研究會編(2014)『竹島問題100問100答』、pp.198-199。
79) 第3期竹島問題研究會編(2014)『竹島問題100問100答』、pp.198-199。
80) 第3期竹島問題研究會編(2014)『竹島問題100問100答』、pp.198-199。

島と呼んだ文献の記録がない。[82]②1882年の鬱陵島開拓民たちは、もっぱら農業に従事した。勅令発令時点で漁業に従事したという文献史料がない。したがって、韓国は勅令41号の「石島」を確認していない以上、日本の「島根告示41号」を違法とすることができない。[83]

「石島」が、独島であるはずがないという中野主張の矛盾は、次の通りである。

まず、現在までの研究成果として、日本の軍艦日誌で、1904年に新高号が「獨島と書く」という記録がある。[84]日本が編入措置したという1905年の島根県40号以前である。すでにその時点で、今日使用される獨島という名称が漢字表記まで完全に定着していた。獨島は土俗名称である。1882年の鬱陵島開拓時点で開拓民の80％が、「石島」を「独島」と呼ぶ全羅道からの移住者たちである。鬱陵島周辺の島の中で、トルソム(石島)と呼ぶにふさわしい完全に石でできている島はない。

第二に、1882年の開拓民が漁業に従事していなかったので、独島の存在を知ることができなかったという。鬱陵島に住む人々は、少なくとも陸から217kmを船に乗って渡ってきた人々である。鬱陵島の人々の立場では、鬱陵島から独島までの距離はわずか87kmに過ぎない。また、1900年の時点までに多くの日本人が独島を経て鬱陵島を往来したので、鬱陵島の住民は日本人を通じて、独島の存在は十分に知っていただろう。

---

81) 第3期竹島問題研究會編(2014)『竹島問題100問100答』、pp.198-199。
82) 第3期竹島問題研究會編(2014)『竹島問題100問100答』、pp.198-199。
83) 第3期竹島問題研究會編(2014)『竹島問題100問100答』、pp.198-199。
84) 『軍艦新高戦時日誌』1904年9月25日。

　第三に、論者の中野が、もはや否定できない事実は、1906年、島根県の役人が鬱陵島を訪ね、初めて独島侵奪のニュースを沈興澤郡守に告げたとき、沈郡守は、「本郡所属獨島」が日本によって侵奪されている状況を中央政府に緊急に通知することで、大韓帝国が独島に対する領土認識を明確にして、内部大臣・李址鎔の名義で統監府に強く抗議し、1900年の勅令41号により独島が行政措置されたことを知らせたのである。

8. おわりに

　本研究では、「竹島問題研究会」が編纂した「100問100答」の中で「韓国の古地図・古文献の「于山島=石島=独島」を否定する部分について論証的に批判したものである。以上の内容を要約すると次の通りである。

　最初に、日本側は「韓国古地図の于山島は独島ではない」としている。「世宗実録・地理志」、「新増東国輿地勝覧」など韓国の文献や古地図に見える「于山島」は、鬱陵島の別名だと主張している。竹島の名称が「于山島→石島→独島」へと変遷したという韓国の立場に対して、日本側は于山島は鬱陵島の別名であり、石島は観音島で独島とは無関係であるとした。

　第二に、日本側は「日本の古地図の独島は日本の領土である」という。「江戸時代の文献では、竹島が日本の範囲から除外されなかった。」すなわち、「伊能忠敬の地図、長久保赤水の地図、林子平の絵図など、すべての地図は独島が韓国の領土としての論証ではなく、

日本の領土として証拠だ。」と主張した。

第三に、日本側は「幕府の渡航禁止令には、独島は含まれていなかった」という。「幕府が鬱陵島への渡航を禁止したときに、竹島が韓国の領土として確認されていなかった、鬱陵島の属島として韓国領土として考えられていなかった。また、安龍福が「日本の関白(将軍)」に竹島を朝鮮の領土であることを認められたとする主張は正しくないとした。

第四に、日本側は「明治政府も独島を韓国領土として認めたことがない」とする。日本の主張は「太政官文書」など、否定することはできない明確な証拠が存在するにもかかわらず韓国領土論を否定している。

第五に、日本側は「1900年の勅令の石島は独島ではない」とする。1900年の勅令の「石島」は、独島ではない否定し、1900年の勅令が独島だったとしても実効的支配をしたことがないので、国際法的に韓国の領土にはなりえないという。一方、「1905年の日本の竹島編入措置は正当なものだった」とした。

最後に、日本のこのような主張は、1905年の「竹島」編入措置を正当化するために、1905年以前の韓国領土論を否定することにある。100問100答を執筆した竹島問題研究会員の中には、国が雇用した御用学者を除けば、研究だけを専業とする研究者がいないため、学術的な論証とすることはできない。

〈参考文献〉

朴炳渉(2011) 「日本の独島領有権の主張に対する観点」、「韓日両国の観点から見た鬱陵島、独島の国際シンポジウム」、大邱韓醫大學校の安龍福研究所の主催、2011年12月2日、大邱韓醫大學校 學術情報館　619号、p.156。

宋炳基(1999) 『鬱陵島と獨島』檀國大學校出版部。

_____(2004) 『獨島領有權の資料選』資料叢書34、翰林大學校 アジア文化研究所。

愼鏞廈(1996) 『獨島の民族領土史研究』知識産業社。

梁泰鎭編(1979) 『韓國國境領土關係文獻集』法經社。

李漢基(1969) 『韓國の領土』ソウル大學校出版部、pp. 253-254。

崔長根(2014) 『韓國領土の獨島の固有領土論』J&C、pp.105-159。

池内敏(2008.2) 「安竜副と鳥取藩」『鳥取地域史研究』第10号、pp.17-29。

大西輝男・權五曄/權靜譯(2004) 『獨島』 J&C、pp. 263-264。

奥原碧雲(1906) 『竹島及鬱陵島』松江：報光社。

_____(1906) 『竹島経営者中井養三郎氏立志伝』

_____(1907) 「竹島沿革考」,『歴史地理』第8巻　第6号。

川上健三(1966) 『竹島の歴史地理学的研究』古今書院。

_____(1953) 『竹島の領有』日本外務省條約局。

島根県編,＝田村清三郎(1954) 『島根県竹島の　研究』

下條正男(2005) 『「竹島」その歴史と領土問題』竹島・北方領土返還要求運動島根県民会議。

_____(2004) 『竹島は日韓どちらのものか』文春親書377。

田村清三郎(1965) 『島根県竹島の新研究』島根県総務部総務課。.

第3期竹島問題研究會編(2014) 『竹島問題100問100答』、WILL』2014年3月号増刊、ワック株式会社、2014.3.14, p.170-171。

内藤正中・金柄烈(2007) 『歴史的検証独島・竹島』岩波書店。

内藤正中・朴炳渉(2007) 『竹島＝独島論争一歴史から考える一』新幹社。.

内藤正中(2011) 「1905年の竹島問題」,『北東アジア文化研究』34号。

『軍艦新高戰時日誌』1904年9月25日。

『肅宗實錄』卷30、肅宗22年9月戊寅條。

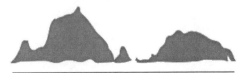

제3장

'죽도문제연구회'의 '대일평화조약'에서의 죽도=일본 영토 주장

1. 들어가면서

해방이전의 독도는 동해 바다 한가운데 있는 무인 암초이다. 이 섬을 영토로 의식한 것은 울릉도¹⁾를 본거지로 한 우산국을 정벌한 고대 신라이다. 신라이후 고려, 조선국에서도 영토의 일부로서 인식해왔다.²⁾ 러일전쟁 중에 일본이 독도에 대한 영토적 야욕을 드러내어 은밀한 각의결정으로 편입조치³⁾를 취하여 문제가 생기기 시작했다. 1945년 일본이 패망함으로써 연합국이 조치한 카이로선언과 포츠담선언에 입각하여 일본이 침략했던 조선 영토는 모두 한국에 복귀되는 과정에서 일본이 독도에 대해 영유권을 주장하여 또 다시 문제가 야기되었다. 연합국

---

1) 울릉도와 독도와의 관계는 서로 바라보이는 거리에 있기 때문에 불가분의 관계이다. 그래서 울릉도를 본거지로 하던 우산국은 독도에 대해서도 영토 인식을 갖고 있었다고 판단된다.
2) 고려사 지리지(1451)나 조선의 세종실록 지리지(1454), 동국여지승람 (1530) 등에 동해의 2섬으로서 울릉도와 더불어 우산도를 표기하고 있기 때문이다.
3) 은밀히 각의에서 결정하여 당사국인 한국과 러시아 등 열국들이 알 수 없도록 「시마네현고시40호」라는 지방고시를 통해 막부와 메이지정부가 조선영토라고 인정하고 있던 독도를 침략했던 것이다.

이 1946년 1월 26일 SCAPIN 677호를 비롯해 전후 패전국 일본에 대해 조치한 여러 영토조치, 그리고 전후 한일 양국 간에 독도를 둘러싼 외교협상 과정을 보더라도 일본이 영유권을 주장하고는 있지만, 사실상 한국의 고유영토에 대한 불법적인 영유권 주장이라는 사실을 숨길 수 없었다.[4]

그런데 죽도문제연구회[5]의 독도에 대한 영유권 인식은 「우리들은 지금 시마네현의 일각을 한국의 폭력에 의해 침범 당하려고 하고 있다. 무력없는 평화 국가가 이유없이 선의없이 무력에 의해서 위협당하고 있다. 이것은 (생략) 우리나라에 있어서 결정적인 중대 문제」[6]이라는 것이다. 이런 인식은 일본정부가 독도 영유권을 조작하여 왜곡된 내용을 일본국민에게 교육하고 홍보한 결과이다. 또한 「국제조약을 무시하고 죽도를 불법 점거하는 한국의 행동이야말로 해명하지 않으면 안 된다.」[7]라고 하여 한국이 일본의 고유영토인 독도를 무력으로 불법 점령하고 있다는 주장이다. 한국이 독도를 SCAPIN 677호에 의거하여 합법적으로 관할 통치하고 있는 것이다. 이승만 대통령의 평화선 설치는

---

4) SCAPIN 677호에서는 최종적인 결정은 아니지만 한국의 관할통치권을 인정했고, 일본은 한일협정과 대륙붕협정 등에서 한국의 관할상태를 부정하지 않은 것으로 볼 때 독도가 한국영토라고 하는 한국의 입장을 부정하지 못했다.

5) 일본 외무성은 현재 죽도문제연구회의 독도 영유권 논리를 그대로 정책에 반영하여 외무성 홈페이지를 통해 일본국민은 물론이고 전 세계에 홍보하고 있다. 「竹島問題」(일본외무성), http://www.mofa.go.jp/mofaj/area/takeshima/(검색일: 2016.1.3).

6) 후지이 겐지, 「전후 한국은 어떻게 해서 죽도를 빼앗았는가-죽도문제의 현 위치」, 경상북도독도연구기관통합협의체편(2016)『시마네현 '죽도문제연구회'의 독도영유권 조작 논리』, pp.20-21. 「竹島問題硏究會(島根県)」, http://www.pref.shimane.lg.jp/soumu/web-takeshima/(검색일: 2016.1.3).

7) 전게서, 「전후 한국은 어떻게 해서 죽도를 빼앗았는가-죽도문제의 현 위치」, pp.20-21.

1951년 9월 8일 대일평화조약의 법적 지위에 입각하여 SCAPIN 677호
와 맥아더라인을 토대로 한국의 영토와 영해, 어업자원을 보호하기 위
해 이승만대통령이 조치한 것이다. 일본정부가 독도 영유권을 포함하
는 평화선에 대해 한국이 불법적으로 조치하였다는 주장은 사실이 아
니다.

이처럼 죽도문제연구회[8])는 독도 영토의 본질을 조작하는 단체이다.
이들은 자신들의 활동이 「8월에 시마네현 죽도문제연구회는 제3기 최
종보고서를 제출하여 죽도 문제 연구는 새로운 단계에 접어들고 있다.
사실에 근거[9])한 논의가 문제해결에 기여하기를 바라는 바이다.」[10])라
고 하여 마치 사실에 근거하여 독도가 일본영토라는 논리를 조작하고
있다.

본 연구에서는 특히 대일평화조약[11])에 관해서 죽도문제연구회의 인

---

8) 현재 일본 외무성의 독도 영유권 주장은 죽도문제연구회'가 조작한 논리를
  그대로 답습하고 있다. 죽도문제연구회는 과거 한국에서 10여 년 동안 일
  본어를 가르쳤던 강사로서 독도에 무지했던 시모조 마사오가 선동하여 2006
  년 시마네현의 지원으로 만들어진 우익단체이다. 시모조는 독도를 몰랐기
  때문에 한국의 평화선언 이후 일본제국주의가 침략한 독도에 집착하여 영
  토주권을 노리던 일본 외무성과 시마네현의 논리를 그대로 답습했다.
9) 죽도문제연구회의 가장 큰 특징은 자신들이 본질 조작에 선두에 서서 자행
  하고 있으면서도 사실에 근거하여 논리를 만들고 있다는 주장이다. 이것이
  죽도문제연구회의 독도 영유권의 논리조작 방식이다.
10) 전게서, 「전후 한국은 어떻게 해서 죽도를 빼앗았는가–죽도문제의 현 위치」,
  pp.20-21.
11) 본 조약의 정식명칭은 "대일평화조약"이다. "대일평화조약"은 연합국이 일
  본을 상대로 평화조약을 체결했다는 의미로 미래지향적인 의미로 사용되
  었다. 그런데 "샌프란시스코강화조약"이라는 용어도 사용하는데, 그것은
  샌프란시스코에서 강화조약을 체결했다는 의미로 과거적인 의미로 사용된
  다. 평화조약은 미래에 평화적인 관계를 갖는다는 의미이고, 강화조약을
  과거의 전쟁을 종결한다는 의미를 갖고 있다. 따라서 평화조약과 강화조약
  은 다른 의미이기 때문에 "샌프란시스코평화조약", "대일강화조약"과 같은

식적 오류를 검토하여 죽도문제연구회의 논리조작 방식을 고찰하려고
한다. 죽도문제연구회에는 교수신분 2명 그 이외는 대부분 향토유지들
로 구성되었다.[12] 이들 중에는 연구자 신분이 아닌 사람들이 대부분으
로 연구방법론을 제대로 숙지하지 못하여 자신이 원하는 결론을 먼저
만들고 그 목적을 달성하기 위해 모자이크 식으로 끼워 맞추어 논리를
조작하고 있다.[13] 연구방법으로는 현재 시마네현의 죽도문제연구회가
죽도 영유권의 논리를 조작하는 일에 선두에 서고 있고,[14] 그 일에 적
극적인 회원 후지이 켄지(「대일강화조약과 죽도 - 사실에 근거한 논의
를」)[15]의 조작된 논리를 분석할 것이다. 내용적으로는 샌프란시스코조
약에서의 독도 영토의 지위는 일본국회의사록에 언급하고 있는 「일본
영역참고도」를 보더라도 독도가 한국영토임이 명확하다.[16] 이에 대해
일본영토론자들은 어떻게 본질을 조작하고 있는지 분석한다. 마지막으
로 대일평화조약 이후 한국이 독도를 실효적으로 관할 통치하고 있는

말은 올바른 표현이 아니다.

12) 「竹島問題硏究会設置要綱」(http://www.pref.shimane.lg.jp/admin/pref/ta
keshima/web-takeshima/takeshima04/kenkyuukai_houkokusho/takeshim
a04_00/takeshima04_07.html)참조.

13) 奥原碧雲(1906) 『竹島及鬱陵島』松江 : 報光社.동(1907) 「竹島沿革考」, 『歷史地
理』第8巻第6号.川上健三(1966) 『竹島の歷史地理學的硏究』古今書院, pp.1-291.
外務省(2008) 「竹島問題」, 「パンフレット'竹島問題を理解するための10のポイ
ント'」.下條正男(2005) 『竹島' その歷史と領土問題』竹島・北方領土返還要求運
動島根県民会議.下條正男(2004) 『竹島は日韓どちらのものか』文春親書377. 田
村清三郎(1965) 『島根縣 竹島의 新研究』島根県総務部総務課, pp.1-160.

14) 시모조 마사오,「죽도문제 일본정부는 왜 대처하지 못한 것인가」, 경상북
도독도연구기관통합협의체편(2016) 『시마네현 '죽도문제연구회'의 독도영
유권 조작 논리』, pp.34-37.

15) 전게서,「전후 한국은 어떻게 해서 죽도를 빼앗았는가-죽도문제의 현 위치」,
pp.20-21.

16) 최장근(2014) 『일본의회의사록이 인정하는 다케시마가 아닌 한국영토 독
도』제이앤씨, p.15.

데, 이를 불법 점유라고 주장하는 조작된 논리에 대해서도 분석할 것이다.

선행연구에서는 대일평화조약에 대한 일본의 논리에 대해서는 언급하고 있지만,[17) 실제로 어떠한 방식으로 그런 논리가 조작되었는지에 대해서는 고증된 적이 없었다.

2. 대일평화조약의 본질에 관한 언설

일본은 근대 국민국가가 된 이후, 근대화를 위한 국가목표가 서구화와 더불어 영토 확장에 의한 식민지 개척이었다. 일본은 이웃나라에 대한 영토침략이 극에 달하여 급기야 연합국이 히로시마, 나가사키에 원자폭탄을 투하하여 종료시켰다. 일본은 이때에 연합국이 요구한 카이로선언과 포츠담선언을 무조건적으로 수용해야했다. 이로 인해 한국은 1945년 8월 15일 식민지시대 일본의 「노예상태」에서 독립되었고, 그 영토 범위는 SCAPIN 677호로 '최종적인 결정이 아니다'라는 단서와 함께 일본이 침략한 영토에서 한반도와 제주도, 울릉도, 독도를 포함하는 연합국이 향후 정하는 여러 섬으로 되었다. 또한 연합국최고사령부는 어업구역에 대해서도 SCAPIN 1033호로 독도를 기점으로 주변 12해리에 일본어선의 접근을 금지하여 이 영역에 있어서 한국의 주권을 인정했다. 그 후 세계질서는 미국중심의 자유진영과 소련중심의 공산진영

---

17) 경상북도사료연구회편(2014)『죽도문제100문100답에 대한 비판』경상북도, pp. 63-70. 독도연구보전협회편(2000)『독도영유권자료의 탐구 제3권』독도연구보전협회, pp.341-395. 신용하(2011)『독도영유권에 대한 일본주장의 비판』서울대학교출판부, pp.249-312. 최장근(2014)『일본의회의사록이 인정하는 다케시마가 아닌 한국영토 독도』제이앤씨, p.15. 영남대학교 독도연구소편(2015)『독도영유권 확립을 위한 연구 Ⅵ』제12권, pp.505-525.

이 대립되는 냉전이 시작되었다. 1949년에는 중화인민공화국이 정식으로 수립되었다. 소련이 미국과 영국이 추진하는 대일평화조약에 동의할 수 없다고 탈퇴하고, 미국 중심의 자유진영이 일본을 상대로 대일평화조약을 단독으로 추진했다. 미국은 공산화되는 것을 우려하여 일본을 자유진영에 편입하려고 일본정부의 요구를 적극적으로 부정하지 않았다. 일본은 평화조약문제연구간사회를 설치하여 1947년부터 여러 국가의 대일평화조약 체결의 관계자를 만나 독도와 같이 국경지대에 있는 섬에 대해 일본의 영토로 인정해줄 것을 로비했다.[18] 그 결과 1949년 11월 미국무성 주일 정치고문 윌리엄 시볼트[19]는「우리들의 정보에 의하면 독도(죽도)는 1905년 일본에 의하여 정식으로, 명백하게 한국으로부터 항의를 받음이 없이, 영토로 주장되고 시마네현의 오키지청(支廳) 관할 하에 두었다.」「독도에 기상관측소와 레이다기지를 설치하는 안보적 고려가 바람직하다」라는 일본의 주장을 전적으로 수용하여 미국무성에 제언했다. 그 결과 미국은 1946년의 연합국최고사령부각서 677호를 계승하여 1947년 제1차초안에서 1949년 제5차초안까지 독도를 한국영토로 결정했음에도 불구하고, 급기야 미국은 1949년 12월 제6차초안에서는 독도가 일본영토라고 초안을 작성하게 되었다. 제7차초안에서는 9차초안까지는 독도가 언급되지 않았다.[20]

한국의 양유찬 주미한국대사는 독도와 파랑도를 한국영토로 인정해줄 것을 미국정부에 요청했고, 미국정부는 한국의 대사관에 구두로 영유권에 관하여 조사한 후 한국정부에 대해「한국이 관할한 형적이 없고, 1905년 이후 일본이 관할했다」라고 하는 내용의 서한을 한국정부

---

18) 최장근(2005)『일본의 영토』백산자료원, pp.41-42.
19) 일본인을 부인으로 두고 있었음.
20) 신용하(2011)『독도영유권에 대한 일본주장의 비판』서울대학교출판부, pp.286-289.

에 보내었다. 영국도 독자적인 초안을 작성하였는데, 제1차초안에서는 한국의 영토의 범위에 대해 잘 알지 못하여 일본의 주장을 일방적으로 수용하여 제주도까지도 일본영토라고 작성하였다. 영국의 1차초안을 보더라도 일본이 영국의 위원에 로비하였음을 알 수 있다. 그런데 영국은 미국의 제6차초안에서 독도가 일본영토로 기초하는 것을 보고 2차 초안을 작성하여 독도를 한국영토라는 사실을 선으로 범위를 정하여 명확히 했다. 그래서 영국과 미국은 영토분쟁지역 중 유인도는 신탁통치로 하고 무인도는 지위결정을 하지 않다는 방침으로 선회하였다. 그래서 영미 합동초안과 대일평화조약 원안에서 독도에 관한 영토적 지위에 관한 언급을 회피하였다.

1951년 9월 8일 소련, 중국(자유주의국가였던 대만을 중국의 대표라고 인정하지 않아서 초정하지 않음) 등의 공산주의국가가 제외되고, 한국이 초정되지 않은 상태에서 대일평화조약이 체결되었다. 일반적으로 최종적인 영토조치는 대일평화조약에서 결정되지만, 연합국은 대일평화조약에서 독도에 대한 영토적 지위를 새롭게 정하지 않았다. 그리고 조약의 효력이 발효된 이후 연합국은 해체되었다. 결국 이로 인해 연합국이 잠정적으로 결정한 연합국최고사령부 각서 677호가 최종적인 결정이 되고만 것이다. 왜냐하면, 연합국이 처음부터 독도의 지위결정을 포기한 것은 아니었다. 연합국의 주요 국가였던 미국과 영국, 영연방국가들은 독도의 지위결정에 관여했다. 대일평화조약에서는 독도의 지위에 대한 언급은 없지만, 한국이 독도를 실효적으로 관할하고 있는 상태에서 일본영토에서 제외되어 한국이 관할하는 섬으로「제주도, 거문도21), 울릉도」라고 명기했다. 일본정부는 이를 표면적으로 해석하여 독

---

21) scapin 677호에서 독도라는 명칭 대신에 거문도를 삽입한 것을 보면 독도를 의도적으로 누락시키고 그 자리에 거문도를 삽입한 것을 알 수 있다.

도가 일본영토로 결정되었다고 주장했지만, 한국이 실효적으로 관할통치하고 있는 상황을 중단하고 일본의 영토로 인정한다는 적극적인 규정은 없었다.

대일평화조약에서 독도가 일본영토가 아닌 한국영토로 결정되었다는 사실은 1951년 8월 대일평화조약에 체결되기 1달 전에 일본 해상보안청이 작성한 「일본영역참고도」를 보면 분명하다.[22] 9월 8일 대일평화조약에 체결된 이후, 이를 증명하듯이 마이니치신문사가 발행한 「대일평화조약」이라는 책자 속의 「일본영역도」에는 독도가 한국영토로 처리되어 있었다. 「일본영역참고도」와 「일본영역도」는 명칭으로 보나 발간된 년도로 보나 마이니치신문사가 해상보안청의 자료를 참고로 했음을 알 수 있다.[23] 이런 사실은 2번에 걸친 미공군의 독도폭격훈련장으로 지정하였다가 철회한 사건으로 확인할 수 있다. 먼저 대일평화조약의 초안을 작성하는 과정에 1948년 일본이 주일미군에 요청하여 독도를 폭격연습장으로 지정[24]하여 대일평화조약에서 독도가 일본영토로 결정되었다는 증거로 삼으려고 했다. 주일 미군은 일본의 주일미군 공

연합국측 사이에서 독도의 영토지위에 관한 많은 논란이 있었음을 간접적으로 추측하게 한다.

22) 최장근(2014) 『일본의회의사록이 인정하는 다케시마가 아닌 한국영토 독도』제이앤씨, p.15.

23) 신용하(2011) 『독도영유권에 대한 일본주장 비판』, 서울대학교출판문화원, pp.290-298. 每日新聞社編(1952) 『対日平和條約』每日新聞社刊. 삽입지도.

24) 1948년 독도에 대해 주일미군이 공군훈련폭파기지로 정하고 훈련도중에 독도와 독도 근해에서 조업 중이던 조선인 30여명이 희생되는 사건이 발생하였다. 미국은 희생자에 대해 보상과 사죄를 하고 미 공군의 폭격연습장 지정을 해제했다. 이것은 독도가 한국영토이기 때문에 한국의 요청을 받아들여 희생자에게 손해를 배상하고 미 공군의 폭격훈련장지정을 취소한 것이다. 만일 독도가 일본영토였다면 월경조업자로 취급하여 손해보상을 해줄 리가 없었을 것이다.

군폭격기지 속에 독도도 포함시켰다. 그런데 오폭사건으로 한국어민 30여명이 사망하는 사건이 발생했다. 그때 미국정부는 한국정부의 항의를 받고 훈련장 지정을 철회하고 어민들의 피해를 보상했다. 두 번째는 대일평화조약이 체결되고 이승만대통령이 평화선을 설치하여 독도에 일본인의 접근을 완전히 차단하였을 때, 1952년 재차 독도를 미공군의 폭격훈련장으로 지정하였다. 그런데 당시 한국산악회가 울릉도, 독도조사를 위해 독도를 방문하였을 때에 마침 미군의 폭격훈련을 목격하고 미국에 대해 폭격훈련 중지를 요청하였다. 미국은 한국의 항의를 수용하여 곧바로 폭격훈련을 중지했다. 이러한 독도에서 미공군의 폭격훈련장을 지정했다가 한국의 요청으로 철회한 것은 미국이 독도를 한국영토로 인정하고 있었다는 것을 의미했다. 만일 독도가 일본영토였다면 한국어민이 불법으로 일본영토에 들어가서 사망사고가 난 것이 된다면 미국이 훈련장 지정을 철회한다거나 보상금을 지불할 리가 없었다.

3. 대일평화조약 초안과정에 대한 사실조작

3.1 SCAPIN 677호의 영토처리에 대한 사실조작

일본영토론자들은 연합국최고사령부 지령(SCAPIN) 677호에서 독도처리에 대해 「한국이 강조하는 것은 패전 후 일본을 통치한 연합국 총사령부에 의한 지령(SCAPIN 677)으로 "일본의 범위에서 제외되는 지역" 중에 죽도가 있었다는 점이다.」 「그러나 이 지령 제6항에는 이 지령으로 일본의 영토가 최종 결정되는 것으로 이해해서는 안 된다고 명기하고 있다. 일본의 영토를 최종 결정할 수 있는 것은 총사령부가 아니

라 샌프란시스코 평화조약이었다.」라는 논리이다.25)

요컨대, 한국 주장이 연합국최고사령부지령(SCAPIN) 677호와 대일평화조약과의 관계성에 의해 대일평화조약에서 독도가 한국영토로 결정되었다고 하는 것에 대해, 일본은 제6조에 의해 "최종적인 결정이 아니라"는 논리로 독도가 한국영토라고 결정된 것과 무관하며, 최종적으로는 대일평화조약의 결정만이 유효하여 대일평화조약에서는 독도가 일본영토로 결정되었다고 해석한다.

연합국최고사령부지령(SCAPIN) 677호는 대일평화조약이 체결되기 이전에 독도의 관할통치권이 한국에 있음을 우선적으로 인정한 것이고, 그것이 최종적으로 대일평화조약에서 동의를 받는다는 것이다. 그런데, 대일평화조약에서 연합국이 독도의 지위에 대해 직접적으로 언급하지 않았다는 것은 연합국 최고사령부 지령 677호에 의한 기존의 한국의 관할통치권을 한국에 있다고 인정한 것이다.26) 만일 일본의 주장처럼, 대일평화조약에서 독도가 일본영토로 결정되었다면 SCAPIN 677호를 근거로 한국이 관할 통치하고 있는 현상을 변경하는 조치가 있어야 했다. 그런데 대일평화조약에는 독도 영토적 지위에 관한 서술이 한 군데도 없었다는 것은 SCAPIN 677호를 근거로 한국이 관할 통치를 지속한다는 것을 의미한다. 이러한 사실을 방증하는 것이 1951년 8월에 일본 해상보안청이 제작한 「일본영역참고도」나, 1968년에 개정한

---

25) 김명기의 『독도총람』(평화조약 제2조에는 죽도에 대한 규정이 없기 때문에 이 지령의 효력은 유지되는 것)을 중심으로 일본의 논리로 반박하고 있으나, 논리는 사실과 다른 조작된 논리에 불과하다.

26) 이 사실은 일본국회에서 논의된 비준국회에서 일본 해상보안청이 1951년8월 발간하여 배포된 「일본영역참고도」를 보면 분명히 알 수 있다. 게다가 1952년 마이니치신문이 발간한 「대일평화조약」 책자에도 독도를 한국영토로 표기하고 있다.

대장성령24호나 총리부령4호로서, 독도를 일본영토에서 제외시킨 것으로도 확인된다. 만일 대일평화조약에서 일본영토로 결정되었다면, 일본정부는 「일본영역참고도」나 1968년의 대장성령24호와 총리부령4호에서 독도를 일본영토에서 제외시키지 않았을 것이다. 대일평화조약이 체결되고 60여년이 지난 현시점에서도 대일평화조약에서 독도가 한국영토로 결정되었다는 단서는 여러 근거가 있지만, 일본영토로 결정되었다는 단서는 아직 발견된 적이 없다. 이것만 보더라도 일본의 주장이 사실이 아님을 충분히 알 수 있다.[27]

일본이 주장하는 러스크 서한의 존재는 대일평화조약을 논의하는 과정에서 미 국무성 차관보의 개인적인 의견으로서 아주 지엽적인 부분에 해당되는 것에 불과하고, 전체적인 맥락상으로 보면 독도가 한국영토로 결정되었다는 사실이 확인된다. 러스크서한이 한국영토로서의 독도 영유권을 바꿀 수 있는 그런 중요한 핵심적인 증거자료가 아니다.[28]

종래 연합국최고사령부가 SCAPIN 677호로, 미국정부가 1차초안에서 5차초안까지 독도를 한국영토로서 인식하였음에도 불구하고 미국이 6차초안에서 갑자기 일본영토라고 인식을 전환하게 된 것은 일본의 공산화를 막고 자유주의국가에 편입시키기 위해 미국이 일본의 주장을 두둔했던 부분이 있었기 때문이다. 이에 대해 죽도문제연구회는 "죽도문제에 대해 일본이 한국처럼 미국에게 직접 요청한 적은 없고, 또한 미국은 독자적으로 조사하였다."라고 주장하여 미국이 스스로 독도를 일본영토라고 인정했다고 거짓말을 한다. 사실은 「시볼트」가 「한국이

---

27) 최장근(2014) 『일본의회의사록이 인정하는 다케시마가 아닌 한국영토 독도』제이앤씨, p.15.

28) 김명기의 『독도총람』에서 "조선전쟁으로 한국이 혼란에 빠져있었기 때문에 외교력이 우월한 일본의 요청을 미국이 그대로 받아들인 것"에 대해 한국측이 '러스크서간' 자체에 문제가 있었다는 주장이다.

독도를 관리한 형적이 없고 1905년 일본이 관리해왔고, 군사적으로 유리하다」라고 하는 내용을 미국무성에 제출한 것에서 볼 수 있듯이 종전직후부터 일본은 평화조약문제연구간사회를 만들어 관련국가에 로비했다는 사실은 분명하다.[29] 죽도문제연구회도 지적하고 있듯이, 당시 "미국의 조사능력에 한계가 있었다(잘못된 정보를 입수했다)"[30]는 것은 분명하다. 왜냐하면 칙령41호, 그리고 메이지정부가 독도는 일본영토가 아님을 인정한 사료 등 모든 핵심적인 사료를 은폐했다. 그런데 일본영토론자들은 미국의 조사능력에는 한계가 있었다는 주장은 논리적 모순이라는 주장이다.[31]

요컨대 대일평화조약에 대한 일본의 입장을 정리하면 다음과 같다. 즉, 첫째 1946년 1월의 SCAPIN 677호에서 독도가 일본영토로 인정되지 않았지만, 최종적인 결정이 아니라는 단서가 있기 때문에 대일평화조약에서 최종결정이 나게 되어 있었다. SCAPIN 677호에서 조문으로 한국의 관할통치권을 인정했는데, 일본은 이것마저도 인정하지 않으려고 하는 것이 문제이다.

둘째, SCAPIN 677호로 연합국최고사령부가 한국의 독도의 관할권과 통치권을 인정하여 실효적으로 독도를 점유하게 된 것이다. 일본은 이러한 명백한 사실마저도 부정하고 '이승만라인'으로 한국이 무력으로 불법 점유하였다고 영유권을 조작하고 있다.

---

29) 최장근(2005) 『일본의 영토』백산자료원, pp.41-42.
30) 전게서, 「대일강화조약과 죽도 - 사실에 근거한 논의를」, 경상북도독도연구기관통합협의체편(2016) 『시마네현 '죽도문제연구회'의 독도영유권 조작 논리』, p.1.
31) 「미국의 조사능력에는 한계가 있었다는 인상을 한국인들이 강하게 받은 것은 아닌지 염려스럽다.」 전게서, 「대일강화조약과 죽도 - 사실에 근거한 논의를」, 상동.

셋째, SCAPIN 677호에서 연합국최고사령부가 최종적으로 결정할 때까지는 한국이 실효적으로 관할 통치한다고 되어있다. 그런데 연합국은 독도의 지위를 공식적으로 결정하지 않았다. 만일 SCAPIN 677호에 의해 한국의 관할권과 통치권이 문제가 되었다면 무슨 수단을 쓰더라도 대일평화조약에서 한국의 관할 통치권이 중단되었을 것이다. 그런데 한국의 관할 통치권이 중단되지 않았다는 것은 특별히 중단한 사유가 없었다는 것을 의미한다.

넷째, 미국의 초안이나 영국의 초안, 미영합동초안은 말 그대로 초안에 불과하다. 초안이기 때문에 최종적인 결정을 위한 과정을 이해하는데 도움이 되지만, 그것 자체가 법적으로 큰 효력을 갖는 것은 아니다.

다섯째, 미국의 초안을 보면 미국은 독도를 한국영토로 인식했다가 일본영토로 수정했다가 다시 영연방국가의 이의제기를 받고 독도가 한국영토라고 그 소속을 명확히 하지 않았다.

여섯째, 영국은 1차초안에서 당초 울릉도, 제주도, 독도를 일본영토로 구분할 정도로 한국의 영토에 대해 잘 알지 못했지만, 2차초안에서 독도가 한국영토임을 명확히 인식했다.

일곱째, 영국은 대일평화조약에서도 미국과 합의로 독도가 한국영토로 인식하지만, 일단 미국에 로비한 일본의 입장을 고려해 원만한 평화조약 체결을 위해 독도의 지위를 구체적으로 명기하지 않는 것에 합의했던 것이다. 최종적으로 영미 양국은 분쟁의 소지가 있는 무인도는 영토결정을 하지 않고, 유인도로서 분쟁의 소지가 있는 것은 신탁통치한다고 결정한 방침에 따랐던 것이다.[32]

---

32) 최장근(2005) 『일본의 영토』백산자료원, pp.33-112.

3.2 '러스크서한=대일평화조약'이라는 영유권 조작33)

일본은 오늘날 독도가 일본영토라고 주장하는 가장 큰 근거로서는 대일평화조약에서 독도가 일본영토로서 결정되었다는 것이다. 이러한 일본의 주장은 사실관계를 무시하고 일본영토라는 논리를 만들기 위해 조작된 것이다. 즉, 「죽도가 일본의 영토인 중요한 근거로서 1951년 9월 8일에 서명된 샌프란시스코 평화조약이 있다. 동년 7월 19일, 대일강화조약 작성을 진행하고 있던 미국에게 한국은 죽도를 일본영토로부터 제외하여 줄 것을 요구하였다. 미국은 조사를 한 뒤 8월 10일에 "독도 즉 죽도, 혹은 리앙쿠르암으로 알려진 섬에 관해서 통상 사람이 살지 않는 이 돌섬은 우리들의 정보에 의하면 조선의 일부로 취급된 적은 결코 없다. 1905년경부터 일본의 시마네현 오키지청의 관할 하에 있다. 이 섬은 일찍이 조선의 영토로 주장되었다고는 생각되지 않는다."라고 기록한 문서(러스크서간-필자주)를 통해 한국의 요구를 거부하였다. 이렇게 평화조약 제2조에 규정된 일본이 방기해야하는 영토는 "제주도, 거문도 및 울릉도를 포함한 조선"으로, 죽도는 일본의 영토로서 남은 것이다.」34)라는 것이다.

일본의 이러한 주장은 다음과 같은 모순점을 내포하고 있다. 즉, 첫째, 대일평화조약은 48개국이 서명한 조약이고, 특히 미국, 영국, 호주, 뉴질랜드 등은 적극적으로 독도문제에 의견을 개진한 국가들이다. 이들 국가들의 입장이 어떠했는가에 대해 전혀 언급하지 않고 있다. 가장 큰 오류는 일본의 입장을 대변하는 듯한 미국 국무성 차관보의 직함을

---

33) 전게서, 「대일강화조약과 죽도 - 사실에 근거한 논의를」, 경상북도독도연구기관통합협의체편(2016) 『시마네현 '죽도문제연구회'의 독도영유권 조작 논리』, p.1.
34) 상동.

갖고 있었던 '딘 러스크'의 주장만을 인용하여 다른 핵심적인 내용을 전적으로 무시하고 자신들이 원하는 결론을 내리고 있다는 점이다.

둘째, "우리들(미국)의 정보"에 의하면 조선이 독도의 영유권을 주장한 적이 없다는 지적은 사실이 아닌 것처럼, 잘못된 정보를 가지고 독도의 지위를 결정하려고 했던 미국의 입장은 옳지 않다. 이미 한국은 고종황제가 신라시대 이래의 역사적 근원을 토대로 1900년 칙령41호를 선언하여 독도가 한국의 영토임을 명백히 했다는 기록이 있다, 한편 일본측의 자료에도 중앙정부에 해당하는 근세시대의 막부와 근대시대의 메이지정부가 울릉도와 독도가 일본영토가 아니라고 명확히 했던 수많은 증거자료가 존재한다.

셋째, 일본이 방기해야할 영토에 '독도'라는 명칭이 포함되어있지 않다는 것만으로 독도가 일본영토가 되었다는 주장은 옳지 않다. 마라도와 같은 경우처럼, '제주도, 울릉도, 거문도' 외부에 독도보다 큰 섬들도 많이 있다.35) 이처럼 독도의 명칭이 제외된 것은 이런 간단한 이유때문이 아니다.

넷째, 대일평화조약이 체결되기 이전 이미 1946년 1월 SCAPIN 677호로 연합국최고사령부에서는 독도를 한국이 관할하고 통치하는 한국영토로서 잠정적으로 결정하고 있었다. 만일 대일평화조약에서 독도가 일본영토로 결정되었다면 한국의 독도 점령 통치를 중단시키는 조치가 내려야만 했다. 그런데 대일평화조약에서 독도의 지위에 관한 언급은 단 한 부분도 없다.

그럼에도 불구하고 '죽도=일본영토'론자들은 한국이 독도를 불법으로 점유하고 있다고 주장하면서 "독도=한국영토"론에 대해 「한국의 주

---

35) 제주도 외측의 마라도가 대표적임.

장은 구차하다. 1954년, 한국은 사실을 알고 있으면서도 "울릉도의 부
속 섬으로서 독도가 이 평화조약에 의해서 울릉도처럼 한국의 영토로
서 승인되었다"고 주장했다. '러스크서한'이 공개된 현재, 한국은 더 이
상은 이런 주장은 하지 못한다.」라고 한다.

요컨대, 일본은 한국이 1954년 독도를 점유했지만 최근 러스크 서한
이 공개 된 이상 한국의 독도점유는 불법이라는 주장이다. 즉 이들은
러스크 서한에 절대적인 가치를 두고 있다. 그런데 러스크는 당시 미국
무성의 차관보의 신분으로서 한국정부에 알려왔지만, 일본정부에는 통
보하지 않았다. 미국무성 차관보의 입장이 전적으로 미국정부의 입장
이었다고는 할 수 없다. 또한 1951년9월8일 체결된 대일평화조약은 영
국과 영연방국가들과 조율하여 최종적으로 결정된 것이기 때문에 영국
을 포함한 영연방국가들이 미국의 주장에 반대하여 최종적으로는 대일
평화조약에서 미국의 주장이 관철되지 못했다는 사실이다.

4. 대일평화조약에서 독도 영유권에 대한 사실조작

4.1 "한국이 이어도(파랑도)와 독도를 불법 점유했다"는 사실조작

후지이는 '한국은 대일평화조약에서 독도와 마찬가지로 파랑도의 영
유권에 대해서도 영토적 지위를 인정받지 못했는데, 이승만라인을 선
언하여 독도와 같이 파랑도에 대해서도 강제로 점유했다'고 주장한다.

사실 후지이의 주장은 옳지 않다. 대일평화조약을 체결하기 위한 미
국의 초안 작성과정에서 미국이 러스크서한으로 독도와 파랑도에 대한
한국의 영유권을 인정하지 않았던 것은 일본의 주장을 적극적으로 청
취한 "우리들(미국)의 정보에 의한 것"이었다. 실제로 파랑도도 독도와

마찬가지로 지리적으로나 역사적인 경위를 볼 때 한국의 고유영토라는 사실을 알지 못했거나 알면서도 냉전이라는 국제질서 속에서 미국의 이익을 위해 정치적으로 일본의 입장을 두둔한 것에 불과하다. 대일평화조약에서는 연합국은 독도와 마찬가지로 파랑도에 대해서도 아무런 지위 결정을 하지 않았다.

이에 대해 후지이는 다음과 같이 언급하고 있다. 즉, 「한국의 소코토라암36) 주변 해역에 대한 관심은 한국이 건국되던 1948년 전후라고 생각된다. 1947년 10월, 한국의 유력지인 동아일보는 이 해역에 파랑도37)

---

36) 「1984년 3월, 한국은 해양탐사사업의 결과 소코토라암의 위치를 특정하여 이 암초와 이어도를 결부시키게 되었다. 원래 이어도라는 것은 공물을 실은 조선의 배가 제주도에서 중국으로 향하는 항로 도중에 있다고 제주도 민요와 전설에 등장하는 섬의 명칭이다.」 후지이는 「암초인 소코라암은 국제법상으로 영토로서 인정되지 않음에도 불구하고 소코토라암을 "제주도 민요에 나오는 섬으로 우리들의 수천 년 동안의 영토"라고 일부 한국인들의 믿기 힘든 주장은 이렇게 생겨났다. 또한, 국제법에서는 암초를 기점으로 하여 그 수역의 자원을 연안국이 관할할 수 있는 배타적경제수역(EEZ)을 설정할 수는 없다.」라고 한국을 비판하고 있지만, 이어도를 기점으로 한국이 배타적 경제수역을 주장한 적이 없다.후지이 겐지, 「한국의 방공식별권 확대 - 죽도 문제와 관련해서 허위로 양보를 위협하는 사고방식」 주)33 동일.

37) 「한편, 중국이 선포한 방공식별구역은 제주 이어도를 포함하고 있고, 서쪽 상공에서 폭 20km, 길이 115km의 공역(제주도 면적의 1.3배)으로 한국의 방공식별구역과도 중복된다. 다만 이어도는 일본과 중국이 나란히 방공식별구역에 포함시킨 상태지만 정작 우리 방공식별구역(KADIZ)엔 빠져있는 상태며, 정부는 이어도 상공을 KADIZ에 포함시키기 위해 1963년 이후 미국과 일본에 수차례 구역 조정을 요구했지만 일본 측 협상거부로 성사되지 못했다. 정부는 이어도에 해양과학기지를 설치했지만 국제법상 섬이 아닌 암초인 탓에 배타적 권리주장에 대한 법적 근거도 없는 상황이다. /제주도 민일보 김지환 기자」, 「제주 이어도 '중국-일본' 영토분쟁 중심 서나」, http://www.jejudomin.co.kr/news/articleView.html?idxno=44918(검색일: 2016.10.20)

가 있는데 일본이 영유를 주장하고 있다고 경고하고, 또한 이 해역이 좋은 어장임을 보도하였다. 파랑도는 실재하지 않는 섬이지만 이 해역이 일본의 서쪽 저인망어업의 중요한 어장이었던 것은 사실이었다. 1951년 7월, 한국은 샌프란시스코 강화조약에서 파랑도를 일본의 영토에서 제외하여 한국의 영토로 명기할 것을 미국에 요구했지만, 그 위치를 정확히 대답하지 못하여 거부되었다.[38] 그러나 다음 해인 1952년 1월, 이승만 라인 설정으로 이 해역에 한국의 주권이 미친다고 선언되었고, 이후 1965년에 체결된 한일국교 정상화교섭(한일회담)에서도 이 해역에서 일본 어선배제를 집요하게 요구당했다.」라고 지적했다.

사실 역사적으로 보면, 파랑도가 한국의 해역에 위치하고 있어 전근대시대부터 확인된 섬이었다는 점을 인정하여 한국해방과 더불어 경계를 명확히 하려고 했던 것이다. 그렇다고 파랑도가 일본에 의해 먼저 국제법으로 선점된 바위가 아니다.

한국은 이러한 역사적 경위를 바탕으로 2003년 해양과학기지를 건설하여 주변바다를 관할했다. 그런데 중국이 해양영토를 확보하기 위해 이어도를 포함하는 해역에 방공식별구역에 포함하였던 것이다.

후지이는 「작년 11월 23일, 중국은 타국의 항공기가 통보 없이 진입한 경우에 경고를 하는 방공식별권을 돌연 동지나해의 넓은 범위로 넓혀서 설정하였다. 센카쿠열도 상공이 포함되는 일본은 그 철회를 요구

---

38) 후지이는 「한국을 대표하는 지식인 유진오는 "미국의 권위를 상징하는 정식 외교문서에 실존하지 않는 섬의 이름을 적어서 우리 영토라고 주장하는 것은 되돌릴 수 없는 실패였다"고 술회하였다.」라고 하여 저명한 한국인 유진오도 잘못되었다고 하는 것을 한국정부가 잘못을 저지르고 있다고 자신들의 논리가 정당화하다고 주장한다. 후지이 겐지, 「한국의 방공식별권 확대 - 죽도 문제와 관련해서 허위로 양보를 위협하는 사고방식」, 경상북도독도연구기관통합협의체편(2016)『시마네현 '죽도문제연구회'의 독도영유권 조작 논리』, pp.59-60.

했지만, 한국도 동지나해의 암초 소코토라암(한국명 '이어도', 중국명 '쑤엔자오')의 상공이 포함되는 것에 충격을 받았다. 12월 15일, 한국은 이에 대항하여 한국의 방공식별권을 남쪽으로 확대하여 소코토라암 상공을 포함시켰다.」라고 중국의 돌발적인 주권침해행위를 비난했다. 동시에 한국의 반공식별구역에 포함한 조치에 대해서도 「한국은 이어도에 강한 집착을 보였던 것이다.」「한국의 유력지 조선일보는 한국의 방공식별권 확대를 1951년에 한국이 방공식별권을 설정한 이래 "62년만의 정상화"라고 보도했다. 소코토라암에 얽힌 희미한 전설을 근거로 가공의 섬 파랑도의 영유를 요구했던 1951년 한국의 인식이 정상이라는 것이다.」라고 하여 한국의 이어도 점유에 대해 비난했다.

후지이는 한국의 파랑도에 대해 1952년의 평화선 선언, 2013년의 11월의 반공식별구역 설정한 것에 대해 「우선 염원과 열망을 끄집어내고 그에 따라 현실을 해석하고 변형시키려는 이러한 한국의 행동양식은 사실과 다르게 "독도(죽도의 한국명)는 일본에 빼앗긴 최초의 조선 영토이다"라는 주장을 일본에 인정시키려하는 죽도 문제에서도 보인다. 시마네현이 맞대응하지 않으면 안 되는 것은 한국의 이러한 행동양식인 것이다.」라고 하여 한국은 타국의 영토를 취하고 싶을 때 우선적으로 불법 선점하여 자신의 것이라고 주장하는 행동양식을 갖고 있다고 비판한다. 파랑도도 독도처럼 한국의 것이 아니면서 1951년의 파랑도, 독도에 대한 영유권 주장이 바로 여기에 속한다는 것이다.

한국이 파랑도에 대해 영유권을 주장한 것은 일찍이 어부들에 의해 널리 알려진 바위이었기 때문에 국제법의 무주지 선점이론에 해당되고, 대일평화조약에서 어느 나라에도 귀속되지 않았기 때문에 한국이 파랑도에 대해 통치를 선언한 것은 합당하다. 파랑도도 독도와 같이 일본과는 무관한 섬이다. 또한 중국도 파랑도에 대해 특별히 영유권을 주장한 적이 없었기 때문에 한국이 파랑도에 과학기지39) 건설이나 항공식별구역을 확대40)한 것은 정당한 조치다.

요컨대, 이어도에 대해 일본의 논리에는 다음과 같은 모순점을 내포하고 있다. 즉 첫째, 한국은 대일평화조약을 체결하는 과정에 독도를 포함하여 이어도까지 한국의 주권에 속한다고 연합국측에 입장을 제시했다. 그러나 연합국 측은 독도도 물론이고 이어도에 대해서도 일본이 영유권을 주장하는 무인도이었기 때문에 영유권을 주장하는 상대가 있는 섬에 대해서는 법적 지위를 결정하지 않는다는 방침에 의거하여 독도와 마찬가지로 이어도의 지위도 결정되지 못했던 것이다.

둘째, 평화선선언은 대일평화조약이 체결되고 조약안에 이어도와 독도의 지위에 대해 구체적으로 명기하지 않아서 이승만대통령이 주권선언으로 독도를 비롯하여 이어도 평화선에 포함시켰다. 이어도가 평화선에 포함시킨 것에 대해 아무런 국가도 이의제기를 하지 않았다. 유독 독도에 대해서는 일본이 영유권을 주장하여 독도를 문제가 있는 섬으로 조작하려고 했던 것이다.

셋째, 이어도가 평화선에 의해 한국의 주권선에 포함되었고, 1990년대에 이어도에 과학기지를 건설했다. 그때에 중국이 적극적으로 저지

---

39) 「21세기에 한국은 소코토라암에 "이어도 해양과학기지"를 건설하기 시작했다. 수중 41미터, 수상 36.5미터의 이 구조물은 2003년에 완공되었다. EEZ 획정교섭에서 중국에 대해 우위를 점하기 위하여, 한국은 중국이 남지나해에서 행하였던 수법을 흉내 내어 건설한 것으로 보인다. 이에 대해 중국은 "한국의 일방적인 행동은 어떤 법률적인 효력을 갖지 않는다"고 경고하였다.」후지이 겐지, 「한국의 방공식별권 확대 - 죽도 문제와 관련해서 허위로 양보를 위협하는 사고방식」, 상동.

40) 「한국의 소코토라암 주변해역에의 관심은 건국초기는 일본에 대항하기 위한 것이었지만, 현재는 중국을 의식한 것이 되었다. 이와 같은 상황 속에서 작년 방공식별권 문제는 일어났다.」후지이 겐지, 「한국의 방공식별권 확대 - 죽도 문제와 관련해서 허위로 양보를 위협하는 사고방식」, 상동.

하지 않았다는 것은 한일협정에서 이어도를 배타적 경제수역에 포함시
킨 것을 인정한 것이다.

넷째, 일본도 이어도에 대해 반공식별구역에 포함시키고 있었다. 한
국은 종래에 방공식별구역을 설정하지 않았지만, 중국이 이어도를 방
공식별구역에 포함시켰기 때문에 한국도 중국에 대항하여 방공식별구
역에 포함시킨 것이다. 중국의 조치는 한국의 주권을 침해한 것이 된다.

다섯째, 죽도문제연구회는 이어도에 대해 한국이 방공식별구역을 설
정한 것이 마치 한국이 자신의 영토인 독도를 불법적으로 강점한 것과
동일한 방법으로 이어도를 강점했다는 주장이다. 한국의 이어도 관할
권 행사를 악용하여 한국이 일본영토인 독도를 불법으로 탈취한 것과
같다고 사실을 조작하고 있다.

4.2 "독도는 이승만라인으로 불법 점유한 영토문제"라고 사실 조작

후지이는 시마네현 고시40호로 합법화된 일본영토 '죽도'에 대해 한
국이 이승만라인으로 점령했다고 했다고 주장한다. 즉, 「한국인이 죽도
를 의식하기 시작한 것은 그리 오랜 것은 아니다. 1947년 여름 몇 개의
한국 신문이 어업 문제를 보고하는 중에 죽도에 대해 언급한 것이 처음
이다. 1945년 패전 후 일본을 통치하고 있던 연합국군총사령부(GHQ)
는 일본해와 동지나해의 중앙에 일본어선의 조업한계선(이른바 맥아더
라인)을 설정하고 일본어선이 죽도에 접근하는 것을 금지하고 있었다.
또한 GHQ는 죽도를 일본의 행정권이 미치지 않는 범위에 두고 있었
다. 이 2개의 지령은 일본의 영토를 최종 결정한 것은 아니었지만 한국
은 맥아더라인을 한일간의 국경선이라고 오해하고 일본의 맥아더라인
완화 요구가 조선반도 재침략의 의도의 발현으로서 반발했다. 일본인
이 출어할 수 없었던 사이 한국인어업자가 죽도근해에 출어해 1948년

에는 미군기에 의한 폭격으로 한국인어업자에게 사망자가 발생했다고 하는 사건도 일어났다. 이 사건은 연일 보고되었기 때문에 죽도 존재를 알고 있었던 한국인도 많았을 것이다.」41)라고 했다.

즉 한국이 독도를 영토로 생각한 것은 1947년경이라는 것이다. 또한 죽도가 일본영토임에도 불구하고 맥아더라인에 의해 일본의 어업구역에서 제한된 것으로 그렇다고 한국의 배타적 경제관할수역과도 무관하다는 주장이다. 한국인들이 독도의 존재를 알게 된 것은 1948년 미공군의 오폭사고이후 라는 주장이다. 이처럼 독도가 일본영토라는 것을 전제로 하고 있기 때문에 한일 양국의 경계를 결정한 연합국최고사령부의 조치에 대한 본질을 조작하고 있다.

후지이는 이승만대통령의 평화선 선언에 대해 「이승만 라인」이라고 하여 불법적인 사적인 독도점령 행위라고 사실을 조작하고 있다. 즉, 「한국 초대 대통령 이승만은 1952년 1월 18일 이른바 이승만 라인을 발표하고 동지나해, 황해의 좋은 어장으로부터 일본어선 배제 및 죽도가 한국령이라고 일방적으로 주장했다. 이 선언은 한국의 대미공작 좌절이 가지고 온 것이다. 전년 1951년 여름 한국은 맥아더 라인 계속 및 죽도가 한국령인 것을 당시 작성이 진행되고 있던 대일평화조약에 포함시키도록 미국에 요구했다. 그러나 이 시대는 「영해 3해리, 공해 자유」가 원칙이며 미국은 명확히 맥아더라인 계속을 거부했다. 또한 죽도 문제에 대해서도 「죽도는 1905년경부터 시마네현청 지청의 관할하에 있으며 지금까지 조선영토로서 취급된 적이 없고 영토 주장이 있었던 것이라고도 생각되지 않는다」(러스크 서한)라고 회답했다. 이승만 라인 선언은 한국이 외교교섭에서 얻을 수 없었던 것을 일방적으로 얻으려

---

41) 전게서, 「죽도문제는 무엇인가」, 경상북도독도연구기관통합협의체편(2016) 『시마네현 '죽도문제연구회'의 독도영유권 조작 논리』, pp.57-58.

고 하는 극히 비상식적인 것이었다. 이러한 한국의 행동 배경에는 일본에 대한 한국의 우월감이 있었다. 이미 1948년 한국은 대한민국으로서 독립한 것에 대해 일본은 1952년 4월까지 연합국의 점령하에 있었다. 당시 시작된 한일회담(한일 국교정상 교섭)에서도 일본에 대해 연합국(승전국)으로서 임하려고 한 한국측 대표의 자세를 엿볼 수 있다.」42)라는 것이다.

후지이는 한국이 독도를 이승만라인으로 불법적으로 점거한 것으로 국제법적으로 불법행위라는 것이다. 즉 독도는 역사적으로는 일본영토이었는데, 이승만라인을 선언하여 점령한 것이기 때문에 역사문제가 아니고 영토문제라는 주장이다. 그런데 한국이 일본의 식민지 지배를 받으면서 일본에게 최초로 빼앗긴 영토가 독도라고 거짓말을 하여 독도를 「성지화」했다는 것이다. 즉, 「1953년부터 다음해에 걸쳐 한일은 격렬하게 대립했다. 한일회담은 결렬되고 주로 동지나해에서 한국에 의한 일본어선 나포가 계속되어 1953년 2월에 제주도 근해에서 일본인 어선원이 사살당하는 사건이 일어났다. 죽도에서도 한국인이 일본 순시선에 발포하고 일본인의 죽도접근을 금지하는 사태가 되어 한국에 의한 죽도불법점거가 시작되었던 것이다. 죽도를 둘러싼 일본과의 논쟁이 거듭되는 가운데 한국은 죽도영유를 위한 여러 가지 근거를 「발견」했다. 이 중에서도 가장 중요한 것은 「독도는 1910년 한일합방에 이르기까지 일본의 조선반도 침략의 최초의 희생지이다」라는 주장이다. 일본정부가 죽도를 시마네현에 편입한 1905년 이전에 한국(당시의 대한제국)이 죽도를 영유하고 있었던 사실이 없고 이것은 오해이다. 그러나 이 주장은 한국의 마음에 자리잡아 한국인에게 냉정함을 잃게 하고 죽도문제

---

42) 상동.

의 해결을 저지하고 있다. 이상의 경위를 이해해 처음으로 작년 8월 노다(野田)수상 담화의 의미가 밝혀졌다. 그는 「죽도문제는 역사인식의 문맥에서 논해야할 문제가 아니다. 전후 한국정부에 의한 일방적인 점거라는 행위가 국제사회의 법과 정의에 맞는가라는 문제입니다」라고 말했던 것이다.」라는 것이다.

일본의 논리는 일본에 유리한 주장만 하는 것이다. 독도문제는 일본이 1905년 합법적으로 취득했다는 것을 전제로 그 이전 고대시대부터 조선영토였다는 역사적 증거를 무시하여 일본이 불법적으로 도취하였다는 역사적 사실을 조작하기 때문에 사실이 왜곡되는 것이다.

첫째, 안용복 사건 때에 일본어부가 울릉도와 독도를 일본의 영토라고 주장하여 막부와 조선조정 간에 울릉도와 독도를 둘러싼 영유권 문제가 발생하였다. 최종적으로 막부가 독도와 울릉도를 조선영토로 인정하여 전근대시대의 독도, 울릉도를 둘러싼 영토문제가 해결되었던 것이다.

둘째, 근대에 들어와서 메이지정부가 독도를 한국영토로 인정해왔음에도 불구하고 1905년 각의결정에 의거하여 「시마네현고시40호」로 편입조치를 취하여 일본의 새로운 영토가 되었다고 하는 침략행위에 대해 대한제국이 이를 인정하지 않음으로써 생긴 문제이다.

셋째, 연합국이 일본의 패전으로 카이로선언과 포츠담선언에 의거하여 한국이 독립하면서 독도를 실효적으로 점유했다. 그것은 1946년1월의 SCAPIN 677호에 의해 확인되었다. 그런데 일본이 대일평화조약에서 독도를 일본영토로서 법적 지위를 인정받기 위해 미국 등 연합국에 로비를 하여 미국초안, 영국초안, 영미합동초안의 작성과정에 독도의 지위에 관해 논란이 있었다. 최종적으로 영미 양국은 독도를 대일평화조약에서 다루지 않는 것으로 하여 처리했다.[43]

넷째, 독도문제는 일본이 독도가 대일평화조약에서 일본영토로 결정되었다고 하는 조작된 사실을 바탕으로 이승만대통령의 평화선에 대해 불법 조치라고 하여 '이승만라인'으로 그 지위를 무시함으로써 생긴 문제이다.

이상에서 알 수 있듯이, 독도문제는 원래 일본의 고유영토였기 때문에 대일평화조약에서도 최종적으로 일본영토로서 결정되었음에도 불구하고, 한국의 이승만대통령이 대일평화조약이 발효되기 직전에 불법적으로 경계선을 선언하여 독도를 점령하였다고 주장하는 것은 사실이 아님을 알 수 있다.

4.3 "시마네현의 대일평화조약 체결 기념조림"에 대한 사실 조작

샌프란시스코강화조약을 체결하고 일본정부는 일본국회와 언론보도를 통해 독도가 일본영토로 처리되었다고 주장했다. 국회의사록에 기록된 「일본영역참고도」를 보더라도 알 수 있듯이 일본정부는 독도가 한국영토로 결정되었음에도 불구하고 일본국민들을 속였던 것이다. 일본국민들은 사실을 잘 알지 못하고 일본정부의 주장만 듣고 「독도가 일본영토로 결정났다고 생각하고 시마네현 고카무라 촌장의 지시로 학생들을 동원하여[44] 기념식수를 했다」[45]고 한다.

---

43) 영미 양국은 대일평화조약에서 영토분쟁지역으로서 유인도에 대해서는 신탁통치, 무인도에 대해서는 영토적 지위를 다루지 않는 것으로 방침을 결정했다.

44) 「현지에는 고카중학교 학생시절에 식수를 한 기억을 가지고 있는 다나카이 도시카츠(田中井敏勝)씨, 마츠오카 시게루(松岡茂)씨」「다나카이씨, 마츠오카씨에 따르면 산맥을 기어올라서, 한 사람 당 다섯 수씩 심은 기억이 있다고 한다.」 스기하라 다카시, 「샌프란시스코 평화조약 체결 기념 오키 고카무라의 식수에 대해」, 경상북도독도연구기관통합협의체편(2016) 『시마네현 '죽도문제연구회'의 독도영유권 조작 논리』, pp.95-97.

이 식수 사실에 대해 죽도문제연구회는 다음과 같이 적고 있다. 즉 「그런 가운데 오키에서는 오키관청 총무과의 야와타 다카유키(八幡貴之)씨, 교육위원회의 후지와라 토키조(藤原時造)씨 등이 옛 고카무라 사무소, 현재의 오키 관청 오키무라 지소에 있는 과거 행정문서를 조사 하였는데, 『1951년도 마을 의회 의결서 고카 사무소』라는 책자에서 "강화기념 식수 건에 대해"라는 기록을 발견하여 죽도자료실에 보고해 주셨다. 거기에는 "조림 장소 오키군 고카무라 대자 야마다 가사마츠 1,907번지"[46]와 "조림 면적 6,000평 내 삼나무 3,000평, 소나무 3,000평"[47], "제안 1951년 9월 28일 고카 촌장" 등의 구체적인 내용도 적혀 있었다. 촌장 제안이라고 되어 있지만 당시 고카 촌장은 오쿠가와 요이치(奧川陽一)씨이다. 9월 28일 제안이니까, 9월 8일 조인된 샌프란시스코 평화조약에서 20일후의 일이다.」[48]라는 것처럼, 기념식수는 대일평화조약 체결을 위한 것이었다. 그런데 후지이는 독도와 관련된 것이라는 증거가 없음에도 불구하고, 「1939년부터 죽도는 고카무라의 소관이었지만, 전쟁으로 해군의 소관이 되거나 패전 후에는 미국 공군의 폭격

---

45) 「반세기 동안 훌륭하게 자란 삼나무, 소나무의 대부분은 건축자재로 대부분이 벌채되고 있었다. 남은 터는 목초지로 전용된다고 한다. 야와타씨는 언덕을 녹색 띠처럼 퍼져 있던 시기의 수림을 찍은 항공사진 등 관계있는 자료도 지참하여 우리들에게 보여 주었다.」, 상동.
46) 「우리가 아는 시마네현의 샌프란시스코 평화조약에 대한 반응으로는 가장 큰 행동이었기 때문에 오키 관청의 야와타 다카유키씨에게 식수 위치의 확인과 식수의 체험자의 발견을 의뢰했다. 10월에 야와타씨로부터 식수한 위치 확인과 식수를 한 체험자를 찾았다는 연락을 받았다. 10월 14일 나는 오키 관청을 방문해서, 야와타씨의 안내를 받아 식수한 현장인 오키의 오지 야마다 가사마츠를 향했다.」, 상동.
47) 「조림 면적의 삼나무, 소나무 3,000평은 전문가에 따르면 각각 3,000수의 삼나무와 소나무를 심을수 있는 넓이라고 한다.」, 상동.
48) 상동.

연습장이었던 죽도가 마을에 반환될 가능성이 커져서, 그 기쁨이 배경에 있었을 것으로 추측된다.」[49]라고 하여 사실관계를 논증하지도 않고 추측성으로 자신이 의도한 목적을 달성하기 위해 모자이크식 끼워 맞추기로 모든 것을 독도와 결부시켜 논리를 조작하고 있다.

「식수결정의 고카무라 『무라의회의결서』」 「식수용지도와 2006년의 삼림」

대일평화조약이 체결되고 일본어선의 침범을 막고 있던 맥아더라인 철수가 결정되자, 이승만대통령은 일본의 독도 및 어업권의 침범을 우려하여 평화선을 선언했다. 그때 일본 시마네현 어민들의 움직임에 대해 음과 같이 적고 있다.

「아마도 식수활동이 계속되던 1952년 1월 대한민국의 이승만 대통령은 해양주권선언을 발표하여, 소위 이승만 라인을 설정하고 죽도를 한국 측에 편입시켰다. 일본 정부가 한국에 항의함으로써 여기에 의지하여 전전 강치잡이 면허를 소지하고 있었던 고카무라의 이케다, 하시오카, 야와타 등의 집안에서 시마네현 죽도에서 어로 재개를 신청하고, 또한 오키어업협동조합연합회는 죽도에서의 일반어업의 허가를 신청하여 모두 1953년 6월에 승인되었다.」 그러나 「이케다씨의 할아버지 키치타로(吉太郎)씨, 아버지 고이치(幸一)씨는 때때로 죽도에 건너갔다. 하지만 전후 단 한 번의 강치잡이 허가를 현으로부터 인정받은 구니유키(邦幸)씨는 결국 죽도에 건너갈 기회가 없었다. 일반어업허가를

---

49) 상동.

받은 구미어협의 와키타 사토시(脇田敏)씨 등 11명은 1954년 이승만 라인을 넘어 죽도 주변에서 미역, 전복 등의 어업행사를 몇 시간 감행했다.[50] 곧바로 한국의 경비대가 죽도에 상주했기 때문에 일본인의 죽도 근해에서의 어업은 이때부터 현재까지 실시되지 못하고 있다.」[51]라는 것이다.

당시 이승만 대통령의 주권선언으로 한국이 독도를 점유했다. 그래서 죽도 조업에 종사한 적이 있었던 어민들이 시마네현으로부터 조업허가를 받아 독도근해 진입을 시도했지만, 사실상 1954년 한국의 독도경비대가 주둔한 이후로는 '이승만라인'의 진입이 불가능했다는 것이다.

시마네현 어부들의 독도근해 진입 상황에 대해, 「우리들의 행동은 극비였기 때문에 가족에게도 행선지는 전하지 않았다. 다만 우리들에게 만일의 경우가 있을 것을 생각하여 지역의 신관 야와타 고쿠메이(八幡克明)에게 사정을 털어 놓았다」[52]라고 하는 것으로 보아, 목숨 걸고 독도진입을 시도했던 것이다.

요컨대, 이상의 내용을 정리하면 다음과 같다. 즉 첫째, 1951년 9월 8일 대일평화조약이 체결되기 이전에는 독도문제가 영유권 문제로 한일간의 분쟁이 표면화 되지 않았다. 전후 한일 간의 독도문제가 발생한 것은 1952년 1월 18일 이승만 대통령이 독도를 포함하는 영역에 평화선을 선언하여 일본측의 진입을 막음으로써 발생했다. 그런데 대일평화조약이 체결되고 독도가 일본영토로 결정되었기 때문에 기념식수를

---

50) 2010년 3월 보고서 "오키의 어부 와키타 사토시, 가와라 하루오가 말하는 쇼와시대의 죽도" 참조, 상동.
51) 1953년 강치잡이를 허가받은 한사람 이케다(池田)씨(2011년 6월 보고서가 쿠미지역에 건재했기 때문에 야마다지구의 수림을 견학 후 찾아뵙고 추억을 들었다.상동.
52) 츠쿠다씨 등과 죽도에 간 와키타씨의 수기. 상동.

했다고 주장하지만, 기념식수가 독도문제와 관련있다는 주장은 옳지 않다.

둘째, 대일평화조약에서 독도가 한국영토로 결정되었음에도 불구하고 일본정부의 잘못된 선동으로 시마네현 어민들이 독도근해조업을 하려고 했던 것이다. 한국이 평화선을 선언한 후, 항의차원에서 일제시대에 강치잡이 면허를 취득했던 3가문이 어로재개를 신청했고, 오키어업협동조합연합회도 일반어업허가를 신청하여 1953년 6월에 허가를 받았다. 구미어협은 일반어업허가를 받고 11명이 1954년 독도주변에서 어업을 했지만, 한국경비대가 상주하고 난후 진입이 불가능하게 되었다는 것이다.

셋째, 죽도문제연구회의 주장은 한국이 '이승만라인'을 불법으로 선언하여 일본의 죽도를 점령하여 일본정부가 항의했기 때문에 시마네현 어민들도 항의차원에서 조업을 시도했다는 것이다. 독도는 일본의 패전 후 연합국최고사령부각서 677호로 독도의 관할 통치권이 한국에 있음을 인정하여 이미 한국어민들이 독도에 상륙하고 독도주변해역에서 조업을 하고 있었던 것이다. 그리고 대일평화조약이 체결되어 독도가 일본영토로 결정되지 않았는데, '이승만 라인'으로 한국이 독도를 불법적으로 점령하였기 때문에 시마네현 어민들의 조업이 불가능했다는 주장은 사실이 아니다.

5. 죽도문제연구회의 대일평화조약에 대한 영유권 조작 방식

죽도문제연구회는 시마네현이 재정적으로 지원하여 만든 독도정책을 연구단체이다. 죽도문제연구회를 제안한 사람은 시모조 마사오이다. 시모조는 한국에서 15년간 일본어 강사로서 활동하면서 거주한 적이 있었다. 그 시절 한국에서 1998년 신한일어업협정이 체결되는 과정을 보면서 독도문제에 관심을 갖게 되었고, 영토내셔널리즘에 입각하여 적극적으로 독도가 일본영토라는 주장을 하기 시작했다. 내용적으로 보면 신한일어업협정이 체결된 이후, 한국 내에서는 공동관리수역의 성격을 띤 잠정합의수역에 독도를 포함하는 내용을 지지하는 정부입장에 동조하는 그룹과 잠정합의수역으로 독도의 영토주권을 훼손했다는 그룹이 격렬히 대립되고 있었다. 협정 반대측의 입장은 어업협정임에도 불구하고 배타적 경제수역에 관한 내용을 포함시켰다는 것, 또한 잠정합의수역에 독도가 포함되어 있는데, 그 수역 내에는 양국이 동일한 지위를 갖는다고 규정한 조항으로 독도의 영유권이 훼손되었다고 하여 어업협정의 파기를 주장했다. 정부측의 입장은 본협정이 어업에 관한 협정이기 때문에 독도의 영토주권에는 아무런 영향을 미치지 않는다는 것이고, 어업협정의 파기는 동해안의 어업질서를 혼란하게 하므로 파기는 불가능하다는 입장이었다. 시모조 마사오는 이러한 논쟁을 지켜보고 처음으로 독도문제에 대해 관심을 갖고 독도공부를 시작했다. 시모조가 공부한 책은 종래 일본영토론을 대표하는 가와카미 겐조의 저서이다. 시모조는 가와카미 논리의 오류를 무비판적으로 그대로 답습하여 한국 잡지에 기고하였다.[53] 이때에 지면을 통해 한국측의 독도 연구가와 독도영유권 논쟁을 벌였다. 이를 계기로 시모조는 본격적으로

'죽도=일본영토'라는 논리조작활동을 시작했던 것이다. 시모조의 논리 조작 방식은 우선적으로 독도가 일본영토라는 것을 전제했다. 그래서 한국측의 자료에서 독도가 한국영토라는 사료는 모두 부정했다. 일본 측의 사료에서 독도가 한국영토라는 사료는 은폐, 또는 억지 논리로 부 정했다. 시모조는 귀국하여 독도활동을 한 것을 계기로 극우계통의 타 쿠쇼쿠대학 내의 연구소 계약교수로 근무하게 되었다. 조작된 논리를 한권의 도서로 출간하면서 그 업적을 인정하여 타쿠쇼쿠대학의 정규교 수가 되었다. 시모조는 교수라는 직함을 활용하여 논리적 연구역량을 가진 연구자로 위장하여 시마네현을 움직여 죽도문제연구회를 설립하 는데 주도적인 역할을 했다.

시모조는 죽도문제연구회가 마치 논리적인 학술단체인 것처럼 가장 하기 위해 「연구회」라는 명칭을 사용했다.[54] 그러나 당초 제1기 죽도 문제연구회의 구성원을 보면, 시마네현의 지역적 내셔널리즘적 사상을 갖고 있는 자들이 대부분이었다. 그중에는 대학이나 연구소에서 정식 으로 연구업무를 직업으로 하는 회원은 2명에 불과했다.[55] 이들 3명도 대체로 시모조의 논리에 동조하는 자들이었다. 제2기, 3기의 구성원을 보더라도 그다지 변함이 없다.[56]

---

53) 한국논단에 투고하여 김병렬교수와 논쟁을 한 것을 계기로 '독도=일본영 토'의 전도사가 되었던 것이다.
54) 다케시마 문제 연구회 설치 요강(설치)「제1조 다케시마 문제에 대한 국민 여론 계발에 활용하기 때문에 다케시마문제연구회(이하"연구회"라 한다.) 를 설치했고 다케시마 문제에 관한 역사에 대한 객관적인 연구와 고찰, 문 제점의 정리를 한다.」, http://www.pref.shimane.lg.jp/admin/pref/takeshi ma/web-takeshima/takeshima04/kenkyuukai_houkokusho/takeshima04_ 00/takeshima04_07.html(검색일: 2016년11월10일)
55) 상동.
56) 상동.

죽도문제연구회는 사실을 조작한 '죽도=일본영토' 논리를 확산시키기 위해 '죽도의 날'의 지방조례를 제정하고, 기념행사를 통해 각계각층의 인사를 초청하여 선동했다. 시모조는 시마네현의 현의원, 시마네현 출신의 국회의원을 선동하여 중앙정치의 정계를 움직였다. 외무성에 대해서는 독도 영유권 확립에 소극적이라고 비난함으로써 일본정부가 외교정책으로 적극적으로 대응할 것을 촉구했다. 때마침 극우성향의 아베 신죠가 총리가 되면서 독도에 대한 일본의 영유권 주장은 탄력을 받게 되어 활동의 중심이 시마네현에서 중앙정부로 이동하여 확대 재생산되었다. 중앙정부는 문부성의 교과서 개정, 외무성의 대외선동, 방위성의 방위구역 확장, 관방부의 영토정책실을 설치하여 총괄했다. 이처럼 중앙정부인 아베정권의 독도정책은 시모조 마사오가 주도하는 죽도문제연구회에 선동된 것이다. 그래서 영유권주장의 논리도 죽도문제연구회가 조작한 논리 그대로이다. 그 결과 일본정부의 독도 영유권 주장의 논리는 객관성이 완전히 결여된 영토내셔널리즘적 영유권 주장에 불과하다.

이상으로 죽도문제연구회의 독도 영유권 조작방식을 정리하면 다음과 같다. 즉, 첫째, 역사적 증거로서 한국측 사료에서 독도가 한국영토라는 증거에 대해서는 무조건 부정한다. 일본측 사료에서 독도가 한국영토라는 증거에 대해서는 일단 먼저 부정하고, 그 다음으로는 관련성이 없는 자료를 갖고 와서 모자이크식으로 끼워 맞추어 일본영토라는 논리로 조작한다.

셋째, 국제법적 지위에 대해서는 일본영토로서의 논리를 만들기 위해 일본에게 불리한 역사적 권원을 모두 부정하고 일본제국주의가 영토침략을 시도했던 1905년의 독도 편입조치가 합법하다고 주장하고, 또한 대일평화조약에서 독도가 일본영토로 결정되었다고 자의적으로 해석하여 사실을 조작한다.

넷째, 대일평화조약에서 일본영토에서 제외되는 섬에 "제주도, 거문도, 울릉도"를 거론하고 '독도'라는 명칭이 거론되지 않았다고 해서 대일평화조약에서 독도가 일본영토로서 결정되었다고 자의적으로 해석하여 사실을 조작하고, 한국이 이승만대통령이 주권선언이라는 이름으로 '이승만라인'을 선언하여 일본의 영토인 독도를 불법적으로 점유했다고 사실을 조작한다.

다섯째, 대일평화조약과 관련되는 다양한 자료, 「일본영역참고도」 등에서 독도가 한국영토라는 사실이 입증됨에도 불구하고 무조건적으로 이를 부정한다.

여섯째, 한국이 '이승만라인'으로 독도를 불법적으로 점유하고 있음에도 불구하고 이를 평화적으로 해결을 위해 국제사법재판소에 제의했으나 한국이 여러번 거절했다. 한국은 국제법으로 독도가 한국영토라는 확신이 없기 때문에 불법점유를 계속하고 있다는 논리를 펴고 있다.

마지막으로 죽도문제연구회는 왜곡된 가와카미 겐조의 논리를 무비판적으로 그대로 답습하고 논리를 조작하여 이를 일본정부에 선동했다. 급기야 극우성향의 아베정권은 조작된 내용을 그대로 국가의 외교정책에 반영하여 실행하고 있는 것이다.

6. 맺으면서

죽도문제연구회가 독도는 주인이 없는 땅이었기에 일본이 '시마네현 고시40호'로 취득하여 일본의 고유영토가 되었고, 「대일평화조약」에서도 일본영토로서 계승되었다는 인식을 갖고 있다. 그래서 본 연구는 이러한 일본의 논리가 독도의 본질을 조작하는 행위임을 논증했다. 본문에서 논증된 내용을 요약하면 다음과 같다.

첫째, 일본은 "대일평화조약"에서 독도가 일본영토로 결정되었다는 증거로 '러스크서한'을 내세운다. 당시 러스크의 신분은 미 국무성 차관보이다. 러스크가 '독도는 일본영토'라고 한국에 서한을 보낸 대로 대일평화조약에서 독도가 일본영토로 결정되었다는 것이다. 대일평화조약은 미국과 영국을 비롯한 48개국이 패전국 일본을 상대로 체결한 것이다. 실제로 연합국최고사령부각서677호와 1차-5차 미국초안에서는 독도를 한국영토로 취급했다. 이처럼 러스크 서한은 미국 전체의 견해가 아니었다. 그 뿐만 아니라, 영국, 뉴질랜드, 호주 등의 영연방국가들도 독도가 한국영토라는 견해를 제시했다. 일본이 주장하는 것처럼 독도 영유권이 러스크서한 하나로 간단히 결정되었던 것이 아니다. 미소가 대립하던 냉전이라는 국제정세 속에서 대일평화조약에서 일본영토로부터 제외되는 지역을 '제주도, 거문도, 울릉도'로 규정하여 독도의 지위를 명확히 하지 않았다. 하지만 당시 1951년 8월 조약체결 직전에 일본 해상보안청이 제작한 '일본영역참고도'에서도 볼 수 있듯이 실효적 점유를 법적으로 인정한 연합국최고사령부각서 677호의 연장선상에서 독도가 한국영토로 결정되었음을 알 수 있다.

둘째, 연합군최고사령부각서 'SCAPIN 677호'는 독도의 관할 통치권이 한국에 있다고 명확히 했다. 다만 대일평화조약에서 최종적인 영토처리를 결정해야했기 때문에 '최종적인 영토결정은 아니다'라는 단서를 달고 있다. 일본은 독도가 한국영토라는 연합군최고사령부의 본래 취지를 부정하고, 단서조항만을 전적으로 해석하여 독도가 한국영토로 처리되지 않았다고 사실을 조작한다. 신생독립국이었던 한국이 제국주의국가였던 일본의 영토에서 독도를 분리하여 관할 통치할 수 있었던 것은 바로 'SCAPIN 677호'때문이었다. 대일평화조약에서 연합국이 이 각서의 종결을 선언하지 않았다는 것은 그 지위를 계승한다는 의미이었기에 오늘날 한국이 독도를 실효적으로 관할통치하고 있는 것이다.

셋째, 최근 죽도문제연구회는 당시 시마네현이 대일평화조약의 체결로 독도가 일본영토로 결정되었기 때문에 그것을 기념하기 위해 기념조림사업을 했다고 주장한다. 대일평화조약이 체결된 후 기념조림사업을 했다는 기록은 있지만, 독도가 일본영토가 되었기 때문에 조림사업을 했다는 내용은 없다. 일본이 패전국으로서 7년간의 연합국의 통치를 받다가 다시 독립국가로서 홀로 서게 되었다는 측면에서 충분이 조림사업으로 기념할만하다. 그런데 독도가 일본영토가 되었기 때문에 기념식수를 했다는 논리는 사실을 조작하는 행위이다.

넷째, 죽도문제연구회는 한국이 '대일평화조약을 체결하는 과정에서 한국영토와 무관한 '파랑도'(이어도)에 대해서도 함부로 영유권을 주장했으며, 최근 중국이 이어도를 방공식별구역에 포함시키는 조치에 대항하여 한국이 이어도를 반공식별구역에 포함시켰다고 비난한다. 마치 이승만 대통령이 일본의 고유영토인 '죽도'에 대해 이승만라인을 선언하여 불법적으로 점유한 것과 같다는 것이다. 한국이 타국의 영토를 침탈하는 방식은 이어도와 독도처럼 먼저 타국의 영토를 일방적으로 영유권을 선포하고 그 후에 무력으로 장악한다는 것이다. 황당한 논리다. 독도와 이어도는 이웃국가인 중국과 일본이 영토와 영해 주권을 주장하기 이전의 전근대시대부터 한국이 고유한 권한을 갖고 있었던 곳이다.

다섯째, 일본은 "독도가 일본의 고유영토인데, 한국이 이승만라인으로 불법 점거한 영토문제로서 역사문제가 아니다"라고 사실을 조작하고 있다. 한국이 오늘날 독도를 관할 통치하는 것은 고대시대이후의 영토적 권원을 바탕으로 연합군최고사령부가 발령한 1946년 1월 SCAPIN

677호에 의해 실효적 지배를 하게 된 것이다.

　이상으로 대일평화조약에서 미국이 독도를 일본영토로 인정했기 때문에 조약문에 '일본영토에서 제외되는 지역'에 독도라는 명칭이 없었다라고 하는 일본의 주장이 사실이 아님을 알 수 있다.

〈참고문헌〉

경상북도사료연구회편(2014) 『竹島問題100問100答에 대한 비판』경상북도, pp.63-70.

경상북도독도연구기관통합협의체편(2016) 「시마네현 죽도문제연구회의 독
　　　도영유권 조작논리」(20010.12.28~2015.10.09.), pp.1-170.

독도연구보전협회편(2000) 『독도영유권자료의 탐구 제3권』독도연구보전협회,
　　　pp.341-395.

신용하(2011) 『독도영유권에 대한 일본주장의 비판』서울대학교출판부, pp.
　　　249-312.

영남대학교 독도연구소편(2015) 『독도영유권 확립을 위한 연구 Ⅵ』제12권,
　　　pp.505-525.

최장근(2005) 『일본의 영토』백산자료원, pp.41-42.

_____(2014) 『일본의회의사록이 인정하는 다케시마가 아닌 한국영토 독도』
　　　제이앤씨, p.15.

奧原碧雲(1906) 『竹島及鬱陵島』松江 : 報光社.

_____(1907) 「竹島沿革考」, 『歷史地理』第8卷 第6号.

外務省(2008) 「竹島問題」, 「パンフレット'竹島問題を理解するための10のポイント'」.

川上健三(1966) 『竹島の歴史地理学的研究』古今書院, pp.1-291.

下條正男(2004) 『竹島は日韓どちらのものか』文春親書377.

奧原碧雲(2005) 『'竹島'その歴史と領土問題』竹島・北方領土返還要求運動島根
　　　県民会議.

田村清三郎(1965) 『島根縣 竹島의 新研究』島根県総務部総務課, pp.1-160.

每日新聞社編(1952) 『対日平和條約』每日新聞社刊. 삽입지도.

○ 「竹島問題研究會(島根県)」, http://www.pref.shimane.lg.jp/soumu/web-takeshima/
○ 「竹島問題」(일본외무성), http://www.mofa.go.jp/mofaj/area/takeshima/(검색일:
　　　2016.1.3).

第3章

「竹島問題研究会」の「対日平和條約」での「竹島＝日本領土」の主張

1. はじめに

　解放前の独島は東海の海の真ん中にある無人の岩礁であった。この島を領土と意識したのは、鬱陵島[1]を本拠地とした于山国を征伐した古代新羅である。新羅以降の高麗、朝鮮国でも領土の一部として認識してきた。[2]日露戦争中に日本が独島に対する領土的野心を現わして隠密裡に閣議決定で編入措置[3]を講じ、問題が生じ始めた。1945年、日本が敗戦したことにより、連合国が措置したカイロ宣言とポツダム宣言に基づき、日本が侵略した朝鮮の領土はすべて韓国に復帰される過程で日本が独島に対して領有権を主張して再び

---

1) 鬱陵島と独島との関係は互いに眺められる距離にあるので不可分の関係である。だから鬱陵島を本拠地としていた于山国は独島に対しても領土認識を持っていたと判断される。
2) 高麗史地理(1451)や朝鮮の世宗実録地理志(1454)、東国輿地勝覧(1530)などに東海の2島として鬱陵島とともに于山島を表記しているからである。
3) 隠密に閣議で決定して、当事国である韓国とロシアなどの国々が知ることができないように「島根県告示40号」という地方告示を通して幕府と明治政府が朝鮮領土と認めていた独島を侵略したのである。

問題が生じた。連合国が1946年1月26日SCAPIN 677号をはじめ、戦後の敗戦国の日本に対して措置したいろいろな領土措置、そして戦後韓日両国間の独島をめぐった外交交渉の過程を見ても、日本が領有権を主張してはいるが、事実上、韓国の固有領土に対する不法的な領有権の主張であるという事実を隠すことができなかった。4)

しかし、竹島問題研究会5)の独島に対する領有権の認識は「私たちは今、島根県の一角を韓国の暴力によって侵されようとしている。武力のない平和国家が理由もなく善意ない武力によって脅かされている。これは(省略)韓国における決定的な重大な問題」6)というものである。このような認識は日本政府が独島の領有権を操作して歪曲された内容を日本国民に教育し、広報した結果である。また、「国際條約を無視して竹島を不法占拠している韓国の行動こそ解明しなければならない。」7)として韓国が日本の固有領土である独島を武力で不法占領しているという主張である。韓国が独島をSCAPIN 677号に基づいて合法的に管轄統治しているのである。李承晩大統領の平

---

4) SCAPIN 677号では最終的な決定ではないが、韓国の管轄統治権を認めており、日本が韓日協定と大陸棚協定などで韓国の管轄の状態を否定していなかったのは、独島が韓国領土という韓国の立場を否定できなかったと考えられる。

5) 日本の外務省は現在竹島問題研究会の独島領有権論理をそのまま政策に反映して、外務省のホームページを通じて日本国民はもちろんのこと、全世界に広報している。「竹島問題」(日本外務省), http://www.mofa.go.jp/mofaj/area/takeshima/(検索日: 2016.1.3).

6) 藤井建二,「戦後の韓国はどのようにして竹島を奪ったのか-竹島問題の現位置」, 慶尙北道 獨島研究機關 統合協議體編(2016)「島根県の竹島問題研究會の獨島領有權の操作論理」pp.20-21.「竹島問題研究會(島根県)」, http://www.pref.shimane.lg.jp/soumu/web-takeshima/(検索日: 2016.1.3).

7) 前掲書,「戦後の韓国はどのようにして竹島を奪ったのか-竹島問題の現位置」, pp.20-21.

和線の設置は1951年9月8日の対日平和條約の法的地位に基づいて
SCAPIN 677号とマッカーサーラインを土台に韓国の領土と領海、漁
業資源を保護するために李承晩大統領が措置したものである。日本
政府が独島領有権を持つ平和線に対して韓国が不法的に措置したと
いう主張は事実ではない。

　このように竹島問題研究会[8]は独島の領土の本質を捏造する団体
である。この人々は自分たちの活動が「8月に島根県の竹島問題研究
会は第3期最終報告書を提出して竹島問題研究は、新たな段階に
入っている。事実に基づいた[9]議論が問題解決に貢献することを願
うものである。」[10]として、まるで事実に基づいて独島が日本領土
という論理を捏造している。

　本研究では特に対日平和條約[11]に関して竹島問題研究会の認識的

---

8) 現在、日本の外務省の独島の領有権主張は「竹島問題研究会」が捏造した論
　理をそのまま踏襲している。竹島問題研究会は過去に韓国で10年以上日
　本語を教えた講師で、独島に無知だった下條正男が扇動して2006年に島
　根県の支援を受けて作られた右翼団体である。下條は独島について知識
　を持たなかったために韓国の平和線宣言以降、日本帝国主義が侵略した
　独島に執着して領土主権を狙っていた日本外務省と島根の論理をその
　まま踏襲した。
9) 竹島問題研究会の最大の特徴は、自分たちが本質操作に先頭に立って行なっ
　ていながらも事実に基づいて論理を付けしていると主張している。これは
　竹島問題研究会の独島領有権の論理操作方式である。
10) 前掲書,戦後の韓国はどのようにして竹島を奪ったのか-竹島問題の現位置」,
　pp.20-21.
11) この條約の正式名称は「対日平和條約」である。「対日平和條約」は連合国が
　日本を相手に平和條約を締結したという意味で未来指向的な意味で使われ
　た。ところが、「サンフランシスコ講和條約」という用語も使っている
　が、それはサンフランシスコで講和條約を締結したという意味で過去的
　な意味で使用される。平和條約は将来に平和的な関係を持つという意味
　であり、講和條約を過去の戦争を終結するという意味を持っている。し

誤謬を検討して竹島問題研究会の論理操作方法を考察しようとする。竹島問題研究会には教授の身分を持つ者が2人、それ以外はほとんど有志の人々で構成された。[12]これらの中には、研究者の身分ではない人々がほとんどで研究の方法論を碌に熟知しておらず、自分が希望する結論を先に設定してその目的を達成するために、モザイク式に論理を組み合わせ捏造している。[13]研究方法としては現在の島根県の竹島問題研究会が竹島領有権の論理を操作することに先頭に立っているが[14]、その仕事に積極的なメンバーの藤井賢二(「対日強化條約と竹島-事実に基づいた議論を」)[15]の捏造された論理を分析する。内容的にはサンフランシスコ條約での独島の領土地位は日本の国会議事録に言及されている「日本領域参考図」を見ても独島が韓国領土であることが明確である。[16]これに対して、日本の領土論

たがって、平和條約と講和條約は別の意味なので「サンフランシスコ平和條約」、「対日講和條約」のような言葉は正しい表現ではない。

12)「竹島問題研究会設置要綱」(http://www.pref.shimane.lg.jp/admin/pref/takeshima/web-takeshima/takeshima04/kenkyuukai_houkokusho/takeshima04_00/takeshima04_07.html)参照.

13) 奥原碧雲(1906)『竹島及鬱陵島』松江：報光社.同(1907)「竹島沿革考」,『歴史地理』第8巻第6号.川上健三(1966)『竹島の歴史地理学的研究』古今書院,pp.1-291.外務省(2008)「竹島問題」,「パンフレット'竹島問題を理解するための10のポイント'.下條正男(2005)『'竹島'その歴史と領土問題』竹島・北方領土返還要求運動島根県民会議.下條正男(2004)『竹島は日韓どちらのものか』文春親書377.田村清三郎(1965)『島根縣竹島의新研究』島根県総務部総務課, pp.1-160.

14) 下條正男「竹島問題、 日本政府はなぜ対処できなかったのか」,慶尙北道 獨島研究機關 統合協議體編(2016)『島根県の竹島問題研究會の獨島領有權の操作論理』pp.34-37.

15) 前掲書,戦後の韓国はどのようにして竹島を奪ったのか-竹島問題の現位置」, pp.20-21.

16) 崔長根(2014)『日本議會議事錄が認める竹島ではない韓國領土の獨島』, J&C,p.15.

者はどのように本質を操作しているかどうか分析する。最後に、対日平和條約の締結以降、韓国が独島を実効的に管轄統治しているが、これを不法占有であると主張する捏造された論理に対しても分析する。

先行研究では対日平和條約に対する日本の論理については言及しているが、17)実際にどのような方法でそのような論理が捏造されたかについては考証されたことがなかった。

2. 対日平和條約の本質に関する言説

日本は近代国民国家となった以降、近代化のための国家目標が西欧化と共に領土拡張による植民地開拓であった。日本は隣国に対する領土侵略が極に達し、ついに連合国が広島、長崎に原子爆弾を投下して終了させた。日本はこの時に連合国が要求したカイロ宣言とポツダム宣言を無條件的に受け入れなければならなかった。これにより、韓国は1945年8月15日、植民地時代の日本の「奴隷状態」から独立しており、その領土の範囲はSCAPIN 677号で「最終的な決定ではない」としながらもそれと同時に日本が侵略した領土で韓半島と済州島、鬱陵島、独島を含む連合国がその後定める複数の島の形に

---

17) 慶尙北道史料研究會編(2014)『竹島問題100問100答に対する批判』慶尙北道, pp.63-70. 獨島研究保全協會編(2000)『獨島領有權資料の探究第3卷』獨島研究保全協會, pp.341-395. 愼鏞廈(2011)『獨島領有權に対する日本主張の批判』ソウル大學校出版部,pp.249-312. 崔長根(2014)『日本議會議事錄が認める竹島ではない韓國領土の獨島』J&C,p.15. 嶺南大學校獨島研究所編(2015)『獨島領有權の確立のための研究Ⅵ』第12圈, pp.505-525.

なった。また、連合国最高司令部は漁業区域についてもSCAPIN1033
号で独島を基点に、周辺の12海里に日本漁船の接近を禁止して、こ
の領域における韓国の主権を認めた。その後、世界秩序は、米国中
心の自由陣営とソ連中心の共産陣営が対立する冷戦が始まった。
1949年には中華人民共和国が正式に樹立された。ソ連が米国と英国
が推進する対日平和條約に同意することができないと言って脱退し
て、米国中心の自由陣営が日本を相手に対日平和條約を単独で推進
した。米国は日本が共産化されることを懸念して、日本を自由陣営
に編入しようと日本政府の要求を積極的に否定しなかった。日本は
平和條約問題研究幹事會を設置して、1947年からいくつかの国の対
日平和條約締結の関係者に会って、独島のように国境地帯にある島
に対して日本の領土と認めてくれるようロビーした。[18]その結果、
1949年11月、米国の国務省の駐日政治顧問ウィリアムシーボルト[19]
は「私たちの情報によると独島(竹島)は1905年に日本によって正式に
明らかに韓国から抗議を受けることなく、領土として主張し島根県
の隠岐支廳の管轄下に置いた。」「独島に気象観測所とレーダー基地
を設置する安全的な配慮が望ましい」という日本の主張を全的に受
け入れて米国務省に提言した。その結果、米国は1946年の連合国最
高司令部覚書677号を継承して、1947年の第1次草案で1949年第5次
草案まで独島を韓国領土として決定したにもかかわらず、ついに米
国は1949年12月の第6次草案では、独島が日本領土だと言って草案
を作成することになった。第7次草案から9次草案までは独島が言及
されることはなかった。[20]

---

18) 崔長根(2005)『日本の領土』白山資料院, pp.41-42.
19) 日本人を妻にしている。

　韓国の梁裕燦の駐米韓国大使は独島と波浪島を韓国の領土として認めてくれることを米国政府に要請し、米国政府は、韓国の大使館に口頭で領有権に関して調査した後、韓国政府に対して「韓国が管轄した形跡がなく、1905年以降の日本が管轄した」という内容の書簡を韓国政府に送った。英国も独自的な草案を作成したが、第1次草案では韓国の領土範囲についてよく知らず、日本の主張を一方的に受け入れて済州島までも日本領土であると作成した。英国の1次草案を見ても日本が英国の委員にロビーを活動を行ったことを知ることができる。ところが、英国は米国の第6次草案で独島が日本の領土として扱われているのを見て2次草案を作成し、独島が韓国領土という事実を線で範囲を定めて明確にした。だから英国と米国は、領土紛争地域中の有人島は信託統治にして無人島は地位決定をしないと言う方針に旋回した。よって英米合同草案と対日平和條約の原案で独島に関する領土的地位に関する言及を回避した。

　1951年9月8日、ソ連、中国(自由主義国家であった台湾を中国の代表と認めておらず、招請していない)などの共産主義国家が除外され、韓国が招請されていない状態で対日平和條約が締結された。一般的に最終的な領土の措置は対日平和條約で決定されるが、連合国は対日平和條約で独島に対する領土的地位を新たに定めた。そして條約の効力が発効された以後、連合国は解体された。結局これによって連合国が暫定的に決定した連合国最高司令部覚書677号が最終的な決定になってしまったのである。しかしながら、連合国が最初から独島の地位決定を放棄したわけではなかった。連合国の主要

20)　愼鏞廈(2011)『獨島領有權に対する日本主張の批判』ソウル大學校出版部,
　　pp.286-289.

国家であった米国と英国、英連邦諸国は独島の地位決定に関与した。対日平和條約では独島の地位に対する言及はないが、韓国が独島を実効的に管轄している状態で、日本の領土から除外されて韓国が管轄する島として、「済州島、巨文島[21]、鬱陵島」と明記した。日本政府はこれを表面的に解釈して独島が日本の領土として決定したと主張したが、韓国が実効的に管轄統治している状況を中断して、日本の領土として認めると言う積極的な規定はなかった。

　対日平和條約で独島が日本の領土ではなく韓国領土として決定された事実は、1951年8月対日平和條約に締結される1ヶ月前に日本の海上保安庁が作成した「日本領域参考図」を見ると、明らかである。[22]9月8日の対日平和條約が締結された以降、これを証明するように毎日新聞社が発行した「対日平和條約」という冊子の中の「日本領域図」には独島が韓国領土として処理されていた。「日本領域参考図」と「日本領域図」は名称からも発刊された年度からも毎日新聞社が海上保安庁の資料を参考にしたことを知ることができる。[23]このような事実は、2回にわたる米空軍による独島の爆撃訓練場の指定撤回事件から確認することができる。まず、対日平和條約の草案を作成する過程で、1948年に日本が在日米軍に要請して独島を爆撃練習場として指定[24]させ対日平和條約で独島が日本の領土として決定

---

21) scapin 677号で独島という名称の代わりに巨文島を挿入したことを見れば、独島を意図的に抜き、そこに巨文島を挿入したことを知ることができる。連合国側との間で独島の領土地位に関する多くの議論があったことを間接的に推測することができる。

22) 崔長根(2014)『日本議會議事録が認める竹島ではない韓國領土の獨島』J&C, p.15.

23) 愼鏞廈(2011)『獨島領有權に対する日本主張の批判』ソウル大學校出版部, pp.290-298.毎日新聞社編(1952)『対日平和條約』毎日新聞社刊.挿入地圖.

されたという証拠にしようとした。在日米軍は日本の在日米軍空軍の爆撃基地の中に独島も含ませていた。ところが、誤爆事件で韓国漁民30人が死亡する事件が発生した。その時、米国政府は韓国政府の抗議を受けて訓練場の指定を撤回し、漁民の被害を補償した。第二は、対日平和條約が締結され、李承晩大統領が平和線を設置して、独島に日本人の接近を完全に遮断した後、1952年に再び独島を米空軍の爆撃訓練場に指定した。ところが、当時の韓国山岳会が鬱陵島、独島の調査のために独島を訪問した際にちょうど米軍の爆撃訓練を目撃して、米国に対して爆撃訓練中止を要請した。米国は韓国の抗議を受け入れてすぐに爆撃訓練を中止した。これらのように独島を米空軍の爆撃訓練場に指定したが、韓国の要請により撤回したのは、米国が独島を韓国領土と認めていたことを意味した。もし独島が日本の領土であった場合、韓国漁民が不法に日本の領土に入って死亡事故が起きたということになれば、米国が訓練場の指定を撤回したり、補償金を支払うはずがなかった。

---

24) 1948年、独島について在日米軍が空軍の訓練爆破基地に定めた後、訓練の途中で独島と独島近海で操業中であった朝鮮人の30人余りが犠牲になる事件が発生した。米国は犠牲者に対して補償と謝罪をして、米空軍の爆撃練習場の指定を解除した。これは独島が韓国領土であるため韓国の要求を受け入れて犠牲者に損害を賠償し、米空軍の爆撃訓練場の指定を取り消したものである。もし独島が日本の領土であった場合、越境操業者として取り扱い、損害補償をしてくれるはずがなかったであろう。

3. 対日平和條約草案についての事実捏造

3.1 SCAPIN 677号の領土処理に関する事実捏造

日本の領土論者は連合国最高司令部指令(SCAPIN)677号で独島の処理について、「韓国が強調するのは敗戦後日本を統治した連合国総司令部による指令(SCAPIN 677)に「日本の範囲から除外される地域」の中に竹島があったことである。」「しかし、この指令第6項には、この指令に日本の領土が最終決定されるものと理解してはならないと明記している。日本の領土を最終決定することができるのは総司令部ではなく、サンフランシスコ平和條約であった。」という論理である。[25]

要するに、韓国の主張が連合国最高司令部指令(SCAPIN)677号と対日平和條約との関係性によって、対日平和條約で独島が韓国領土として決定されたことについて、日本は第6條によって「最終的な決定ではなく」と言う論理から、独島が韓国領土と決定されたことと無関係であり、最終的には対日平和條約の決定のみが有効であり、対日平和條約では独島が日本の領土として決定されたと解釈する。

連合国最高司令部指令(SCAPIN)677号は、対日平和條約が締結される以前に独島の管轄統治権が韓国にあることを優先的に認めたことであり、それが最終的に対日平和條約で同意を受けるということである。ところが、対日平和條約で連合国が独島の地位に対して直接的に言及していなかったことは、連合国最高司令部指令677号に

---

25) 金明基の「独島総覧」(平和條約第2條には竹島に対する規定がないために、この指令の効力は維持されているもの)を中心に日本の論理に反論しているが、論理は事実と異なる捏造された論理に過ぎない。

よる従来の韓国の管轄統治権を韓国にあると認めたのである。[26)]もし、日本の主張のように対日平和條約で独島が日本の領土として決定されたのならSCAPIN 677号を根拠に韓国が管轄統治している現状を変更する措置があるべきだった。ところが、対日平和條約には独島の領土的地位に関する記述が一つもなかったのはSCAPIN 677号を根拠に、韓国が管轄統治を継続すると言うことを意味する。このような事実を傍証できるのが1951年8月に日本の海上保安庁が製作した「日本領域参考図」や、1968年に改正された大蔵省令24号や総理府令4号として、独島を日本領土から除外させたことにも確認される。もし対日平和條約で日本の領土として決定された場合、日本政府は「日本領域参考図」や1968年の大蔵省令24号と総理府令4号で独島を日本領土から除外させなかっただろう。対日平和條約が締結され、60年以上が過ぎた現時点でも対日平和條約で独島が韓国領土として決定されたという手がかりはいくつかの根拠があるが、日本の領土として決定されたという手がかりはいまだ発見されたことがない。これだけ見ても日本の主張が事実ではないことを十分に知ることができる。[27)]

　日本が主張するラスク書簡の存在は、対日平和條約を議論する過程で米国務省次官補の個人的な意見として非常に褊狭な部分に該当するものに過ぎず、全体的な文脈上で見ると独島が韓国領土として

---

26) この事実は日本の国会の批准国会で議論され、日本の海上保安庁が1951年8月発刊して配置された「日本領域参考図」を見ると、明らかになる。さらに、1952年の毎日新聞が発刊した「対日平和條約」の冊子にも独島を韓国領土と表記している。

27) 崔長根(2014)『日本議會議事録が認める竹島ではない韓國領土の獨島』 J&C, p.15.

決定されたことが確認される。ラスク書簡は韓国領土としての
独島領有権を変更することのできる重要な核心的な証拠資料で
はない。[28]

　従来連合国最高司令部がSCAPIN 677号、米国政府が1次草案から5
次草案まで独島を韓国領土として認識したにもかかわらず、米国が
6次草案から急に日本の領土という認識転換することになったのは
日本の共産化を防ぎ、自由主義国家に編入させるために米国が日本
の主張を擁護していた部分があったからである。これに対して竹島
問題研究会は、「竹島問題について日本が韓国のように米国に直接
要請したことはなく、また米国は独自的に調査した。」と主張し
て、米国が自ら独島を日本の領土と認めたと嘘をつく。実際には「
シーボルト」が「韓国が独島を管理した形跡がなく、1905年、日本が
管理してきており、軍事的に有利である」という内容を米国務省に
提出したことからわかるように、終戦直後から日本が、平和條約の
問題研究幹事會を作って関連国家にロビーしたという事実は明らか
である。[29]竹島問題研究会も指摘しているように、当時「米国の調
査能力に限界があった(誤った情報を入手した)」[30]というのは明らか
である。なぜなら、勅令41号、そして明治政府が独島は日本の領土
でないことを認めた史料など、すべての核心的な史料を隠蔽した。

---

28) 金明基の「独島総覧」で「朝鮮戦争で韓国が混乱に陥っていたので、外交力
　　が優れた日本の要求を米国がそのままに受け入れたこと」について韓国
　　側が「ラスク書簡」自体に問題があったと主張している。
29) 崔長根(2005)『日本の領土』白山資料院,pp.41-42.
30) 前掲書,「対日講和條約と竹島-事実に基づいた議論を」,慶尚北道独島研究機
　　関統合協議体編(2016)『島根県の竹島問題研究會の獨島領有權の操作論理』,
　　p.1.

ところが、日本の領土論者は米国の調査能力には限界があったと言う主張は論理的矛盾という主張である。[31]

　要するに対日平和條約に対する日本の立場をまとめると次のとおりである。つまり、最初の1946年1月のSCAPIN 677号で独島が日本の領土として認められていなかったが、最終的な決定ではないと言ういとぐちがあるので対日平和條約で最終の決定が出るようになっていた。SCAPIN 677号で條文に韓国の管轄統治権を認めたが、日本はこれまでも認めていないということが問題である。

　第二に、SCAPIN 677号で連合国最高司令部が韓国の独島の管轄権と統治権を認めて、実効的に独島を占有することになったのである。日本はこのような明白な事実さえも否定して「李承晩ライン」で韓国が武力で不法占有したと領有権を捏造している。

　第三に、SCAPIN 677号で連合国最高司令部が最終的に決定するまでは、韓国が実効的に管轄統治するとされている。ところが、連合国は独島の地位を正式に決定していなかった。もしSCAPIN 677号によって韓国の管轄権と統治権が問題になったら、どのような手段を使っても対日平和條約で韓国の管轄統治権が中断されていたかもしれない。ところが、韓国の管轄統治権が中断されていなかったと言うことは、特に中断されなければならない理由がなかったことを意味する。

　第四に、米国の草案や英国の草案、米英合同草案は文字の通りの草案に過ぎない。草案なので最終的な決定のための過程を理解す

---

31)「米国の調査能力には限界があったと言う印象を韓国人たちが強く受けたのではないかと心配である。」前掲書,「日講和條約と竹島-事実に基づいた議論を」,同上.

るのに役に立つが、それ自体が法的に大きな効力を有するもので
はない。

第五に、米国の草案を見ると米国は独島を韓国領土として認識して
いたが、日本の領土に修正し、再び英連邦国家の異議申し立てを受
けて独島が韓国領土であると言うなど、その所属を明確にしな
かった。

　第六に、英国は1次草案で当初の鬱陵島、済州島、独島を日本の
領土と区別できるほどに韓国の領土についてよく知らなかったが、
2次草案で独島が韓国領土であることを明確に認識した。

　第七、英国は対日平和條約でも米国に合意して独島を韓国の領土
として認識するが、一旦米国にロビーした日本の立場を考慮して、
円満な平和條約締結のために独島の地位を具体的に明記していない
ことに合意したのである。最終的に英米両国は、紛争の素地がある
無人島は領土決定をせずに、有人島として紛争の素地があるのは、
信託統治すると決定した方針に従ったものである。[32]

3.2「ラスク書簡=対日平和條約」という領有権の捏造[33]

　日本が今日の独島を日本の領土であると主張する最大の根拠とし
ては、対日平和條約で独島が日本領土として決定されたというもの
である。このような日本の主張は事実関係を無視して日本の領土と
いう論理を作るために捏造されたものである。つまり、「竹島が日

---

32) 崔長根(2005)『日本の領土』白山資料院, pp.41-42.
33) 前掲書,「対日講和條約と竹島-事実に基づいた議論を」,慶尚北道独島研究機
　　関統合協議体編(2016)『島根県の竹島問題研究會の獨島領有權の操作論理』,
　　p.1.

本の領土である重要な根拠として、1951年9月8日に署名されたサンフランシスコ平和條約がある。同年7月19日、対日強化條約の作成を進めていた米国に韓国は、竹島を日本の領土から除外するよう要求した。米国は調査をした後、8月10日に「独島、すなわち竹島、あるいはリアンクール岩礁で知られている島に関して通常の人が住んでいないこの石島は私たちの情報によると朝鮮の一部として扱われたことは決してない。1905年頃から日本の島根県隠岐支庁の管轄下にある。この島はかつて朝鮮の領土として主張されたとは思えない。」と記録した文書(ラスク書簡-筆者注)を通じ、韓国の要求を拒否した。このように平和條約第2條に規定された日本が放棄しなければならない領土は「済州島、巨文島及び鬱陵島を含む朝鮮」で、竹島は日本の領土として残ったのである。」[34]ということである。

　日本のこのような主張は、次のような矛盾点を内包している。つまり、最初に、対日平和條約は48カ国が署名した條約であり、特に米国、英国、オーストラリア、ニュージーランドなどは、積極的に独島問題に意見を開陳した国である。これらの国の立場がどのようなものだったのかについては全く言及していない。最大の誤謬は米国国務省次官補の肩書きを持ち、日本の立場を代弁するような立ち位置の「ディーンラスク」の主張だけを引用して、他の確信的な内容を完全に無視して自分たちが望む結論を下しているという点である。

　第二に、「私たち(米国)の情報」によると、朝鮮が独島の領有権を主張したことがないという指摘はまるで事実であるかのように、

---

34) 同上。

誤った情報を持って独島の地位を決定しようとしていた米国の立場は正しくない。すでに韓国は高宗皇帝が新羅時代以来の歴史的起源をもとに、1900年の勅令41号を宣言して、独島が韓国の領土であることを明らかにしたという記録がある、一方、日本側の資料にも中央政府に該当する近世時代の幕府と近代時代の明治政府が鬱陵島と独島が日本の領土ではないと明確にしていた数多くの証拠資料が存在する。

第三に、日本が放棄すべき領土に「独島」という名称が含まれていないだけで、独島が日本の領土になったという主張は正しくない。馬羅島のような場合のように、「済州島、鬱陵島、巨文島」以外にも独島より大きな島々がたくさんある。35)しかし、独島の名称が除外されたのは、このような単純な理由のためではない。

第四に、対日平和條約が締結される以前、すでに1946年1月のSCAPIN 677号で連合国最高司令部では、独島を韓国が管轄して統治する韓国領土として暫定的に決定していた。もし対日平和條約で独島が日本の領土として決定された場合、韓国の独島の占領統治を中断させる措置が下されなければならなかった。ところが、対日平和條約で独島の地位に関する言及はただの一部分もない。

それにもかかわらず、「竹島=日本の領土」論者は、韓国が独島を不法に占有していると主張しながら「独島=韓国領土」論に対して「韓国の主張は見窄らしい。1954年、韓国は事実を知っていながらも、鬱陵島の付属島として独島がこの平和條約によって鬱陵島のように韓国の領土として承認された」と主張した。「ラスク書簡」が公開さ

---

35) 濟州道の外側の馬羅島が代表的である.

れた現在、韓国はこれ以上、このような主張はしていない。」という。

　要するに、日本は韓国が1954年に独島を占有したが、最近ラスク書簡が公開された以上、韓国の独島占有は違法だという主張である。つまり、これらはラスク書簡に絶対的な価値を置いている。ところが、ラスクは当時の米国務省の次官補の身分として韓国政府に通知してきたが、日本政府には通知していなかった。米国務省次官補の立場が全面的に米国政府の立場であったとはいえない。また、1951年9月8日に締結された対日平和條約は、英国と英聯邦国家とが調整して、最終的に決定されたものなので、英国を含む英聯邦国家が米国の主張に反対して、最終的には対日平和條約において米国の主張が貫徹されなかったという事実である。

4. 対日平和條約で独島の領有権に対する事実捏造

4.1 「韓国が離於島(波浪島)と独島を不法占有した」という事実捏造

　藤井は「韓国は対日平和條約で独島と同様に、波浪島の領有権についても領土的地位を認められなかったが、李承晩ラインを宣言して独島のように波浪島に対しても強制的に占有した」と主張する。

　実際には藤井の主張は正しくない。米国が対日平和條約を締結するための草案の作成過程で、米国がラスク書簡において独島と波浪島に対する韓国の領有権を認めていなかったのは、日本の主張を積極的に聴取した「私たち(米国)の情報によるもの」であった。実際に波浪島も独島と同じように地理的にも歴史的な経緯を見るとき、韓

国の固有の領土という事実を知らなかったか、知っていたとしても冷戦という国際秩序の中で米国の利益のために政治的に日本の立場を擁護したものに過ぎない。対日平和條約では連合国は独島と同様に波浪島に対しても何の地位決定をしていなかった。

　これに対して藤井は次のように言及している。つまり、「韓国のソコトラ岩[36]の周辺の海域に対する関心が生じたのは韓国が建国された1948年の前後と思われる。1947年10月、韓国の有力紙である東亜日報はこの海域に波浪島[37]があるが、日本が領有を主張していると警告して、また、この海域が良い漁場であることを報道した。波

---

36) 「1984年3月、韓国は海洋探査事業の結果のソコトラ岩の位置を特定し、この岩礁と離於島を結びつけことになった。もともと離於島というのは供物を載せた朝鮮の船が済州島から中国に向かう航路途中にあると済州島の民謡や伝説に登場する島の名称である。」藤井は「岩礁のソコトラ岩は国際法上に領土として認められていないにもかかわらずソコトラ岩を「済州島の民謡に出てくる島に私たちの数千年の間の領土」と一部の韓国人たちの信じられない主張はこう生まれた。また、国際法では岩礁を起点にして、その水域の資源を沿岸国が管轄することができる排他的経済水域(EEZ)を設定することはできない。」と韓国を批判しているが、離於島を起点に韓国が排他的経済水域を主張したことがない。藤井健二、「韓国の防空識別圏の拡大-竹島問題と関連して虚偽の譲歩を脅かす考え方」注)33同一.

37) 「一方、中国が宣言した防空識別区域は済州島、離於島を含めており、西の上空で幅20km、長さ115kmの空域(済州島の面積の1.3倍)で韓国の防空識別区域とも重複する。ただし、離於島は日本と中国が共に防空識別区域に含ませた状態であるが、肝心の我が国の防空識別区域(KADIZ)には抜けている状態で、政府は離於島の上空をKADIZに含ませるために、1963年以来、米国と日本に数回区域調整を要求したが、日本側の交渉拒否で実現されていなかった。政府は離於島に海洋科学基地を設置したが、国際法上の島ではなく岩礁であるために排他的権利の主張に対する法的根拠もない状況である。/済州道民日報キムジファン記者」、「済州島、離於島「中国-日本「領土紛争の中心で」、http://www.jejudomin.co.kr/news/articleView.html?idxno=44918(検索日:2016.10.20)

浪島は実在しない島であるが、この海域が日本の西の底引網漁業の重要な漁場であったのは事実であった。1951年7月、韓国はサンフランシスコ強化條約で波浪島を日本の領土から除外して、韓国の領土と明記することを米国に要求したが、その位置を正確に答えられなくて拒否された。[38]しかし、翌年の1952年1月、李承晩ラインの設定によって、この海域に韓国の主権が及ぶと宣言され、以後1965年に締結された韓日国交正常化交渉(韓日会談)でもこの海域で日本漁船排除を執拗に要求された。」と指摘した。

実際には歴史的に見ると、波浪島が韓国の海域に位置しており、前近代の時代から確認された島であったことを認めて韓国の解放と共に、境界を明確にしようとしたのである。だからといって波浪島が日本によって最初に国際法によって占有された岩ではない。

韓国はこのような歴史的経緯をもとに198?年に海洋科学基地を建設して周辺の海を管轄した。ところが、中国が海洋領土を確保するために離於島を含む海域を防空識別区域に含めたのである。

藤井は「昨年11月23日、中国は他国の航空機が予告なしに進入した場合に警告をする防空識別圏を突然東シナ海の広い範囲に広げて設定した。尖閣諸島の上空が含まれている日本はその撤回を要求したが、韓国も東シナ海の岩礁のソコトラ岩(韓国名「離於島」、中国名

---

38) 藤井は「韓国を代表する知識人ユジンオは「米国の権威を象徴する正式外交文書に存在していない島の名前を書いて、私たちの領土だと主張することは、引き戻すことのできない失敗であった」と述懐した。」として、著名な韓国人ユジンオも間違っていたとすることを、韓国政府が過ちを犯していると自分たちの論理が正当だと主張する。藤井健二、「韓国の防空識別圏の拡大-竹島問題と関連して虚偽で譲歩を脅かす考え方」慶尙北道獨島研究機關 統合協議體編(2016)『島根県の竹島問題研究會の獨島領有權の操作論理』, pp.59-60.

「蘇岩礁」)の上空が含まれていることに衝撃を受けた。12月15日、韓国はこれに対抗して韓国の防空識別圏を南の方に拡大してソコトラ岩の上空を含ませた。」と言って、中国の突発的な主権侵害行為を非難した。同時に、韓国の防空識別区域に含んだ措置についても「韓国は離於島に強いこだわりを見せたのである。」「韓国の有力紙の朝鮮日報は韓国の防空識別圏の拡大を1951年に韓国が防空識別圏を設定した以来、「62年ぶりの正常化」と報道した。ソコトラ岩にまつわる古ぼけた伝説を根拠に、架空の島である波浪島の領有を要求した1951年の韓国の認識が正常であるということである。」とし、韓国の離於島の占有について非難した。

　藤井は韓国の波浪島について1952年の平和線を宣言、2013年の11月の防空識別区域の設定を行ったことについて、「まず念願と願望を引き出して、それに応じて現実を解釈して変形させようとするこのような韓国の行動様式は事実と異なって「独島(竹島の韓国名)は日本に奪われた最初の朝鮮領土である」という主張を日本に認めせようとする竹島問題でも見られる。島根県が対抗しなければならないのは韓国のこのような行動様式なのである。」とし、韓国は他国の領土をとりたいとき、優先的に不法占有して自分のものであると主張する行動様式を持っていると批判している。波浪島も独島のように韓国のものではないにもかかわらず、1951年の波浪島、独島に対する領有権主張がここに該当すると言うのである。

　韓国が波浪島に対して領有権を主張したのは、かつて漁師たちによって広く知られている岩だったので国際法の無主先占理論に該当し、対日平和條約においてどの国にも帰属していなかったので、韓国が波浪島に対して統治を宣言したのは適当である。波浪島も独島

のように日本とは無関係な島である。また、中国も波浪島に対して特別に領有権を主張したことがなかったので、韓国が波浪島に科学基地[39]建設や航空識別区域を拡大[40]したのは正当な措置である。

　要するに、離於島に対して日本の論理には次のような矛盾点を内包している。すなわち、第一に韓国は対日平和條約を締結する過程で、独島を含めて離於島まで韓国の主権に属すると連合国側に立場を提示した。しかし、連合国側は独島は勿論のこと、離於島に対しても日本が領有権を主張する無人島だったので領有権を主張する相手がいる島に対しては、法的地位を決定しないという方針に基づいて独島と同様に離於島の地位も決定しなかったのである。

　第二、平和線宣言は対日平和條約が締結されたが、條約の中に離於島と独島の地位について具体的な明記がなくて、李承晩大統領が主権宣言で独島をはじめ、離於島も平和線に含ませた。離於島が(を)平和線に含ませたことについてどの国家も異議申し立てをしなかった。唯一独島については日本が領有権を主張して、独島を問題のある島として捏造しようとしたのである。

　第三、離於島が平和線によって韓国の主権線に含まれ、1990年代

---

39)「21世紀に韓国はソコトラ岩」に「離於島の海洋科学基地」を建設し始めた。水中41メートル、水上36.5メートルのこの構造物は2003年に完成した。EEZ画定交渉で中国に対して優位を占めるために、韓国は中国が南シナ海で行っていた手法を真似て建設したものと見られる。これに対して中国は「韓国の一方的な行動はどのような法律的な効力を持たない」と警告した。」藤井健二、「韓国の防空識別圏の拡大-竹島問題と関連して虚偽で譲歩を脅かす考え方」, 同上.

40)「韓国のソコトラ岩の周辺の海域への関心は、建国初期には日本に対抗するためのものであったが、現在は中国を意識したものとなった。このような状況の中で去年、防空識別圏問題は起こった。」藤井健二、「韓国の防空識別圏の拡大-竹島問題と関連して虚偽で譲歩を脅かす考え方」,同上.

には離於島に科学基地を建設した。その時に中国が積極的に阻止しなかったのは、韓日協定により離於島を排他的経済水域に含ませたことを認めたものである。

第四、日本も離於島に対して防空識別区域に含ませていた。韓国は従来, 防空識別区域を設定していなかったが、中国が離於島を防空識別区域に編入させたので韓国も中国に対抗して防空識別区域に編入させたのである。中国の措置は韓国の主権を侵害したことになる。

第五、竹島問題研究会は離於島に対して韓国が防空識別区域を設定したのが、まるで韓国が自国の領土である独島を不法に占領したのと同じ方法で、離於島を強占したという主張である。韓国の離於島の管轄権行使を悪用して、韓国が日本の領土である独島を不法に奪取したのと同じだという事実のように捏造している。

4.2 「独島は李承晩ラインによって不法占有した領土問題」と事実捏造

藤井は島根県告示40号で合法化された日本の領土「竹島」について、韓国が李承晩ラインによって占領したと主張している。つまり、「韓国人が竹島を意識し始めたのはそれほど長いことではない。1947年の夏、いくつかの韓国の新聞が漁業問題を報告している中で、竹島について言及したのが初めてである。1945年の敗戦後、日本を統治していた連合国軍総司令部(GHQ)は、日本海と東シナ海の中央に日本漁船の操業限界線(いわゆるマッカーサーライン)を設定して、日本漁船が竹島に接近することを禁止していた。また、GHQは竹島を日本の行政権が及ばない範囲に置いていた。この2つの指令は日本の領土を最終決定したものではなかったが、韓国は

マッカーサーラインを日韓間の国境線であると誤解して、日本の
マッカーサーライン緩和要求が朝鮮半島に対する再侵略の意図の発
現として反発した。日本人が出漁することができなかった間に、韓
国人の漁業者が竹島の近海に出漁して、1948年には米軍基地による
爆撃により韓国人の漁業者に死亡者が発生したとする事件も起き
た。この事件は連日報道されていたので竹島の存在を知っていた韓
国人も多かっただろう。」[41]と言った。

　すなわち、韓国が独島を領土として考え始めたのは1947年頃だと
いうことである。また、竹島が日本の領土であるにもかかわらず、
マッカーサーラインによって日本の漁業区域から制限されたので、
そういって韓国の排他的経済管轄水域とも無関係であると主張して
いる。韓国人たちが独島の存在を知るようになったのは1948年、米
空軍の誤爆事故以降という主張である。このように独島が日本の領
土であることを前提としているため、韓日両国の境界を決定した連
合国最高司令部の措置に対する本質を捏造している。

　藤井は李承晩大統領の平和線宣言について、「李承晩ライン」とし
て不法的な私的な独島占領行為と事実を捏造している。つまり、「
韓国初代大統領李承晩は1952年1月18日、いわゆる李承晩ラインを
発表し、東シナ海、黄海の良い漁場から日本漁船の排除と竹島が韓
国領だと一方的に主張した。この宣言は、韓国の対米工作挫折が招
き込んだものである。前年の1951年の夏、韓国はマッカーサーライ
ンの継続及び竹島が韓国領であることを当時に作成が進められてい
た対日平和條約に含ませるように米国に要求した。しかし、この時

---

41) 前掲書,「竹島問題は何か」,慶尚北道 獨島研究機關 統合協議體編(2016)『島
　　根県の竹島問題研究會の獨島領有權の操作論理』,pp.57-58.

代は「領海3海里、公害自由」が原則であり、米国は明確にマッカーサーラインの継続を拒否した。また、竹島問題についても、「竹島は1905年頃から島根県庁の支庁の管轄下にあり、これまで朝鮮領土として扱われたことがなく、領土主張があったとも思えない」(ラスク書簡)と回答した。李承晩ライン宣言は韓国が外交交渉で得ることができなかったことを、一方的に得ようとする極めて非常識なものであった。このような韓国の行動の背景には日本に対する韓国の優越感があった。すでに1948年に韓国は大韓民国として独立したのに対し、日本は1952年4月まで連合国の占領下にあった。当時、始まった日韓会談(韓日国交正常交渉)でも、日本に対して連合国(戦勝国)として取り組もうとした韓国側の代表の姿勢をうかがうことができる。」[42]ということである。

藤井は韓国が独島を李承晩ラインで不法に占拠したもので、国際法的に不法行為だというのである。つまり、独島は歴史的には日本の領土であったが、李承晩ラインを宣言して占領したので歴史問題ではなく領土問題という主張である。ところが、韓国が日本の植民地支配を受けながら、日本に最初に奪われた領土が独島であると嘘を吐いて独島を「聖地化」したというものである。つまり、「1953年から翌年にかけて日韓は激しく対立した。韓日会談は決裂して、主に東シナ海で韓国による日本漁船拿捕が続いて、1953年2月に済州島の近海で日本人漁船員が射殺される事件が起きた。竹島でも韓国人が日本の巡視船に発砲し、日本人の竹島への接近を禁止する事態になり、韓国による竹島の不法占拠が始まったのである。竹島をめ

---

42) 同上.

ぐった日本との論争が繰り返される中で、韓国は竹島の領有のための
いろいろな根拠を「発見」した。この中でも最も重要なのは「独島
は1910年の日韓併合に至るまで、日本の朝鮮半島侵略の最初の犠牲
地である」という主張である。日本政府が竹島を島根県に編入した
1905年の以前に、韓国（当時の大韓帝国）が竹島を領有していた事実
がなく、これは誤解である。しかし、この主張は韓国の心に宿り、
韓国人に冷静さを失うわせ、竹島問題の解決を阻止している。以上
の経緯を理解し初めて、昨年8月、野田首相談話の意味が明らかに
なった。彼は「竹島問題は歴史認識の文脈で論じるべき問題ではな
い。戦後の韓国政府による一方的な占拠という行為が、国際社会の
法と正義に合っているかという問題です」と言ったのだ。」というこ
とである。

　日本の論理は日本に有利な主張だけである。独島問題は日本が
1905年、合法的に取得したことを前提に、それ以前の古代の時代か
ら朝鮮領土であったと言う歴史的な証拠を無視して、日本が不法に
掠め取ったという歴史的事実を捏造したために、事実が歪曲されて
いるのである。

　まず、安龍福事件の時に日本の漁師が鬱陵島と独島を日本の領土
だと主張して、幕府と朝鮮朝廷の間で鬱陵島と独島をめぐった領有
権問題が発生した。最終的に幕府が独島と鬱陵島を朝鮮の領土とし
て認めて前近代時代の独島、鬱陵島をめぐった領土問題が解決した
のである。

　第二に、近代に入ってから明治政府が独島を韓国領土として認め
てきたことにもかかわらず、1905年の閣議決定に基づいて「島根県
告示40号」に編入措置を講じ、日本の新しい領土になったという侵

略行為について大韓帝国がこれを認めていないことによって生じた問題である。

第三に、連合国が日本の敗戦により、カイロ宣言とポツダム宣言に基づき韓国が独立して、独島を実効的に占有した。これは、1946年1月のSCAPIN 677号によって確認された。ところが、日本が対日平和條約で独島を日本領土として法的地位を認められるために、米国など連合国にロビー活動を行い、米国の草案、イギリス草案、英米合同草案の作成過程で独島の地位について議論があった。最終的に英米両国は、独島を対日平和條約で扱わないものとして処理した。43)

第四に、独島問題は日本が独島の地位に関して、対日平和條約で日本の領土に決定されたとする捏造された事実をもとに、李承晩大統領の平和線に対して不法措置だとして「李承晩ライン」のその地位を無視することによって生じた問題である。

以上からわかるように、独島問題は元日本の固有の領土であったので、対日平和條約でも最終的に日本の領土として決定されたにもかかわらず、韓国の李承晩大統領が対日平和條約の発効される直前に不法に境界線を宣言して独島を占領した、と主張すること自体、事実ではないことを知ることができる。

4.3 「島根県の対日平和條約締結記念造林」に対する事実捏造

サンフランシスコ強化條約を締結して、日本政府は日本の国会とマスコミの報道を通じて独島が日本の領土として処理されたと主張

---

43) 英米両国は対日平和條約で領土紛争地域としての有人島に対しては信託統治、無人島に対しては領土的地位を扱わないことで方針を決定した。

した。国会議事録に記録された「日本領域参考図」を見てもわかるように日本政府は独島が韓国領土として決定されたにもかかわらず、日本国民を欺いたのである。日本国民は事実をよく知らずに日本政府の主張だけを聞いて「独島が日本の領土として決まったと思って島根県の五箇村の村長の指示で学生を動員して[44]記念植樹をした」[45]という。

　この植樹の事実について竹島問題研究会は次のように記している。つまり「そうした中で隠岐では、隠岐の島町役場総務課の八幡貴之氏、教育委員会の藤原時造氏等が旧五箇村役場、現在の隠岐の島町役場五箇支所にある過去の行政文書を調査されていたが、『昭和26年度村議会議決書五箇村役場』なる冊子から「講和記念植樹の件について」という記録を発見され竹島資料室へ報告くださった。そこには「造林場所穏地郡五箇村大字山田笠松1907番地」[46]や「造林面積2町歩内杉1町歩、松1町歩」[47]、「提案昭和26年9月28日五箇村長」

---

44) 「現地には五箇中学校の学生時代に植樹をした記憶を持っている田中井敏勝氏、松岡茂さん」「田中氏、松岡氏によると、山脈をはいまわる、一人当たり5樹ずつ植えた記憶があるという。」杉原隆、「サンフランシスコ平和條約締結記念の隠岐五箇村の植樹について」,慶尙北道 獨島研究機關 統合協議體編(2016)『島根県の竹島問題研究會の獨島領有權の操作論理』, pp.95-97

45) 「半世紀の間、見事に育った杉、松のほとんどは建築資材としてたいてい伐採されていた。残った地は牧草地に転用されるという。八幡さんは丘を緑の帯のように広がっていた時期の樹林を撮影した航空写真などの関係がある資料も持参して、私たちに見せてくれた。」,同上.

46) 「私たちが知っている島根県のサンフランシスコ平和條約への反応としては、最大の行動だったので隠岐官庁の八幡隆行氏に植樹位置の確認と植樹の体験者の探索を依頼した。10月に八幡さんからの植樹した位置確認と植樹をした体験者を発見したという連絡を受けた。10月14日私は隠岐官庁を訪問して、八幡さんの案内を受けて植樹した現場である隠岐の奥のところ山田笠松に向かった。」,同上.

等の具体的な内容も記されていた。」村長提案とあるが当時の五箇
村長は奥川陽一氏である。9月28日提案だから、9月8日調印のサン
フランシスコ平和條約から20日後のことである。48)というように、
記念植樹は対日平和條約締結のためのものであった。ところが、藤
井は独島と関連があるという証拠がないにも関わらず、「昭和14年
以来竹島は五箇村の所管になっていたが、戦争で海軍の所管になっ
たり、敗戦後はアメリカ空軍の爆撃演習場になっていたりした竹島
が村に返還される可能性が大きくなり、その喜びが背景にあったと
推測される。」49)として事実関係を論証もなく、推測性に基づいて
自分が意図した目的を達成するためにモ嵌め込み式に組み込み、す
べてを独島と結びつけて論理を捏造している。

「植樹を決定した五箇村の『村議会議決書』」「植樹用地図と平成18年時の森林」(島根県農林水産課)

対日平和條約が締結されて日本漁船の侵犯を防いでいたマッカー
サーラインの撤退が決定されると、李承晩大統領は日本の独島と漁
業権への侵犯を懸念して平和線を宣言した。その後、日本島根県の
漁民たちの動きについて次のように記している。

---

47) 「造林の杉、松3,000坪は専門家によるとそれぞれ3000樹の杉の木と松の木
を植えるの広さとする。」, 同上.
48) 同上.
49) 同上.

「おそらく、植樹活動が続いていた1952年1月大韓民国の李承晩大統領は、海洋主権宣言を発表し、いわゆる李承晩ラインを設定して竹島を韓国側に編入させた。日本政府が韓国に抗議することにより、ここに頼って転々とアシカ漁免許を所持していた五箇村の池田、橋岡、八幡などの家の中で、島根県の竹島で漁の再開を申請し、また、オキの漁業協同組合連合会は、竹島からの一般的な漁業の許可を申請して、すべて1953年6月に承認された。」しかし、「池田氏の祖父の吉太郎氏、父の幸一氏は、時折竹島に渡っていた。しかし、前後ただ一回のアシカ漁の許可を県から認定された邦幸氏は、最終的には竹島に渡って行く機会がなかった。一般の漁業の許可を受けた欧米漁獵の脇田敏氏など11人は1954年、李承晩ラインを越えて竹島の周辺でワカメ、アワビなどの漁業イベントを数時間も敢行した。50)すぐに韓国の警備隊が竹島に常駐したため、日本人の竹島近海での漁業は、この時から現在まで行われていない。」51)ということである。

当時、李承晩大統領の主権宣言で韓国が独島を占めた。よって、竹島操業に従事したことがあった漁民が島根県から操業許可を受けて独島近海への進入を試みたが、事実上、1954年に韓国の独島警備隊が駐屯した後には、「李承晩ライン」への進入が不可能だっただろう。

島根県の漁師たちの独島近海進入状況について、「私達の行動は

---

50) 2010年3月報告書"隠岐の漁師脇田敏、河原春夫が言う昭和期の竹島"参照,同上.
51) 1953年のアシカ漁を許可された一人池田氏(2011年6月、報告書が久見地域に健在だったので山田地区の樹林を見学した後、訪ねて思い出を聞いた。同上.

極秘にと言われていたので、家族にも行き先は伝えなかった。ただ自分達に万一のことがあった時のことを考えて、地区の宮司八幡克明さんに事情を打ち明けた」[52]ということから見て、命をかけて独島への進入を試みたのである。

要するに、以上の内容をまとめると次のようになる。すなわち、第一、1951年9月8日の対日平和條約が締結される以前には、独島問題が領有権問題として韓日間の紛争が表面化されていなかった。戦後韓日間の独島問題が発生したのは1952年1月18日、李承晩大統領が独島を含む領域に平和線を宣言し、日本側の進入を防ぐことにより発生した。ところが、対日平和條約が締結され、独島が日本の領土として決定されたので記念植樹をしたと主張するが、記念植樹が独島問題と関連しているという主張は正しくない。

第二、対日平和條約で独島が韓国領土として決定されたにもかかわらず、日本政府の誤った扇動により島根県の漁民たちが独島近海を操業をしようとしたのである。韓国が平和線を宣言した後、抗議の次元から日帝時代にアシカ猟免許を取得した3家が魚蝋再開を申請し、隠岐漁業協同組合連合会も一般漁業許可を申請して1953年6月に承認を受けた。久見漁協は一般漁業許可を受けて11人が1954年独島の周辺で漁業をしたが、韓国警備隊が常駐した後、進入が不可能になったのである。

第三、竹島問題研究会の主張は韓国が「李承晩ライン」を不法に宣言して、日本の竹島を占領し、これに日本政府が抗議したので、島根県の漁民たちも抗議の次元から操業を試みたというものである。

---

52) つくた氏などと竹島に行った脇田氏の手記. 同上.

独島は日本の敗戦後、連合国最高司令部覚書677号により独島の管轄統治権が韓国にあることを認められ、既に韓国漁民が独島に上陸して独島周辺海域で操業をしていたのである。そして、対日平和條約が締結されて独島が日本領土として決定されなかったが、「李承晩ライン」により韓国が独島を不法に占領したので、島根県の漁民たちの操業が不可能だったという主張は事実ではない。

5. 竹島問題研究会の 対日平和條約に対する領有権の捏造方式

　竹島問題研究会は島根県が財政的に支援して作った独島政策の研究団体である。竹島問題研究会を提案した人は下條正男である。下條は韓国で15年間日本語講師として活動しながら居住したことがあった。その頃韓国では1998年に新韓日漁業協定が締結される過程を見ながら独島問題に関心を持つようになり、日本は領土ナショナリズムに立脚して、積極的に独島が日本領土という主張をし始めた。内容的に見れば、新韓日漁業協定が締結された以降、韓国内では共同管理水域の性格を帯びた暫定合意水域に独島を含む内容を支持する政府の立場に同調するグループと、暫定合意水域で独島の領土主権を毀損したというグループが激しく対立していた。協定の反対側の立場は漁業協定にもかかわらず、排他的経済水域に関する内容が含まれたこと、また、暫定合意水域に独島が含まれており、その水域内では両国が同じ地位を有すると規定した條項により、独島の領有権が毀損されたとして漁業協定の破棄を主張した。政府側の

立場は本協定が漁業に関する協定なので、独島の領土主権にはどのような影響を与えないものであり、漁業協定の破棄は東海岸の漁業秩序を混乱させるので破棄は不可能だという立場であった。下條正男はこういう議論を見て初めてに独島問題に対して関心を持ち独島の勉強を始めた。下條が勉強した本は従来日本領土論を代表する川上健三の著書である。下條は川上論理の誤謬を無批判的にそのまま踏襲して韓国の雑誌に寄稿した。[53]この時に紙面を通して韓国側の独島研究家と独島領有権の論争を繰り広げた。これを契機に下條は本格的に「竹島=日本の領土」という論理操作活動を開始したのである。下條の論理操作方式は優先的に独島が日本の領土であることを前提にした。よって韓国側の資料で独島が韓国領土であるという史料はすべて否定した。日本側の史料で独島が韓国領土であるという史料は隠蔽、または抑止論理で否定した。下條は帰国して独島活動をしたことをきっかけに、極右系の拓殖大学内の研究所の契約教授として勤務するようになった。捏造された論理を一冊の本に出版しながら、その成果が認められ拓殖大学の正規教授になった。下條は教授という肩書きを活用して論理的な研究能力を持つ研究者に偽装して、島根県を動かして竹島問題研究会を設立するのに主導的な役割を果たした。

下條は竹島問題研究会がまるで論理的な学術団体であるかのように偽装するために「研究会」という名称を使用した。[54]しかし、当

---

53) 韓国論壇に投稿してギムビョンリョル教授と議論をしたことをきっかけに「独島=日本の領土」の伝道師になったのである。

54) 竹島問題研究会設置要綱(設置)「第1條竹島問題に対する国民世論の啓発に活用するため、竹島問題研究会(以下「研究会」という。)を設置し、竹島問題に関する歴史に対する客観的な研究と考察、問題の整理をする。」、

初、第1期竹島問題研究会のメンバーを見ると、島根県の地域的ナショナリズム的思想を持っている者がほとんどであった。その中には大学や研究所で正式に研究業務を職業とする会員は2人に過ぎなかった55)これらの3人も概ね下條の論理に同調する者であった。第2期、3期のメンバーを見てもあまり変わらない。56)

　竹島問題研究会は事実を捏造した「竹島=日本の領土」の論理を拡散させるために、「竹島の日」の地方條例を制定して、記念行事を通して各界各層の人を招待して扇動した。下條は島根県の県議員、島根県出身の国会議員を扇動して中央政治の政界を動かした。外務省に対しては独島の領有権確立に消極的だと非難することで、日本政府が外交政策に積極的に対応することを促した。ちょうど極右性向の安倍晋三が首相となり、独島に対する日本の領有権の主張は弾みをつけることになって、活動の中心が島根県から中央政府に移行して拡大再生産された。中央政府は文部科学省の教科書改訂、外務省の対外扇動、防衛省の防衛区域の拡張、官房部の領土政策室を設置して総括した。このように中央政府の安倍政権の独島政策は、下條正男が主導する竹島問題研究会に扇動されたものである。よって領有権主張の論理も竹島問題研究会が捏造した論理のそのままである。その結果、日本政府の独島の領有権主張の論理は、客観性が完全に欠如した領土ナショナリズム的な領有権主張に過ぎない。

　以上のように竹島問題研究会の独島領有権の捏造方式をまとめる

---

http://www.pref.shimane.lg.jp/admin/pref/takeshima/web-takeshima/takeshima04_kenkyuukai_houkokusho/takeshima04_00/takeshima04_07.html(検索日:2016年11月10日).

55) 同上.

56) 同上.

と次のようになる。つまり、最初に、歴史的な証拠としての韓国側の史料に存在する独島が韓国領土という証拠に対しては無條件に否定する。日本側の史料で独島が韓国領土という証拠に対しては、一旦最初に否定して、その次には関連性のない資料を持って来て嵌め込み式に組み込み、日本の領土という論理で捏造する。

第三、国際法的地位については日本の領土としての論理を作固めるために、日本に不利な歴史的権原をすべて否定し、日本帝国主義が領土侵略を試みた1905年の独島編入措置が合法であると主張して、また、対日平和條約で独島が日本の領土として決められたと恣意的に解釈して事実を捏造する。

第四、対日平和條約で日本の領土から除外される島に「済州島、巨文島、鬱陵島」を取り上げて「独島」という名称が挙げられていなかったことにより、対日平和條約で独島が日本領土として決定されたと恣意的に解釈して事実を捏造し、韓国が李承晩大統領の主権宣言という名前で「李承晩ライン」を宣言し、日本の領土である独島を不法に占有したと事実を操作する。

第五、対日平和條約と関連する様々な資料、「日本領域参考図」などで独島が韓国の領土であることが立証されるにもかかわらず無條件にこれを否定する。

第六、韓国が「李承晩ライン」で独島を不法に占有しているにもかかわらず、日本がこれを平和的に解決するために国際司法裁判所に提案したが、韓国が何度も断った。韓国は国際法的に独島が韓国領土という確信がないので、不法占有を続けているという論理を展開している。

最後に、竹島問題研究会は歪曲された川上健三の論理を無批判的

に踏襲し、論理を捏造してこれを用い日本政府を扇動した。ついに
極右性向の安倍政権は、捏造された内容をそのままに国家の外交政
策に反映して実行しているのである。

6. おわりに

　竹島問題研究会が独島は主のいない土地であったので、日本が
「島根県告示40号」で取得して日本の固有の領土となり、「対日平和
條約」でも日本の領土として継承されたと言う認識を持っている。
そこで、本研究ではこのような日本の論理が独島の本質を捏造する
行為であることを論証した。本文で論証された内容を要約すると次
のようになる。

　まず、日本では「対日平和條約」で独島が日本の領土として決定さ
れた証拠として「ラスク書簡」を掲げている。当時ラスクの身分は米
国務省次官補である。ラスクが「独島は日本の領土」として韓国に書
簡を送ったように、対日平和條約で独島が日本の領土として決めら
れたということである。対日平和條約は米国と英国をはじめとする
48カ国が、敗戦国である日本を相手に締結したものである。実際に
連合国最高司令部覚書677号と1次-5次までの米国草案では、独島を
韓国領土として扱っていた。このようにラスク書簡は米国全体の見
解ではなかった。それだけでなく、イギリス、ニュージーランド、
オーストラリアなどの英連邦諸国も独島が韓国領土と言う見解を提
示した。日本が主張するように独島の領有権が、ラスク書簡の一つ
で簡単に決定されたものではない。米ソが対立していた冷戦という

国際情勢の中で、対日平和條約において日本の領土から除外される
地域を「済州島、巨文島、鬱陵島」と規定して独島の地位を明確にし
なかった。しかし、当時1951年8月條約締結の直前に日本の海上保
安庁が製作した「日本領域参考図」でも垣間見ることができるよう
に、実効的占有を法的に認めた連合国最高司令部覚書677号の延長
線上で、独島が韓国領土として決定されたことがわかる。

　第二、連合軍最高司令部覚書「SCAPIN 677号」は、独島の管轄統治
権が韓国にあると明確にした。ただし、対日平和條約で最終的な領
土処理を決定すべきなので「最終的な領土決定ではない」という注を
つけている。日本は独島が韓国領土と言う連合軍最高司令部の本来
の趣旨を否定し、但し條項だけを全的に解釈して独島が韓国領土と
して処理されなかったという事実を捏造する。新生独立国であった
韓国が、帝国主義国家であった日本の領土から独島を分離して、管
轄統治することができたのはまさに「SCAPIN 677号」のためだった。
対日平和條約で連合国がこの覚書の終結を宣言しなかったと言うこ
とは、その地位を継承することを意味したので、今日の韓国が独島
を実効的に管轄統治しているのである。

　第三、最近、竹島問題研究会は当時の島根県が対日平和條約の締
結により、独島が日本の領土として決定されたので、それを記念す
るために記念造林事業をしたと主張する。対日平和條約が締結され
た後、記念造林事業を行ったという記録はあるが、独島が日本の領
土になったので造林事業を行ったという内容はない。日本が敗戦国
として7年間もの間、連合国の統治を受けて、再び独立国家として
一人立ちしたという側面から、十分に記念行事として造林事業に取
り組めたであろう。ところが、独島が日本の領土になったので、記

念植樹をしたという論理は事実を捏造する行為である。

　第四、竹島問題研究会は韓国が「対日平和條約を締結する過程で韓国領土とは無関係な「波浪島」(離於島)に対してもむやみに領有権を主張しており、最近中国が離於島を防空識別区域に含ませる措置に対抗して、韓国が離於島を防空識別区域に含ませたと非難する。まるで李承晩大統領が日本の固有の領土である「竹島」について李承晩ラインを宣言して、不法に占有したものと同じだというのである。韓国が他国の領土を侵奪する方式は、離於島と独島のようにまず、他国の領土を一方的に領有権を宣言し、その後に武力で掌握するというものである。不合理な論理である。」独島と離於島は、隣国である中国と日本が領土と領海主権を主張する以前の前近代時代から韓国が独自の権限を持っていたところである。

　第五、日本は「独島が日本の固有の領土なのに韓国が李承晩ラインにより不法占拠した領土問題として歴史問題ではない」と事実を捏造している。韓国が今日の独島を管轄統治することは、古代以降の領土的権原に基づいて連合軍最高司令部が発令した1946年1月SCAPIN 677号によって実効的支配をするようになったのである。

　以上から、対日平和條約で米国が独島を日本の領土として認めたので、條約文に「日本の領土から除外される地域」に独島という名称がなかったという日本の主張が、事実ではないことがわかる。

〈參考文獻〉

慶尙北道史料研究會編(2014)『竹島問題100問100答に対する批判』慶尙北道, pp. 63-70.

慶尙北道 獨島研究機關 統合協議體編(2016)「島根県の竹島問題研究會の獨島
領有權の操作論理」(20010.12.28~2015.10.09.), pp.1-170.

獨島研究保全協會編(2000)『獨島領有權資料の探究 第3卷』獨島研究保全協會,
pp.341-395.

慎鏞廈(2011)『獨島領有權に対する日本主張の批判』ソウル大學校出版部, pp.
249-312.

嶺南大學校 獨島研究所編(2015)『獨島領有權の確立のための研究 Ⅵ』第12圈,
pp.505-525.

崔長根(2005)『日本の領土』白山資料院, pp.41-42.

_____(2014)『日本議會議事錄が認める竹島ではない 韓國領土の獨島』 J&C, p.15.

奧原碧雲(1906)『竹島及鬱陵島』松江：報光社.

_____(1907)「竹島沿革考」,『歷史地理』第8卷 第6号.

外務省(2008) 「竹島問題」, 「パンフレット'竹島問題を理解するための10のポ
イント'」.

川上健三(1966)『竹島の歷史地理学的研究』古今書院, pp.1-291.

下條正男(2004)『竹島は日韓どちらのものか』文春親書377.

_____(2005)『'竹島' その歷史と領土問題』竹島・北方領土返還要求運動島
根県民会議.

田村清三郎(1965)『島根縣 竹島의 新研究』島根県総務部総務課, pp.1-160.

毎日新聞社編(1952)『対日平和條約』毎日新聞社刊. 挿入地圖.

○ 「竹島問題研究會(島根県)」, http://www.pref.shimane.lg.jp/soumu/web-takeshima/

○ 「竹島問題」(日本外務省), http://www.mofa.go.jp/mofaj/area/takeshima/
(檢索日；2016.1.3.).

제4장
독도문제 해결을
위한 한일 양국의
상호인식

1. 들어가면서

한국은 역사적 근거와 전후의 정치사적 과정을 통해 독도를 실효적
으로 관리하고 있다.[1] 그런데 일본이 이에 대해 이의를 제기하면서 독
도가 일본영토라고 영유권을 주장하고 있다.[2] 섬은 분명이 하나인데
두 나라가 서로 자신의 영토라고 주장한다면 두 나라 간에는 반드시
영유권에 대한 인식의 차이가 존재한다. 한국정부는 고유영토론을 주
장하고 있고, 일본은 고유영토이지만 다시 영토편입조치를 취하여 확

---

1) 대표적인 연구로서, 이한기(1969)『한국의 영토』서울대학교출판부. 内藤正
中・金柄烈(2007)『史的検証竹島・独島』岩波書店. 内藤正中・朴炳渉(2007)
『竹島=独島論争』新幹社. 송병기(1999)『鬱陵島와 獨島』단국대학교출판부.
송병기(2004)『독도영유권 자료선』자료총서34, 한림대학교 아시아문화연
구소. 신용하(1996)『독도의 민족영토사연구』지식산업사 등이 있다.

2) 가장 오래된 논리로서, 奥原碧雲(1906)『竹島及鬱陵島』松江：報光社. 奥原
碧雲(1906)『竹島経営者中井養三郎氏立志伝』. 奥原碧雲(1907)「竹島沿革
考」,『歴史地理』第8巻 第6号. 川上健三(1966)『竹島の歴史地理学的研究』
古今書院. 川上健三(1953)『竹島の領有』日本外務省條約局. 田村清三郎
(1954)『島根県竹島の 研究』島根県.. 최근 보완된 논리로서, 대표적으로 下
條正男(2005)『'竹島' その歴史と領土問題』竹島・北方領土返還要求運動島
根県民会議 등이 있다.

립한 '새로운 영토'라고 주장하고 있다.[3]

현재 일본정부는 일본영토인 '다케시마(竹島)'를 한국이 무력으로 불법점령하고 있다고 주장한다.[4] 이런 인식은 타당한가? 이런 인식은 어떻게 생겨났을까? 현재 울릉군의 독도박물관에는 독도관련사료가 대략 600여점이 전시되어 있다.[5] 이들 사료를 영유권적 관점에서 분석하면 일본영토로서 근거가 되는 것은 전혀 없고, 모두가 한국영토로서의 근거이다. 그런데 일본은 이들 사료 모두가 한국영토인 독도의 영유권적 근거가 되지 못한다고 주장한다.[6] 그 이유는 바로 일본이 '다케시마' 영유권을 주장하는 근거가 '무주지(無主地)를 "다케시마(竹島)"라는 이름으로 선점한다'고 하는 시마네현(島根県)고시 40호 때문이다. 이 시마네현 고시40호는 1905년 2월 22일에 고시된 것으로 조선영토를 침략한다는 열강의 비난을 각오해야한다는 내무성의 지적[7]이 있었음에도 불구하고 외무성이 주도하여 러일전쟁[8]의 혼란한 틈을 타서 은밀한 각료회의를 거쳐 독도의 침략을 결정한 것이다.[9] '신영토(新領土)'[10]로서

3) 「竹島問題」일본외무성(검색일: 2009.5.10.), http://www.mofa.go.jp/mofaj/area/takeshima/(검색일: 2015.8.30).

4) 상동.

5) 「독도박물관」, http://www.dokdomuseum.go.kr/page.htm?mnu_uid=536 &(검색일: 2015.9.30).

6) 「竹島問題研究會(島根県)」, http://www.pref.shimane.lg.jp/soumu/web-ta keshima/(검색일: 2015.8.30).

7) 김수희(2015.10) 「일본의 독도무주지 선점론의 계보와 그 형성과정」『일본 아베정권의 독도침탈정책 강화 추세와 한국의 독도영유권의 명증』독도학회·독도연구보전협회 주관(역사박물관), 2015년10월8일 pp.1-15

8) 일본이 한국영토를 노리고 한반도와 동해, 그리고 만주를 전장터로 하여 러시아를 침략한 전쟁.

9) 川上健三(1966) 『竹島の歴史地理学的研究』古今書院 참조.

10) 김수희(2015.10) 「일본의 독도무주지 선점론의 계보와 그 형성과정」『일본아베정권의 독도침탈정책 강화 추세와 한국의 독도영유권의 명증』,

편입했다고 하는 시마네현 고시40호의 합법성을 주장하려면, 1905년 이전에 독도가 무주지였음을 주장해야만 하는 것이다. 그래서 일본은 한국영토로서의 근거인 독도박물관에 존재하는 600여점의 독도관련 사료를 모두 부정해야만 했다. 이를 위해서는 일본이 주관적인 해석으로 억지논리를 펴지 않으면 불가능하기 때문이다. 이러한 입장은 일본의 지금이나 과거 정권도 동일하지만, 과거 정권들은 자신들의 논리에 문제가 있다는 사실을 많이 인식하고 있었기 때문에 독도에 대한 적극적인 영토정책을 펴지 못했다. 그런데 현 아베정권은 아주 도발적으로 독도 영유권을 주장하고 있다. 그 이유는 독도의 본질을 이해하는 것보다는 국익을 위해 독도를 일본영토화해야 한다는 생각이 앞서기 때문이다. 이로 인해 현재 한일 양국 사이에는 독도의 영유권을 둘러싸고 팽팽히 대립되고 있다.

본 연구의 목적은 이러한 문제점에 입각하여 현 아베정권의 독도정책의 정당성여부를 고증하는 것이다. 더 나아가 선행연구[11]에서 다루어지지 않은 독도문제에 대한 한일 양국의 상호 인식을 검토함으로써 양국의 우호관계를 위한 방향성을 모색한다. 이를 위한 연구방법으로는 우선적으로 한일 양국의 독도에 대한 영토인식의 차이를 명확히 분석한다. 그리고 한일 양국의 역대정권들이 독도에 대해 어떻게 대처해 왔는가를 고찰하려고 한다. 한일 양국의 역대 정권들 중에는 적극적이었던 정권도 있었고 소극적이었던 정권도 있었다. 이들 정권들의 독도정책의 배경과 원인에 관해 규명한다.

---

pp.1-15.

11) 독도에 관한 연구는 역사적 법적 연구가 주류를 이루지만, 본 연구는 선행연구에서 다룬 적이 없다. 본고는 2014년 5월 17일 한국일본근대학회의 심포지엄에서 발표한 내용을 보완 정리한 논문임.

한일 양국의 화해는 양국을 넘어 동아시아의 안정과 번영, 더 나아가 국제사회에까지 미치는 영향이 크다. 따라서 한일 양국이 독도문제에 있어서 상호 이해 없이 서로 자신의 입장만 주장한다면, 지금의 대립관계는 미래에도 지속될 것이다.

2. 한국의 독도 영토인식

2.1 한국영토로서의 독도의 역사적 근거

한국이 독도를 한국영토로서 관리해온 것은 독도가 한국의 고유영토라는 인식을 갖고 있었기 때문이다. 한국이 생각하는 독도영토에 대한 역사적으로 보는 영토적 권원은 다음과 같다.

일본은 1905년 독도를 '무주지'라는 명목으로 일본영토에 편입 조치하였다고 주장하지만, 사실상 당시의 독도는 한국의 영토로서 주인이 있는 섬이었다. 신라시대는 동해 바다에 울릉도에 우산국이 있었다. 울릉도를 본거지로 하는 우산국 사람들은 바라보이는 거리에 있는 독도를 타국의 영토라고 생각했을까? 기록이 없기 때문에 상상에 맡긴다. 고려시대에도 울릉도는 울릉성주가 다스리는 고려국의 한 성이었다. 울릉성의 사람들도 가시거리에 있는 독도의 존재를 모르지는 않았을 것이다. 고려사지리지에 동해에 우산 무릉 2개의 섬이 존재한다고 기록하고 있다.[12] 이러한 인식을 조선시대로 이어졌다. 고려 말에 왜구들이

---

12) 1451년, 울진현조에 "울릉도(鬱陵島)는 현의 정동쪽 바다가운데 있다. … 일설에는 우산(于山)무릉(武陵)은 원래 두개의 섬으로 서로 거리가 멀지 않아 날씨가 맑으면 바라볼 수 있다고 한다"('高麗史'권58 地理3 東界 蔚珍縣條) 「독도박물관」, http://www.dokdomuseum.go.kr/page.htm?mnu_uid=342&(검색일: 2015.9.30).

울릉도에 들어와 노략질을 하여 울릉도를 비우기로 결정했다.[13] 조선국이 1403년 쇄환정책으로 섬을 비워서 관리하기 이전까지는 울릉도에 울릉도민이 살고 있었다. 울릉도민은 울릉도에서 보이는 거리에 있는 독도의 존재를 인식하고 있었다. 반면 일본에서는 독도가 보이지 않기 때문에 환경적으로 영토인식이 자생할 수 없었다. 그러나 울릉도에 사람이 거주했던 신라, 고려, 조선 초기에는 울릉도에서 독도가 보이는 거리에 있었고, 한국영토인 울릉도사람들의 생활근거로 사용되어왔기 때문에 울릉도 사람들에게는 독도가 울릉도의 일부라는 인식이 자생할 수 있었다. 이는 삼국사기, 삼국유사, 세종실록지리지, 고려사지리지, 증보동국여지승람 등의 기록으로 확인된다. 반면 일본에서 독도에 가장 가까운 오키 섬에서는 독도가 보이지 않는다. 일본의 중앙정부가 독도를 일본영토로서 인식했다는 기록이 없다. 오히려 1696년 막부는 울릉도를 조선영토로 인정하고 일본어부들에게 울릉도도해 금지령을 내려서 울릉도와 독도[14] 방면으로 출어를 금지했다. 이렇게 근대이전 역사로 볼 때 일본이 독도를 영토로 인식한 적이 없었다.

일본은 근대국가가 되면서 조선의 문호를 강제로 개방했고, 이로 인해 일본어부들이 울릉도, 독도 근해에 출몰하게 되었다. 급기야 일본정부는 러일전쟁의 혼란기를 틈타 독도를 한국영토로 인식하고 몰래 강치잡이를 하고 있던 어부 나카이 요사부로(中井養三郎)를 이용하여 은밀하게 각료회의로 거쳐 '다케시마'라는 이름으로 영토편입을 결정하고 시마네현고시 40호로 독도를 침탈하려했다.

---

13) 1379년, "倭가 무릉도(武陵島)에 들어와 보름동안 머물다가 물러감"('高麗史' 권134 叛逆 6辛禑 1),「독도박물관」자료 인용.
14) 돗토리번과 막부 사이에 질의 응답한 7개 조항에서 울릉도와 독도가 일본영토가 아니라고 결론을 내렸다. 즉 독도를 한국영토로 인식했다는 것이다.

　대한제국측(심흥택군수)이 일본의 독도 편입 사실을 처음 알게 된 것은 1906년 3월28일이었다. 그 시점은 러일전쟁이 끝나고 1905년 9월 포츠머스조약으로 강화조약이 조인되고 그 결과 한국 경성에 일제 통감부가 설치되고 난 이후였다. 일본은 시마네현 관리를 통해 울릉도를 방문하여 독도가 일본의 신영토가 되었다고 구두로 통보했다.[15) 이에 대해 울도군의 관할구역으로서 독도를 행정적으로 관할하고 있던 심흥택 군수는 시마네현 관리의 진술을 바로 다음날 1906년 3월28일 긴급으로 대한제국정부에 보고했다.[16) 이를 접수한 총리대신과 내부대신은 독도가 한국영토임을 단정하고 일본정부의 독도침탈사실을 1906년 5월1일자로 〈대한매일신보(大韓每日申報)〉를 통해 대내외에 알리고 이를 인정하지 않았다.[17) 이를 볼 때 대한제국은 독도를 한국영토로 인식하고 관리하고 있었는데 일본제국이 대륙침략의 일환으로 독도를 침탈하려고 했던 것이다. 일제의 대한제국 영토침탈은 계속되어 그 5년 후인 1910년 대한제국의 영토를 강제적으로 편입하는 조치를 취했다. 다시 말하면 일본이 독도를 강제로 자국의 영토에 편입조치를 취하고 그 다음 순서로 한국 전체를 병탄한 것이다. 그러나 1905년 편입조치를 취한 것에 대해 한국은 인정하지 않았기 때문에 일방적인 영토조치로서 불법조치이다. 한국은 36년간 일본의 식민지 지배를 받았다. 일본의 식민지정책은 1945년 패전으로 막을 내렸다. 일본은 연합국이 요구한 카이로선언과 포츠담선언의 내용을 전적으로 수용하겠다고 약속했다. 한국은 이러한 관점에서 일본으로부터 침략당한 모든 영토를 수복하기를

---

15) 신용하(2011)『독도영유권에 대한 일본주장 비판』, 서울대학교출판문화
　　원, pp.221-234.
16) 상동.
17) 상동.

원했다. 심지어는 임진왜란을 계기로 일본 중앙정부 관할 하의 일본영 토가 된 대마도에 대해서도 영유권을 주장할 정도로 영토의식이 고취 되어 있었다. 작은 암초에 불과한 두 섬, 파랑도와 독도이지만, 일본에 게 넘겨서는 안 된다는 강한 영토 의식을 갖고 있었다. 그런데 이러한 영토인식은 1946년 연합국의 정책에 의해 파랑도와 대마도는 일단 제 외되었지만, SCAPIN 677호에 의해 울릉도, 제주도, 독도까지를 한국영 토로 인정을 받게 되었다. 그런데 일본이 대일평화조약에서 독도에 대 한 영유권을 주장함으로써 연합국은 'SCAPIN 677호에서의 한국영토 독도'라는 결정을 바탕으로 독도영유권에 관해 무인도라는 점에서 시급 한 문제가 아니라는 입장에서 지위결정을 피했던 것이다.[18]

2.2 한국의 실효적 독도 관할 통치와 영토인식

한일 간에 독도영토문제가 시작된 것은 1693년 안용복이 1차로 일본 에 도항하여 울릉도와 더불어 독도의 영유권을 주장한 것이다.[19] 1696 년 2차도일 때에는 '조선지팔도(朝鮮之八道)'의 강원도 소속으로 '죽도 (竹島;울릉도)와 송도(松島;독도)'가 있다는 것을 일본측에 제시하여 울 릉도와 더불어 독도가 한국영토임을 주장했다.[20] 그 때문에 일본 막부 는 1696년 이에 대해 이의를 제기하지 않고 울릉도와 독도가 한국영토

18) 대일평화조약에서는 지위결정dms 하지 않았지만, 한국이 실효적 지배 상 황을 중단하지 않았으므로 한국영토로 인정한 결과가 된다. 그 사실은 「일 본영역참고도」(1952)나 「일본영역도」(1952)가 증명한다. 정태만 「일본영 역참고도와 연합국의 대일평화조약」『일본 아베정권의 독도침략정책 강 화 추세와 한국의 독도영유권 명증』독도연구보전협회 2015년도 학술대회, 2015년10월8일, pp.55-70. 每日新聞社編(1952)『対日平和條約』每日新聞社 刊 참조.

19) 『肅宗實錄』卷30, 肅宗22年(丙子,1696年)9月 戊寅(25日)條.

20) 권오엽・大西俊輝註釈(2009)『독도의 원초기록 원록각서』제이앤씨, p.44.

임을 인정하여 '죽도'(울릉도)의 도해허가증을 갖고 있는 일본어부의 울릉도 도해를 금하는 금지령을 내렸다.[21] 이로 인해 일본인들은 독도와 울릉도가 위치한 오키섬 서북쪽으로 도항할 수 없게 되었다.[22] 독도에 대해서는 '송도도해면허'라는 것이 없었기 때문에 독도에 대한 도해면허를 취소할 리가 없다.[23] 일본영토론자들의 주장으로는 막부가 독도에 대한 도해면허를 취소하지 않았기 때문에 독도는 계속적으로 일본 영토였다는 것이다.[24] 그것은 옳지 않다. 왜냐하면 중앙정부의 영유권 인식 없이 영토가 될 수 없기 때문이다.[25] 당시 일본의 중앙정부가 독도를 영토로서 인식하여 관리했다는 증거가 없기 때문이다.

그 다음으로는, 1906년3월28일 시마네현 관리들이 독도를 시찰하고 돌아가는 길에 울릉도를 방문하여 편입조치한 일본의 신영토로서 '다케시마'의 존재사실을 알렸다. 이 사실을 전달받은 심흥택군수는 뜻밖의 어이없는 일이 생겨 바로 이튿날인 1906년 2월 ?일 이를 조선조정에 보고했다.[26] 조선조정의 내부(內部)는 한국영토였던 독도에 대해 일본이 러일전쟁 중이었던 1905년 2월 22일에 침략적인 방법으로 '시마네현

---

21) 돗토리번 심문서 7개조항, 송도는 호키번과 이나바번 두 번 어느 쪽의 소속도 아니다.
22) 도항금지 푯말을 설치했다.「일본이 필사적으로 반출을 막으려한 독도 팻말의 비밀」『조선일보』2010년 3월6일.
23) 가와카미 겐조(竹島の歴史地理学的研究)는 1656년 송도도해면허를 취득했다고 주장하지만, 근거없는 주장이라는 것이 밝혀졌다. 池内敏(1998) 『近世日本と朝鮮漂流民』,臨川書店 참조
24) 外務省(2008)「竹島問題」「パンフレット'竹島問題を理解するための10のポイント'」참조.
25) 국가를 이루고 있는 것이 영토, 주권, 국민이고, 국가가 영토를 확장하고 축소할 수 있기 때문에 영토취득은 중앙정부만 가능하다.
26) 신용하(2011)『독도영유권에 대한 일본주장 비판』서울대학교출판문화원, pp.221-234.

(島根県)고시 40호'로 독도가 '무주지(無主地)'라고 하여 시마네현에 편입하여 새로운 영토를 취득했다고 하는 주장을 듣고 통감부에 항의했다.27) 그때에 통감부는 1900년 조선조정이 '칙령41호'로 정식으로 '울도군'을 설치하여 '석도(독도)'에 대해 행정적 관할조치를 취하였다는 사실을 확인하고 독도가 한국영토라고 주장하는 조선조정의 항의에 대해 아무런 반론을 하지 않았다.28) 그것은 독도가 조선영토임을 인정한 것이었다. 한국정부는 러일전쟁 종료이후 1905년 9월 4일(포츠머스강화조약)부터 1910년 일본에 병탄될 때까지 독도영토를 일본영토로서 인정했거나, 무력으로 굴복당한 적이 없었다. 따라서 1905년의 시마네현 고시40호는 일본정부의 일방적으로 취한 행위이다. 국제사회가 일본정부의 조치를 인정한 것도 아니었다. 오히려 상대국인 대한제국은 이를 부인하였기 때문에 시마네현 고시로 인해 일본에 독도를 침탈당했다고 하는 표현은 잘못된 것이다.29) 실제로 독도가 일본의 지배하에 들어간 것은 1910년 8월 한국이 일본에 병탄되어 일본의 식민지지배를 받게 된 때부터이다.

그리고 1945년 일본이 연합국에 의해 패망당하고 한국은 독립과 더불어, 청일전쟁이후 일본이 침략한 모든 영토가 원래의 나라에 반환된다고 하는 포츠담선언의 정신에 입각하여 연합국 최고사령부 각서인 SCAPIN 677호위 조치에 의해 최종적영토적 결정이 내려지는 대일평화

---

27) 「울도군배치전말」『황성신문』1906년 7월13일자
28) 통감부에 항의했다는 사실은 「울도군배치전말」로 확인되지만, 통감부가 반론했다는 증거자료는 없다.
29) 한국 외교통상부 홈페이지에 제3대 외교부장관 변영태 장관의 말을 빌려 시마네현고시로 침탈당했다고 기술하고 있다. 반드시 수정되어야한다. 「아름다운 대한민국 영토, 독도」, https://www.youtube.com/watch?v=muB4_LNZ2Rk&feature=youtu.be(검색일: 2015.9.30).

조약이 체결될 때까지 독도를 실효적으로 관리하고 통치하게 되었다.[30] 그래서 일본은 대일평화조약에서 독도의 통치권을 강탈하려고 냉전이라는 동아시아체제 속에서 일본에 우호적이었던 미국에 기대어 갖은 수단을 동원하여 '다케시마 영토화'를 노렸다.[31] 그러나 대일평화조약에서는 미국의 관료 중에 일부[32]가 일본의 입장을 지지하는 자도 있었다. 결국 영연방국가의 이의제기로 연합국이 합의한 견해는 무인도로서 영토분쟁지역에 대해서는 개입하지 않고 당사자 간의 해결에 맡긴다고 하는 원칙[33]을 세웠다. 이로 인해 당초 일본은 자신이 의도한 대로 독도를 일본영토로서 조약에 명기하지 못했다.[34] 오히려 한국이 1946년1월 18일 SCAPIN 677호에 의해 독도를 실효적으로 관리 통치하고 있었으므로 연합국이 이를 부정하지 않았다.[35] 한국정부는 더 나아가 이승만대통령이 평화선을 선언하여 SCAPIN 677호에 의한 독도영유권 조치를 더욱 강화했다.[36] 당시 국제법은 영해나 배타적 경제수역에

---

30) 신용하(2011) 『독도영유권에 대한 일본주장 비판』, 서울대학교출판문화원, pp.249-264.
31) 시볼트를 통해 대일평화조약에서 독도를 탈취하려고 했다. 신용하(2011) 『독도영유권에 대한 일본주장 비판』, 서울대학교출판문화원, pp.283.
32) 시볼트, 딘 러스크, 밴 플리트 등 이들은 일본의 로비가 닿은 자들임.
33) 최장근(2005) 『일본의 영토분쟁』p.75.
34) 오카자키 카쓰오 외무대신은 대일평화조약에서 연합국에서는 독도를 한국영토로 해석할 수도 있다고 발언했다. 국무대신 오카자키 카쓰오 발언, 「지방행정위원회-4호, 1953년 11월 5일」「동북아역사재단편 『일본국회 독도관련 기록 모음집 1』제1부 p.196.
35) 한국의 실효적 지배 상황을 중지하는 아무런 조치도 취하지 않았다. 오히려 주일공군의 독도폭격연습장 지정을 철회를 요구한 한국의 입장을 받아들어 철회했다.
36) 대일평화조약에서 한국이 실효적 지배를 하고 있는 독도에 대해 최종적인 지위를 결정하지 않았기 때문에 평화선 조치는 677호를 계승한 자위행위에 해당된다.

대해 명확한 규정이 없었기 때문에[37] 한국의 평화선에 대해 일부 국가가 호의적으로 보지 않은 경우는 있어도,[38] 평화선 자체가 불법이라고 저지하려했던 국가는 없었다. 단지 일본만이 독도가 자국의 영토라고 주장하면서 평화선을 인정하지 않으려고 했을 뿐이다.[39] 1948년 주일 미군이 독도를 공군폭격연습장으로 지정하여 오폭사고로 한국어민 30여명이 희생당하는 사건이 있었다. 이에 대해 한국정부가 항의하여 폭격연습을 중지함과 동시에 미국의 사과를 받았다.[40] 그 후 대일평화조약이 체결된 이후 일본은 미국으로부터 대일평화조약에 의해 독도가 자국의 영토가 되었음을 인정받기 위해 다시 독도를 주일 미 공군의 폭격연습지로 지정하도록 선동했다.[41] 이로 인해 미일행정협정의 미일 합동위원회에서 독도를 다시 주일미공군의 폭격연습지로 지정하였지만, 한국 산악회가 독도를 방문했을 때 공군의 폭격훈련중인 사실을 확인하고 항의했다. 이에 대해 미국은 한국의 요청을 받아들여 다시 미 공군의 폭격연습장 지정을 철회했다. 이처럼 미국도 한국의 독도에 대한 실효적 관할통치를 인정했던 것이다. 연합국에 소속된 국가들 중에서 한국이 실효적으로 관할통치하는 독도에 대해 이의를 제기한 적이

---

37) 12해리 영해와 200해리 배타적 경제수역 개념은 1982년에 유엔해양법협약에서 채택되었다.
38) 1952년 1월 평화선을 획선했을 때는 문제시하지 않다가, 딘 러스크의 1953년과 54년의 밴 플리트가 평화선에 대해 언급한 경우이기 때문에 연합국 소속 국가의 견해가 아니고 개인적인 견해로 보는 것이 타당하다. 「竹島問題」일본 외무성(검색일: 2009.5.10), http://www.mofa.go.jp/mofaj/area/takeshima/ (검색일: 2015.6.30).
39) 일본은 이승만대통령이 불법으로 선언한 경계선이라고 하여 '이승만라인'이라고 부른다.
40) 정병준(2010) 『독도 1947』돌배개, p.191.
41) 신용하(2011) 『독도영유권에 대한 일본주장 비판』, 서울대학교출판문화원, pp.305-308.

없었다.

한국정부는 평화선을 대외적으로 선언하여 독도가 한국영토라는 영
토인식을 분명히 했고, 그 후의 한일협정[42]과 대륙붕협정이 체결되었
을 때도 독도가 한국영토라는 확고한 영토인식을 갖고 있었기 때문에
일본정부는 이를 차단하지 못했다.

현재 한국의 독도에 대한 영토인식은 1905년 일본의 영토 편입 조치
에 대한 영유권 주장을 부정하고 있기 때문에 독도영토는 512년 신라
가 우산국을 복속한 시점으로부터 지금까지 고유영토로서 관할통치하
고 있다는 것이다. 조선시대 내내 울릉도와 더불어 동해에 존재하는 또
하나의 섬 즉 독도에 대한 영토주권을 한 번도 포기한 적이 없었다.[43]

---

42) 1953년 11월 5일 외무대신 오카자키 가스오(岡崎勝男)는 한일회담에서의
독도문제 해결 가능성에 대해, 「이 문제는 별도로 해결하는 것이 낫다」고
하여 대일평화조약에서 일본영토로 결정되지 않았고, 오히려 한국이 실효
적으로 관할 통치하고 있는 독도를 일본영토로 한일협정에서 변경하는 것
은 불가능하다는 입장이었다.

43) 우리 선조들은 신라시대에 울릉도(독도포함)를 영토로 하는 우산국을 편
입하였고, 고려에는 우산성으로 행정 조치하여 울릉도(독도포함)를 관리
하였고, 조선시대에는 수토정책으로 울릉도(독도포함)를 관리했으며, 대한
제국 시기에는 일본의 도발에 대응하여 칙령41호로 울릉도와 독도를 영토
로서 굳건히 수호해왔다. 그러나 일제 침략기에는 국제질서에 편승하지 못
하여 영토와 국민과 주권을 송두리째 일본에 빼앗기어 국가 잃은 수모를
겪었다. 일제 강점기의 우리 선조들은 목숨 걸고 국가 독립을 위해 투쟁했
고, 제2차 대전에서 연합국이 승리함으로써 한국의 독립 의지를 인정받아
영토, 국민, 주권을 수복하여 국가를 되찾았다. 연합국은 히로시마, 나가사
키에 원폭을 투하하고 일본에게 무조건적으로 '침략한 영토를 모두 포기'하
도록 하여 전쟁을 종결시켰다. 연합국은 포츠담선언에 의거하여 SCAPIN
677호로 독도를 포함한 한국영토의 범위를 명확히 했다. 그때 한국은 실제
로 독도를 관할했다. 연합국은 1951년 대일평화조약에서 한국영토를 최종
적으로 확정했다. 그런데 독도에 대해서는 아무런 조치가 내려지지 않았다.
미국은 일본을 자유진영에 편입하려고 일본의 로비를 적극적으로 거절하지
못했던 것이다.

그래서 한국은 이를 바탕으로 그 연장선상에서 독도가 한국의 고유영토라고 주장하고 있다. 이러한 인식은 미래에도 변함이 없을 것으로 본다.

2.3 역대 한국정부의 독도 영토정책의 실태

대한민국은 1945년 일본으로부터 독립되었으나 미군의 신탁통치를 받고 있다가 1948년 대한민국이 건국되었다. 대한민국은 독도를 경상북도의 행정구역에 포함시켜 한국영토로 관할 통치하였다.[44]

이승만 정권에서는 대일평화조약이 체결되고, 평화선을 설치했고, 독도에서의 실효적 지배를 강화했다. 독도는 SCAPIN 677호에 의해 해방과 더불어 한국이 실효적 지배를 했다. 대일평화조약에서는 한국영토인 독도에 대해 '독도'라는 명칭을 명확히 하지 않았다. 이승만대통령은 1952년 일본이 이를 빌미로 독도 침탈 가능성을 고려하여 신속하게 평화선을 선언하여 일본의 침입을 차단했다. 독도에 등대를 설치하고 무장한 경찰을 주둔시켜 영토화를 공고히 했다. 그 결과 오늘날 한국경찰이 독도에 상주하고 있다. 일본의 독도 침탈 의도는 이승만 정권 내내 계속되었다.

박정희 정권에서는 한일협정과 대륙붕협정이 체결되었다. 박정희 대통령은 1965년 한일협정에서 일본의 독도침탈의도를 견제하여 단호하게 '독도는 한국영토로서 영토문제는 존재하지 않는다'는 입장을 관철시켰다. 이것이 지켜지지 않을 경우 한일협정을 체결하지 않겠다는 입장을 일본정부에 명확히 했고 이를 실천했다. 일본은 박정희 정부의 독도 영토에 대한 의지를 꺾지 못했다. 박정희 정부의 이러한 입장은

---

44) 「6월 8일 당시 경상북도지사 曺在千의 참석 하에 독도폭격사건으로 사망한 어민들을 위해서 '독도조난어민위령비'를 건립함. 독도박물관, http://www.dokdomuseum.go.kr/page.htm?mnu_uid=342&(검색일: 2015.6.30)」

1974년 대륙붕협정까지 이어져서 독도가 한국영토라는 것을 전제로 북부대륙붕경계선을 설정하여 한일 양국이 공동개발을 시작했다. 일본은 박정희 정권의 독도 영토주권에 대한 강한 의지를 인정하지 않을 수 없었다. 그 이후 일본정부의 독도정책은 소극적으로 전환되었다. 다만 박정희 정권은 한일협정에서 '독도밀약' 같은 구두약속으로 '서로의 입장을 존중한다'고 하는 약속을 하기도 했지만,[45] 이는 일본의 독도침탈을 막기 위한 하나의 방어책으로 채택한 것이지, 그것이 법적 구속력을 갖는 것이 아니기 때문에 독도영유권을 조금도 훼손하지 않았다.

전두환, 노태우 두 정권은 한일 양국의 우호관계를 발전시킨다는 이유로 일본의 요구에 의해 독도에서의 실효적 조치를 강화하지 않고 현상을 유지하는데 노력했다. 두 정권의 소극적인 독도정책은 일본에게 한국의 독도영토주권을 간섭할 수 있는 빌미를 제공했다.

김영삼 정권은 전 정권의 소극적인 독도정책을 변경하고 1997년 한국 국민이 독도에 입도할 수 있는 기반시설인 선착장을 확충하는 적극적인 정책으로 전환했다. 일본이 강한 반발을 샀지만, 오늘날 우리 국민이 자유롭게 독도에 들어갈 수 있는 계기를 마련했던 것이다.

김대중 정권에서는 신 한일어업협정을 체결되었다. 1997년의 한국의 금융위기상황에서 일본은 이웃나라의 불행을 행복으로 생각하듯이 일방적으로 구 한일어업협정을 파기하고 1년 기한을 정한 뒤 신 한일어업협정을 강요하여 독도를 중간수역에 포함시켰다. 독도가 한국영토이기 때문에 독도의 영토주권과 12해리의 영해주권은 훼손되지 않았지만, 200해리의 배타적 경제수역이 훼손되었다. 신 한일어업협정에 의해 200해리의 배타적 경제수역이 공동적으로 관리하는 잠정합의수역이

---

45) 「42년 전 한일 독도밀약의 실체는....」 『중앙일보』2007년 3월 19일.

되어버렸다. 그 폐해는 계속되어 일본의 우익성향의 인사들은 이를 확대해석하여 심지어 독도를 공동으로 관리하기로 합의했다고 주장하기도 했다. 한 정권의 순간 방심으로 일본의 침략적인 독도도발에 영토주권이 위협받기도 한다. 김대중 정권에서는 '무대응의 상책'이라는 방침으로 매년 몇 번씩 도발하는 일본의 영유권 주장에 적극적으로 대응하지 않았다. 소극적인 독도정책의 부작용은 노무현정부에서 더 적나라하게 나타났다.

노무현 정권에서는 일본의 측량선이 독도를 조사한다고 하여 독도 12해리 진입을 시도하여 한일 양국의 공선이 대체하는 상황이 연출되었다. 즉, 2006년 한국이 독도근해 해산의 이름을 지어 국제수로기구에 등재하려고 계획했다. 일본은 이를 막기 위해 측량선을 독도에 파견하여 양국이 정면으로 충돌하는 사건이 발생했다. 결국 노무현 정권은 해산명칭의 등재를 유보했다. 이를 계기로 노무현 정권은 적극적인 독도정책으로 전환했다. 김대중 전 정권은 소극적인 정책으로 배타적 경제수역의 기점을 '울릉도기점'을 선언하고 있었다. 노무현 정권은 이를 포기하고 '독도기점'을 선언했고, 또한 독도에 관광객들의 입도를 허가했다.

이명박 정권에서는 역대 처음으로 대통령이 독도를 방문했다. 이명박 대통령은 취임 직후 2008년 우호적인 한일관계를 위해 독도문제를 거론하지 않겠다는 방침을 표명하고 소극적인 독도정책을 추진했다. 임기 말에는 소극적인 독도정책을 변경하여 2012년 역대 대통령으로서 처음으로 독도에 입도했다. 이로써 대통령이 현지에서 독도가 한국영토임을 대외적으로 천명한 것이 된다.

이처럼 역대 정권들이 독도의 영토주권에 어떻게 대처했느냐에 따라 '매국'과 '애국' 정권으로 구분된다. 박근혜 대통령은 어떤 형태의 '애국'

대통령으로 남을지 궁금하다.

3. 일본의 '다케시마'영토 인식

3.1 일본이 주장하는 '다케시마'의 역사적 근거

일본은 '다케시마'가 역사적으로도 일본영토라고 주장한다. 그렇다면 일본이 주장하는 역사적 근거는 어떠한 것들이 있을까? 17세기에 '다케시마'의 영유권을 확립했다고 주장한다. 일본의 두 가문의 어부가 70여 년간 울릉도를 내왕하였을 때, 독도를 기항지로 삼았고, 강치잡이도 했다고 하여 일본영토로서 관리해왔다고 주장한다. 그렇다면 이를 확인할 증거가 있을까?

일본이 독도와의 인연은 1667년에 제작된 『은주시청합기』에 의하면 일본에서 독도에 가장 가까운 오키섬의 서북쪽에 송도(독도)와 죽도(울릉도)가 있다는 사실을 알게 되었다. 그런데 이 『은주시청합기』에서는 당시 조선과 일본의 경계를 오키섬으로 보고 있었기 때문에 일본은 송도가 일본영토라는 인식이 아니고, 조선영토라는 인식을 갖고 있다. 그 것은 1696년 일본의 두 가문의 어부가 70여 년간 울릉도를 내왕했을 때 울릉도에서 우연히 조선인 안용복을 만나서 울릉도와 독도를 둘러싼 영유권 분쟁이 발생했고, 그것은 다시 막부가 울릉도와 독도의 소속을 조사하여 돗토리번으로부터 '울릉도와 독도가 일본과 무관하다'고 하는 답변서를 받고 조선영토로 인정했던 것으로도 알 수 있다.

그후 일본이 근대국민국가로 변신하면서 국경선을 명확히 한다는 명목아래 영토를 확장했다. 그 일환으로 일본정부는 외무성관리를 부산에 파견하여 왜 울릉도와 독도가 조선의 소속이 되었는지를 조사했다.46) 그때에 이를 조사한 외무성관리는 울릉도는 조선의 소속임이 명문화되어 있는 것을 확인했지만, 독도에 대해서는 '소속이 명확하지 않다'라고 하는 보고서를 메이지정부에 올렸다.47) 그렇지만 독도는 2개의 암초로 된 무인도이었기에 당장 영토적 가치를 발견하지 못했기 때문에 영토 확장의 대상으로서는 관심 밖의 일이었다. 메이지 신정부가 지적을 편찬하는 과정에서 1877년 태정관은 울릉도와 독도가 일본영토가 아니라는 책자를 발간하였다. 이렇게 볼 때, 1905년 러일전쟁이 발발하기 전까지는 일본정부는 독도에 대해 영토로서 편입하겠다는 생각조차 존재하지 않았다.48) 1903년 울릉도, 독도 주변에서 강치잡이를 하던 어부 나카이 요사부로도 독도를 한국영토로 인식하고 몰래 독도에서 강치잡이를 하고 있었다. 나카이는 독도에서 조업자가 늘어나는 것을 염려하여 강치를 독점하기 위해 한국정부로부터 독점권을 취득하려고 일본정부에 문의하였다. 그때가 마침 러일전쟁 중이라서 일본외무성의 정무국정 야마좌 앤지로는 내무성이 일본의 침략성이 열강에 노출되는 것을 우려하여 이를 만류하였음에도 불구하고,49) 러일전쟁에 필요한 전략기지로 활용하기 위해 나카이를 이용하여 독도침탈을 적극적으로 추진했다. 나카이로 하여금 독도 편입 대하원을 제출하도록 하여 편입 조치를 취하고 그 독점권을 주겠다는 것이었다. 이렇게 해서 메이지정부가 은밀히 각료회의에서 독도를 무주지라는 명목으로 시마네현 소속

---

46) 「울릉도와 독도가 조선 소속이 된 시말」『日本外交文書』第3卷, 事項6, 文書番號 87, 1870年4月15日字.
47) 상동.
48) 하지만 '흑룡회 등에서는 독도를 무주지로 간주하여 무주지 선점으로 영토로서 편입해야한다는 움직임이 있었다.' 전게의 김수희 연구 참조.
49) 「1877年3月17日條, 日本海內竹島外一島地籍編纂方伺」, 日本政府編『公文錄』內務省之部1, 日本國立公文書館所藏.

으로 편입한다고 결정했다. 그것이 바로 시마네현 고시40호이다. 이것은 당시 일본이 유럽으로부터 수용한 국제법에 의한 영토취득방법을 악용한 것이다. 당시 일본은 주변국가, 혹은 그 영토의 일부를 분할하는데 국제법을 적극적으로 악용했다. 독도도 일본이 국제법을 악용하여 한국영토를 침탈하려했던 것이다. 그런데 독도는 이미 실제로 1900년에 칙령 41호에 의해 울도군이 관할구역으로 지정하여 관할하고 있는 곳이었다. 이처럼 일본이 독도에 대해 국제법의 영토취득 이론인 무주지 선점론을 적용하여 영토편입조치를 단행한 것을 당시 대한제국정부는 인정하지 않았다.[50]

일본정부는 1905년 2월 22일로 독도의 편입조치를 취하고, 1905년 11월 17일에는 한국의 외교권을 강제로 접수했다. 이것 또한 국제법을 악용하여 한국으로 하여금 스스로 동의한 것처럼 조약체결을 강요한 것이다. 한국의 외교권을 강탈한 일본은 한성에 일본통감부를 설치하여 일본제국의 한국통치기관으로서 한국내정을 간섭했다. 이러한 상황에 일본은 은밀히 러일전쟁 중에 독도편입조치를 취하고 1년이 지난 후 1906년 2월 시마네현 관리가 울릉도를 방문하여 독도의 편입사실을 울도군을 통해 간접적으로 대한제국의 중앙정부에 전달했다. 통감부는 한국의 내부대신으로부터 일본의 독도편입조치에 대해 항의를 받고, 일본보다 한국이 먼저 1900년 울도군을 설치하여 독도를 영토로서 관리하고 있다는 사실을 확인했다. 그러나 통감부의 설치 목적이 조선 침략을 위해 내정을 간섭하는 것이었기 때문에 내부대신의 항의를 묵살하였다. 이러한 과정을 통해 1910년 일본이 양국이 동등한 지위로 통합한다고 하는 '한일합방'의 명목으로 한국을 강제로 접수함으로써 독도

---

50) 신용하(2011)『독도영유권에 대한 일본주장 비판』, 서울대학교출판문화원, pp.221-234.

를 포함한 한국영토가 일본영토에 흡수되었던 것이다. 일본이 한국을
통치하는 과정에 제2차 세계대전이 일어났고, 결국 일본은 연합국이 투
하한 원자폭탄의 세례를 받고 무조건적인 항복을 선언했다. 이로 인해
연합국이 요구한 카이로선언과 포츠담선언을 전적으로 수용했다. 그
결과 청일전쟁이후에 일본이 침략한 모든 영토를 일본영토에서 분리되
어 원래의 국가에 반환되었다. 독도도 일본이 1905년에 편입했다고 하
는 곳이므로 청일전쟁 이전에 침탈한 영토에 포함된다. 그래서 연합국
최고사령부는 종전과 더불어 SCAPIN 677호로 해방 한국의 한국영토로
서 독도를 일본영토에서 분리하는 잠정적 조치를 내렸다. 일본정부는
패전으로 연합국의 중심국이었던 미국의 점령통치를 받고 있었다. 일
본정부는 침략한 영토라고 하더라도 미국을 움직여서 대일평화조약에
서 최대한 일본영토로서 잔류시키려고 노력했다. 독도도 그 대상이었
다. 일본은 일부 미국 관료의 마음을 움직여 독도가 일본영토로 인식하
도록 하였지만, 최종적으로 미국정부 전체의 인식으로 승화시키지는
못했고, 영국, 호주, 뉴질랜드 등 영연방국가들이 미국의 조치에 이의
를 제기함으로써 대일평화조약이라는 국제법적 조약을 이용하여 독도
를 탈취하려고 했던 일본의 의도는 달성되지 못했다.51) 결국 한국이
SCAPIN 677호로 실효적으로 관할 통치하고 있던 독도의 영유권을 변
경하지 못했다. 연합국도 한국이 실효적으로 관할통치하고 있는 독도
에 대해 중단조치를 취한 적이 없었고, 오히려 SCAPIN 677호에 의한
관할통치권만 존재했다. 이를 토대로 이승만대통령은 국제사회를 향해
평화선을 선언하여 국제사회의 여론을 활용하여 일본의 독도도발을 막

---

51) 해양보안청이 1952년에 작성한 「일본영역참고도」에서는 독도를 한국영토
　　로 표기했다. 해양보안청은 대일평화조약 이후의 해양질서를 위해 작성한
　　것이다. 이것은 대일평화조약 비준국회에서 일본 중의원에 배포되었다.

앉다. 일본은 한국전쟁 중에는 독도에 상륙하여 일본영토라는 푯말을 세우고 독도상륙을 시도했지만, 독도의용수비대의 활동으로 저지되었고, 한국전쟁 이후 1954년부터는 독도에 주재하고 있던 울릉도경비대에 의해 독도상륙이 저지되고, 해군에 의해 독도근해의 진입이 차단되었다. 이에 대해 일본은 '이승만라인'은 국제법을 어긴 불법조치[52]라고 하여 한국이 일본영토 '다케시마'를 불법적으로 점령하고 있다고 한국정부에 공식적인 항의문서를 보내며,[53] 일본 국내는 물론이고 국제사회의 여론몰이를 시작했다. 한국정부는 일본의 독도영유권 주장을 전

---

52) 오카자키 외무대신은 독도의 역사적 권원에 대해, 「1953년 12월 8일 죽도 영유권에 대해, 「평화조약에 일본이 권리, 권원 등을 포기하는 지역은 명백하게 쓰여 있습니다. 그 이외의 일본의 영토였던 것은 당연히 일본의 영토가 되는 것입니다. 그래서 만일 논의가 있다고 하면, 죽도가 평화조약 즉 전쟁 전 혹은 훨씬 전 옛날부터 일본의 영토였는지 아닌지를 밝히면 될 것으로 생각합니다. 일본은 죽도는 메이지 이후는 물론이거니와 그 전에도 쭉 일본의 영토로서 취급해오고 있었고, 사람이 살지 않기 때문에 조금 평온무사하게 점거했지만, 강치번식사업을 한 사람도 잇습니다. 문헌 등을 봐도 일본영토였다는 것은 틀림없는 것 같기 때문에 평화조약의 특수의 규정이 없으면 계속해서 저네 일본의 영토였던 것은 당연히 일본의 영토가 되는 것이고 따라서 일본의 영토라는 이런 해석을 취하는 것입니다.」 라는 주장이다.
53) 1953년 7월 15일 국무대신 오카자키 가쓰오(岡崎勝男)는 일본영토로서의 증거에 대해, 「죽도가 일본영토라는 증거를 말씀드리면 이것은 이미 말씀드린바와 같이 역사적 사실로도 분명히 알 수 있는 것이고, 또 그후 여러 사령부 등의 조치를 보더라도 이점에 대해 어떠한 의혹도 가질만한 점이 없습니다. 원래 총사령부의 지령은 영토의 변경 등을 다룰 수 없는 것으로 점령 중의 일시적인 조치를 정해 놓은 것에 지나지 않습니다. 또 평화조약 안에서 일본의 권리와 권원을 포기한다고 한 지역은 명료하게 쓰여 있는 것으로 그 이외의 것은 당연히 일본의 영토인 것이며, 또한 이른바 맥아더 라인 등도 영토의 변경과 같은 근본적인 문제를 처리하는 것은 불가능하기 때문에 사실(史實)로 말해도 국제법적으로 말해도 일본영토라고 하는 것에는 문제가 없는 것입니다.」 라는 주장이었다.

적으로 부정했다. 1965년의 한일협정과 1974년의 대륙붕협정에서도 독도영토문제는 존재하지 않는다는 한국의 입장을 전적으로 관철시켰다. 일본정부가 이러한 조약에서 한국의 입장을 변경하지 못했다는 것은 표면적으로 영유권을 주장하고 있지만, 실질적으로는 일본영토로서의 입장을 포기한 것이나 다름없었다. 이러한 입장은 1998년 신 한일어업협정이 체결될 때까지 지속되었다. 그런데 일본은 1997년 한국에 금융위기상황이 도래하자 일방적으로 1965년의 어업협정을 파기하고 자신들에게 유리한 새로운 어업협정을 요구했다. 한국정부는 한일관계의 진전으로 금융위기 상황을 탈출하기 위해 독도 영토주권을 훼손하지 않는 한도 내에서 어업협정을 체결했다. 일본정부는 독도주변을 공동으로 관리하는 점정합의수역을 요구하였다. 한국은 독도는 한국영토이고 독도주변 12해리는 한국의 영해이기 때문에 신 한일어업협정에서 제외되는 지역이라는 입장이었다. 조약의 당사자였던 일본정부는 어업문제에 한정한다는 단서조항으로 한국의 입장을 전적으로 수용했다. 그런데 '다케시마' 일본영토론자들은 이를 확대해석하여 '다케시마'가 일본영토이기 때문에 '다케시마'기점의 12해리 영해도 일본영해라고 하여 한국에게 불법 점유당하고 있다고 주장한다. 이러한 인식은 협정체결 당사자가 가장 정확하게 잘 알고 있다. 그런데 시간이 지나면 지날수록 사실관계가 왜곡되어 표면적이고 영토내셔널리즘적인 해석으로 변질되어 한국이 관할 통치하고 있는 독도의 영유권을 양보하였다고 주장한다. 이런 현상은 아베정권에 들어와서는 특히 심화되었다고 하겠다.

3.2 '다케시마(竹島)'의 영토편입과 영유권 주장의 경과

일본정부가 독도에 대해 영토적 야심을 갖게 된 것은 러일전쟁 때였다. 그 계기는 나카이 요사부로(中井養三郎)라는 어부가 일본정부에 대해 한국정부로부터 강치잡이의 독점권을 취득하려고 문의했던 것이다. 나카이는 1903년부터 독도에서 강치잡이를 하고 있었고, 그때 나카이는 독도를 한국영토로 인식하고 있었다. 나카이는 다른 어부들도 독도에서 강치조업을 시작하려고 했기 때문에 독점권을 확보하기 위해 일본정부에 타진했다. 그때 처음으로 일본정부는 독도의 가치를 발견하고 영토적 관심을 갖게 되었다. 그 이전에 중앙정부가 독도를 일본영토로서 인식한 적은 한 번도 없었다. 오히려 17세기의 「죽도일건」 때나, 메이지 신정부도 울릉도와 더불어 독도를 한국영토로 인식하고 있었다. 그런데 1904년시점의 일본정부는 나카이의 타진에 편승하여 외무성 야마좌 엔지로 정무국장이 시국상의 필요성에 따라 신영토로서 편입하여 대여해주겠다고 했다. 이미 이 영토는 나카이도 언급했고, 당시 내무성도 한국영토로 인식하고 있었다. 그런데 당시의 한국은 국력이 거의 소진되어 있는 상태였기 때문에 일본은 러시아의 간섭만 없으면 한국영토를 침탈하는 것은 시간문제였다. 그래서 러시아를 조선에서 배척하기 위해 러시아를 침략하여 전쟁을 일으켰다. 일본이 러일전쟁을 일으킨 목적이 한국 침탈에 있었기 때문에 혼란한 러일전쟁 상황에 독도가 한국이 관할하고 있는 섬인 줄 알면서도 '무주지(주인 없는 섬)'라고 하여 은밀한 방법으로 편입조치를 취한다. 이러한 사실을 러시아가 알 리도 없었겠지만, 알게 되었다고 하더라고 전쟁 중이라 간섭할 수 없었다. 일본은 전쟁 중이라서 독도를 취할 수 있는 절호의 기회라고 판단했다.

이를 볼 때 일본의 독도 편입 의도는 애초부터 타국의 영토에 대한 침략적인 의도를 갖고 있었다. 일본은 은밀한 방법으로 독도를 편입한 후 그 5년 뒤 1910년 한국을 강제로 일본영토에 병합하는 형태로 한국(영토)을 침략했다. 당시 일본의 영토인식은 타국의 영토라고 하더라도 힘의 논리로 영토를 확장할 수 있다는 것을 기정사실을 받아들이고 있었다.54) 결국 일본의 과도한 영토야욕은 연합국의 견제로 히로시마, 나가사키에 원자폭탄의 세례를 받게 되어 침략한 영토는 모두 몰수 조치되어야 했다.

일본은 애당초 연합국의 요구를 전적으로 수용하였기 때문에 연합국의 결정에 따라 일본영토의 범위가 정해지게 되었다. 연합국은 1946년 1월 18일 SCAPIN 677호로 제주도, 울릉도, 독도를 일본영토에서 분리하여 한국영토의 범위를 명확히 했다. 그렇다고 해서 일본은 연합국이 과도하게 일본의 영토범위를 축소할 수도 있다고 생각했기 때문에 연합국의 결정을 무조건적으로 따를 수는 없었다. 그래서 일본은 연합국에게 의견을 최대한으로 개진하여 일본의 주장을 반영시키려고 노력했다. 마침 대일평화조약을 체결하는 과정에서는 영,미의 자유진영과 대립되고 있던 소련을 중심으로 하는 공산진영이 탈퇴함으로써 미국은 패전국 일본을 자유진영으로 편입시키는 의도로 일본의 요구사항을 전적으로 부정할 수 없었다. 특히 영토조항에서 일본은 포츠담선언에 의해 침략한 모든 지역이 일본영토에서 박탈되어야 마땅하지만, 최대한

---

54) 일본은 1868년 근대일본을 건국하고 나서 바로 이듬해 우선적으로 아이누 민족을 말살하여 그들의 영지를 일본에 병합했고, 1871년에는 유구국을 강제로 일본에 병합했다. 계속해서 조선에 대해서는 1876년 강화도조약, 1894년 청일전쟁, 1904년 러일전쟁을 일으켰고, 1904년 한일의정서. 같은 해 제1차 한일협약, 1905년 2차한일협약, 1907년 3차 한일협약, 1910년 한일 강제합병조약을 강요했다. 그리고 1914년 제1차세계대전, 1931년 만주사변과 1941년 진주만 공격으로 이어지는 태평양전쟁을 일으켰다.

영토주권을 잔존시키려고 노력했다. 독도에 대해서도 일본영토로 잔류시키려고 했다. 독도가 일본영토로 잔류되어야하는 근거로서, 1905년 일본정부가 독도를 국제법의 무주지 선점이론에 근거하여 편입하여 일본의 신영토가 되었다는 것이다. 일본정부는 한국이 이미 일본이 편입하기 이전에 독도를 한국영토로서 인식하고 관리해왔다는 점을 인정하려하지 않았다. 그것을 인정하게 되면 1905년의 편입조치가 불법이 되기 때문이다. 일본의 영토인식은 제국주의적인 방법으로 영토를 확장했기 때문에 영토팽창의식을 갖고 있다. 한국은 타국의 영토를 침략한 것이 아니라 고유의 영토라는 의미에서 고유영토론을 갖고 있다. 결국 미국은 일본의 요구를 수용하려는 입장이었으나 영국, 호주, 뉴질랜드 등의 영연방국가 소속의 연합국들이 반대하여 대일평화조약에서 일본은 독도에 대한 영토적 지위를 취득하지 못했다. SCAPIN(연합국최고사령부명령) 677호에 의해 한국이 실효적으로 관할통치하고 있던 독도의 지위를 변경하지 못했다. 한국의 이승만대통령은 이런 상태를 명확히 하기 위해 평화선을 선언하여 일본의 침입을 사전에 차단했다. 이에 대해 일본은 한국이 독도를 불법으로 점령하고 있다고 주장하기 시작했다. 그것은 대일평화조약에서 독도가 일본영토로서 지위가 결정되었다는 주장이다. 이는 옳지 않다. 대일평화조약에서는 한국이 실효적으로 관리하고 있는 독도의 영토적 지위에 대해 아무런 언급이 없었다고 하는 것은 즉 독도가 한국영토라는 것을 인정했다는 것이 된다.[55] 실제로 대일평화조약의 초안을 작성하는 과정을 보면, 미국 초안은 5차까지는 한국영토로 결정했고, 6차초안은 일본영토, 7차 이후는 독도의 지위에 관해 언급이 없어졌다.[56] 최종적으로는 연합국은 '독도와 같은 무인도

---

55) 일본영토로 귀속될 섬으로서 구체적으로 언급되지 않은 섬은 일본영토가 아니라는 것이다.

에 대한 영토분쟁지역은 다루지 않고, 오키나와와 같은 유인도에 대한 영토분쟁지역은 신탁통치한다'라고 하는 방침을 세웠던 것이다.[57]

따라서 영토팽창론을 정당하다고 생각하는 일본의 입장에서 보더라도 대일평화조약에서 일본영토로서 지위가 결정이 되지 않았기 때문에 독도는 일본영토가 될 수 없던 것이다.

대일평화조약 이후, 일본의 역대정권들도 한일관계를 개선하기 위해서는 이러한 사실을 부정할 수 없었다. 결국 한일협정이나, 대륙붕협정에서 한국의 실효적 지배 상황을 묵인하는 입장을 취했다. 그럼에도 불구하고 역대정권들도 표면적으로는 대일평화조약에서 독도가 일본영토로 결정되었다는 주장은 포기하지 않았다. 그리고 한국이 이승만대통령이 '이승만라인'을 설정하여 일본의 영토인 '다케시마'를 무력으로 불법 점령하였다는 주장도 포기하지 않았다.[58] 그러면서도 한편으로는 분쟁지역이라고 주장한다.[59] 한국정부는 이러한 일본의 주장을 전적으

56) 김병렬(1998)「대일강화조약에서 독도가 누락된 전말」, 독도보전협회, 『독도영유권과 영해와 해양주권』독도연구보전협회, pp.165-195 참조, 초안의 명칭에 대해서는 정병진, 이석우 등의 여러 가지 설이 있음.
57) 최장근(2005) 『일본의 영토분쟁』p.75.
58) 일본 외무대신 오카자키 가쓰오(岡崎勝男)는 1953년 11월 5일 독도에 대한 한국의 역사적 권원에 대해, 「그들은 그들대로 조선의 문헌 등을 인용해서 죽도가 옛날부터 조선의 영토였다고 일단 주장하고 있기 때문에 아마 이승만라인과는 관계가 없이 그런 것이 생기기 훨씬 이전 즉 몇 백 년 전부터 조선의 영토였다는 주장입니다.」라고 언급하면서도 '다케시마'가 일본영토라는 주장은 모순적이다.
59) 오카자키 외무대신은 「일종의 국제분쟁이라고 보고 있습니다. 과거에 죽도라는 이름이 울릉도를 지칭했던 적도 있는 등 혼란스러운 부분도 있습니다만, 한국 측에서는 옛날부터 한국의 영토라고 주장하고 있어 분쟁지역이 되고 있습니다. 하지만 이곳은 명백한 우리의 땅이기 때문에 국제분쟁으로 채택할 이유가 없다고 봅니다.」라고 하여 독도가 일본영토라는 입장은 일찍이 포기한 듯하다.

로 부정했다. 이러한 상황에서 일본정부의 일차적인 목표는 한국정부로부터 독도가 분쟁지역이라는 것을 인정받는 것이었다. 이를 위해 일본정부는 한국정부에 대해 무주지선점론을 주장하는 시마네현고시 40호가 합당하다고 하여 국제사법재판소에서 독도문제를 해결하자고 제안하고 있다. 이것은 독도가 분쟁지역으로 비추어지도록 하기 위한 의도이다. 오늘날 일본의 독도 영유권 주장은 20세기 초반의 제국주의적 영토취득논리인 영토팽창론에 의한 것이다. 일본이 아무리 독도에 대해 영유권을 주장하더라도 현행 국제법이 침략적인 영토조치를 불법으로 다루고 있기 때문에 독도는 더욱 일본영토가 될 수 없다.

3.3 일본 역대정권의 독도 영토정책의 실태

요시다 시게루는 미군이 점령통치 기간과 대일평화조약체결을 전후해서 일본총리를 역임했다. 요시다 시게루 정권[60]은 대일평화조약에서 독도를 일본영토로 변경하려고 노력했으나 성과를 거두지 못했기 때문에 대일평화조약 이후의 독도문제해결에 아무런 성과를 내지 못했다. 그 결과 독도에 대한 영토의식도 결여되어있었다.

대일평화조약은 요시다 정권에서 체결되었는데, 외무대신 오카자키 가쓰오(岡崎勝男)는 다음과 같이 진술했다. 즉 「(죽도문제는) 평화조약의 내용에 일본영토에서 제외되는 지역이 명시되어 있습니다. 여기에 명시되어 있지 않은 영토는 일본 고유영토로 그대로 일본에 귀속되는 것으로 저는 해석하고 있습니다. 따라서 죽도는 당연히 일본영토인 것입니다. 그러나 이 조약에 대해 연합국측의 해석이 다를 수도 있기 때문에 이 문제 역시 국제여론에 호소하여 일본의 영유를 확실히 하는

---

60) 요시다 시게루(吉田茂)는 1946년-1947년, 1948년-1954년까지 일본의 민주자유당 의원으로서 제45, 48, 49, 50, 51대 총리를 역임했다.

것이 필요하다」[61]라고 하여 국무대신 자신은 일본의 외무대신이기 때문에 국익을 위해서라도 '다케시마'가 일본영토라고 해석하지만, 조약안을 만든 연합국 측은 한국영토로 해석했을 가능성이 있다고 하여 실제로는 대일평화조약에서 독도가 한국영토로서 결정되었다는 것을 간접적으로 시인했다.

한국정부가 주일 미 공군이 독도를 공군 폭격연습장으로 사용하는 것을 확인하고 중지를 요청했을 때 미극동군사령관이 독도를 한국영토임을 인정했다. 이 사실을 한국국방부가 성명을 내었을 때, 외무대신 오카자키는 1953년 3월 5일 「지금까지 공문서 등으로 우리는 우리의 태도를 명확히 했습니다. 이 이상 더 명확히 할 방법은 없다는 것입니다. 따라서 예를 들어 상대방으로부터 정식으로 제의가 들어오는 경우는 당연히 대응하지 않으면 안 될 것입니다만, 그렇지 않고 애드벌룬 띄우듯 하는 성명에 대해서 일일이 상대해 다투는 것은 오히려 이상하지 않은가하고 현재는 생각하고 있습니다.」[62]라고 하여 상투적인 공문서로 항의하는 수준에 그쳤다. 그것은 대일평화조약에서 독도가 일본 영토로 결정된 것이 아님을 알고 있었기 때문이다.

단 이노 전문위원이 외무대신의 공문서 항의에 대해, 「한국 측이 이승만 라인의 안쪽에서의 어업에 관해 추가로 제한을 두어 그냥 일본어선이 여기에 들어오는 것을 허가하지 않는다는 성명을 내고 실제로 나포된 일본어선에 대해서 이승만라인 안으로 침입했기 때문에 나포했다

---

61) 오카자키 가쓰오(岡崎勝男) 외무대신 발언 「지방행정위원회-4호, 1953년 11월 5일」 「동북아역사재단편『일본국회 독도관련 기록 모음집 1』제1부 p.196.

62) 국무총리 오카자키 가쓰오의 발언 「참의원- 외무·법무위원회연합심의..........-1호(1953년 3월 5일)」, 동북아역사재단 편(2009)『일본국회 독도관련 기록 모음집』제1부 1948-1976년, 동북아역사재단, p.63.

는 식으로 성명을 내고 있습니다. 이처럼 이승만라인이라고 하는 것은
일방적인 선언입니다만, 그러는 사이 한국은 이미 이라인을 기정사실
로 여기고 행동으로 옮기고 있는 것입니다. 그렇게 해서 이 시마네현
(島根県)에 속한 리앙쿠르암이라 불리는 죽도가 일본의 영유임에도 불
구하고 이것이 이승만라인 내에 위치해 있고 게다가 일본어선의 자유
로운 항해를 막는 행위가 현실적으로 존재할 때 이것은 일본의 주권이
가진 영토에 제약을 가하는 것이며, 일본영유권 혹은 주권을 침해하는
것이라고 생각됩니다. 그 점에 대해 지금 외무대신께서는 단지 하나의
성명에 불과하다고 하여 이것을 문제 삼지 않겠다고 하셨습니다.」63)라
고 비판하자, 오카자키 외무대신은 1953년 3월 5일 「죽도로 가는 배가
방해를 받았다는 얘기를 듣지 못했습니다만 그런 일이 있다면 물론 그
에 대한 조치를 하겠습니다.」64)라고 하여 애당초부터 독도에 대한 적
극적인 정책을 포기하였음을 알 수 있다.

일본정부는 대일평화조약에서 독도가 일본영토로 결정되지 않았다
는 사실을 잘 알고 있었다. 이러한 상황에서 한국이 평화선을 선언하여
실제로 독도를 점유하고 있는 상태를 변경할 방법이 없었다. 일본정부
는 국민들의 비난을 피하기 위해 1954년 독도문제를 국제사법재판소에
서 해결하자도 한국정부에 제안했다. 당연히 한국이 응할 리가 없다.
그럼에도 불구하고 이런 제안한 것은 일본국민을의 불만을 의식한 것
에 불과하다. 실제의 독도정책은 아주 소극적이었다.

---

63) 단 이노의 발언 「참의원- 외무·법무위원회연합심의..........-1호(1953년 3
월 5일)」, 동북아역사재단 편(2009) 『일본국회 독도관련 기록 모음집』제1
부 1948-1976년, 동북아역사재단, pp.63-64.

64) 국무총리 오카자키의 발언 「참의원- 외무·법무위원회연합심의..........-1호
(1953년 3월 5일)」, 동북아역사재단 편(2009) 『일본국회 독도관련 기록 모
음집』제1부 1948-1976년, 동북아역사재단, p.64.

대일평화조약 체결 이후 한일협정을 체결할 때까지 하토야마 이치로 (鳩山一郎:1954~1956)정권, 이시바시 단잔(石橋湛山:1956~1957)정권, 기시 노부스케(岸信介:1957~1960)정권, 이케다 하야토(池田勇人:1960~1964)정권, 사토 에이사쿠(佐藤榮作:1964~1972)[65]정권 모두가 대일평화조약에서 독도가 일본영토로 결정되었다고 생각하지 않았다. 그래서 소극적은 방법으로 영유권을 주장하면서 한국정부에 항의서를 보내는 정도였다.

한일협정체결 이후부터 대륙붕협정체결까지의 영토정책은 다음과 같다. 즉, 1965년 한일협정을 체결하게 되었는데, 이때에도 일본정부는 독도가 일본영토로서 해결되어야한다고 아니고, 한국으로부터 분쟁지역으로서 인정받고 싶어 했다. 그러나 결국 독도가 한국영토라고 하는 한국의 입장을 부정하지 못했다. 일본정부는 한일협정을 체결할 때에도 한국이 독도영유권을 포기할 의사가 없다는 것을 확인하고 그다지 적극적이지 않았다. 한일협정 이후부터 1998년 신 한일어업협정이 체결될 때까지 일본의 독도정책은 소극적이었다. 소극적인 정권들은 대체로 다음과 같다. 즉, 다나카 가쿠에이(田中角榮:1972~1974), 미키 다케오(三木武夫:1974~1976), 후쿠다 다케오(福田赳夫:1976~1978) 오히라 마사요시(大平正芳: 1978~1980), 스즈키 젠코(鈴木善幸: 1980~1982), 나카소네 야스히로(中曾根康弘:1982~1987), 특히 시마네현(島根縣(도근현) 출신인 다케시타 노보루(竹下登:1987~1989), 우에노 소스케(宇野宗佑:1989~1989), 가이후 도시키(海部俊樹: 1989~1991), 미야자와 기이치(宮澤喜一:1991~1993), 55체제를 종언한 비자민당의 일본신당 출신인 호소가와 모리히로(細川護熙: 1993~1994), 신생당 출신의 하타 쓰토무(羽田孜:1994~1994), 사회당 출신인 무라야마 도미이치(村山富市:

---

65) 사토 수상은 기시 노부스케(岸信介)의 친동생이고, 1974년 노벨평화상 수상하고 한일조약을 체결했다.

1994~1996) 등도 영유권을 주장하면서 한국의 실효적 관할통치에 대해 항의하는데 그쳤다. 그런데 다시 자유민주당이 집권한 하시모토 류타로(橋本龍太郎)정권(1996~1998)정권은 1997년 한국이 국제통화기금으로부터 금융지원을 받게 되어 경제적 어려움에 처하게 되었을 때 1965년에 체결한 한일어업협정을 일방적으로 파기하고 1년이란 기한을 주면서 일본이 제시한 안에 동의를 요구했다. 오부치 게이조(小淵惠三)(1998~2000) 정권은 잠정적으로 한일공동관리수역을 결정한 신한일어업협정을 체결했다. 그 이후의 모리 요시로(森喜郎)(2000~2001), 고이즈미 준이치로(小泉純一郎) 정권(2001~2006) 정권에서도 독도에 대한 정책적인 큰 변화는 없었다.

고이즈미 준이치로(小泉純一郎) 총리와 이케다 유키히코(池田行彦) 외상은 "독도 문제"를 ICJ에 넘기려면 한국이 ICJ의 관할권을 인정하는 선언을 해야 하고 양국이 독도를 재판에 회부하는 것에 관한 특별합의를 해야 한다는 것을 알고 있었기 때문에 한국이 응하지 않기 때문에 독도 영유권에 관해 ICJ에 제소하는 것이 불가능하다고 언급했던 것이다.[66]

---

66) 일본 외무성 조약국법규과가 1962년 7월 작성한 '일한교섭관계법률문제 조서집'에서 다루었음. 「한국, ICJ강제관할권 인정안해…일본 관할권도 적용시점 제약」「연합뉴스」, 2014년6월10일.

〈일본 외무성 조약국 법규과, "일한교섭관계법률문제조서집" (1962년7월 작성)〉67)

그런데 시모조 마사오 등이 우익인사들이 시마네현을 움직여 죽도문제연구회를 만들고, 시마네현과 현의회를 선동하여 시마네현 조례로 "죽도의 날"을 제정했다. 그후 이들은 시마네현의 자민당 출신의 국회의원을 통해 자민당의원을 움직이고 일본 외무성을 움직이려고 노력했다. 결국 아베정권은 일본정부의 내각관방부에 영토 대책 조정실을 설치하고 독도문제를 포함하여 영토문제를 전담하게 했다.

신 한일어업협정 체결부터 '죽도의 날' 조례제정까지 일본의 영토정책은 다음과 같다. 일본정부는 신 한일어업협정을 체결하기 위해 일방적으로 1965년의 어업협정파기를 선언했다. 이는 1997년 김영삼 대통령의 독도 선착장 건립에 대응하기 위한 조치였다고 하겠다. 결국 신 한일어업협정은 공동관리 수역으로 해석되는 수역에 독도가 포함되었다 이 때의 일본정부의 독도정책은 아주 도발적이었다. 2005년 시마네현이 '죽도의 날' 조례를 제정하여 강력하게 영유권을 주장했다. 이를 계기로 일본정부도 독도정책을 적극적으로 추진하게 되었다. 2013년

---

67) 「연합뉴스」, 2014년6월10일.

이명박 대통령이 독도를 방문하였을 때는 통산 3번째로 국제사법재판
소에서 독도문제를 해결하자고 한국정부에 제안했다. 그러나 한국정부
는 독도가 한국영토라고 하는데 한 치의 의심도 없다고 하여 거절했다.

4. 한일 양국의 영토인식 차와 해결가능성

일본이 한일합병조약처럼 강제적인 방법으로 침략을 했다면 포츠담
선언에 의해 일본영토에서 명확히 분리시키는 데 이의를 제기할 수 없
다. 그런데 독도의 경우는 한국병탄 이전에 일방적으로 편입조치를 취
하여 일본의 신영토가 되었다고 한다. 이것은 방법은 다르지만 모두 일
본은 독도에 대해 영토팽창론에 입각하여 일본영토에 편입한 것이다.
그것은 한국정부가 합법적으로 인정한 것이 아니고 은밀한 방법이었
다. 그런데 일본은 무주지를 일본영토로 편입했다고 주장한다. 한국영
토를 편입한 것이 아니라고 한다. 그런데 1905년 이전에 한국영토라는
많은 증거가 존재한다. 일본은 이를 부정한다.

첫 번째 독도문제의 해결가능성으로는 1905년에 무주지 선점으로 일
본영토가 되었다고 주장하는 것이 침략적이고 모순적인 것임을 증명하
기 위해 1905년 이전에 한국영토로서 관리해왔다는 것을 일본이 인정
할 때까지 근거를 찾아내어 일본을 납득시키는 방법이다.

둘째로는 일본의 전향적인 자세가 필요하다. 지금까지처럼 무조건
일본의 국익을 위해서라도 일본영토가 되어야하거나, 아니면, 최소한
얼마라도 일본의 권익을 인정받아야한다는 모순적인 생각을 버리고 문
제를 본질적으로 해결한다는 생각을 가져야한다. 독도문제의 근본 요
인은 먼저 편입당시에도 영토팽창의식에 의한 것이고, 일제 강점기를

거쳐 일본의 패전과 더불어 전후 포츠담선언에 의거하여 일본제국이 침략하여 팽창한 영토에 해당하는 독도에 대해 일본이 영유권을 포기해야 문제가 해결된다. 만일 일본이 포기하지 않으면 한국이 포기한다고 할 때 한국은 고유영토를 포기하는 것이다. 현재 국제사회의 조류는 과거의 잘못을 반성하고 청산해가는 것이다. 독도 영토문제를 본질적으로 해결하는 방법은 일본이 과거 침략적인 방법에 의한 영토팽창을 반성하고 독도문제에 대해 포기해야할 것이다.

셋째로는 독도문제를 둘러싸고 지금처럼 서로의 입장을 주장하여 그 사이에 본질적이든 정치적이든 해결방법을 모색하는 것이다. 단지 최대한 독도문제로 물리적인 분쟁은 절대로 있어서는 안 되고, 외교적으로도 서로가 국익에 손해를 가져오는 소원한 관계는 최대한 생기지 않도록 해야 할 것이다.

5. 맺으면서

본 연구는 한일 양국 간에 영토문제에 대한 상호인식을 분석하고 영토문제의 해결가능성을 전망한 것이다. 이를 정리하면 다음과 같다.

첫째로, 한국은 고유영토론을 주장하고 있고, 일본은 무주지 선점론으로 1905년 독도편입이 정당하다고 주장한다. 한국은 유사 이래 독도를 영토로서 관리했다는 문헌적 기록이 있다. 반면, 일본은 유사 이래 독도를 관리했다는 문헌적 기록이 없다. 단지 러일전쟁 중에 무주지 선점이론으로 편입했다고 하는 내용만 존재한다. 이처럼 오늘날 양국이 영토취득 방법의 차이로 인해 서로 대립되고 있다.

둘째로, 한국은 일본에 대해 과거나 지금이나 독도 영유권에 아무런 문제가 없다는 입장을 관철했다. 그러면서도 영토정책에 있어서는 소극적인 정권도 있었고 적극적인 정권도 있었다. 반면 일본정부는 종래 독도에 대해 영유권을 주장하면서도 대일평화조약, 한일협정, 대륙붕협정 등에 있어서 소극적인 방법으로 독도문제에 대처했다. 그런데 최근에 와서 과거정권이 왜 소극적일 수밖에 없었는가에 대해서는 무시하고 아베정권이 우경화 일색으로 '다케시마'의 영유권을 도발적으로 주장하고 있다.

셋째로, 전후 일본의 독도에 대한 영토정책은 한국의 실효적 조치에 대항하는 차원에서 이루어졌다. 그런데 갑자기 2005년에 측량선을 독도에 파견하려고 시도했던 것은 시마네현이 '죽도의 날'의 조례를 제정하고 그 여세를 몰아 선동했기 때문이다.

넷째로, 한일 양국은 독도문제에 대한 상호인식이 필요하다. 일방의 인식을 일방적으로 주장한다면 분쟁이 격화될 뿐이다. 상호이해를 통해 독도문제 해결의 해법을 모색하는 것이 중요하다. 일본은 우선적으로 세계보편적인 가치관을 갖는 것이 중요하다. 일본은 천황제에 매몰된 일본문화의 내적인 부분이 존재하기 때문에 한국에서 극단인 요구만 계속 해서는 안 된다. 일본의 내적인 부분을 고려하여 한국의 독도정책에 있어서 강약을 조절할 필요가 있다고 본다.

〈참고문헌〉

나이토우 세이쮸우저, 권오엽・권정역(2005)『獨島와 竹島』제이앤씨

독도연구보전협회편(2015)『일본아베정권의 독도침탈정책 강화 추세와 한국
　　　의 독도영유권의 명증』독도학회・주관(역사박물관), 2015년10월8일

박병섭(2011.12)「일본의 독도 영유권 주장에 대한 관점」『한일 양국의 관점
　　　에서 본 울릉도, 독도 심포지움』대구한의대학교 안용복연구소주체, 대
　　　구한의대학교 학술정보관

신용하(1996)『독도의 민족영토사연구』지식산업사

＿＿＿(2011)『독도영유권에 대한 일본주장 비판』서울대학교출판문화원

奧原碧雲(1906)『竹島及鬱陵島』松江：報光社

＿＿＿＿(1907)「竹島沿革考」『歷史地理』第8巻 第6号

川上健三(1966)『竹島の歴史地理学的研究』古今書院

外務省(2008)「竹島問題」「パンフレット'竹島問題を理解するための10のポイント'」

下條正男(2005)『'竹島' その歴史と領土問題』竹島・北方領土返還要求運動島
　　　根県民会議.

＿＿＿＿(2004)『竹島は日韓どちらのものか』文春親書377

高野雄一(1964)『日本領土』東京大学出版会

田村清三郎(1954)『島根県竹島の 研究』島根県

＿＿＿＿(1996)『島根県竹島の新研究』復刻板, 島根県総務部総務課.

内藤正中・金柄烈(2007)『歴史的検証独島・竹島』岩波書店.

内藤正中・朴炳渉(2007)『竹島＝独島論争ー歴史から考えるー』新幹社

毎日新聞社編(1952)『対日平和條約』毎日新聞社刊

독도연구소 http://www.dokdohistory.com/외교통상부, https://www.youtu
　　　be.com/watch?v=muB4_LNZ2Rk&feature=youtu.be/

「竹島問題研究會(島根県)」, http://www.pref.shimane.lg.jp/soumu/web-tak eshima/

「竹島問題(일본외무성)」, http://www.mofa.go.jp/mofaj/area/takeshima/

第4章
独島問題の
解決のための
日・韓両国の
相互認識

1. はじめに

　韓国は歴史的根拠と戦後の政治史的過程を介して、独島を実効的に管理している。[1]ところが、日本がこれに対して異議を申し立て、独島が日本領土だと領有権を主張している。[2]島は明らかに一つだが両国がお互いに自分の領土だと主張する場合、両国間には必ず領有権に対する認識の違いが存在する。韓国政府は、固有領土論を主張しており、日本は固有領土であるが、再び領土編入措置をと

---

1) 代表的な研究として、李漢基(1969)『韓國の領土』ソウル大學校出版部、内藤正中・金柄烈(2007)『史的検証竹島・独島』岩波書店、内藤正中・朴炳渉(2007)『竹島=独島論争』新幹社、宋炳基(1999)『鬱陵島と獨島』檀國大學校出版部、宋炳基(2004)『獨島領有權資料選』資料叢書34,翰林大學校アジア文化研究所、愼鏞廈(1996)『獨島の民族領土史研究』知識産業社などがある。
2) 最も古い論理として、奥原碧雲(1906)『竹島及鬱陵島』松江：報光社。奥原碧雲(1906)『竹島経営者中井養三郎氏立志伝』、奥原碧雲(1907)「竹島沿革考」、『歴史地理』第8巻第6号、川上健三(1966)『竹島の歴史地理学的研究』古今書院、川上健三(1953)『竹島の領有』日本外務省條約局、田村清三郎(1954)『島根県竹島の研究』島根県、最近補完した論理として、代表的なものに下條正男(2005)『'竹島'その歴史と領土問題』竹島・北方領土返還要求運動島根県民会議などがある。

り、確立した「新領土」と主張している。3)

　現在、日本政府は、日本領土である「竹島」を韓国が武力で不法占
領していると主張する。4)このような認識は妥当なのか。このよう
な認識は、どのように生じたのか。現在鬱陵郡の独島博物館には、
独島関連史料が約600点余り展示されている。5)これらの史料を領有
権の観点から分析すると、日本領土であるという根拠は全くなく、
すべてが韓国領土であるという根拠である。ところが、日本はこれ
らの史料はすべてが韓国領土である独島の領有権的根拠にならない
と主張している。6)

その理由は、まさに日本が「竹島」領有権を主張している根拠が「無
主地を「竹島」という名前で先取りする」としている島根県告示40号
ためである。この島根県告示40号は、1905年2月22日に告示された
もので、朝鮮領土を侵略するという列強の非難を覚悟しなければな
らないと、いう内務省の指摘7)があったにもかかわらず、外務省が
主導して、日露戦争8)の混乱した隙に乗じて秘密閣僚会議を経て独
島の侵略を決めたのだ。9)「新領土」10)として編入したという島根県

3)「竹島問題」日本外務省(檢索日:2009.5.10)　http://www.mofa.go.jp/mofaj/
　　area/takeshima/(檢索日;2015.8.30)
4)　同上。
5)「獨島博物館」、http://www.dokdomuseum.go.kr/page.htm?mnu_uid=536
　　&(檢索日;2015.9.30)
6)「竹島問題研究會(島根県)」、http://www.pref.shimane.lg.jp/soumu/web-
　　takeshima/(檢索日;2015.8.30)
7)　金秀姫(2015.10)「日本の独島無主地先占論の系譜とその形成過程」『日本安
　　倍政権の独島侵奪政策の強化の傾向と韓国の独島領有権の名増』独学会
　　会・独島研究保全協会主管(歴史博物館)、2015年10月8日pp.1-15
8)　日本が韓国領土を狙って、韓半島と東海、そして満州を戦場にしてロシア
　　を侵略した戦争。

告示40号の合法性を主張するには、1905年以前に独島が無主地だったことを主張しなければならない。そのため日本は韓国の領土だという根拠である独島博物館に存在する600点余りの独島関連史料をすべて否定しなければならなかった。そのためには日本が主観的な解釈に抑止論理を伸ばさなければ不可能だからであった。このような立場は、日本の今や過去の政権も同じであるが、過去の政権は、自分たちの論理に問題があるという事実を多く認識していたため、独島に対する積極的な領土政策を伸ばすことができなかった。ところが、現安倍政権は非常に挑発的に独島領有権を主張している。その理由は、独島の本質を理解することではなく、国益のために独島を日本領土化しなければならないという考えが先立つからである。これにより、現在の日韓両国の間には、独島領有権を巡って真っ向から対立している。

　本研究の目的は、このような問題点を踏まえて、現安倍政権の独島政策の正当性の可否を考証することである。さらに、先行研究[11]では扱われていない独島問題に対する韓日両国の相互認識を検討することにより、両国の友好関係のための方向性を模索する。そのための研究方法として、優先的に韓日両国の独島に対する領土認識の違いを明確に分析する。そして、日韓両国の歴代政権が独島に対してどのように対処してきたかを考察しようとする。韓日両国の歴代

---

　9) 川上健三(1966)『竹島の歴史地理学的研究』古今書院参照.

10) 金秀姫(2015.10)「日本の独島無主地先占論の系譜とその形成過程」『日本安倍政権の独島侵奪政策の強化の傾向と韓国の独島領有権の名増』pp.1-15

11) 独島に関する研究は、歴史的、法的研究が主流を成すが、本研究では、先行研究で扱ったことがない。本稿は、2014年5月17日、韓国日本近代学会のシンポジウムで発表した内容を補完し、まとめた論文である。

政権の中には積極的だった政権もし、消極的だった政権もあった。
これらの政権の独島政策の背景と原因について究明する。

韓日両国の和解は、両国を超え、東アジアの安定と繁栄、さらに国
際社会にまで及ぶ影響が大きい。したがって、日韓両国が独島問題
において相互理解せずにお互いに自国の立場だけを主張すれば、今
の対立関係は、この先もずっと継続するであろう。

2. 韓国の独島の領土認識

2.1 韓国の領土としての独島の歴史的根拠

韓国が独島を韓国領土として管理してきたのは、独島が韓国固有
の領土という認識を持っていたからである。韓国が考えている独島
の領土に対して歴史的に見る領土的権原は、以下の通りである。

日本は1905年、独島を「無主地」という名目で日本領土に編入措置
したと主張するが、事実上、当時の独島は韓国領土として主人がい
る島だった。新羅時代には東海に鬱陵島に于山国があった。鬱陵島
を本拠地とする于山国の人々は、見渡せる距離にある独島を他国の
領土だと思っただろうか。記録がないため、想像に任せる。高麗時
代にも鬱陵島は鬱陵城主が治める高麗国の一つの城だった。鬱陵城
の人々も視界にある独島の存在を知っていたはずであろう。高麗史
地理志に東海に于山武陵の2つの島が存在すると記録している。12)

---

12) 1451年、蔚珍県條に「鬱陵島は、県の正東の海の中にいる。...一説には、
于山、武陵は、元々二つの島で、お互いの距離が遠くなく天気が良けれ
ば眺めることができるという」(「高麗史」巻58地理3東界蔚珍縣條)「独島博

このような認識は朝鮮時代まで続いた。高麗末に倭寇が鬱陵島に入って略奪をして鬱陵島を空にすることを決めた。[13]朝鮮国が1403年連れ帰る(刷還)政策で島を空にして管理する前までは、鬱陵島に鬱陵島民が住んでいた。鬱陵島民は鬱陵島から見える距離にある独島の存在を認識していた。一方、日本からは独島が見えないため、環境的に領土認識が自生することができなかった。しかし、鬱陵島に人が住んでいた新羅、高麗、朝鮮初期には鬱陵島から独島が見える距離にあり、韓国領土である鬱陵島の人々の生活根拠として使用されてきたため、鬱陵島の人々には独島が鬱陵島の一部であるという認識が自生することができたのである。これは、三国史記、三国遺事、世宗実録地理志、高麗史地理志、増補東国興地勝覧などの記録で確認されている。一方、日本で独島に最も近い隠岐島からは、独島が見えない。日本の中央政府が独島を日本領土として認識したという記録がない。むしろ1696年幕府は鬱陵島を朝鮮領土として認めて日本の漁師に鬱陵島渡海禁止令を下して鬱陵島と独島[14]方面に出漁を禁止した。このように、近代以前の歴史を見ると、日本が独島を領土と認識したことがなかった。

　日本は近代国家となり、朝鮮の門戸を強制的に開放し、これにより、日本の漁師が鬱陵島、独島近海に出没するようになった。挙げ

　　物館」、http://www.dokdomuseum.go.kr/page.htm?mnu_uid=342&(檢索
　　日;2015.9.30).

13) 1379年、「倭が武陵島に入って半月の間滞在した後退く」(「高麗史」巻134叛
　　逆6辛禑1)、「独島博物館」資料引用。

14) 鳥取藩と幕府の間に質疑応答した7つの條項で鬱陵島と独島が日本領土では
　　ないと結論を下した。すなわち、独島を韓国領土として認識したというも
　　のである。

句の果てに日本政府は、日露戦争の混乱期に乗じて独島を韓国領土として認識し、こっそりアシカ漁をしていた漁師の中井養三郎を利用して、密かに閣僚会議を経て「竹島」という名前で領土編入を決定し島根県告示40号で独島を侵奪しようとした。

大韓帝国側(沈興澤郡守)が日本の独島編入事実を初めて知ったのは1906年3月28日だった。その時点では、日露戦争が終わって1905年9月ポーツマス條約で講和條約が調印され、その結果、韓国京城に日本統監府が設置されたのであった。日本は島根県の管理を通じて鬱陵島を訪問し、独島が日本の新領土になったと口頭で通知した。[15]これに対して鬱島郡の管轄区域として独島を行政に管轄していた沈興澤郡守は島根県管理の陳述を翌日の1906年3月28日、緊急に大韓帝国政府に報告した。[16]この報告を受けた総理大臣と内部大臣は、独島が韓国領土であることを断定して日本政府の独島侵奪の事実を1906年5月1日付で「大韓毎日新報〉を通じて対内外に知らせ、これを認めなかった。[17]これらから見て、大韓帝国は、独島を韓国領土として認識して管理していたのに、日本帝国が大陸侵略の一環として、独島を侵奪しようとしたのである。日帝の大韓帝国領土の侵奪は続き、その5年後の1910年、大韓帝国の領土を強制的に編入する措置を取った。言い換えれば、日本が独島を強制的に自国の領土に編入措置を取って、その次の順序で韓国全体を併呑しようとしたのである。しかし、1905年に編入措置をとったことに対して韓国

---

15) 愼鏞廈(2011)『独島領有権に対する日本の主張を批判』、ソウル大学出版文化院 pp.221-234.
16) 同上。
17) 同上。

は認めていなかったので、一方的な領土措置として、違法な措置である。韓国は36年間、日本の植民地支配を受けた。日本の植民地政策は、1945年の敗戦で幕を下ろした。日本は連合国が要求したカイロ宣言とポツダム宣言の内容を完全に受け入れると約束した。韓国はこのような観点から、日本から侵略されたすべての領土を修復することを望んだ。それ以外でも、文禄・慶長の役をきっかけに、日本の中央政府管轄下の日本領土となった対馬に対しても、領有権を主張するほどの領土意識が高揚していた。小さな岩礁に過ぎない二つの島、波浪島と独島であるが、日本に渡してはいけないという強い領土意識を持っていた。ところが、このような領土認識は1946年連合国の政策によって波浪島と対馬は一旦除外されたが、SCAPIN 677号により鬱陵島、済州島、独島までを韓国領土として認められるようになった。ところが、日本が対日平和條約で独島の領有権を主張することで、連合国は「SCAPIN 677号での韓国領土独島」という決定に基づいて、独島領有権について無人島という点で、緊急の問題ではないという立場で地位の決定を避けたのある。[18]

2.2 韓国の実効的独島の管轄統治と領土認識

　日韓間で独島領土問題が始まったのは1693年、安龍福が1次に日

---

18) 対日平和條約では、地位の決定をしていなかったが、韓国が実効的支配の状況を中断していなかったため、韓国領土と認めた結果になる。その事実は、「日本領域参考図」(1952)や「日本領域図」(1952)が証明している。鄭泰萬「日本領域参考図と連合国の対日平和條約」『日本安倍政権の独島侵略政策の強化の傾向と韓国の独島領有権名増』独島研究保全協会2015年度学術大会、2015年10月8日、pp.55-70。毎日新聞社編(1952)『対日平和條約』毎日新聞社刊参照。

本に渡航して鬱陵島とともに独島の領有権を主張してからである。[19]1696年2次渡日の際には、「朝鮮之八道」の江原道所属で「竹島(鬱陵島)と松島(独島)」があることを日本側に提示して鬱陵島とともに独島が韓国領土であることを主張した。[20]その結果、日本幕府は1696年これに対して異議を申し立てずに鬱陵島と独島が韓国領土であることを認めて「竹島」(鬱陵島)の渡海許可証を持っている日本漁師の鬱陵島への渡海を禁止する禁止令を下した。[21]

これにより、日本人たちは独島と鬱陵島が位置した隠岐島の西北側に渡航することができなくなった。[22]独島については「松島渡海免許」事態がなかったので、独島に対する渡海免許を取り消せるはずがない。[23]日本の領土論者の主張では、幕府が独島に対する渡海免許を取り消していなかったため、独島は継続的に日本領土だったというのだ。[24]それは正しくない。なぜなら、中央政府の領有権の認識をせずには領土になることができないからである。[25]当時、日本の中央政府が独島を領土として認識して管理したという証拠がないからである。

---

19) 『肅宗實錄』卷30,肅宗22年(丙子,1696年)9月戊寅(25日)條.
20) 權吳燁・大西俊輝註釈(2009)『獨島の原初記録元禄覺書』J&C,p.44
21) 鳥取藩審問書7個條項、松島は伯耆番と稲葉番の両番どちらの所属でもない。
22) 渡航禁止の立て札を設置した。「日本が必死に搬出を防ごうとした独島立て札の秘密」『朝鮮日報』2010年3月6日
23) 川上健三(竹島の歴史地理学的研究)は、1656年松島渡海免許を取得したと主張するが、根拠のない主張であることが明らかになった。池内敏(1998)『近世日本と朝鮮漂流民』、臨川書店を参照。
24) 外務省(2008)「竹島問題」「パンフレット'竹島問題を理解するための10のポイント'」参照。
25) 国を成しているのが領土、主権、国民であり、国が領土を拡大し、縮小することができないので、領土の獲得は、中央政府のみ可能である。

その次は、1906年3月28日、島根県の管理者が独島を視察し帰り道に鬱陵島を訪問し、編入措置した日本の新領土として「竹島」の存在の事実を知らせた。この事実を伝えられた沈興澤郡守は、予想外のとんでもないことが起こってすぐ翌日の1906年2月?日、これを朝鮮の朝廷に報告した。[26]朝鮮の朝廷の内部は韓国領土であった独島に対し、日本が日露戦争中であった1905年2月22日、侵略的な方法で「島根県告示40号」により独島が「無主地」であるとし島根県に編入し、新しい領土を取得したとする日本政府の主張を聞いてこれを統監府に抗議した。[27]その際統監府は1900年、朝鮮の朝廷が「勅令41号」で正式に「鬱島郡」を設置し、「石島(独島)」について行政管轄の措置をとったという事実を確認、独島が韓国領土だと主張する朝鮮の朝廷の抗議に対して何の反論もしなかった。[28]それは独島が朝鮮領土であることを認めたものであった。

韓国政府は、日露戦争終了以降1905年9月4日(ポーツマス講和條約)から1910年に日本に併呑されるまで、独島の領土を日本領土として認めたことや、武力で屈服されたことがなかった。したがって1905年の島根県告示40号は、日本政府の一方的に取った行為である。国際社会が日本政府の措置を認めたこともなかった。むしろ相手国である大韓帝国はこれを否認したため、島根県告示により、日本に独島を侵奪されたとする表現は間違いである。[29]実際に独島が

---

26) 愼鏞廈(2011)『独島領有権に対する日本の主張を批判』、ソウル大学出版文化院,pp.221-234.
27) 「鬱島郡の配置顛末」『皇城新聞』1906年7月13日付。
28) 統監府に抗議したという事実は、「鬱島郡の配置顛末」で確認されるが、統監府が反論したという証拠はない。
29) 韓国外交通商部のホームページに第3代外交部長官卞栄泰長官の言葉を借

日本の支配下に入ったのは1910年8月、韓国が日本に併呑され、日本の植民地支配を受けてからである。

そして、1945年、日本が連合国によって敗北されて、韓国は独立に加え、日清戦争後、日本が侵略したすべての領土が、元の国に返還されるとするポツダム宣言の精神に立脚して、連合国最高司令部覚書のSCAPIN 677号の措置によって最終的・領土的決定が下される対日平和條約が締結されるまで、独島を実効的に管理して統治することになった。[30]そこで日本は対日平和條約で独島の統治権を奪おうと冷戦という東アジアの体制の中で、日本に友好的だった米国にもたれていろいろな手段を動員して「竹島領土化」を狙った。[31]しかし、対日平和條約では、米国の官僚の中の一部[32]が日本の立場を支持する者もいた。最終的には英連邦国家の異議申し立てに連合国が合意した見解は、無人島として領土紛争地域については介入せず、当事者間の解決に任せるという原則[33]を立てた。これにより、当初、日本は自分が意図したとおり独島を日本領土として條約に明記していなかったのである。[34]むしろ韓国が1946年1月18日、SCAPIN

りて島根県告示で侵奪されたと記述している。必ず修正するべきである。「美しい大韓民国の領土、独島」、https://www.youtube.com/watch?v=muB4_LNZ2Rk&feature=youtu.be(検索日;2015.9.30).

30) 愼鏞廈(2011)『独島領有権に対する日本の主張を批判』、ソウル大学出版文化院,pp.249-264.

31) シーボルトを介して対日平和條約で独島を奪取しようとした。愼鏞廈(2011)『独島領有権に対する日本の主張を批判』、ソウル大学出版文化院、pp.283

32) シーボルト、ディーンラスク、ヴァン・フリートなど、これらは日本のロビーが届いた者たちである。

33) 崔長根(2005)『日本の領土分争』p.75.

34) 岡崎勝男外務大臣は、対日平和條約で連合国では、独島を韓国領土として解釈することもあると発言した。国務大臣岡崎勝男発言、「地方行政委員

677号で独島を実効的に管理統治していたため、連合国がこれを否定しなかった。³⁵⁾韓国政府はさらに、李承晩大統領が平和線を宣言し、SCAPIN 677号による独島領有権の措置をさらに強化した。³⁶⁾当時の国際法は、領海や排他的経済水域について明確な規定がなかったため、³⁷⁾韓国の平和線について、一部の国が好意的に見ていない場合はあっても、³⁸⁾平和線自体が不法だと阻止しようとしていた国はなかった。ただ、日本だけが独島が自国の領土だと主張し、平和線を認めないようにしただけだ。³⁹⁾1948年在日米軍が独島を空軍爆撃練習場とし、指定して誤爆事故で韓国漁民30人が犠牲になる事件があった。これに対して韓国政府が抗議し、爆撃練習を中止するとともに、米国の謝罪を受け入れた。⁴⁰⁾その後、対日平和條約が締結され、日本は米国との対日平和條約によって、独島が自国の領土になったこと認めてもらうため、再び独島を駐日米空軍の爆撃演習地

会-4号、1953年11月5日」「東北亜歴史財団編『日本の国会独島関連記録コレクション1』第1部p.196.

35) 韓国の実効的支配の状況を中止する何の措置も取らなかった。むしろ駐日空軍の独島爆撃練習場の指定を撤回を要求した韓国の立場を受けて撤回した。

36) 対日平和條約で韓国が実効的支配をしている独島について最終的な地位を決定していなかったので、平和線の措置は、677号を継承した自慰行為に該当する。

37) 12海里の領海と200海里の排他的経済水域の概念は、1982年に国連海洋法條約で採択された。

38) 1952年1月平和線を画線したときは問題視していないが、ディーンラスクの1953年と54年のヴァン・フリートが平和線について言及しているため、連合国所属国の見解ではなく個人的な見解で見るのが妥当である。「竹島問題」日本外務省(検索日:2009.5.10), http://www.mofa.go.jp/mofaj/area/takeshima/(検索日: 2015.6.30).

39) 日本は李承晩大統領が不法に宣言した境界線とし、「李承晩ライン」と呼ぶ。

40) 鄭秉峻(2010)『獨島1947』トルベゲ, p.191.

に指定するように扇動した。[41]これにより、日米行政協定の日米合同委員会で独島を再び駐日米空軍の爆撃演習地に指定したが、韓国山岳会が独島を訪問した際空軍の爆撃訓練中の事実を確認して抗議した。これに対して、米国は韓国の要求を受け入れて再び米空軍の爆撃練習場の指定を撤回した。このように、米国も韓国の独島に対する実効的管轄統治を認めたのである。連合国に所属する国の中で韓国が実効的に管轄統治する独島に対して異議を提起したことがなかった。

　韓国政府は、平和線を対外的に宣言して独島が韓国領土というの領土認識を明らかにし、その後の韓日協定[42]と大陸棚協定が締結されたときにも、独島が韓国領土という確固たる領土認識を持っていたので、日本政府は、これを阻止できなかった。

　現在、韓国の独島に対する領土認識は1905年、日本の領土編入措置に対する領有権の主張を否定しているため、独島の領土は512年新羅が于山国を服属した時点から現在まで固有の領土として管轄統治しているということだ。朝鮮時代ずっと鬱陵島とともに、東海に存在するもう一つの島、すなわち独島に対する領土主権を一度も放棄したことがなかった。[43]そのため韓国はこれをもとに、その延長

---

41) 慎鏞廈(2011)『独島領有権に対する日本の主張を批判』、ソウル大学出版文化院,pp.305-308.

42) 1953年11月5日、外務大臣岡崎勝男は、日韓会談での独島問題の解決の可能性について、「この問題は、個別に解決することはよい」として対日平和條約で日本領土に決定されておらず、むしろ韓国が実効的に管轄統治している独島を日本領土に韓日協定で変更することは不可能だという立場だった。

43) 私たちの先祖は、新羅時代に鬱陵島(独島を含む)を領土とする于山国を編入し、高麗には于山城に行政措置して鬱陵島(独島を含む)を管理し、朝鮮

線上で、独島が韓国の固有の領土だと主張している。このような認識は、今後も変わらないものとみなす。

2.3 歴代の韓国政府の独島の領土政策の実態

　大韓民国は1945年に日本から独立し、米軍の信託統治を受けているが、1948年大韓民国が建国された。大韓民国は独島を慶尚北道の行政区域に含め、韓国領土として管轄統治した。[44]

　李承晩政権では対日平和條約が締結され、平和線を設置し、独島での実効的支配を強化した。独島はSCAPIN 677号により解放すると共に、韓国が実効的支配をした。対日平和條約では韓国領土である独島について「独島」という名称を明確にしなかった。李承晩大統領は1952年、日本はこれを口実に、独島侵奪の可能性を考慮して、迅

時代には水土政策に鬱陵島(独島を含む)を管理しており、大韓帝国の時期には、日本の挑発に対応して勅令41号で鬱陵島と独島を領土として強硬に守護してきた。しかし、日帝侵略期には、国際秩序に便乗していなくて領土と国民と主権を根こそぎ日本に奪われて国を失った侮辱を受けた。日本植民地時代の私たちの先祖は、命をかけて国の独立のために闘争し、第2次大戦で連合国が勝利することで、韓国の独立の意志を認められ、領土、国民、主権を修復して国を取り戻した。連合国は広島、長崎に原爆を投下して、日本に無條件に「侵略した領土をすべて放棄」するようにして、戦争を終結させた。連合国はポツダム宣言に基づいてSCAPIN 677号で独島を含む韓国領土の範囲を明確にした。その時、韓国は実際に独島を管轄した。連合国は1951年に対日平和條約で韓国領土を最終的に確定した。ところが、独島には何の措置が降りなかった。米国は日本を自由陣営に編入しようと、日本のロビーを積極的に拒絶していなかったのだ。

44) 「6月8日、当時慶尚北道知事曺在千の参加の下、独島爆撃事件で死亡した漁民たちのために「独島遭難漁民慰霊碑」を建立する。独島博物館、http://www.dokdomuseum.go.kr/page.htm?mnu_uid=342&(検索日: 2015.6.30)」

速に平和線を宣言し、日本の侵入を阻止した。独島に灯台を設置し
て、武装した警察を駐屯させて領土化を強固にした。その結果、現
在の韓国の警察が独島に常駐している。日本の独島侵奪の意図は李
承晩政権の間ずっと続いた。

　朴正熙政権は韓日協定と大陸棚協定が締結された。朴正熙大統領
は、1965年の韓日協定で日本の独島侵奪の意図を牽制して、断固と
して「独島は韓国領土であり領土問題は存在しない」という立場を観
察した。これが守られなかなら、韓日協定を締結しないという立場
を日本政府に明確にし、これを実践した。日本は朴正熙政府の独島
領土の意志を折らなかった。朴正熙政府のこのような立場は、1974
年大陸棚協定まで続き独島が韓国領土であることを前提に、北部大
陸棚の境界線を設定して、日韓両国が共同開発を開始した。日本は
朴正熙政権の独島領土主権に対する強い意志を認めざるを得なかっ
た。その後、日本政府の独島政策は消極的に転換した。ただし、朴
正熙政権は韓日協定で「独島密約」などといった口頭約束で「お互い
の立場を尊重する」と約束もしたが、45)これは日本の独島侵奪を防
ぐための一つの防御策として採用されたにすぎず、それが法的拘束
力を持つものではないため、独島領有権を少しも損なうことはな
かった。

　全斗煥、盧泰愚二政権は、日韓両国の友好関係を発展させるとい
う理由で日本の要求により、独島での実効的な措置を強化せずに現
状を維持することに努力した。二政権の消極的な独島政策は日本に
韓国の独島領土主権に干渉することができる口実を与えることと

---

45) 「42年前の日韓独島密約の実体は....」『中央日報』2007年3月19日.

なった。

　金泳三政権は前政権の消極的な独島政策を変更し、1997年に韓国国民が独島に入島できる基盤施設である船着き場を拡充するという積極的な政策に転換した。日本から強い反発を買うこととなったが、現在の私たち国民が独島へ自由に出入りすることができるきっかけを用意したのである。

　金大中政権では、新韓日漁業協定を締結した。1997年の韓国の金融危機の状況下で、日本は隣国の不幸を幸せに思っているかのように一方的に旧韓日漁業協定を破棄して、1年の期限を定めた後、新韓日漁業協定を強要して独島を中間水域に含ませた。独島が韓国領土であるため、独島の領土主権と12海里の領海主権は損なわれなかったが、200海里の排他的経済水域が毀損された。新韓日漁業協定により200海里の排他的経済水域が共同的に管理する暫定合意水域になってしまった。その弊害は続いて、日本の右翼性向の人たちは、これを拡大解釈してさらに独島を共同で管理することで合意したと主張した。一政権の一瞬の気の緩みで日本の侵略的な独島挑発に領土主権が脅かされたりする。金大中政権では「何もしないのが上策」という方針で、毎年数回挑発する日本の領有権主張に積極的に対応していなかった。消極的な独島政策の不作用は、盧武鉉政府からよりあからさまに現れた。

　盧武鉉政権は、日本の測量船が独島を調査するとして独島12海里の進入を試みて、日韓両国の公船が代替する状況が演出された。つまり、2006年に韓国が独島近海の海山の名前をつけ、国際水路機関に登録しようと計画した。日本はこれを防ぐために測量船を独島に派遣し、両国が正面から衝突する事件が発生した。結局、盧武鉉政

権は、海山の名称の登録を留保した。これをきっかけに、盧武鉉政権は、積極的な独島政策に転換した。金大中前政権は、消極的な政策で排他的経済水域の基点を「鬱陵島基点」を宣言していた。盧武鉉政権は、これを放棄し、「独島基点」を宣言し、また、独島に観光客の入島を許可した。

李明博政権は歴代初めて大統領が独島を訪問した。李明博大統領は就任直後、2008年の友好的な韓日関係のために、独島問題を取り上げないという方針を表明して消極的な独島政策を推進した。任期末には消極的な独島政策を変更し、2012年に歴代大統領として初めて独島に入島した。これにより、大統領が現地で独島が韓国領土であることを対外的に明らかにしたことになる。

このように、歴代政権が独島の領土主権にどのように対処したかによって「売国」と「愛国」政権に区分される。朴槿恵大統領は、どのような形の「愛国」大統領に残るか気になる。

3. 日本の「竹島」の領土認識

3.1 日本が主張する「竹島」の歴史的根拠

日本は「竹島」が歴史的にも日本領土だと主張している。それなら、日本が主張する歴史的根拠はどのようなものがあるか。17世紀に「竹島」の領有権を確立したと主張している。日本の二家の漁師が70余年間、鬱陵島を往来したとき、独島を寄港地にし、アシカ漁もしたとし、日本領土として管理してきたと主張する。それなら、これを確認する証拠があるだろうか。

　日本の独島との縁は、1667年に製作された『隠州視聴合記』によっ
て、日本から独島に最も近い隠岐島の西北に松島(独島)と竹島(鬱陵
島)があるという事実を知ることになった。ところが、この『隠州視
聴合記』では当時の朝鮮と日本の境界を隠岐島に見ていたので、日
本は松島が日本領土という認識がなく、朝鮮の領土という認識を
持っていた。これは、1696年の日本の二家の漁師が70余年間、鬱陵
島を往来したとき、鬱陵島で偶然朝鮮人の安龍福と遭遇し、鬱陵島
と独島をめぐる領有権紛争が発生した。それは再び幕府が鬱陵島と
独島の所属を調査して鳥取藩から「鬱陵島と独島が日本とは全く関
係ない」という答弁書を受理し、朝鮮領土として認めていたことで
も分かる。

　その後、日本が近代国民国家に転換する際、国境線を明確にする
という名目の下に領域を拡大した。その一環として、日本政府は、
外務省官吏を釜山に派遣して、なぜ鬱陵島と独島が朝鮮の所属に
なったかを調査した。[46]その時に、これを調査した外務省官吏は、
鬱陵島は朝鮮の所属であることが明文化されていることを確認した
が、独島については、「所属が明確ではない」という報告書を明治政
府に上げた。[47]しかしながら、独島は2つの岩礁でできた無人島で
あり、すぐに領土的価値を発見できなかったため領土拡張の対象と
して関心外のことだった。明治新政府が地籍を編纂する過程で1877
年太政官は、鬱陵島と独島は日本領土ではないという冊子を発刊し
た。これらから見られるように、1905年日露戦争が勃発する前まで

---

46)「鬱陵島と独島が朝鮮の所属となった始末」『日本外交文書』第3巻、事項6、
　　文書番號87、1870年4月15日字。
47) 同上。

は、日本政府は、独島に対して領土として編入するという考えすら持っていなかった。[48]1903年、鬱陵島、独島周辺でアシカ漁をしていた漁師の中井養三郎も独島を韓国領土として認識し密かに独島でアシカ漁をしていた。

中井は独島で同業者が増えることを心配してアシカを独占するために韓国政府から独占権を取得しようと日本政府にお問い合わせした。それがちょうど日露戦争中なので、日本外務省の政務国政山座円次郎には内務省が日本の侵略性が列強にさらされていることを懸念して、これを引き止めたにもかかわらず、[49]日露戦争に必要な戦略基地として活用するために中井を利用して、独島侵奪を積極的に推進した。中井を通じ独島編入の貸下願を提出するようにして編入措置を取って、その独占権を与えるというものであった。このようにして明治政府が密かに閣僚会議で、独島を無主地という名目で島根県所属に編入すると決定した。それが島根県告示40号である。これは、当時の日本がヨーロッパから受け入れた国際法による領土獲得の方法を悪用したものである。当時、日本は周辺国、あるいはその領土の一部を分割するのに国際法を積極的に利用した。独島も日本が国際法を悪用して韓国領土を侵奪しようとしたのである。ところが、独島はすでに実際に1900年に勅令41号によって鬱島郡が管轄区域に指定し、実際に管轄していた。このように日本が独島に対して国際法の領土取得の理論である無主地先占論を適用し、領土編入

---

48) しかし、「黒竜会などでは、独島を無主地と見なして無主地先占で領土として編入しなければならないという動きがあった。「前掲の金秀姫研究を参照。

49) 「1877年3月17日條,日本海內竹島外一島地籍編纂方伺」,日本政府編『公文錄』內務省之部1,日本國立公文書館所藏.

措置を断行したことを当時の大韓帝国政府は認めなかった。[50]

　日本政府は、1905年2月22日、独島の編入措置をとって、1905年11月17日には、韓国の外交権を強制的に奪った。これもまた、国際法を悪用して韓国側が自ら同意したかのように條約締結を強要したものである。韓国の外交権を奪った日本は、漢城に日本統監府を設置して、日本帝国の韓国統治機関として韓国内政に干渉した。このような状況に日本は密かに日露戦争中に独島編入措置を取って1年が過ぎた後、1906年2月、島根県の管理が鬱陵島を訪問し、独島の編入事実を鬱島郡を通じて間接的に大韓帝国の中央政府に伝えた。統監府は韓国の内部大臣から日本の独島編入措置に抗議を受けて、日本より韓国が先に1900年鬱島郡を設置して、独島を領土として管理しているという事実を確認した。しかし、統監府の設置目的が朝鮮侵略のために内政を干渉するものだったため、内部大臣の抗議を無視した。このような過程を通じて、1910年、日本が両国が同等の地位に統合するという「日韓併合」の名目で韓国を強制的に奪い、独島を含む韓国領土が日本領土に吸収されたのである。日本が韓国を統治する過程で、第2次世界大戦が起こり、結局日本は連合国が投下した原子爆弾の洗礼を受けて無條件降伏を宣言した。これにより、連合国が要求したカイロ宣言とポツダム宣言を全面的に受け入れた。その結果、日清戦争以降日本が侵略したすべての領土が日本領土から分離され、元の国に返還された。独島も日本が1905年に編入されたとされるため、日清戦争以前に侵奪した領土に含まれる。そのため連合国最高司令部は、終戦とともに、SCAPIN 677号で解放

---

50) 慎鏞廈(2011)『獨島領有權に対する日本の主張の批判』,ソウル大學校出版文化院,pp.221-234.

韓国の韓国領土として独島を日本の領土から分離する暫定措置を下
した。日本政府は、敗戦で連合国の中心国であった米国の占領統治
を受けていた。日本政府は、侵略した領土を米国を動かし、対日平
和條約で最大限日本領土として残留させようと努力した。独島もそ
の対象だった。日本は、一部の米国の官僚の心を動かし、独島が日
本領土として認識するようにしたが、最終的に米国政府全体の認識
に昇華ことはできず、英国、オーストラリア、ニュージーランドな
どの英連邦諸国が米国の措置に異議を提起することにより、対日平
和條約という国際法的條約を利用して独島を奪取しようとしていた
日本の意図は達成できなかった。[51]結局、韓国がSCAPIN 677号で実
効的に管轄統治していた独島の領有権を変更できなかった。連合国
も韓国が実効的に管轄統治している独島に対して中断措置を取った
ことがなかったし、むしろSCAPIN 677号による管轄統治権だけが存
在した。これをもとに、李承晩大統領は、国際社会に向けて平和線
を宣言して、国際社会の世論を活用して、日本の独島挑発を阻止し
た。日本は韓国戦争中に独島に上陸し、日本領土という立て札を立
てて独島上陸を試みたが、独島義勇守備隊の活動に阻止され、韓国
戦争以降1954年から独島に駐在していた鬱陵島警備隊によって独島
上陸が阻止され、海軍によって独島近海の進入が遮断された。これ
に対して、日本では「李承晩ライン」は、国際法に違反した不法な措
置[52]として、韓国が日本領土「竹島」を不法に占領していると韓国政

---

51) 海洋保安庁が1952年に作成した「日本領域参考図」では、独島を韓国領土と
記した。海洋保安庁は対日平和條約以降の海洋秩序のために作成したもの
である。これは、対日平和條約批准国会で日本衆議院に配布された。
52) 岡崎外務大臣は、独島の歴史的権原について、「1953年12月8日竹島領有権
について、「平和條約に日本が権利、権原などを放棄する地域は明らかに

府に公式抗議文書を送って、53)日本国内はもちろん、国際社会の世論化を開始した。韓国政府は、日本の独島領有権主張を全面的に否定した。1965年の韓日協定と1974年の大陸棚協定でも独島領土問題は存在しないという韓国の立場を全面的に貫徹させた。日本政府は、これらの條約で韓国の立場を変更していないということは、表面的に領有権を主張しているが、実質的には日本領土としての立場を放棄したも同じだった。このような立場は、1998年新韓日漁業協定が締結されるまで持続した。ところが、日本は、1997年に韓国に

書かれています。それ以外の日本の領土であったことは、当然のことながら、日本の領土になるのです。だから、もし議論があるとすれば、竹島が平和條約、つまり戦前あるいははるか前、昔から日本の領土であったか否かを明らかにすればできると考えています。日本は竹島は明治以降はもちろんのこと、その前にもずっと日本の領土として扱われてきていた、人が住んでいないので、少し平穏無事に占拠したが、アシカの繁殖事業をした人もいます。文献などを見ても日本領土だったことは間違いないらしいので、平和條約の特殊の規定がなければ、継けて、自分たちの日本の領土であったことは、当然のことながら、日本の領土となるので、したがって日本の領土というこのような解釈をとることです。」という主張でいる。

53) 1953年7月15日国務大臣岡崎勝男は、日本の領土としての証拠について、「竹島は日本の領土という証拠を申し上げますと、これは、すでに述べたように、歴史的事実としても、明らかに分かるものであり、また、その後いくつかの司令部などの措置を見てもこの点についていかなる疑惑も持てる点はありません。元総司令部の指令は、領土の変更などを扱うことができないものと占領中の一時的な措置を定めたものに過ぎません。また、平和條約の中で、日本の権利と権原を放棄するとした地域は、明瞭に書かれているもので、それ以外のことは、当然のことながら、日本の領土であるものであり、また、いわゆるマッカーサーラインなども領土の変更などのような根本的な問題を処理することは不可能であるため史實に言っても国際法的に言っても、日本領土ということには問題がないのです。」という主張だった。

金融危機が到来すると一方的に1965年の漁業協定を破棄して、自分たちに有利な新しい漁業協定を要求した。韓国政府は、韓日関係の進展に金融危機を脱出するために、独島領土主権を損なわない範囲内で漁業協定を締結した。日本政府は、独島周辺を共同で管理している暫定合意水域を求めた。韓国は独島は韓国領土であり、独島周辺12海里は韓国の領海であるため、新韓日漁業協定から除外されている地域という立場だった。條約の当事者であった日本政府は、漁業問題に限定するという但し書きに韓国の立場を全面的に受け入れた。ところが「竹島」日本領土論者は、これを拡大解釈して「竹島」が日本領土であるため、「竹島」基点の12海里領海も日本の領海であるとして、韓国に不法占有されていると主張している。このような認識は、協定締結の当事者が最も正確に知っている。ところが、時間が経てば経つほど、事実関係が歪曲されて、表面的領土ナショナリズム的な解釈に変質して韓国が管轄統治している独島の領有権を譲ったと主張している。このような現象は、安倍政権に入ってからは、特に深刻化されたといえよう。

3.2 「竹島」の領土編入と領有権主張の経過

　日本政府が独島に対して領土的野心を持つようになったのは、日露戦争の時だった。そのきっかけは、中井養三郎と呼ばれる漁師が日本政府に対し、韓国政府からアシカ漁の独占権を取得しようと申し立てたからである。中井は1903年から独島でアシカ漁をしていた、そのとき中井は独島を韓国領土として認識していた。中井は、他の漁師たちも独島でアシカ操業を開始しようとしたため、独占権を確保するために、日本政府に打診した。その時初めて、日本政府

は、独島の価値を発見し、領土的関心を持つようになった。それ以
前までは、中央政府が独島を日本領土として認識したことは一度も
なかった。むしろ17世紀の「竹島一件」や、明治新政府も鬱陵島とと
もに独島を韓国領土として認識していた。ところが、1904年時点の
日本政府は、中井の打診に便乗して外務省の山座円次郎政務局長が
時局上の必要性に応じて、新領土として編入し貸与するとした。す
でにこの領土は、中井も言及し、当時の内務省も韓国領土として認
識していた。ところが、当時の韓国は国力がほとんどなしに等しい
状態だったため、日本はロシアの干渉さえなければ韓国領土を侵奪
するのは時間の問題だった。だから、ロシアを朝鮮で排斥するため
にロシアを侵略して戦争を起こした。日本が日露戦争を起こした目
的が韓国侵奪にあったため、混乱した日露戦争下の状況に独島が韓
国が管轄している島であることを知りながらも「無主地(主人のない
島)」として隠密な手段で編入措置をとる。このような事実をロシア
が分かるはずもなかったが、知ったとしても戦争下で干渉すること
ができなかった。日本は戦争下を、独島を手に入れる絶好の機会だ
と判断した。

これらを見たとき、日本の独島編入意図は当初から他国の領土に
対する侵略的な意図を持っていた。日本は隠密な手段で独島を編入
した後、その5年後、1910年に韓国を強制的に日本領土に併合する
形で韓国(領土)を侵略した。当時、日本の領土認識は他国の領土で
あっても力の論理で領土を拡張することができるということを既成
事実として受け入れていた。54)結局日本の過度の領土野心は連合国

---

54) 日本は1868年、近代日本を建国してからすぐに、翌年優先的にアイヌ民族
　　を抹殺して、彼らの領地を日本に併合し、1871年には琉球国を強制的に日

の牽制により広島、長崎に原子爆弾の洗礼を受けることとなり、侵略した領土はすべて没収措置されなければならなかった。

日本はそもそも連合国のニーズを完全に収容したため、連合国の決定に基づいて、日本領土の範囲が決まるようになった。連合国は、1946年1月18日SCAPIN 677号で済州島、鬱陵島、独島を日本領土から分離し、韓国領土の範囲を明確にした。とは言っても、日本は連合国が過度に日本の領土範囲を縮小することもあると想定していたため、連合国の決定を無條件に従うことはできなかった。そのため日本は連合国に意見を最大限に提唱し、日本の主張を反映させようと努力した。ちょうど対日平和條約を締結する過程では英、米の自由陣営と対立していたソ連を中心とする共産陣営が脱退することにより、米国は敗戦国日本を自由陣営に編入させる意図で、日本の要求事項を完全に否定することができなかった。特に領土條項で日本はポツダム宣言によって侵略したすべての地域が日本領土から剥奪されるに値するが、可能な限り領土主権を残存させようと努力した。独島に対しても日本領土として残留させようとした。独島が日本領土として残留されなければならない根拠は、1905年に日本政府が独島を国際法の無主地先占理論に基づいて編入しているため、日本の新領土になったのだと主張しているのだ。日本政府は、韓国がすでに日本が編入する以前に独島を韓国領土として認識して管理してきたことを認めようとしなかった。それを認めることになれ

本に併合した。続いて朝鮮には1876年江華島條約、1894年日清戦争、1904年日露戦争を起こし、1904年の韓日議定書。同年第1次日韓協約、1905年第2次日韓協約、1907年3次日韓協約、1910年韓日強制併合條約を余儀なくされた。そして1914年に第1次世界大戦、1931年満州事変と1941年の真珠湾攻撃につながる太平洋戦争を起こした。

ば、1905年の編入措置が不法になるからである。日本の領土認識は、帝国主義的な方法で領土を拡大したため、領土膨張意識を持っている。韓国は他国の領土を侵略したのではなく固有の領土という意味で固有領土論を持っている。結局、米国は日本の要求を受け入れる立場であったが、英国、オーストラリア、ニュージーランドなどの英連邦国家所属の連合国が反対して対日平和條約で日本は独島に対する領土的地位を取得できなかった。SCAPIN(連合国最高司令部命令)677号により、韓国が実効的に管轄統治していた独島の地位を変更できなかった。韓国の李承晩大統領は、このような状態を明確にするために平和線を宣言し、日本の侵入を事前に遮断した。これに対して、日本は韓国が独島を不法に占領していると主張し始めた。これは、対日平和條約で独島が日本領土としての地位が決定されたと主張している。これは正しくない。対日平和條約では、韓国が実効的に管理している独島の領土的地位について何の言及がなかったということは、すなわち、独島が韓国領土であることを認めたということになる。[55]実際に対日平和條約の草案を作成する過程を見れば、米国の草案は、5次まで韓国領土に決定した、6次草案は日本領土、7次草案以降は独島の地位に関して言及がなくなった。[56]最終的に連合国は、「独島のような無人島に対する領土紛争地域は取り扱わず、沖縄のような有人島の領土紛争地域は、信託統治する」という方針を立てたのだ。[57]

---

55) 日本の領土に帰属される島として具体的に言及されていない島は日本領土ではないというものである。

56) 金柄烈(1998)「対日講和條約で、独島が欠落している顛末」、独島保全協会、『独島領有権と領海と海洋主権』独島研究保全協会、pp.165-195を参照、草案の名称については鄭炳鎭,李碩祐などのいろいろの説がある。

したがって領土拡張論を正当であると考えている日本の立場から見ても対日平和條約で日本領土としての地位が決定されていなかったため、独島は日本領土になることができなかったのだ。

対日平和條約以降、日本の歴代政権も日韓関係を改善するためには、これらの事実を否定することはできなかった。結局、韓日協定や大陸棚協定で韓国の実効的支配の状況を黙認する立場を取った。それにもかかわらず、歴代政権も表面的には対日平和條約で独島が日本領土に決定されたという主張はあきらめなかった。そして、韓国の李承晩大統領が「李承晩ライン」を設定して、日本領土である「竹島」を武力で不法占領したという主張もあきらめなかった。58)そうしながらも、一方では、紛争地域だと主張している。59)韓国政府は、このような日本の主張を全面的に否定した。このような状況で、日本政府の第一の目的は、韓国政府から独島が紛争地域であることを認められることであった。このため、日本政府は、韓国政府に対して無主地先占論を主張する島根県告示40号が適切だとして、

---

57) 崔長根(2005)『日本の領土紛争』p.75.
58) 日本外務大臣岡崎勝男は、1953年11月5日、独島に対する韓国の歴史的権原について、「彼らはかれなりにに朝鮮の文献などを引用して竹島が昔から朝鮮領土だったと一応主張しているので、おそらく李承晩ラインとは関係がなく、そのようなことが起こるずっと以前、つまり、数百年前から朝鮮領土だったという主張です。」と述べながらも、「竹島」が日本領土という主張は矛盾である。
59) 岡崎外務大臣は、「一種の国際紛争と見ています。過去に竹島という名前が鬱陵島を指したこともあるなど、混乱の部分もありますが、韓国側では昔から韓国領土だと主張していて、紛争地域となっています。しかし、ここは明らかに私たちの土地であるため、国際紛争に採択する理由がないと思います。」として独島が日本領土という立場は、かつて放棄したようだ。

国際司法裁判所で独島問題を解決しようと提案している。これは、独島が紛争地域に照らされようにする意図である。現在の日本の独島領有権主張は、20世紀初半の帝国主義的領土取得の論理である領土膨張論によるものである。日本がいくら独島に対して領有権を主張したとしても、現行の国際法が侵略的な領土措置を不法に扱っているため、独島はなおさら日本領土になることができない。

3.3 日本の歴代政権の独島の領土政策の実態

　吉田茂は、米軍が占領統治期間と対日平和條約の締結を前後して日本の首相を務めた。吉田茂政権[60]は対日平和條約で独島を日本領土に変更しようとしたが、成果を上げられなかったため、対日平和條約以降の独島問題の解決には何の成果を出せなかった。その結果、独島に対する領土意識も欠如していた。

　対日平和條約は、吉田政権で締結され、外務大臣岡崎勝男は、次のように述べた。すなわち、「(竹島問題は)平和條約の内容に日本領土から除外されている地域が明示されています。ここに記載されていない領域は、日本固有の領土でそのまま日本に帰属するものと私は解釈しています。したがって竹島は当然日本の領土なのです。しかし、この條約に連合国側の解釈が異なる場合がありますので、この問題もやはり国際世論に訴えて日本の領有を確実にすることが必要である」[61]として国務大臣自分は日本の外務大臣であるため、国

---

60) 吉田茂は、1946年-1947年、1948年-1954年まで日本の民主自由党議員として、第45、48、49、50、51代首相を務めた。

61) 岡崎勝男外務大臣の発言、「地方行政委員会4号、1953年11月5日」「東北亜歴史財団編『日本の国会独島関連記録コレクション1』第1部 p.196.

益のためにも「竹島」が日本領土だと解釈するが、條約案を作成した
連合国側は韓国領土として解釈した可能性があるとして、実際には
対日平和條約で独島が韓国領土として決定されたことを間接的に認
めた。

　韓国政府が、駐日米空軍が独島を空軍爆撃練習場として使用する
ことを確認して中止を要求した際、米極東軍司令官が独島を韓国領
土であることを認めた。この事実を韓国国防部が声明を出した際、
外務大臣岡崎は1953年3月5日、「これまで公文書などで私たちは、
私たちの態度を明確にしました。これ以上より明確にする方法はあ
りません。したがって、例えば、相手から正式に提議が入ってくる
場合は、当然のことながら対応しなければならないことですが、そ
うではなくアドバルーンを浮かぶような声明に対していちいち相手
にして争うのはむしろおかしくないかと、現在は考えています。」[62]
としてお決まりの公文書に抗議するレベルにとどまった。これは、
対日平和條約で独島が日本領土で決定されることではないことを
知っていたからである。

　團伊能専門委員が外務大臣の公文書抗議に対し、「韓国側が李承
晩ラインの中側における漁業は、これに制限を加え、旦つ日本の漁
船がここに入ることを許さないということを声明いたしております
し、現に拿捕せられました日本の漁船について、李承晩ラインの中
に侵入したことによつて拿捕したというようなことを声明しており
まして、李承晩ラインというものは一方的宣言でございますが、そ

---

62) 首相岡崎勝男の発言「参院-外務・法務委員会連合審議..........-1号(1953年3月
　5日)」、東北亜歴史財団編(2009)『日本の国会独島関連記録コレクション』
　第1部1948-1976年、東北亜歴史財団、p.63.

のうちにおきまして、韓国はすでに一つの行動を実施しておるのであります。そういたしまして、この島根県に属しておりました古い名で言うリアンクール・ロックス、竹島が日本の領有であり、これが李承晩ラインの中にあり、而も日本の漁船の自由なる航行をも妨害するという行為が現実にありますときは、これは日本の主権のある領土に対して一つの制約を加えて来るのでありまして、日本の領土権或いは主権の侵害であるということを考えられます。その点で只今外務大臣はただ一つの声明であるから、こういう場当り的の声明であるから、これをとり上げないと言われました。」[63]と発言し、初めから独島に対する積極的な政策を放棄したことが見てとれる。

　日本政府は、対日平和條約で独島が日本領土として決定されなかったことをよく知っていた。このような状況で、韓国が平和線を宣言して、実際に独島を占有している状態を変更する方法がなかった。日本政府は、国民の非難を避けるために、1954年に独島問題を国際司法裁判所で解決しようと韓国政府に提案した。当然、韓国が応じるはずがない。それにもかかわらず、このような提案は、日本国民の不満を意識したものに過ぎない。実際の独島政策は非常に消極的だった。

　対日平和條約締結以後の韓日協定を締結するまで鳩山一郎(1954~1956)政権、石橋湛山(1956~1957)政権、岸信介(1957~1960)政権、池田勇人(1960~1964)政権、佐藤栄作(1964年~1972年)[64]政権の

---

63) 首相岡崎勝男の発言「参院-外務・法務委員会連合審議..........-1号(1953年3月5日)」、東北亜歴史財団編(2009)『日本の国会独島関連記録コレクション』第1部1948-1976年、東北亜歴史財団、p.64.

すべてが対日平和條約で独島が日本領土に決まったとは思わなかっ
た。従って、消極的な方法で領有権を主張しながら韓国政府に抗議
を送る程度であった。

　韓日協定締結以来、大陸棚協定締結までの領土政策は、以下の通
りである。即ち、1965年韓日協定を締結することになったが、この
時にも日本政府は独島が日本領土として解決しなければならないと
いうこことよりも、韓国から紛争地域として認められたかったので
ある。しかし、結局独島が韓国領土という韓国の立場を否定してい
なかった。日本政府は、日韓協定を締結する際にも、韓国が独島領
有権を放棄する意思がないことを確認して、あまり積極的ではな
かった。韓日協定以降、1998年、新韓日漁業協定が締結されるま
で、日本の独島政策は消極的だった。消極的な政権は、概ね次のと
おりである。つまり、田中角栄(1972~1974)、三木武夫(1974~1976)、
福田赳夫(1976~1978)大平正芳(1978~1980)、鈴木善幸(1980~1982)、中
曽根康弘(1982~1987)、特に島根県出身である竹下登(1987~1989)、宇
野宗佑(1989~1989)、海部俊樹(1989~1991)、宮沢喜一(1991~1993)、55
体制を終焉した非自民党の日本新党出身の細川護煕(1993~1994)、新生
党出身の羽田孜(1994~1994年)、社会党出身の村山富市(1994~1996)な
ども領有権を主張し、韓国の実効的管轄統治に抗議するにとどまっ
た。ところが、再び自由民主党が執権した橋本龍太郎(1996~1998)政
権は、1997年に韓国が国際通貨基金からの金融支援を受けることと
なり経済的困難にさらされた際、1965年に締結した日韓漁業協定を
一方的的に破棄して、1年という期限を加え、日本が提示した案に

---

64)　佐藤首相は岸信介の実の弟であり、1974年のノーベル平和賞受賞し、日韓
　　條約を締結した。

同意を求めた。小渕恵三(1998~2000)政権は、暫定的に、日韓共同管理水域を決めた新韓日漁業協定を締結した。それ以降の森喜朗(2000~2001)、小泉純一郎(2001~2006)政権でも独島に対する政策的な大きな変化はなかった。

　小泉純一郎首相と池田行彦外相は、「独島問題」をICJに渡すには、韓国がICJの管轄権を認める宣言をしなければならないし、両国が独島を裁判にかけることに関する特別合意をしなければならないということを知っていたので、韓国が応じないため、独島領有権についてICJに提訴することは不可能であると言及したのである。65)

〈日本外務省條約国法規と、「日韓交渉関係法律問題調書集」(1962年7月作成)66)〉

　ところが、下條正男などの右翼人士が島根県を動かして竹島問題研究会を作り、島根県と県議会を扇動して、島根県條例で「竹島の日」を制定した。その後、彼らは島根県の自民党出身の国会議員を

---

65)　日本外務省條約国法規課が1962年7月作成した「日韓交渉関係法律問題調書集」で扱った。「韓国、ICJの強制管轄権を認めない…日本の管轄権にも適用時点制約」「聯合ニュース」、2014年6月10日.
66)　「連合ニュース」、2014年6月10日.

介して自民党議員を動かし、日本外務省を動かそうと努力した。結局、安倍政権は、日本政府の内閣官房部に領土対策調整室を設置して、独島問題を含めて、領土問題を担当させた。

新韓日漁業協定締結から「竹島の日」條例制定まで日本の領土政策は、以下の通りである。日本政府は、新韓日漁業協定を締結するために、一方的に1965年の漁業協定破棄を宣言した。これは、1997年、金泳三大統領の独島船着き場建設に対応するための措置だったとしよう。結局新韓日漁業協定は、共同管理水域で解釈される水域に独島が含まれた。この時の日本政府の独島政策は非常に挑発的だった。2005年島根県が「竹島の日」條例を制定して領有権を強く主張した。これを契機に、日本政府も独島政策を積極的に推進することになった。2013年、李明博大統領が独島を訪問したときは、通算3回目の国際司法裁判所で独島問題を解決しようと韓国政府に提案した。しかし、韓国政府は独島が韓国領土だということは一寸の疑いもないとして断った。

4. 日・韓両国の領土認識の差と解決の可能性

日本が韓日併合條約のような強制的方法で侵略をした場合、ポツダム宣言によって、日本の領土で明確に分離させるため異議を提起できない。それで独島の場合は韓国併呑以前、一方的な編入措置を講じて日本の新領土になったのだと主張している。これは、方法は異なっているが、すべて日本は独島に対して領土の拡張論に立脚して日本の領土に編入したものである。それは韓国政府が合法的に認

めた方法ではなく、日本の隠密な方法であった。ところが、日本は無主地を日本領土に編入したと主張している。韓国の領土を編入したわけではないという。ところが1905年以前に韓国領土であったという多くの証拠が存在している。日本はこれを否定している。

　第一の独島問題の解決の可能性としては、1905年の無主地の先占により日本の領土になったと主張することが侵略的で矛盾的なものであることを証明するため、1905年の以前に韓国領土として管理してきたという根拠を見つけ、日本が認める時まで日本を納得させる方法である。

　第二は、日本の前向きな姿勢が必要である。これまでのように日本の国益のため無條件に日本の領土でなければならないが、あるいは、少なくとも日本の権益を認められなければならないという矛盾的な考えを捨て、問題を本質的に解決するという考えを持たなければならない。独島問題の根本的な要因はまず編入の当時にも領土の膨張意識によるものであり、日本の植民地時代を経て、日本の敗戦とともに、戦後ポツダム宣言に基づいて、日本帝国が侵略して膨張した領土に該当する独島に対して日本が領有権を放棄すれば問題は解決される。もし日本が放棄せず、韓国が放棄した場合、韓国は固有の領土を放棄することになる。現在、国際社会の潮流は過去の過ちを反省して清算していくことである。独島領土問題を本質的に解決する方法は日本が過去の侵略的な方法による領土の膨張を反省して、独島問題に対して放棄すべきことである。

　第三は、独島問題をめぐり、現在のようにお互いの立場を主張し、その中で本質的であれ政治的であれ解決方法を模索することである。ただ、できるだけ独島問題で物理的な紛争は絶対にあっては

ならず、外交的にもお互いが国益に損害をもたらす疎遠した関係は
できるだけ生じないようにしなければならないこである。

5. おわりに

本研究は日韓両国間の領土問題に対する相互認識を分析し、領土
問題の解決の可能性を展望したものである。これをまとめると次の
ようである。

まず、韓国は固有領土論を主張しており、日本は無主地先占論に
よる1905年の独島編入が正当であると主張している。韓国は有史以
来、独島を領土として管理してきたという文献的記録がある。一
方、日本は有史以来、独島を管理したという文献的証拠はない。た
だ、日露戦争中に無主地の先占理論に編入したという内容だけが存
在する。このように、今日の両国が領土取得方法の違いによって互
いに対立している。

第二、韓国は日本に対して過去も現在も独島の領有権になんの問
題がないと言う立場を貫いた。その一方で、領土政策においては消
極的な政権もあるし、積極的な政権もあった。一方、日本政府は従
来独島に対して領有権を主張しながらも対日平和條約、日韓協定、
大陸棚協定などにおいて消極的な方法で独島問題に対処した。とこ
ろが、最近になって過去の政権がなぜ消極的にならざるをえなかっ
たのかは、無視して安倍政権が右傾化の一色に「竹島」の領有権を挑
発的に主張している。

第三、戦後日本の独島に対する領土政策は韓国の実効的な措置に

対抗する次元で行われた。ところが、突然2005年に測量船を独島に派遣しようと試みたのは島根県が「竹島の日」の條例を制定してその勢いに乗って扇動したからである。

　第四、日韓両国は独島問題に対する相互認識が必要である。片方の認識を一方的に主張するなら、紛争が激化するだけである。相互理解を通じ、独島問題の解決に向けて解決策を模索することが重要である。日本は優先的に世界の普遍的な価値観を持つことが重要である。日本は天皇制によって埋没された日本文化の内的な部分が存在するため、韓国で極端な要求だけを続けてはならない。日本の内的な部分を考慮して韓国の独島政策において強弱を調節する必要があると考える。

〈参考文献〉

内藤正中, 權五曄・權靜譯(2005)『獨島と竹島』J&C(出)

独島研究保全協会編(2015)『日本の安倍政権の独島侵奪政策の強化の傾向と韓国の独島領有権の明証』独島学会・主管(歴史博物館),2015年10月8日

朴炳渉(2011.12)「日本の独島領有権の主張に対する観点」『韓日両国の観点から見た鬱陵島、独島シンポジウム』大邱韓醫大学校 安龍福研究所主体、大邱韓醫大学校 学術情報館

愼鏞廈(1996)『独島の民族領土史研究』知識産業社

_____(2011)『独島の領有権に対する日本の主張の批判』ソウル大学校出版文化院

奥原碧雲(1906)『竹島及鬱陵島』松江：報光社

_____(1907)「竹島沿革考」『歴史地理』第8巻 第6号

川上健三(1966)『竹島の歴史地理学的研究』古今書院

外務省(2008)「竹島問題」「パンフレット'竹島問題を理解するための10のポイント'」

下條正男(2005)『'竹島' その歴史と領土問題』竹島・北方領土返還要求運動島根県民会議.

_____(2004)『竹島は日韓どちらのものか』文春親書377

高野雄一(1964)『日本領土』東京大学出版会

田村清三郎(1954)『島根県竹島の 研究』島根県

_____(1996)『島根県竹島の新研究』復刻板, 島根県総務部総務課.

内藤正中·金柄烈(2007)『歴史的検証独島・竹島』岩波書店.

内藤正中·朴炳渉(2007)『竹島＝独島論争一歴史から考えるー』新幹社

毎日新聞社編(1952)『対日平和條約』毎日新聞社刊

獨島研究所 http://www.dokdohistory.com/

外交通商部, https://www.youtube.com/watch?v=muB4_LNZ2Rk&feature=youtu.be/

「竹島問題研究會(島根県)」, http://www.pref.shimane.lg.jp/soumu/web-takeshima/

「竹島問題(日本外務省)」, http://www.mofa.go.jp/mofaj/area/takeshima/

제2부
일본의 영유권
조작과 대응방안
第2部
日本の領有権
捏造と対応策

제5장
한국의 고유영토
로서의 독도

1. 독도가 한국영토라는 역사적 증거는 완벽하다

독도는 태초부터 울릉도에서 육안으로 보이는 섬이고, '삼국사기'에 의하면, 울릉도에 고대시대 우산국 사람이 살았고, 512년 우산국은 신라에 편입되었다. '고려사'에 의하면 울릉도에 고려 사람들이 살면서 육안으로 보이는 독도에 왕래했다. 세종실록과 동국여지승람에 의하면, 조선 조정은 도민 보호를 위해 육지로 쇄환하여 울릉도를 비웠지만, 수토사를 파견하여 동해의 '울릉도'와 '우산도(독도)' 2섬을 영토로서 관리했다. 숙종실록과 일본 사료인 돗토리번 답변서에 의하면, 1692년 부산 출신 어부 안용복이 때마침 울릉도에 도해했을 때 밀항한 일본인들을 만났고, 2번에 걸쳐 도일하여 조선영토인 울릉도, 독도에서 일본인들을 몰아내었다.

한편 일본인들은 울릉도를 자신의 땅이라 주장하여 분쟁이 일어났다. 결국 당시 일본의 최고통치기관이었던 막부가 "죽도(竹島: 울릉도)와 송도(松島: 독도)는 일본영토가 아니다"라고 조선 조정에 알려왔다.

일본인들은 울릉도 독도 도항이 금지되고, '죽도(울릉도) 도해허가'도 취소되었다. 또 1833년 하치에몽이라는 자가 울릉도에 밀항했다가 발각되자, '일본령 송도'(독도)에 항해하려다가 울릉도에 표류했다고 둘러댔지만 결국 처형당했다. 왜냐하면 막부가 죽도(울릉도)와 송도(독도)를 조선영토로 인정하고 있었기 때문이다.

일본에는 1868년 막부가 멸망하고 메이지 신정부가 탄생했다. 막부 말기(1860년)부터 해외영토 확장의 기운이 일어나 신정부 초기부터 해외영토 개척의 붐이 일어났다. 1869년 홋카이도, 1876년 오가사와라도를 개척하여 편입했고, 울릉도와 독도에 대해서도 1869년 "이 두 섬이 어떻게 해서 조선영토가 되었는지 그 경위를 조사"하도록 했다. 그때 막부가 안용복사건 때 울릉도와 독도를 조선영토로 인정했다는 사실을 확인했다. 그 후에도 1871~1879년 사이에 '죽도개척원', '송도개척원'이라는 이름으로 울릉도 개척을 요구하는 제안서들이 접수되었지만, 메이지정부는 이들 모두 기각시켰다. 1876년 메이지정부가 전국 지적조사를 실시할 때, 시마네현으로부터 죽도(울릉도)와 송도(독도)를 편입해야한다는 제안을 받았다. 그러나 메이지정부는 '죽도'(竹島: 울릉도)와 '송도'(松島: 독도)의 위치와 모양이 상세히 그려진 '기죽도약도(磯竹島略?: 막부 인식)'를 첨부하여 "'죽도(竹島)' '외1도(外1島)'는 일본영토가 아님을 명심하라"라고 기각시켰다. 이때에 '송도'(松島: 독도)라고 하지 않고 '외1도(外一島)'하고 칭한 이유는 막부시대부터 송도(松島)라고 했던 섬이 개척원을 요구한 사람들이 울릉도의 명칭을 정확히 알지 못해 '송도' 또는 '죽도'라고 하여 명칭의 혼란을 초래했다. 그래서 신정부는 울릉도와 독도 두 섬이 모두 일본영토가 아님을 명확히 하기 위해 '외1도'라고 차별화했던 것이다.

고종황제는 1881년 조선시대 내내 쇄환조치로 비워서 관리했던 울릉도에 일본인과 조선인들이 불법으로 거주한다는 사실을 보고 받고, 1882년 검찰사 이규원을 파견하여 울릉도 상황과 주변의 섬 '우산도'를 조사하도록 했다. 이규원은 조사결과, 울릉도 본섬과 죽도(댓섬),

도항(지금의 관음도)은 있지만 '우산도'는 없었다고 보고했다. 당시 청구도, 광여도 계통의 많은 지도들은 이규원이 조사한 '죽도'에 '우산도'라고 표기하여 '우산도' 명칭의 혼란을 겪고 있었다. 고종황제는 이듬해 1882년 개척령을 내려 울릉도에 전라도 사람과 함께 약간의 경상도 사람들을 이주시켰다. 전라도 이주민들은 고인돌을 '고인독'이라 부르듯이, 저 멀리에 보이는 바위 섬(돌섬)을 '독섬' '독도'라고 불렀다. 훗날 (1904년) 일본군함 니이타카호가 울릉도를 조사하고 "'독도(獨島)'라고 기록하더라"라고 보고했다. 고종황제는 1900년 '칙령41호'로 울도군을 설치하고, "울릉전도, 죽도(댓섬), 석도(독도)"를 관할한다고 칙령을 내려, 독도를 '석도'라고 표기했다. 당시 남겨진 여러 지도에 동해에 '울릉도'와 '우산도' 2섬이 존재한다고 하면서도 지금의 '죽도(댓섬)'에 '소위 우산도' '우산도'라고 표기하여 섬의 혼란을 초래했다. 그래서 '울릉도'와 '우산도'(독도) 두 섬이 대한제국 영토임을 명확히 하기 위해 '우산도'라는 명칭을 버리고 당시의 토속명칭이었던 '돌섬' '독섬'을 한자로 표기하여 '석도(石島)'라는 새로운 명칭을 사용했다.

그런데 '죽도(竹島)=일본영토'론자들은 합리적인 아무런 논증없이 태정관지령의 '죽도 외1도(송도)'에서 '울릉도=죽도=송도' 모두 같은 섬이라고 조작하여 지금의 독도와는 무관하다고 우기고, 칙령41호의 '울릉전도, 죽도, 석도'에서 '석도'는 독도가 아니라고 사실을 조작한다. 일본의 황당한 영토내셔널리즘은 야만스럽기 짝이 없다.

2. 샌프란시스코 평화조약에서도 독도는 한국영토였다

일본은 세계 주요 12개국의 언어로 독도가 일본영토라는 논리를 조작하여 '10포인트'를 작성했다. 거기에는 "한국은 샌프란시스코 평화조약 초안 작성 과정에서 일본이 포기해야 할 지역에 '다케시마'(일본명 독도)를 추가하도록 미국에 요청했으나 거부당했다." "다케시마는 주일미군의 폭격훈련구역으로 지정되었다." 그래서 '다케시마는 일본영토이다'라고 주장한다. 그러나 그것은 거짓말이다.

오늘날 독도처럼 한국이 실효적으로 관할하고 통치하고 있는 지역은 모두 고대시대의 가야, 고구려, 백제, 신라 그리고 우산국과 같은 소국들의 영토를 계승한 한국의 고유영토이다.

그런데 일본이 침략적인 방법으로 1910년부터 36년간 우리나라를 지배했지만, 1945년 히로시마, 나가사키에 투하된 연합국의 원자폭탄에 무조건적으로 항복함으로써 한국은 독립을 쟁취했다.

연합국최고사령부는 1946년 1월 잠정적 조치로서 독립된 한국이 관할 통치할 영토에 대해 독도를 포함하는 한반도로 결정했다. 샌프란시스코 평화조약에서는 일본영토에서 제외되는 지역인 제주도, 거문도, 울릉도를 포함한 한반도 전체가 최종적으로 한국영토로서 결정되었다.

그런데 일본정부는 한국영토의 범위에 '독도'라는 명칭이 나열되어있지 않다고 하여 일본영토로 결정되었다고 주장하고 있다.

일본정부는 원래 '다케시마'는 1905년 무주지 선점으로 신영토로서 취득하여 일본의 고유영토가 되었는데 한국이 1952년 1월 일방적으로 '이승만라인'을 선언하여 독도를 불법적으로 점거하고 있다고 주장한다.

과연 그럴까?

그 답은 샌프란시스코 평화조약에 대해, 자민당 출신의 오카자키 외무장관(지방행정위원회, 1953년 11월 5일)과 야당인 사회당 출신 가와카미 전문위원(중의원-외무위원회, 1953년 11월 4일)이 설전을 벌인 국회의사록에서 그 답을 찾을 수 있었다. 그 내용을 인용하면 다음과 같다.

즉, "주일 미공군 훈련지로 독도가 지정되고 또 제외된 문제는 죽도가 미군의 훈련지로 지정된 것에 대해 한국이 항의했고, 그 와중에 1948년 30명의 한국어민이 폭격 때문에 죽었고, 이런 사태까지 발생하자 한국은 미국당국에 더 거세게 항의를 했기 때문에 미국 공군사령관은 일본의 리스트에 들어가 있는 독도를 훈련지에서 제외하고 그 사실을 한국에만 통고했다" "이런 일련의 과정을 생각해볼 때 확실히 대일평화조약은 애매한 부분이 있다." "이승만은 미국의 이런 태도를 보고 독도가 한국 영토라는 것을 미국 측이 인정하고 있다고 주장했다." "일본은 1946년 독도가 일본영토에서 제외되었을 당시에도 아무런 문제도 삼지 않았다" "독도가 일본영토라면 일본영토에 한국이 제멋대로 들어와서 폭격 피해를 입은 것이므로 그것은 어쩔 수 없는 것이기에 독도를 폭격연습장에서 제외할 이유가 없다" "또한 독도가 일본영토라고 한다면 독도에서 물고기를 잡다가 훈련 때문에 죽었을 경우에 한국에서 불법조업을 하다가 죽은 것이기 때문에 항의 같은 게 성립될 리가 없다." "한국의 항의를 받고 독도를 리스트에서 제외한 것은 미국이 독도를 한국영토로 생각했다고 해석된다." "그런데 일본정부는 이러한 많은 의문을 남겨두고 '한국에 대해 단호한 조치를 취하겠다, 무력도 사용할 수 있다'라고 하는 말들은 논리에 맞지 않다. 독도는 처음부터 일본영토로 결정되지 않은 상태에서 평화조약이 비준된 것이다" "일본정부는 평화조약을 비준하던 당시 '일본영역참고도'를 국회에 배부했다가 의원들의 질타를 받고 서둘러 회수했다. 이 영역(領域)지도에는 분명히 독도가 일본영토에서 제외되어 있었다." "이것을 중의원에 제출했다가 서둘러 회수하고, 참의원에는 제출하지 않았다. 왜 제출을 하다가 중단한 것일까?" "그것은 분명히 미국이 독도를 한국영토로 생각하고 있다는 반증이다." "그 때문에 오가타 부총리는 노농당의 질문을 받고 평화조약에 의해 죽도가 일본영토가 되었다라고 대답하지 못하고 국제법에 따라 일본영토라고 대답했던 것이다" "그것은 평화조약에서 확실히 독도가 일본영토로 결정되지 않았다는 증거이다." "또한 일본정부는 평화조약상에서 독도가 일본영토임을 증명하는 자료를 비준국회에 제시해야함에도 불구하고 아직도 제출을 하지 않고 있다."라고 질타했다. 이에 대해 외무장관 오카자키 가쓰오는 "평화조약의 내용에 일본에서 제외되는 영토가 명시되어 있다. 명시되어 있지 않은 영토는 일본의 고유영토로서 그대로 일본에 귀속된다고 저는 해석한다." "그러나 이 조약에 대해 연합국 측의 해석은 다를 수도 있다"라고 하여 연합국측은 독도를 한국영토라고 하지만 외무장관 본인은 개인적으로 독도가 일본영토라고 생각한다고 하는 것이다.

이처럼 일본의 의회의사록에는 당시 일본의 외무장관은 스스로 대일
평화조약에서 연합국이 독도를 한국영토로 인정했다고 폭로하고 있다.

3. 일본의 거짓을 논증한다

오늘날 한국은 1946년의 SCAPIN(연합국최고사령부 지령) 677호와
1951년의 대일평화조약을 근거로 독도를 실효적으로 관할 통치하고
있다.

SCAPIN 677호는 독도의 역사적 사실을 바탕으로 '울릉도, 죽도, 석도
(독도)'를 관할하는 울도군을 설치한 1900년의 칙령41호에 의한 것이
다. 그런데 일본정부는 중앙정부의 관보에 공식적으로 게재하지 않고,
1905년 러일전쟁 중에 시마네현의 고시40호로 은밀히 독도를 '다케시
마'라는 이름으로 편입시켰다.

제2차세계대전에서 카이로선언과 포츠담선언으로 '일본이 침략한 모
든 영토를 몰수한다'는 연합국의 방침에 의해 독도는 한반도의 일부로
서 해방된 한국에 반환되었다.

따라서 국제법에서 말하는 독도의 영토취득 결정적 시점은 바로 칙
령41호이다. 칙령41호는 독도의 역사적 사실에 근거하여 공포되었다.
국제법의 영토 취득 요건은 '누가 먼저 발견해서 누가 지속적으로 관리
했으며, 현재 누가 실효적으로 관할 통치하고 있는가?'이다. 독도는 '누
가 먼저 발견하고 누가 지속적으로 관리해왔는가? 독도는 한국 사람이

거주하는 울릉도에서 보이는 섬이기 때문에 한국이 먼저 발견했으며 지속적으로 관리해왔다.

반면 일본에서는 독도가 보이지 않기 때문에 일본과는 아무런 연고가 없는 섬이었다. 한국에서 가장 오래된 역사서인 삼국사기와 삼국유사를 보면, '연주(강릉)의 정동 바다 위에 있는 울릉도에 우산국이 512년 신라국 하슬라주(강릉) 군주인 이사부에게 정복당했다'고 기록하고 있다.

독도는 울릉도에서 보이는 섬이기 때문에 해상왕국인 우산국사람들의 생활근거지였다. 반면 고대시대의 일본이 독도의 존재를 알고 있었다는 문헌기록은 없다.

918년에 건국된 고려의 역사를 기록한 '고려사'를 보면, 고려조정은 울릉도에 있는 울릉성주로부터 토산물을 받고 관계(官階)를 하사했으며, 우산국이 여진의 침입으로 농사를 망쳤을 때는 농기구를 보냈다. 또 주민을 이주시키고 울릉도에 보낼 안무사를 임명했다. 이처럼 고려조정이 울릉도를 행정적으로 관할했다.

고려 말에는 왜(倭)가 '우산 무릉(于山武陵)'에 들어와 15일 동안 노략질했다.

그래서 태종실록을 보면, 1392년에 건국된 조선조정은 1403년 울릉도 거주민을 육지로 쇄환하기로 결정하고 1416년 '김인우를 "무릉등지(武陵等處)의 안무사"로 파견했고, 1417년 김인우로부터 우산도(于山

島)에 15호 86명이 거주한다고 보고받고 "우산·무릉도(于山武陵)"의 거주민을 모두 쇄출하기로 결정했다. 여기서 "울릉도(武陵)등지" "우산·무릉도(于山武陵)"이라는 복수의 섬과 '우산도에서 돌아왔다'고 하는 것으로 볼 때, 조선조정은 김인우를 통해 사람이 거주하는 우산도를 확인했다. 또한 섬의 위치는 동국여지승람의 '동람도'처럼, 육지에서 울릉도보다 더 가까운(서쪽) 곳에 우산도가 있다고 생각했다. 김인우는 우산도만 가서 울릉도는 가지 않았다는 것이다.

또한 세종실록을 보면, 1425년 "우산 무릉 등지의 안무사" 김인우가 남녀 20명을 잡아왔고, 1429 조선조정은 요도(蓼島)를 찾으려했다. 1432년에 편찬된 신찬팔도지리지에는 '강원도 울진현에 "우산(于山) 무릉(武陵)" 두 섬이 정동쪽 바다에 있는데, 서로 거리가 멀지 않아 날씨가 맑으면 바라볼 수 있다'고 기록했고, 1454년의 세종실록지리지에도 그대로 전재했다.

즉, 조선조정은 동해에 우산도와 무릉도 2섬이 있고, 또 '요도'의 존재를 찾고 있었으나 '우산도'만 확인했다. 즉 태종과 세종시대에는 김인우가 울릉도를 보고 우산도로 착각했다.

성종실록을 보면, 조선조정은 1480년 '삼봉도 초무사'를 임명했고, 1481년 동국여지승람을 집필하여 "우산도, 울릉도(혹은 무릉, 우릉) 두 섬은 현 정동쪽 바다에 있는데 날씨가 맑으면 나무 등을 볼 수 있고, 바람으로 편하면 2일만에 도착한다.

일설에 의하면 우산·울릉이 원래 하나의 섬이라고도 한다"고 기록

했다. 그리고 '삼봉도'라는 섬도 찾고 있었다. 즉 성종시대에는 우산도와 울릉도는 날씨가 맑으면 서로 잘 보이고 왕래하는 시간은 2일이라고 인식했고, 김인우가 말하는 우산도는 울릉도로서 또 다른 섬(지금의 독도) 우산도는 아직 차지 못했다는 인식이었다.

반면 이 시기에 일본은 독도의 존재 자체도 알지 못했지만, 영토적 관심조차도 없었다.

결국 우산도는 숙종 때에 안용복에 의해 확인되었고, 일본의 막부도 1696년 정식으로 지금의 독도를 한국영토로 인정했던 것이다.

4. 美, 독도문제 책임지고 '독도=한국영토' 입장 밝혀야

현재 일본이 한국의 고유영토인 독도에 대해 영유권을 주장하여 한일 양국이 영토문제로 극한적 대립하고 있는데, 미국도 그 책임을 피할 수 없다. 미국(연합국최고사령부)이 일본의 패전으로 1946년 1월 SCAPIN 677호로 독도의 한국 관할 통치를 명확히 하였을 때, 한일 간의 영토문제는 없었다.

연합국의 결정은 정의로웠다. 삼국사기, 고려사, 세종실록, 동국여지승람, 동국문헌비고, 칙령41호 등의 한국정부 측의 사료는 물론이고, 일본정부 측의 사료인 돗토리번 답변서, 울릉도도해금지령, 태정관문서, 조선국교제시말내탐서, 대일평화조약 비준국회의 의사록 등에서,

독도와 울릉도는 서로 보이는 거리에 있고, 고대시대에는 신라가 울릉도와 독도를 영역으로 하던 우산국을 편입하여 간접 통치했고, 고려시대에는 중앙정부가 직접 울릉도와 독도를 통치했고, 근세시대에는 조선과 일본 모두가 쇄국정치를 하던 시절, 조선정부는 섬 거주민들을 육지로 쇄환하고 정기적으로 수토사를 섬에 파견하여 관리했다. 이때에 일본어민들이 거주민이 없는 틈을 타서 몰래 울릉도에 들어가 불법을 저질렀다. 근대시대에는 조선과 일본 모두가 외세에 압력으로 문호를 개방해야했던 시절, 먼저 서양인들이 울릉도와 독도에 도달했고, 그 후 일본인들은 전적으로 울릉도와 독도를 도취하려 했다. 조선정부는 이들 섬의 영토주권을 수호하기 위해 1882년 개척령을 내려 섬 개발을 본격화했고, 1900년에는 칙령41호를 발령하여 울도군을 설치하여 울릉도와 독도를 행정적으로 관할했다. 주변국에 대한 일본의 영토 침략행위는 패전 때까지 지속되었다.

제2차 세계대전에서 패한 일본은 연합국의 요구를 무조건적으로 수용하고 연합국의 영토조치만을 기다리고 있었는데, 독도에 대해서는 '시마네고시40호'로 1905년 러일전쟁 중에 '주인이 없는 섬'을 합법적으로 편입하여 취득한 일본영토라고 하여 영유권을 포기하지 않았다. 그런데 독도는 이미 한국이 관할통치하고 있던 한국의 고유영토였기 때문에 '시마네고시40호'는 독도에 대한 불법 도취행위로서 일본의 주장은 거짓이다.

종전 직후 미국은 1946년 1월의 연합국최고사령부각서로부터 1949년 12월의 대일평화조약 제6차 미국초안에서 일본영토로 변경하기 전까지 독도의 지위에 대해 한국영토라는 입장을 견지했었다. 그런데

1950년 8월의 제7차 초안부터 '독도'라는 명칭이 미국초안에서 사라졌다. 제6차 초안에서 독도의 소속이 일본영토로 변경된 경위는 일본이 미 국무성의 정치고문 시볼트에게 '독도는 한국이 관리한 적이 없고, 오히려 일본이 시마네현고시 40호로 영토로서 취득하여 관리했다'고 거짓말을 했고, 시볼트는 미 국무성에 대해 일본의 요구와 함께 냉전체제에서 군사적 가치가 있다고 제언했다.

미 국무장관 딘 러스크도 독도와 파랑도(이어도)를 한국영토로 처리해달라는 한국정부의 요청에 대해 1951년 8월 10일 '독도는 한국영토가 될 수 없다'고 서한으로 시볼트의 주장을 반복했다. 이처럼 이들 일부 미국정부 요인들의 판단은 독도문제의 본질과는 정반대인 정치적 주장에 불과했다.

1951년 3월의 영국 초안에서도 독도가 한국영토로서 명기되었고, 5월의 영미합동 초안에서는 '독도'라는 명칭이 없었다. 9월의 대일평화조약에서도 한일 양국의 경계에 대해 '제주도, 거문도, 울릉도를 일본영토에서 제외한다'라는 식으로 독도의 지위를 언급하지 않았다. 결국 미국의 주장은 영국, 뉴질랜드. 호주 등 영연방국가의 반대로 일본의 입장을 끝까지 대변하지 못했다. 오늘날 일본정부는 미국이 일본영토임을 지지했기 때문에 대일평화조약에서 일본영토로 결정되었다고 주장한다.

대일평화조약은 소련과 중국 등의 공산주의국가들은 보이콧했지만, 자유주의국가인 미국, 영국 등 48개국이 서명했다. 미국이 일본을 지지했기 때문에 일본영토가 되었다는 주장은 황당하기 짝이 없다. 미국이 일본영토임을 인정했다는 주장도 사실이 아니다. 대일평화조약을 체결하는 과정에 개인자격으로 일부 요인이 정치적 주장을 한 적은 있었지만, 미국정부의 본질적인 입장은 여전히 독도는 한국영토였다. 평화조약 이후 독도 폭격훈련장지정사건, 평화선선언, 미일행정협정 체결 때에도 독도가 한국영토라는 입장을 분명히 취했다.

오늘날 일본정부가 독도의 영유권을 주장하여 한일 간에 영토문제를 초래한 것은 바로 미국정부가 대일평화조약에서 독도의 지위를 명확히 하지 않고 애매하게 정치적인 결정을 했기 때문이다.

미국정부는 한일 간의 독도문제에 대해 방관자적 입장을 취하고 있지만, 한일 양국의 진정한 우방국으로서 동아시아의 안정과 번영을 희망한다면 법과 정의에 입각하여 독도가 한국영토임을 분명히 선언해야 한다.

5. 日 동북행 항공기 '울릉도-독도-오키섬' 항로 삼아야

독도는 신라가 울릉도와 독도 주변 해역을 영역으로 삼았던 우산국을 편입한 이래, 일본의 식민지 통치를 받은 것을 제외하면 타국의 지배를 한 번도 당한 적이 없는 한국의 고유영토이다. 일본의 식민지 지배는 제2차 세계대전에서 패한 일본이 연합국이 요구한 포츠담선언을 수락하고 도쿄재판에서 전범국가로서 판결되어 불법 지배한 것으로 처리됨으로써 오늘날 한국이 독도를 실효적으로 관할통치하게 되었다.

과거 일본정부가 스스로 전근대부터 근·현대에 이르기까지 독도가 일본 영토가 아니라고 명기한 증거자료는 수없이 많다. 바로 전근대의 돗토리번 답변서·막부 도항금지령, 근대의 태정관문서·조선국교제시 말내탐서, 현대의 한일협정의 비준국회 의회속기록의 '일본영역참고도' 등이 그것이다.

그럼에도 불구하고 일본은 전후 줄곧 독도가 일본영토라고 주장하고 있다. 영토 내셔널리즘에 의한 침략적 행위이다. 이에 대응하여 이승만 정부에서는 한국전쟁의 혼란기에 연합국의 대일평화조약 체결과 일본이 독도 점유를 노리고 몰래 상륙하여 '일본영토표지판'을 세웠을 때, 독도 근해를 포함하는 해양주권을 선언하고 평화선을 침범하는 일본선박을 나포 감금하고 동시에 등대와 '한국령' 표지석을 설치했고, 민간인들은 의용수비대를 조직하여 총포로 대응했다.

박정희정부에서는 한국의 정당한 독도통치를 '불법점유' 운운하는 일본에 대해 한일협정과 대륙붕협정을 체결하여 독도의 관할권을 승인토록 했다. 김영삼정부에서는 한국의 실효적 지배 강화를 막기 위해 '현상유지'를 요구하는 일본의 도발을 묵살하고 독도에 선착장을 건립했고, 노무현정부에서는 측량선을 파견하여 독도의 영토주권에 도전하는 일본에 대응하여 국내외에 한국영토로서 독도를 개방했다. 이명박정부에서는 정규 교육과정에 독도 교육을 의무화한 일본에 대응하여 역대 처음으로 대통령이 전격적으로 독도를 방문했다.

만일 일본의 독도 도발에 대해 한일관계의 악화를 우려한다고 하여 실효적 지배강화를 포기하고 독도를 천연기념물의 '암초'로서 보관했다면 현재 어떻게 되었을까? 지금도 일본은 독도 영토에 집착하여 기만적으로 국제사회를 향해 오히려 한국을 침략자로 몰고 있다.

만일 독도가 무인도의 바위덩어리로 남겨두었다면 폭력적인 일본은 헌법 제9조를 개정하여 현행 자위대를 타국을 침략하는 정식 군대로 변경하여 전쟁 운운하며 독도를 '고양이 먹이' 정도로 생각하지 않았을까? 전후 한국정부가 한국영토로서의 확고한 신념을 갖고 실효적 지배를 강화해왔기 때문에 일본의 기만적이고 침략적인 도발을 막을 수 있었다. 두말할 것도 없이 일본의 영토 내셔널리즘적 독도 도발에는 일본의 눈치를 살피지 않고 과감히 실효적 지배를 강화하는 것뿐이다.

현재 일본의 당면목표는 국제사회를 기만하여 독도를 분쟁화하는 것이다. 일본은 국제사회를 향해 '한국이 독도를 무력으로 불법 점거하여 평화적인 해결을 피하는 반면, 일본은 국제사법재판소에서 평화적인 해결을 원한다고 온갖 거짓으로 선전하고 있다. 일본국민에게는 학교 교육과 언론을 통해 거짓된 영토관을 심고 있다. 실제로 일본은 독도에 접근할 수 없기 때문에 가능한 방법을 모두 동원하여 한국의 영토주권을 훼손하려고 한다. 이에 대응하여 한국은 독도를 실효적으로 관할 통치하고 있기 때문에 일본의 독도정책에 매몰되어 끌려 다녀서는 안 된다.

최근 필자가 일본 아오모리현을 방문하기 위해 한국국적의 항공기에 몸을 실었다. 인천공항을 출발하여 '울릉도-독도' 방향을 날고 있어서 한껏 기대에 부풀었는데 정작 항공기는 '울릉도-독도' 상공을 피해 지나갔다. '울릉도-독도-오키섬'의 상공을 지나가게 된다면 다국적의 여행객들이 '울릉도-독도'와 '독도-오키섬'의 지리적 관계를 육안으로 확인함으로써 울릉도에서 87km 지점에 있는 독도와 독도에서 157km지점에 있는 오키섬을 서로 비교하면서 독도가 한국영토임을 확인하게 된다.

왜 한국국적의 항공기는 울릉도와 독도 상공의 비행을 피했을까? 대한민국 국적의 항공사는 투철한 국가관을 가져야한다. 국가의 존립보다 기업의 이익을 우선시한다면 존재의 이유조차 없다. 영토의 보전은 국민, 주권과 더불어 국가를 구성하는 3대요소이다. 혹여 '울릉도-독도-오키섬'의 항로가 독도의 영토주권 확립에 크게 기여한다는 사실을 미처 알지 못했다면 지금 당장 항로를 변경하기 바란다.

6. 일본에서 만난 두 일본인의 독도에 대한 사고방식

최근 학술발표를 위해 일본을 방문한 적이 있었다. 2명의 일본인을 만났다. 한 명은 필자의 독도논문의 토론자로 내정된 50대 후반의 대학교수였고, 다른 한 명은 저녁에 거리의 라면식당에서 만난 전직 공무원 출신의 60대 후반의 남성이었다. 두 사람은 모두 독도가 일본영토라고 했다. 사실 일본은 패전 후 대부분 천황제를 옹호하는 보수정권이 권력을 담당하여 과거 침략의 역사를 은폐하기 위해 학교 정규교육은 물론이고, 신문이나 매스컴 등의 언론을 통해 사회적 분위기를 조장하였다. 그 때문에 이런 사회적 분위기에 역행하는 일본국민은 극우단체의 테러 대상이 되었다. 그럼에도 불구하고 5%도 채 되지 않지만, 용감한 양심적 일본인들도 있다. 이들은 미래 일본을 걱정하며 올바른 역사관을 가져야한다고 외친다. 독도에 대해서도 한국영토이고 과거 일본이 침략한 것이라고 반성한다.

한일 양국의 고문헌을 보면, 독도가 양국의 바다 한가운데 위치하여 지리적으로 울릉도에서 보이는 거리에 있었기 때문에 한국은 고대 신라시대부터 지금까지 영토로서 잘 관리해왔다. 반면 일본은 독도가 보이지 않는 거리에 위치하고 있기 때문에 일본의 영토라는 인식이 전혀 없었다. 그런데 1905년 러일전쟁을 주도하던 일본 외무성이 중심이 되어 내각회의에서 독도를 '주인 없는 섬'이라고 사실을 조작하여 몰래 편입하는 조치를 취했다. 하지만 그때 대다수의 일본 국민들은 편입사실을 알지 못했기 때문에 한국영토라고 생각했다.

일본은 36년간 침략적으로 한국을 식민 통치했고, 이어서 중국과 동남아시아 국가들의 영토를 침략했다. 결국 미·영·중 3국이 주축이 되어 연합국을 결성하여 제2차 세계대전에서 히로시마, 나가사키에 원자폭탄을 투하하여 일본을 항복시켰다. 연합국은 카이로선언(1943.11.27.)과 포츠담선언(1945.7.26.)으로 일본이 침략한 모든 영토를 몰수하기로 결정했다. 1946년 연합국최고사령부는 각서(SCAPIN 677호)로 독도를 일본이 침략한 영토라고 명확히 규정하고, 한국을 독립시켰다.

해방 후 한국은 본래대로 독도를 고유영토로서 관할통치하게 되었다. 일본은 1951년의 대일평화조약에서 한국의 독도 관할 통치를 막고 일본영토로 인정받기 위해 우호적이었던 미 국무성 정치고문 시볼트에 접근했고 급기야 미 국무성의 환심을 사기에 이르렀다. 그러나 최종적으로 영국, 호주, 뉴질랜드 등 영연방국가의 반대로 독도탈취 의도는 저지되었다. 그 후 일본은 한국전쟁이라는 국난기를 틈타 독도에 잠입하여 일본영토 표지판을 세우는 등 독도 점유를 시도했다. 한국은 전쟁 와중에도 이승만 대통령이 주권선언으로 '평화선'을 선포하여 일본어민과 일본순시선의 독도침입을 막았다. 이렇게 하여 한국은 오늘날까지 독도를 관할 통치하고 있다.

일본에는 이러한 독도의 본질을 사실대로 인정하는 지식인들도 적지 않다. 학술대회에서 만난 일본인 교수는 독도가 일본영토라는 입장이었다. 그래서 17세기 일본의 최고통치기관 이었던 막부가 일본영토가 아니고 한국영토라고 했던 '돗토리번답변서', 메이지 정부가 직접 울릉도와 독도가 일본영토가 아니라고 했던 1877년의 '태정관지령'과 '기죽도약도'를 제시했다. 일본인 교수는 본론에서 벗어나 황당한 논리를 가져와 일본에서는 일본영토라고 한다고 주장했다. 그래서 "교수의 역할은 연구자로서 객관적이고 합리적으로 논증하는 것이다. 일본인이기 때문에 일본영토라고 생각한다고 하는 민족주의적 발상은 옳지 않다."고 지적했다. "스미마셍"(미안합니다)이라고 인정하는 듯이 말했지만, 속마음까지 인정하는 표정은 아니었다. 라면가게에서 만난 일본인은 한국에서 왔다고 했더니, 금방 "독도는 일본영토이고, 위안부는 강제하지 않았다."고 말했다. 그래서 이 분을 설득시키기 위해 이 분야를 연구하는 교수라고 말하고 조목조목 설명을 했더니만, 열심히 청취해주었다. "스미마셍(미안합니다), 소데스까(그렇습니까?)"라고 말했지만, 역시 인정하는 기색은 아니었다.

최근에 들어와서 보통의 일본인들이 이런 인식을 갖게 된 것은 시모조 마사오라는 인물의 영향이 적지 않다. 그는 '교수'라는 신분을 내세워 시마네현을 움직여 2005년 '죽도의 날' 조례를 제정하도록 했고 '죽도문제연구회'를 만들어 "국가가 영토를 버렸다"라고 선동했다. 극우성향의 아베정권이 여기에 편승하여 그들이 조작한 왜곡된 논리를 그대로 공교육에 반영하여 '죽도교육'을 의무화함으로써 사회적 분위기를 조장했다.

하지만, 일본국민들에게 사실증거를 접할 기회가 주어진다면, 그들의 인식도 전환될 것이라는 사실을 이번 방문에서 확인했다. 이를 위해 일본현지에서 독도학술대회 등을 개최하여 직접 설득한다든가, 일본어로 된 독도책자를 출간하여 일본사회를 쇄신하는 노력이 무엇보다도 중요하다.

7. 과연 독도가 '시네마현고시 40호'로 日영토 되었을까?

한일 양국이 소장하고 있는 독도 영유권 관련 사료가 정확히 몇 점 있는지 알 수 없지만, 대략 1천여 점이 있다고 볼 때, 독도가 일본영토라는 일본식의 유일한 증거는 '시마네현고시 40호'뿐이다. 일본정부는 '시마네현고시 40호'가 바로 독도를 일본영토로서 취득한 합법한 조치라는 주장이다.

그 이유는 1945년 일본이 연합국에 패하여 무조건적으로 항복함으로써 카이로선언과 포츠담선언에 의해 일본제국주의가 침략한 영토 모두가 전후의 일본영토에서 박탈된다는 연합국의 조치에 의거해 1910년 한국병합으로 조치된 대한제국 영토만 일본영토에서 분리된다. 독도는 한국병합 5년 전인 1905년에 편입 조치된 일본의 신영토이기 때문에 한국합병과 무관하다는 주장이다. 이러한 일본의 주장이 과연 정당할까? 일본의 주장에는 다음과 같은 모순이 숨어있다.

첫째, 메이지정부의 각료회의에서 결정한 것이기 때문에 합법적이라는 주장이다. 이는 메이지정부의 각료들이 이웃나라의 영토에 대해 은밀한 장소에 모여 밀담하여 결정한 것으로 침략적 행위이다.

둘째, 메이지정부는 독도가 주인이 없는 땅 즉 '무주지'이기 때문에 국제법의 영토취득이론인 '무주지 선점'에 의해 일본영토가 되었다는 주장이다. 과연 당시 독도가 주인이 없는 땅이었을까? 한국측 사료에서는 독도는 고대 신라시대부터 조선인들이 사는 울릉도에서 바라볼 수 있는 섬으로서 고려, 조선시대를 거쳐 일본에 침탈당하기 직전의 대한제국시대(칙령41호)까지 한국의 고유영토로서 관리되어온 섬이다. 일본측 사료에서도 막부가 1695년 돗토리번 답변서를 통해 독도(일본식 호칭; 松島)가 한국영토임을 확인했고, 메이지정부에서도 1869년 외무성 보고서, 1877년 태정관문서에서도 독도가 한국영토임을 인정했다. 또한 군함 니이타카호는 1904년 울릉도와 독도를 조사한 뒤 울릉도에서 한국영토임을 공식적으로 확인하고 '독도(獨島)'라고 쓰고 있더라고 군함일지에 기록하여 메이지정부에 보고했다. 이러한 사실을 은폐하고 '주인 없는 섬'이라는 주장은 침략적 행위이다.

셋째, 메이지정부는 독도에 대해 영토취득 조치를 취하면서 '관보'형태로 중앙정부가 조치하지 않고, 왜 '시마네현 고시40호' 형태로 지방정부가 조치했을까? 국제법상 영토취득의 주체는 국가여야 한다.

중앙정부가 관보형태로 독도 침탈 사실을 대외에 알리게 되면 러시아를 비롯한 열강들이 이웃국가의 영토를 침탈했다고 비난하게 되고 일본정부가 궁극적으로 목표하고 있는 대한제국 영토의 병합에 큰 지장을 초래하기 때문이었다. 결국 이러한 우려 때문에 독도의 편입조치는 국제법상 미완의 조치가 되고 말았다.

넷째, 왜 일본은 독도를 러일전쟁 중에 편입조치를 취했을까? 일본의 조선침략을 가장 경계했던 나라가 러시아였기 때문에 전쟁의 혼란한 틈을 이용함으로써 전쟁 상대국인 러시아가 이를 공론화할 수 없고, 전쟁터가 된 대한제국이 항의할 수 없다고 판단했기 때문이다. 이것은 분명히 제3국에 대한 영토침략행위이다.

다섯째, 메이지정부는 왜 1905년 독도 편입당시 바로 한국정부에 알리지 않고 그 1년 뒤인 1906년에 시마네현 관리들이 몰래 울도군수 심흥택을 방문하여 전했을까? 메이지정부가 독도 편입조치가 침략행위라는 사실을 잘 알고 있었기 때문에 한국의 항의를 우려하여 바로 공론화할 수 없었다.

일제가 한국의 외교권을 강탈하고 1906년 2월 서울에 한국통치기관인 통감부를 설치하여 한국의 저항을 전적으로 제압했다고 판단했기 때문이다.

게다가 대한제국정부는 일제의 독도침탈에 대해 묵인하지 않았다. 내부(내무부)는 독도가 1900년 칙령41호에 의해 행정적으로 관리되었던 분명한 대한제국의 영토라는 사실을 통감부에 알리어 항의하면서 1905년 뒤늦은 편입조치를 인정하지 않았다. 그러나 대한제국영토는 1910년 일제의 병합조치로 1945년까지 침략 당했지만, 제2차 세계대전 중의 카이로선언과 포츠담선언, 종전 후의 연합국최고사령부 명령 677호로 연합국이 독도를 한국영토로 인정했다. 그 결과 독도는 한국 어민들의 어장이 되었고, 1951년 대일평화조약에서도 한국 어민들의 독도 어업기지를 중단하지 않았다. 1952년 일본이 주일 미공군이 독도를 폭격훈련장으로 지정하였기 때문에 일본영토라고 우겼지만, 당시 미 공군은 오히려 훈련장 지정을 정지하고 한국영토임을 인정했다. 한국은 이러한 과정을 거쳐 오늘날 독도를 영토로서 관할하고 있다.

결국, 일본은 한일관계의 정상화를 위해서라도 '시마네현고시 40호'가 합법적 영토취득 행위가 아님을 인정해야한다.

8. 대한민국 영토 독도의 국내·외 현주소

지금 우리는 세계 시민사회에 살고 있다. 한일 간의 독도문제가 한국과 일본 두 나라만의 문제가 아니게 되었다. 이미 독도문제는 영유권을 다투는 지역으로 분류되어 많은 학자들이 연구를 하고 있고, 언론도 적극적으로 다루고 있다. 이제 '우리가 관할하고 있기 때문에 영원히 우리 땅인데, 괜히 일본을 자극하여 분쟁지역화 하는 것은 옳지 않다'고 했던 과거 조용한 독도외교도 정보화시대를 살고 있는 지금으로서는 철 지난 대응이라고 하겠다.

분명히 독도는 역사적 권원에 의거하고 한일관계 및 관련국과의 정치 외교 과정을 통한 국제법적 지위로 보더라도 한국이 실효적으로 관리하는 고유영토이다. 일본이 영유권을 주장한다고 해서 50:50의 분쟁지역이 되는 것은 아니다. 한국은 고대시대 이후 독도를 고유영토로 인식해 한국영토가 아니라고 한 적은 한 번도 없었다. 그런데 일본은 고대시대 이후 고유영토라는 인식도 없었지만, 전근대 17세기, 근대 19세기 지방정부는 물론이고 중앙정부 조차도 지리적으로나 역사적으로나 국제법적으로도 일본영토가 아니라고 공식적으로 언급했다.

그렇게 보면 현재의 독도문제는 일본제국의 영토침략의 산물이다. 제2차 대전 종전 후 일본제국주의가 침략한 모든 영토는 포츠담선언에 의거하여 일본에서 분리되어야 했다. 그때 독도도 한국의 영토가 되었다. 그런데 일본은 1905년 각의결정과 시마네현고시 40호로 합법적인 '새로운 영토'가 되었다고 주장한다. 그것은 아직도 과거 제국주의적 사고를 청산하지 못하고 있다는 증거이다. 일본은 세계 보편적 가치를 이해하지 못한다. 왜냐하면 제국주의의 상징인 천황제라는 문화를 갖고 있기 때문이다. 그래서 국제사회에서도 도저히 이해되지 않는 영토문제를 야기하고 있는 것이다.

일본은 지금 한국이 자신의 영토인 '죽도'에 대해 무력으로 불법 점령하고 있다고 국제사회를 향해 거짓선전을 해대고 있다. 독도문제의 정의는 일본이 독도를 포기하고 온전하게 한국의 품으로 돌려주는 것이다. 만일 우리 국민들 중에 과거처럼 '조용한 독도 외교'를 주장하는 사람이 있다면 국제사회를 향한 일본의 거짓선전을 그대로 두자는 격이 된다. 그렇게 되면 일본의 거짓을 국제사회가 사실로 받아들여 독도는 더 이상 수습이 불가능한 영토분쟁지역이 된다.

지금 국내에서 심히 우려되는 것은 간혹 언론에 얼굴을 내밀어 학자라는 이름으로 '조용한 독도외교'를 소리치는 이들이 있다. 일본도 일정한 입장이 있다는 것이다. 그것은 사실상 독도를 분쟁지역으로 인정하는 것이 된다. 우리가 스스로 분쟁지역임을 인정하는 것과 제3자가 독도의 본질을 잘 모르고 인정하는 것은 전혀 차원이 다른 문제이다. 을사5적이 태어날 때부터 매국노였던 것은 아니었다. 무지한 자가 잘난 척하여 국가를 팔아먹는 격이 되었기에 매국노가 된 것이다.

지금 국제사회의 흐름을 봐라. 일본의 거짓선전을 사실로 믿고 있는 세계의 여론과 국가들도 많이 있다. 한국정부는 이제 와서 일본의 거짓선전의 심각성을 인식하고 대내외적으로도 그 경각심을 불러일으키고 있다. 늦지만 다행스러운 일이다. 외국에 가면 모두 애국자가 된다는 말이 있듯이, 사실 국내의 우리 국민들보다 세계 각국에 나가 있는 교민들이 더 애국심을 갖고 독도수호에 나서고 있다. 이러한 노력은 여러 곳에서 그 성과가 나타나고 있다.

최근 미국의 하원 외교위원장이 독도는 역사적인 측면에서 봐야한다고 하여 '한국의 영토가 맞다'고 지적한 일이 있다. 일본의 자가당착적 가치관을 우회적으로 비판한 것이다. 물론 이번에 '독도가 한국영토가 맞다'고 지적한 것은 반드시 한국에 편을 들기 위한 것은 아니다.

일본이 세계 보편적 가치관을 갖지 못함으로써 향후 미국은 물론이고 국제사회에 초래할 악영향을 사전에 차단하겠다는 의도였을 것이다.

지금 우리의 과제는 일본이 외무성 홈페이지를 통해 독도가 일본영토라는 거짓된 논리를 만들어 12개국의 언어로 세계 각국에 발신하고 있다는 것이다. 이는 세계 시민사회를 우롱하고 세계 각국을 기만하는 행위이다. 한국정부는 번역된 언어의 국가에 대해 일본의 논리가 독도의 본질을 조작한 것이라고 정식공문을 통해 사실관계를 바로 잡아줘야 한다.

9. 독도 영유권은 세계보편적인 가치관

일본은 2015년 금년부터 초등학교에서 의무적으로 독도 교육을 실시하고 있고, 중학교는 이번에 검정 받은 교재로 2016년부터 의무교육을 받게 된다. 한국은 이를 두고 '독도영토에 대한 도발'로 규정한다. 이처럼, 독도에 대한 일본과 한국의 인식은 전혀 다르다.

한국정부는 일본의 독도 도발에 대해 '영토를 넓히기 위해, 어업자원과 지하자원을 확보하기 위해, 군사적 요충지이기 때문에'라고 하여 '망언'이라고 단정하고, 분쟁지역으로 보이지 않기 위해서는 '무대응이 상책'이라고 대처해왔다. 사실 일본도 '다케시마'가 일본의 영토라고 인식하고 있고, 오히려 한국이 불법으로 무력점령하고 있다고 한다. 한국이 이러한 일본을 제대로 알고 올바르게 대처해왔더라면 지금처럼 날로 극심해지는 일본의 독도 도발은 어느 정도 막을 수 있었을 것임에 분명하다.

일본은 영토 확장주의에 입각한 '다케시마'론을 갖고 있다. 1945년 패전으로 카이로선언과 포츠담선언에 의거하여 일본이 청일전쟁 이후 침략한 모든 영토를 박탈당한 것은 맞지만, 사실 독도는 침략한 것이 아니라 '무주지'를 합법적으로 편입한 영토라는 것이다. 독도는 1946년 연합국 최고사령부 명령서 SCAPIN 677호에 의해 한국이 실효적으로 관리하게 된 것은 맞지만, 최종적 결정은 아니었다는 것이다. 그리고 1951년 샌프란시스코평화조약에서 일본영토로 결정이 났는데, 1952년 이승만 대통령이 일방적으로 평화선을 선언하여 독도를 불법 점령했다는 인식을 갖고 있다.

그것은 일본의 오해이다. 사실상 대일평화조약에서 영국과 미국 중심의 연합국은 독도와 같은 무인도에 대한 분쟁지역에는 관여하지 않는다는 방침을 정하고 독도의 영토적 지위를 변경하지 않았다. 그래서 현재 한국이 SCAPIN 677호에 의거해 실효적으로 관리하게 된 것이다.

오늘날 일본이 독도에 대해 잘못된 인식을 갖게 된 것은 당시 일본정부가 독도에 대한 영토적 야욕을 갖고 대일평화조약에서 '독도'의 지명을 명확히 표기하지 않았다고 하는 사각지대를 악용하여 한국과 일본국민을 상대로 독도가 일본영토로서 결정되었다고 거짓말을 했고, 극우 성향의 일본국민들은 그것을 사실로 믿으려고 했고, 그 이후에도 지속적으로 일본정부는 일본국민들을 속이면서 영유권을 주장해 왔기 때문이다.

이렇게 볼 때 향후에도 일본정부가 사실을 숨기고 있는 한, 분명히 일본국민들은 독도가 일본영토'라는 인식을 갖게 될 것이고, 미래에도 절대로 독도에 대한 영유권은 포기하지 않을 것이다. 과거에도 그랬지만 현재도 한국정부는 한국이 독도를 실효적으로 관리하고 있기 때문에 당연히 한국영토라는 명목 아래 독도영토의 국제화에 소홀히 했다.

반면 일본은 실효적 관리를 강화할 수 없는 상황이기 때문에 그 에너지와 열정을 국제사회로 돌려 여론을 조장하는 데 집중해왔다. 그 결과 국제사회는 조작된 일본의 논리를 사실로 받아들이는 경우가 생겨났다. 외무성 홈페이지에는 12개국의 언어로 죽도가 일본영토라는 10가지 증거를 대고 있다. '무대응이 상책'이라는 한국정부의 정책 오류로 말미암아 독도의 지위를 위태롭게 하고 국제사회도 일본의 거짓에 우롱 당하게 했다.

한국정부는 한시라도 빨리 1대1 대응으로 12개국의 언어를 모국어로 하는 국가에 외교적으로 접근하여 일본의 거짓을 바로 잡아야한다. 더 이상의 독도문제의 확대 재생산과 일본의 국제사회 우롱을 막음으로써 독도를 평온한 섬으로 만드는 유일한 길이다. 일본이 독일처럼 세계보편적인 가치관을 갖으려고 노력하는 나라라면, 일본이 일으킨 태평양전쟁이 국제재판에서 침략전쟁으로 판결났기 때문에 침략한 모든 영토를 포기했었을 것이다.

일본은 천황제의 일본중심주의적인 가치관을 갖고 있는 나라이기 때문에 절대로 독도 영유권을 포기하지 않는다. 지금까지 한국이 채택한 '무대응이 상책'은 일본중심주의적인 가치관을 인정하는 꼴이 되어 독도 도발을 격화시키는 요인이 되었다는 사실을 간과해서는 안 된다.

10. 독도가 日영토였다면, 한국이 어떻게 점유했을까?

근래에 들어와서 일본은 한국영토 독도에 대해 노골적으로 영유권을 주장한다. 시마네현이 정부보다 더 열심히 죽도문제연구회를 만들고 '죽도의 날'을 조례로 제정했다. 아베정권은 시마네현의 요구에 떠밀려 최근 내각관방부에 '영토기획조정실'을 두고 새롭게 독도 영유권 주장을 노골화했다.

일본의 주장은 일본의 고유영토인 '다케시마'를 한국이 무력으로 불법점령하고 있다는 것이다. 이러한 일본의 주장에는 많은 모순성을 내포하고 있다. 정말 독도가 일본영토였다면, 영토문제가 외교문제인 만큼 중앙정부가 적극적으로 추진해야함에도 불구하고 지방정부인 시마네현의 요구에 떠밀려 추진하고 있다.

샌프란시스코 평화조약 체결당시 일본이 조약체결 당사국으로서 호랑이였다면 고양이 앞에 쥐와 같은 신생독립국 한국이 과연 독도를 점유할 수 있었을까? 전후 일본은 한국의 독도점유에 대해 줄곧 형식적인 영유권 주장으로 소극적인 자세였다. 그런데 일본정부는 왜 하필이면 지금 와서 영유권을 주장할까?

전후 일본은 정치적 경제적 측면에서 보더라도 국제사회에서 절대적인 위치에 있었다. 그런데도 한국의 독도점유를 저지하지 못했다. 자위대는 자국영토를 방위하는 군대인데도 독도를 자국의 영토로서 방위하지 못했다. 전후 일본은 역사적으로 중국 영토로서 권원을 갖고 있는 센카쿠제도를 무력으로 점유하면서도 독도는 무력으로 점유하지 못했다. 거기에는 그만한 이유가 있었다.

반면 한국이 독도를 실효적으로 점유하게 된 데에는 그럴만한 충분한 이유가 있었다. 일본이 주장하는 것처럼 만일 독도가 일본의 고유영토였다면 고대 야마토시대 때부터 지금까지도 일본영토이기 때문에 새로운 편입조치를 취할 이유가 없었다. 만일 독도를 전쟁으로 취득한 영토라면 전쟁종결을 의미하는 강화조약에서 독도가 일본영토라고 명기되어 있어야한다.

그런데 왜 일본은 중앙정부의 고시가 아니고 지방정부인 시마네현고시로 은밀한 방법을 취했을까? 고대 야마토 국가의 일본영토는 서일본에 국한되어 있었다. 그런데 중세, 근세를 거쳐 근대에 이르기까지 일본은 주변민족과 국가를 침략하여 영토를 확장했다.

근대일본은 유럽으로부터 국제법을 수용하여 전쟁으로 타국의 영토를 침략하지 않겠다고 선언했다. 그러나 일본은 아이누민족을 억압하여 홋카이도를 점령했고, 유구민족을 강압하여 오키나와를 병탄했다. 그 후 일본은 청일전쟁과 러일전쟁에 승리하면서 조선, 만주, 중국 등을 침략했다.

제2차대전에서 일본은 미·영·중·러 등의 연합국 조치에 의해 메이지시대 이후 침략한 영토, 특히 청일전쟁 이후에 침략한 모든 영토는 일본영토에서 분리한다고 결정되었다.

특히 미국은 1946년 1월 잠정적으로 독도를 한국의 관할권과 통치권을 인정했고, 맥아더라인에 의해 일본인과 일본선박의 독도근해 접근을 금지되었다. 이로 인해 한국은 최종적으로 영토가 확정될 평화조약을 앞두고 독도를 실효적으로 관리하게 되었다.

1951년 샌프란시스코 평화조약에서 연합국은 무인도로서 분쟁지역인 섬에 대해서는 영토적 지위를 결정하지 않는다는 방침아래 독도의 지위를 결정하지 않았다. 그래서 연합국은 자신들이 이전에 결정한 독도에 대한 한국의 실효적 점유를 중단하지 않았다.

그런데 일본정부는 독도가 최종적으로 일본영토로서 결정되었다고 거짓말을 했다. 일본국회에서 조약국장은 야당의 질의를 받고 독도를 한국영토에 포함시킨 '일본영역참고도'를 배포했다. 1952년 마이니치신문사도 '대일평화조약'이라는 책자를 발간하여 독도를 한국영토로 표기했다. 독도가 일본영토로서 결정되었다고 하는 일본정부의 주장을 뒷받침하는 증거는 어디에도 없다.

만일 일본정부의 주장처럼 연합국이 독도가 일본영토로서 결정했다면 체결당사국이었던 미국, 영국, 호주, 뉴질랜드 등의 국가를 동원하여 독도를 점유할 수 있었을 것이다. 특히 대일평화조약 초안 작성과정에 유일하게 일본의 입장을 두둔했던 미국조차도 한국의 항의를 받고 미공군의 독도폭격장을 철거했다.

또한 양국관계를 정상화한 1965년 한일협정에서도 일본이 한국의 독도점유를 인정했다. 1974년 대륙붕협정에서도 한국의 독도점유를 부정하지 않았다. 그 이후에도 일본정부는 외교문서를 통해 형식적인 영유권 주장에 그쳤다. 그런데 1998년 신한일 어업협정을 체결한 이후에는 재차 적극적으로 독도 영유권을 주장했다.

초·중·고등학교 교과서개정, 방위백서, 외교청서에서 독도 영유권을 주장하고 있다. 전후 한일양국 간의 정치과정을 살펴볼 때 일본은 독도 영유권을 주장할만한 위치에 있지 않다. 그런데 오늘날 일본정부가 영유권을 주장하는 것은 일부 정치인과 우익인사들의 무지에 의한 것으로 선량한 일본국민은 물론이고 세계시민을 우롱하는 행위이다.

11. '독도분쟁'이라는 용어를 절대 사용하지 말자

우리는 '독도가 한국영토'라고 외치면서도 '독도문제', '독도분쟁'이라는 말을 흔히 사용한다. '다케시마=일본영토론자'들이 좋아할 듯한 용어다. 1980년대 한 가수가 '독도는 우리땅'이라는 노래를 부르면서 대한민국 국민이라면 모두가 독도는 한 치의 의심 없는 대한민국 영토라고, 일본의 도발을 비난했다. 이를 두고 '죽도=일본영토'론자들은 한국 사람이기 때문에 한국영토라고 한다고 하여 영토 내셔널리즘에 의한 영토야욕이라는 것이었다. 이는 그릇된 생각이다. '독도가 우리땅'이라고 흥얼거리는 대한민국 국민은 모두 어느 누구보다도 정의롭다.

해방 이전에는 대한제국이 일본의 도발을 우려하여 1900년 칙령41호로 '울도군'을 설치하여 울도군수가 적극적으로 '울릉전도, 죽도(댓섬), 석도(독도)'를 관리했다. 그런데 1905년 11월 일본정부가 한국의 외교권을 강탈한 후, 1906년 2월 서울에 통감부를 설치하고, 그해 3월 시마네현 관리들이 울릉도에 방문하여 '독도가 1905년 자신들의 새로운 영토가 되었다'고 억지를 부렸다. 당시 심흥택 울도군수는 이튿날 바로 즉각적으로 이 사실을 중앙정부에 보고했고, 대한제국 정부는 통감부에 항의하여 '있을 수 없는 일'이라고 편입조치를 부정했다.

해방 이후에도 1946년 1월 연합국이 역사적 권원에 의거하여 대한민국 영토로 인정함으로써 한국은 독도를 실효적으로 관할 통치하게 되었다. 그런데 미국 중심의 자유진영 연합국과 일본 사이 체결된 대일평화조약에서 '일본영토에서 분리되는 섬'에 '독도'라는 명칭을 명확히 하지 않았다. 그 이유는 미국이 소련중심의 공산진영에 대항하기 위해 초안 작성과정에 일본을 자유진영에 편입시킬 정치적 의도를 갖고 일본의 요구를 적극적으로 부정하지 않았기 때문이다. 그러나 대일평화조약에서의 독도의 지위는 SCAPIN(연합국최고사령부명령) 677호에 의거하여 한국이 실효적으로 관할통치하고 있던 영토지위를 변경하지 않았다. 독도는 명명백백한 한국영토이다. 이승만 대통령은 일본이 이러한 대일평화조약을 교묘하게 악용하여 독도 침탈 시도를 예상하고 사전에 이를 차단하기 위해 대한민국의 주권선언으로서 '평화선'을 설치하여 독도 근해에 잠입하는 일본의 민간인은 물론이고 공선(公船)인 순시선조차도 과감히 배격했다. 대한민국정부는 과거는 물론이고 현재도 일본의 침략적인 독도 도발에 강력히 대응하여 영토를 지켜왔다. 일본의 독도도발은 지금도 미래에도 계속될 것이다. 독도는 한 치의 의심도 없고, 아무런 '문제가 없는' 명백한 대한민국영토이다. 마치독도에 무슨

문제가 있는 듯한, 분쟁이 있는 듯한 의미를 내포하고 있는 '독도문제', '독도분쟁'이라는 용어를 절대로 사용해서는 안 된다. 일본은 어떻게 해서라도 '독도문제', '독도분쟁'의 섬으로 몰아가려고 갖은 수단을 동원하고 있다. 현재 일본의 우선적인 목표는 '독도문제', '독도분쟁'의 섬으로 만드는 것이다.

일본정부는 지금 어용학자들이 만들어놓은 거짓된 논리를 일본국민들에게 강제적으로 교육시키고 있다. 이는 도를 넘은 침략행위이다. 외무성 홈페이지를 통해 12개국의 언어로 과거 메이지정부가 스스로 '독도는 일본영토가 아니다'라고 했던 것을 러일전쟁 중에 침략적으로 편입 조치한 사실들을 모두 은폐하고, 합법한 영토조치라고 우기면서 오히려 한국이 자신들의 영토를 불법적으로 점령하고 있다고, 그런 사실에 정통하지 않은 일본국민은 물론이고 세계 시민사회를 속이려 하고 있다. 미국 하원의 외교위원장은 '독도는 한국영토 맞다'고 일본의 거짓된 논리를 더 이상 참고 볼 수 없다는 식으로 그 역겨움을 표출했다.

그런데 문제는 한국 내에 있다. 해방이후 줄곧 국가의 존엄성을 걱정하여 많은 선각자들은 독도가 한국영토라는 사실을 명확히 논증해놓았다. 그런데 최근 '독도연구자' '독도알림이'를 자처하는 이들 중에는 차곡차곡 쌓아놓은 선각자들의 귀한 연구를 탐독하는 일에는 게을리 하면서, 일본의 거짓된 논리에 현혹되어 거짓을 거짓으로 판단할 능력이 부족하여 일본의 주장에도 "최소한 서푼어치의 '일리'는 있지 않을까?"라고 '독도문제', '독도분쟁'을 용인하는 발언을 뻔뻔스럽게 외쳐대고 있다는 사실이다. 이제는 '다케시마'는 거짓이고, '독도'는 정의로운 것이라고 명확히 분리해서 사용해야한다.

왜냐하면, 한일 양측의 인터넷 사이트를 단순히 비교하여 '일본의 사이트가 더 우수하기에 독도는 일본 땅'이라는 오류에 빠질 수 있기 때문이다. 본인을 비롯한 독도연구자들 조차도 '독도분쟁'이라는 용어는 의도적으로 피하지만, '독도문제'라는 용어는 별생각 없이 사용해왔다. 그것은 우리 스스로가 '독도는 문제 있는 섬'이라고 인정하는 결과가 되기 때문에 절대로 사용하지 말아야 한다.

第5章
韓国の
固有領土としての
独島

1. 独島が韓国領土という歴史的な証拠は 完全無欠である。

　独島は初めから鬱陵島から肉眼で見える島で、「三国史記」による と、鬱陵島には古代時代の于山国の人々が暮らし、512年に于山国 は新羅に編入された。「高麗史」によると、鬱陵島には高麗人が住み 肉眼で見える独島と往来した。世宗実録と東国輿地勝覧によると、 朝鮮朝廷は、島民保護のために島民を本土に送還し鬱陵島を空けた が、捜討使を派遣して東海の「鬱陵島」と「于山(独島)」の2島を領土と して管理した。粛宗実録と日本の史料である鳥取藩答弁書による と、1692年、釜山出身の漁師安龍福が鬱陵島に渡航した際に、密航 した日本人に会い、2回にわたって朝鮮領土である鬱陵島、独島か ら日本人を追い出した。

　一方、日本人は鬱陵島を自分たちの土地であると主張し紛争が起 きた。結局、当時の日本の最高統治機関であった江戸幕府が「竹島 (鬱陵島)と松島(独島)は日本の領土ではない」と朝鮮朝廷に伝えてき

た。日本人は鬱陵島、独島への渡航が禁止され、「竹島(鬱陵島)渡
海許可」も取り消された。また、1833年には八右衛門という者が鬱
陵島に密航したことが発覚し、「日本領松島」(独島)に航海しようと
して鬱陵島に漂流したと言い繕ったが、結局処刑された。なぜな
ら、幕府が竹島(鬱陵島)と松島(独島)を朝鮮領土と認めていたから
である。

　日本では、1868年、江戸幕府が滅びて明治新政府が誕生した。幕
末末期(1860年)から海外での領土拡張の機運が起き、新政府初期か
ら海外での領土開拓のブームが起こった。1869年に北海道、1876年
には小笠原島を開拓して編入した。鬱陵島と独島についても1869年
に「この二つの島がどのようにして朝鮮領土にされたか、その経緯
を調査」するようにした。その時、幕府が安龍福事件の際に鬱陵島
と独島を朝鮮領土として認めたという事実を確認した。その後も
1871~1879年の間に「竹島開拓願」、「松島開拓願」という名の鬱陵島
開拓を要求する提案書が受け付けられたが、明治政府は、これらの
すべてを棄却した。1876年明治政府が全国地籍調査を実施した際
に、島根県から竹島(鬱陵島)と松島(独島)を編入しなければならな
いという提案を受けた。しかし、明治政府は「竹島」(鬱陵島)と「松島
」(獨島)の位置と形状が詳細に描かれた「磯竹島略図(幕府認識)」を添
付して、「竹島の外一島」は、日本領土でないことを心に留めてくだ
さい」と棄却した。この時に「松島」(独島)とせず、「外一島」と呼ばれ
た理由は、幕府時代から松島とした島の開拓願を要求した人々が鬱
陵島の名称を正確に知らずに「松島」または「竹島」として名称の混乱
を招いていた。そのために、新政府は鬱陵島と独島の二つの島がす

べて日本領土ではないことを明確にするために、「外一島」と差別化
したのだ。

　高宗皇帝は1881年、朝鮮時代の間、島民保護のために本土に送還
する措置によって空にして管理していた鬱陵島に、日本人と朝鮮人
が不法に居住するという旨の報告を受け、1882年、検察社李奎遠を
派遣して鬱陵島の状況と周辺の島「于山島」を調査するようにした。
李奎遠は調査の結果、鬱陵島本島と竹島(デッソム)、島港(現在の観
音島)はあるが、「于山島」はなかったと報告した。当時、青邱図、廣
興圖の系統の多くの地図では李奎遠が調査した「竹島」に「于山島」と
表記し、「于山島」の名称の混乱が生じていた。高宗皇帝は翌年の
1882年に開拓令を下し、鬱陵島に全羅道の人々と共に少しの慶尚道
の人々を移住させた。全羅道の移住民は「コインドル(ドルメン)」を「
コインドク」と呼ぶように、遠くに見える岩の島(トルソム)を「トク
ソム」「トクト(独島)」と呼んだ。後日(1904年)日本の軍艦新高号が鬱
陵島を調査し、「トクト(獨島)」と記録した」と報告した。
　高宗皇帝は1900年に「勅令41号」で鬱島郡を設置し、「鬱陵全島、
竹島(テッソム)、石島(独島)」を管轄すると勅令を下し、独島を「石
島」と表記した。当時、残されたいくつかの地図に東海に「鬱陵島」
と「于山島」の2島が存在するとしながらも、今の「竹島(テッソム)」に
「いわゆる于山島」「于山島」と表記して島の混乱を招いていた。そこ
で「鬱陵島」と「于山島」(独島)の二つの島が大韓帝国の領土であるこ
とを明確にするために、「于山島」という名称を捨て、当時の土俗名
称だった「トルソム」「トクソム」を漢字表記し「ソクト(石島)」と呼ば
れる新たな名称を使用した。

ところが、「竹島＝日本の領土」論者は、合理的な論証もなく、太政官指令の「竹島外一島(松島)」から「鬱陵島＝竹島＝松島」のすべてを同じ島だと捏造して、今の独島とは無関係だと主張し、勅令41号の「鬱陵全島、竹島、石島」より「石島」は、独島ではないと事実を捏造する。日本の不合理な領土ナショナリズムは野蛮この上ない。

2. サンフランシスコ平和條約でも独島は韓国の領土であった。

日本は世界の主要12カ国の言語で独島が日本領土という論理を捏造して、「竹島問題10のポイント」を作成した。「そこには「韓国はサンフランシスコ平和條約の草案作成の過程で、日本が放棄すべき地域に「独島」(日本名竹島)を追加するように、米国に要請したが拒否された。」「竹島は在日米軍の爆撃訓練区域に指定された。」ゆえに「竹島は日本の領土である」と主張している。しかし、それは嘘である。

今日の独島のように、韓国が実効的に管轄し統治している地域は、すべて古代の伽耶、高句麗、百済、新羅、于山国のような小国の領土を継承した韓国の固有領土である。

ところが、日本が侵略的な方法によって、1910年から36年間、韓国を支配していたが、1945年に広島、長崎に投下された連合国の原子爆弾に無條件降伏したことで、韓国は独立した。

連合国最高司令部は、1946年1月、暫定措置として、独立した韓国が管轄統治する領土を独島を含む韓半島に決定した。サンフランシスコ平和條約では、日本の領土から除外されている地域である済州島、巨文島、鬱陵島を含む韓半島全体が最終的に韓国領土として決定された。

ところが、日本政府は、韓国の領土の範囲に「独島」という名称が記載されていないとして、日本の領土に決められたと主張している。

日本政府は、元々「竹島」を1905年無主地先占で新領土として取得し、日本固有の領土とし、韓国が1952年1月に一方的に「李承晩ライン」を宣言して独島を不法に占拠していると主張している。

果たしてそうだろうか?

その答えは、サンフランシスコ平和條約について、自民党出身の岡崎外相(地方行政委員会、1953年11月5日)と野党の社会党出身の川上専門委員(衆議院-外務委員会、1953年11月4日)が舌戦を行った国会の議事録でその答えを見つけることができた。その内容を引用すると、次の通りである。

つまり、「駐日米空軍訓練地として独島が指定され、また除外された問題は、竹島が米軍の訓練地として指定されたことについて、韓国が抗議し、その中で、1948年30人の韓国の漁師が爆撃のために

死んだ。このような事態まで発生すると、韓国は米国当局により激しく抗議をしたため、米国空軍司令官は、日本のリストに入っている独島を訓練地から除外し、その事実を韓国のみ通告した」「このような一連の過程を考えてみると、確かに対日平和條約は曖昧な部分がある。」「李承晩は米国のこのような態度を見て、独島が韓国の領土であることを米国側が認めていると主張した。」「日本は1946年、独島が日本の領土から除外された当時も何の問題もしなかった」「独島が日本の領土であれば、日本の領土に韓国が勝手に入ってきて爆撃の被害を受けたので、それは仕方がないことだから、独島を爆撃練習場から除外する理由がない」「また、独島が日本の領土だとすると、独島で魚を捕りに出かけ訓練のために死んだ場合に、韓国で不法操業をして死んだことになり抗議のようなものが成立するはずがない。」「韓国の抗議を受けて独島をリストから除いたのは、米国が独島を韓国領土として考えたと解釈される。」「ところが、日本政府は、このような多くの疑問を残し、「韓国に対して断固とした措置を取る、武力も使用できる。」という話は、論理に合わない。「独島は最初から日本の領土として決定されていない状態で、平和條約が批准されたものである。」「日本政府は、平和條約を批准していた当時の「日本領域参考図」を国会に配ったが議員らの叱責を受けて急いで回収した。この領域の地図には、明らかに独島が日本の領土から除外されていた。」「これを衆議院に提出したが、急いで回収し、参議院には提出しなかった。なぜ提出をして中断したのだろうか?」「それは確かに米国が独島を韓国の領土と考えている反証である。」「そのため、緒方副首相は、労農党の質問を受けて、平和條約によって竹島が日本の領土となったと答えず、国際法に基づいて、日本の領

土だと答えたのである」「それは平和條約で確に独島が日本の領土で決定されなかった証拠である。」「また、日本政府は、平和條約で独島が日本の領土であることを証明する資料を批准国会に提示すべきであるにもかかわらず、まだ提出していない。」と叱責した。これに対し、外相岡崎勝男は、「平和條約の内容に日本から除外されている領域が明示されている。明示されていない領土は、日本の固有の領土としてそのまま日本に帰属されると私は解釈している。」「しかし、この條約について連合国側の解釈が異なることもある」として連合国側は独島を韓国の領土であるとはいうが、外相本人は個人的に独島が日本の領土であると考えるというものである。

このように、日本の議会議事録には、当時の日本の外務大臣は、自ら対日平和條約で連合国が独島を韓国の領土として認めたと暴露している。

3. 日本の嘘を論証する。

今日の韓国は1946年のSCAPIN(連合国最高司令部指令)677号と1951年の対日平和條約を根拠に、独島を実効的に管轄統治している。

SCAPIN 677号は、独島の歴史的事実に基づいて「鬱陵島、竹島、石島(独島)」を管轄する鬱島郡を設置した1900年の勅令41号によるものである。ところが、日本政府は、中央政府の官報に正式に掲載せ

ず、1905年日露戦争中に島根県の告示40号でひそかに独島を「竹島」
という名前に編入させた。

第二次世界大戦でカイロ宣言とポツダム宣言に「日本が侵略した
すべての領土を没収する」という連合国の方針によって、独島は韓
半島の一部として解放された韓国に返還された。

したがって、国際法でいう独島の領土取得の決定的時点はちょう
ど勅令41号である。勅令41号は、独島の歴史的事実に基づいて公布
された。国際法の領土取得の要件は、「誰が最初に発見して、誰が
継続的に管理しており、現在誰が実効的に管轄統治しているか」で
ある。独島は誰が最初に発見し、誰が継続的に管理して来たか。独
島は韓国人が居住する鬱陵島から見える島であるため、韓国が先に
発見しており、継続的に管理してきた。

一方、日本では独島が見えないので、日本とは何のゆかりのない
島だった。韓国で最も古い歴史書である三国史記と三国遺事を見る
と、「連注(江陵)の真東の海上にある鬱陵島に于山国が512年、新羅
国何瑟羅(ハスルラ)州(江陵)君主である異斯夫に征服された」と記録
している。

独島は鬱陵島から見える島であるため、海上王国の于山国の人々
の生活拠点であった。一方、古代の日本が独島の存在を知っていた
という文献の記録はない。

918年に建国された高麗の歴史を記録した「高麗史」によると、高麗朝廷は、鬱陵島の鬱陵城主から土産物を受けて官階を下賜しており、于山国が女眞の侵入によって農業がだめになった時は農機具を送った。また、住民を移住させ、鬱陵島に送る按撫使を任命した。このように高麗朝廷が鬱陵島を行政に管轄した。

高麗末には倭が「于山武陵」に入って15日間略奪した。

そこで太宗実録によると、1392年に建国された朝鮮朝廷は1403年に鬱陵島の島民を本土に送還することを決定し1416年に金麟雨を「武陵等の按撫使」として派遣し、1417年金麟雨から于山島に15戸86人が居住しているとの報告を受け、「于山武陵」のすべての住民を本土に送還することを決めた。ここで、「鬱陵島(武陵)など」「于山武陵」と呼ばれる複数の島と「于山島から帰ってきた」としていることから、朝鮮朝廷は金麟雨を通じて人が居住する于山島を確認した。また、島の位置は東国輿地勝覧の「東覽圖のように、陸地から鬱陵島よりも近い(西側)ところに于山島があると考えた。金麟雨は于山島のみに行き鬱陵島には行かなかったのだ。

また、世宗実録によると、1425年の「于山武陵などの按撫使」金麟雨が男女20人を捕まえて来て、1429年に朝鮮朝廷は、蓼島を探そうとした。1432年に編纂された新撰八道地理志には「江原道蔚珍県に「于山、武陵」二つの島が真東の海にあるが、互いの距離がそれほど遠くなく、天気が良ければ眺めることができる」と記録し、1454年の世宗実録地理志にもそのまま転載した。

つまり、朝鮮朝廷は、東海に于山島と武陵島の2島があり、また、「蓼島」の存在を探していたが、「于山島」だけを確認した。すなわち、太宗と世宗時代には金麟雨が鬱陵島を見て于山島と勘違いしていたのである。

成宗実録によると、朝鮮の朝廷は1480年の「三峰島招撫使」を任命し、1481年東国輿地勝覧を執筆し于山島、鬱陵島(あるいは武陵、芋陵)の二つの島は、現在真東の海にあるが、天気が良ければ木などを見ることができ、風に乗ると2日に到着する。

一説によると、于山・鬱陵が元々単一の島とも言われている。と記録されている。そして、「三峰島」という島を探していた。すなわち、成宗時代には、于山島と鬱陵島は天気が良ければ互いによく見える位置にあり、往来するに要する日数は2日と認識されており、金麟雨が言う于山島は鬱陵島として、また他の島(現在の独島)の于山島はまだ含まれていないという認識であった。

一方、この時期に日本は独島の存在自体を知らず、領土的関心さえもなかった。

つまりは、于山島は粛宗時代に安龍福によって確認され、日本の幕府も1696年に正式に現在の独島を韓国の領土として認めたのである。

4. 米国,独島問題責任を持って 「独島=韓国の領土」の立場言わなければ

現在、日本が韓国の固有の領土である独島に対して領有権を主張して、韓日両国が領土問題で極限的対立しているが、米国もその責任を避けることができない。米国(連合国最高司令部)が日本の敗戦で1946年1月SCAPIN 677号、独島の韓国管轄統治を明確にしたとき、韓日間の領土問題はなかった。

連合国の決定は、定義によるものであった。三国史記、高麗史、世宗実録、東国輿地勝覧、東国文献備考、勅令41号などの韓国政府側の史料はもちろん、日本政府側の史料である鳥取藩答弁書、鬱陵島渡海禁止令、太政官文書、朝鮮国交際始末内探書、対日平和條約批准国会の議事録などによると、独島と鬱陵島は互いに見える距離にあり、古代には新羅が鬱陵島と独島を領域にしていた于山国を編入して間接統治し、高麗時代には、中央政府が直接鬱陵島と独島を支配した。朝鮮と日本の両方が鎖国政治をしていた近世時代には、朝鮮政府は島民を本土に送還し、定期的に守土使を島に派遣して管理した。この時、日本の漁民が島民がない隙に乗じて秘密裏に鬱陵島に入り違法を犯した。近代時代、朝鮮と日本が共に外勢の圧力で門戸を開放せざるを得ない時代、まず西洋人が鬱陵島と独島に到達し、その後日本人たちは完全に鬱陵島と独島を盗取しようとした。朝鮮政府は、これらの島の領土主権を守るために1882年に開拓領を下し、島の開発を本格化し、さらに1900年には勅令41号を発令し、鬱島郡を設置して鬱陵島と独島を行政に管轄した。周辺国に対する

日本の領土侵略行為は、敗戦時まで続いた。

第二次世界大戦で敗れた日本は、連合国の要求を無條件に受け入れ、連合国の領土措置だけ待っていたが、独島については、「島根告示40号」において、1905年の日露戦争中に「主人がない島」を合法的に編入して取得した日本の領土として領有権を放棄しなかった。ところが、独島はすでに韓国が管轄統治していた韓国の固有領土であり、「島根告示40号」は、独島に対する不法盗取行為として日本の主張は偽りである。

終戦直後、米国は1946年1月の連合国最高司令部覚書から1949年12月の対日平和條約第6次米国草案によって日本の領土に変更する前までは、独島の地位について、韓国の領土という立場を堅持していた。ところが、1950年8月の第7次草案から「独島」という名称は、米国の草案から消えた。第6次草案で独島の所属が日本の領土と変更された経緯は、日本が米国務省の政治顧問のシーボルトに「独島は韓国が管理したことがなく、むしろ日本が島根県告示40号において領土として取得し管理した」と嘘を述べ、シーボルトは、米国務省に対して、日本の要求と共に冷戦体制の軍事的価値があると提言した。

米国務長官ディーンラスクも独島とパラン島(イオ島)を韓国の領土として処理してほしいという韓国政府の要求に対して、1951年8月10日「独島は韓国の領土になることができない」と書簡でシーボルトの主張を繰り返した。このように、これらの一部の米国政府要人

の判断は、独島問題の本質とは正反対である政治的主張に過ぎなかった。

1951年3月の英国の草案でも独島が韓国領土として明記され、5月の英米合同の草案では「独島」という名称はなかった。9月の対日平和條約においても、韓日両国の境界について「済州島、巨文島、鬱陵島を日本の領土から除外する」というように、独島の地位を言及しなかった。結局、米国の主張は、英国、ニュージーランド、オーストラリアなど英連邦諸国の反対を受け日本の立場を最後まで代弁しなかった。今日の日本政府は、米国が日本の領土であることを支持したため、対日平和條約で日本の領土を決めたと主張している。

対日平和條約は、ソ連や中国などの共産主義国は、ボイコットしたが、自由主義国家である米国、英国など48カ国が署名した。米国が日本を支持したため、日本の領土になったという主張は不合理極まりない。米国が日本の領土であることを認めたという主張も事実ではない。対日平和條約を締結する過程で、個人の資格で、一部の要人が政治的主張をしたことはあったが、米国政府の本質的な立場は変わらず、独島は韓国の領土であった。平和條約以降、独島爆撃訓練場指定事件、平和線の宣言、米日行政協定の締結時にも、独島が韓国領土という立場を明らかにした。

今日、日本政府が独島の領有権を主張し、韓日の間で領土問題をもたらしたのは、まさに米国政府が対日平和條約で独島の地位を明確にせず、曖昧な政治的な決定をしたことによる。

　米国政府は、韓日間の独島問題について傍観者的立場をとっているが、韓日両国の真の友好国として、東アジアの安定と繁栄を願うのであるならば法と正義に基づいて、独島が韓国の領土であることを明らかに宣言すべきである。

5. 日本東北行航空機
「鬱陵島−独島−隠岐の島」航路すべき

　独島は新羅が鬱陵島と独島周辺海域を領域とみなした于山国を編入して以来、日本の植民地統治を受けたことを除けば、他国の支配を一度も受けたことがない韓国の固有領土である。日本の植民地支配は、第二次世界大戦で敗れた日本が連合国が要求したポツダム宣言を受諾し、東京裁判で戦犯国家として判決され、不法支配したものと処理され、今日の韓国が独島を実効的に管轄統治するようになった。

　過去、日本政府が自ら前近代から近・現代に至るまで、独島が日本の領土ではないと明記した証拠資料は数えきれないほど多い。まさに前近代の鳥取藩答弁書・幕府渡航禁止令、近代の太政官文書・韓国交際始末内探書、現代の韓日協定の批准国会議会速記録の「日本領域参考図」などがそれである。

　それにもかかわらず、日本は戦後以降、独島が日本の領土であると主張している。これは領土ナショナリズムによる侵略行為であ

る。これに対応して李承晩政府は、韓国戦争の混乱期に連合国の対日平和條約締結と日本が独島占有を狙い密かに上陸し「日本の領土標識」を立てた時、独島近海を含む海洋主権を宣言し、平和線を侵犯する日本船舶を拿捕及び監禁し、同時に灯台と「韓国領」表示石を設置し、民間人は義勇守備隊を組織して銃砲に対応した。

朴正煕政府は韓国の正当な独島支配を「不法占有」云々する日本に対して、韓日協定と大陸棚協定を締結して独島の管轄権を承認するようにした。金泳三政府は韓国の実効的支配の強化を防ぐために、「現状維持」を要求する日本の挑発を無視し、独島に船着き場を建設し、盧武鉉政府は測量船を派遣して独島の領土主権に挑発する日本に対応して国内外に韓国領土として独島を開放した。李明博政府は正規の教育課程に独島教育を義務化した日本に対応して、歴代の大統領で初めて電撃的に独島を訪問した。

もし日本の独島挑発に対して、韓日関係の悪化を懸念し実効的支配の強化を放棄し、独島を天然記念物の「暗礁」として保管した場合、現在どのようになっただろう?今日の日本は独島の領土に執着し欺瞞的で、国際社会に向けて、むしろ韓国を侵略者に仕向けている。

もし独島を無人島の岩塊としてのこした場合、暴力的な日本は、憲法第9條を改正して、現行の自衛隊を他国を侵略する正式な軍隊に変更し、戦争云々し、独島を「猫の餌」程度に考えたのではなかろうか。戦後の韓国政府が韓国の領土としての確固たる信念を持って

実効的支配を強化してきたので、日本の欺瞞的侵略的な挑発を防ぐことができた。いうまでもなく、日本の領土ナショナリズム的独島挑発には日本の様子を伺わず、果敢に実効的支配を強化することのみである。

　現在、日本の当面の目標は、国際社会を欺き独島を紛争化することである。日本は、国際社会に向けて「韓国が独島を武力で不法占拠し、平和的な解決を避ける一方、日本は国際司法裁判所で平和的な解決を望んでいるとあらゆる偽りを宣伝している。日本国民には、学校教育とメディアを通じて偽りの領土観を植え付けている。実際に日本は独島に接近することができないため、可能な方法をすべて動員し韓国の領土主権を損なおうとしている。これに対して、韓国は独島を実効的に管轄統治しているため、日本の独島政策に埋没し振り回されてはいけない。

　最近、筆者が日本の青森県を訪問するために韓国の航空会社の航空機に乗った。仁川空港を出発し、「鬱陵島-独島」の方向に飛行していたため期待が膨らんだが、肝心の航空機は「鬱陵島-独島」の上空を避けて通り過ぎた。「鬱陵島-独島-隠岐島」の上空を通るのであれば、多国籍の旅行者が「鬱陵島-独島」と「独島-隠岐の島」の地理的関係を肉眼で確認することにより、鬱陵島から87km地点にある独島と独島から157km地点にある隠岐島を互いに比較し独島が韓国の領土であることを確認することになる。

　なぜ韓国の航空会社の航空機は、鬱陵島と独島上空の飛行を避け

たのだろうか。韓国の航空会社の航空会社は透徹した国家観を持た
なければならない。国家の存立より企業の利益を優先するのであれ
ば存在の理由さえもない。領土の保全は、国民、主権と共に国を構
成する三大要素である。もし「鬱陵島-独島-隠岐の島」の航路が独島
の領土主権の確立に大きく寄与しているという事実をまだ知らない
のであるなら、すぐに航路を変更してほしい。

6. 日本で出会った二人の日本人の 独島に対する考え方

　最近、学術発表のために日本を訪問したその時、2人の日本人と
出会った。一人は筆者の独島の論文の討論者として内定した50代後
半の大学教授であり、もう一人は夜の街のラーメン食堂で出会った
元公務員の60代後半の男性であった。両人共に、独島が日本領土だ
と言った。実は日本は敗戦後、大半が天皇制を擁護する保守政権が
権力を担当し、過去の侵略の歴史を隠蔽するために、学校の正規教
育はもちろんのこと、新聞やマスコミなどのメディアを通じて、社
会的な雰囲気を助長した。そのため、このような社会的雰囲気に逆
行する日本国民は、極右団体のテロの対象となった。それにもかか
わらず、5%にも満たないが、勇敢な良心的な日本人もいる。彼ら
は将来の日本を心配し、正しい歴史観を持つべきだと叫ぶ。独島に
ついても韓国の領土であり、過去の日本が侵略したものだと反省し
ている。

韓日両国の古文献を見ると、独島が両国の海の中間に位置し、地理的に鬱陵島から見える距離にあったために、韓国は古代新羅時代から今までの領土として管理してきた。一方、日本は独島が見えない距離に位置しているため、日本の領土という認識が全くなかった。ところが、1905年、日露戦争を主導した日本の外務省が中心となり、閣議で独島を「主人のない島」と事実を捏造し密かに編入する措置を取った。しかし、その時、大多数の日本国民は編入の事実を知らず、韓国の領土だと思った。

日本は36年間、侵略的に韓国を植民統治し、続いて中国と東南アジア諸国の領土を侵略した。最終的には米・英・中の3カ国が主軸となり連合国を結成し、第二次世界大戦で、広島、長崎に原子爆弾を投下し日本を降伏させた。連合国は、カイロ宣言(1943.11.27)とポツダム宣言(1945.7.26.)において、日本が侵略したすべての領土を没収することを決定した。1946年連合国最高司令部は、覚書(SCAPIN 677号)に独島を日本が侵略した領土と明確に規定し、韓国を独立させた。

解放後、韓国はそのまま独島を固有領土として管轄統治した。日本は1951年の対日平和條約で韓国の独島の管轄統治を防ぎ、日本の領土と認められるために、友好的な関係にあった米国務省政治顧問シーボルトに近づき、ついに米国務省の歓心を買うに至った。しかし、最終的に英国、オーストラリア、ニュージーランドなど英連邦国家の反対により独島奪取意図は阻止された。その後、日本は韓国戦争という国難の期に乗じて独島に潜入し、日本の領土標識を立て

るなど、独島占有を試みた。韓国は戦争中にも、李承晩大統領が主権宣言で「平和線」を宣言し、日本の漁民と日本の巡視船の独島侵入を防いだ。このようにして、韓国は今日まで独島を管轄統治している。

　日本では、このような独島の本質のありのままを認める知識人も少なくない。学術大会で会った日本人教授は、独島が日本の領土だという立場だった。その意見に対して、17世紀の日本の最高統治機関であった幕府が日本の領土ではなく、韓国の領土とした「鳥取藩答弁書」、明治政府が直接鬱陵島と独島が日本の領土ではないとしていた1877年の「太政官指令」と「磯竹島略図」を提示した。日本人教授は、本論から外れ、不合理な論理を持ち出し、日本では日本の領土だと主張した。そのため「教授の役割は、研究者として客観的かつ合理的に論証するものである。日本人であるため、日本の領土だと考えるという民族主義的な発想は、正しくない。」と指摘した。「すみません」と認めているように言ったが、心の奥底まで認める表情ではなかった。ラーメン屋で会った日本人は韓国から来たと話したら、すぐに「独島は日本の領土であり、慰安婦は強制的ではなかった。」と語った。そこでこの方を説得するために、この分野を研究する教授であることを伝え、事細かく説明すると、熱心に聞いてくれた。「すみません、そうですか」と言ったが、やはり認める気配はなかった。.

　最近に入って、通常の日本人がこのような認識を持つようになったのは下條正男という人物の影響が少なくない。彼は「教授」という

身分を掲げ、島根県を動かし、2005年に「竹島の日」條例を制定するようにし、「竹島問題研究会」を作って「国が領土を捨てた」と扇動した。極右性向の安倍政権がここに便乗し、彼らが捏造し歪曲された論理をそのまま公の教育に反映し「竹島教育」を義務化することにより、社会的な雰囲気を助長した。

しかし、日本国民に事実である証拠と接する機会を与えられれば、彼らの認識を転換されるという事実を今回の訪問で確認した。そのために日本現地で独島学術大会などを開催して、直接的な説得を試みるといった努力や、日本語の独島冊子を出版し、日本社会を刷新する努力が何よりも重要である。

7. 果たして独島が「島根県告示40号」で日本の領土になったのか?

韓日両国が所蔵している独島領有権関連史料が正確に何点あるのかは知らないが、約1千点あまりあると見たときに、独島が日本の領土という日本式の唯一の証拠は、「島根県告示40号」だけである。日本政府は、「島根県告示40号」がまさに独島を日本の領土として取得した合法的な措置という主張である。

その理由は、1945年に日本が連合国に敗れ無條件に降伏したことで、カイロ宣言とポツダム宣言により、日本帝国主義が侵略した領土のすべてが戦後の日本の領土から剥奪されるという連合国の措置

に基づいて、1910年韓国併合で措置された大韓帝国の領土だけ、日本の領土から分離される。独島は韓国併合の5年前の1905年に編入措置された日本の新領土のため、韓国併合とは無関係であると主張している。このような日本の主張が果たして正当であるのか?日本の主張には、次のような矛盾が隠れている。

　第一に、明治政府の閣僚会議で決定したため合法だという主張である。これは、明治政府の閣僚が隣国の領土について密談して決定したものであり、これは侵略的行為である。

　第二に、明治政府は、独島が主人のない地、すなわち「無主地」であるため、国際法の領土取得理論である「無主地先占」によって日本の領土になったと主張している。果たして当時、独島が主人のない地だったのか。韓国側の史料では独島は、古代新羅時代から朝鮮人が住んでいる鬱陵島から眺めることができる島として高麗、朝鮮時代を経て日本に侵奪される直前の大韓帝国時代(勅令41号)まで韓国の固有の領土として管理されてきた島である。日本側の史料でも、幕府が1695年鳥取藩答弁書を通じて、独島(日本式呼称;松島)が韓国領土であることを確認し、明治政府でも1869年の外務省報告書、1877年の太政官文書でも独島が韓国の領土であることを認めた。また、軍艦ニイタカ号は1904年、鬱陵島と独島を調査した後、鬱陵島で韓国の領土であることを公式に確認して、「独島」と書いていたと軍艦日記に記録して明治政府に報告した。このような事実を隠蔽して「主人のない島」という主張は、侵略的行為である。

　第三に、明治政府は、独島について領土取得の措置を取りながら、「官報」という形で、中央政府が措置することなく、なぜ「島根県告示第40号」という形で地方政府が措置したのだろうか。国際法上の領土取得の主体は国家でなければならない。

　中央政府が「官報」という形で独島侵奪の事実を対外に知られると、ロシアをはじめとする列強が隣国の領土を侵奪したと非難することになり、日本政府が最終的に目標としている大韓帝国の領土の併合に大きな支障をきたすためであった。結局、このような懸念のために独島の編入措置は国際法上未完の措置になってしまった。

　第四に、なぜ日本は独島を日露戦争中に編入措置をとったのだろうか?日本の朝鮮侵略を最も警戒していた国がロシアであったため、戦争の混乱の隙を利用することにより、戦争相手国であるロシアがこれを公論化できず、戦場と化した大韓帝国が抗議することができないと判断したためである。これは明らかに第3国の領土侵略行為である

　第五に、明治政府はなぜ1905年独島編入当時直ちに韓国政府に通知せず、その1年後の1906年に島根県の管理者が密かに鬱島郡守を訪問し知らせたのだろうか。明治政府が独島編入措置が侵略行為であるという事実をよく知っていたため、韓国の抗議を恐れてすぐに公論化することができなかった。

　日帝が韓国の外交権を奪い、1906年2月、ソウルに韓国統治機関

である統監府を設置して韓国の抵抗を完全に制圧したと判断したためである。

さらに、大韓帝国政府は、日本の独島侵奪に黙認していなかった。内部(内務部)は、独島が1900年勅令41号により行政的に管理された明確な大韓帝国の領土という事実を統監府に知らせて抗議し、1905年立ち遅れた編入措置を認めなかった。しかし、大韓帝国の領土は、1910年に日帝の併合措置として、1945年までに侵略されたが、第二次世界大戦中のカイロ宣言とポツダム宣言、終戦後の連合国最高司令部命令677号によって連合国が独島を韓国の領土として認めた。その結果、独島は韓国漁民の漁場となり、1951年に対日平和条約でも韓国漁民の独島漁業基地を中止しなかった。1952年、日本が駐日米空軍が独島を爆撃訓練場に指定したため、日本の領土だと主張したが、当時の米空軍はむしろ訓練場の指定を停止して韓国の領土であることを認めた。韓国はこのような過程を経て、今日の独島を領土として管轄している。

結局、日本は韓日関係の正常化のためにも「島根県告示40号」が合法的な領土取得行為ではないことを認めなければならない。

8. 大韓民国の領土である独島の国内・外現住所

今日、私たちは、世界の市民社会に住んでいる。韓日間の独島問題が韓国と日本両国だけの問題ではなくなった。すでに独島問題は

領有権を争う地域に分類され、多くの学者たちが研究しており、メ
ディアも積極的に扱ってい。今日「私たちが管轄しているため、永
遠に私たちの土地であるのに、訳もなく日本を刺激して紛争地域化
するのは正しくない」としていた過去の静かな独島外交も情報化時
代を生きている今のところ、時期遅れの対応と言えよう。

　明らかに独島は歴史的権原に基づいて、韓日関係及び関連国との
政治外交過程を通じた国際法的地位と見なしても、韓国が実効的に
管理する固有の領土である。日本が領有権を主張しても、50：50の
紛争地域になるわけではない。韓国は古来より、独島を固有の領土
であると認識し、韓国の領土ではないと言ったことは一度もな
かった。一方、日本は古来より固有の領土という認識がなく、前近
代17世紀、近代19世紀の地方政府はもちろん、中央政府でさえも、
地理的にも歴史的にも国際法的にも日本の領土ではないと公式に
言及した。

　そう見ると、現在の独島問題は日本帝国の領土侵略の産物であ
る。第2次世界大戦後、日本帝国主義が侵略したすべての領土は、
ポツダム宣言に基づいて、日本から分離されなければならなかっ
た。その時、独島も韓国の領土となった。ところが、日本は1905年
の閣議決定と島根県告示40号によって合法的な「新しい領域」になっ
たと主張している。それはまだ過去の帝国主義的な思考を清算して
いないという証拠である。日本は世界普遍的価値を理解していな
い。なぜなら、帝国主義の象徴である天皇制という文化を持ってい
るからである。そのため、国際社会でも到底理解されていない領土

問題を引き起こしているのである。

　日本は今、韓国が自分の領土である「竹島」を武力で不法占領して
いると、国際社会に向けて偽りの宣伝をしている。独島問題の定義
は、日本が独島を放棄して完全に韓国に返すものである。もし私た
ちの国民の中に、過去のように「静かな独島外交」を主張する人がい
るなら、国際社会に向けた日本の偽りの宣伝をそのままにしておく
ということである。そうなると、日本の嘘を国際社会が事実として
受け入れ独島はもはや収拾が不可能な領土紛争地域になる。

　今、国内で深く懸念されるのは、たまたまメディアに顔を出して
学者という名前で「静かな独島外交」を叫ぶ人々がいる。日本も一定
の立場があるということだ。これは、事実上、独島を紛争地域に認
めることになる。私たちが自ら紛争地域であることを認めるものと
第3者が独島の本質をよく知らずに認めることは全く次元の異なる
問題である。乙巳5賊が生まれてから売国奴だったのではなかっ
た。無知な者が偉そうなふりをして国を売り渡すことで売国奴に
なったのである。

　今日の国際社会の流れを見よ。日本の偽りの宣伝を事実と信じて
いる世界の世論と国家が多く存在している。韓国政府は、今になっ
て、日本の偽りの宣伝の深刻さを認識し、対内外的にもその警戒心
を呼び起こしている。遅いが幸いなことである。外国に行けば、す
べてが愛国者になるという言葉があるように、実際には国内の国民
よりも世界各国に出ている同胞たちがより愛国心を持って独島守護

に乗り出している。このような努力は、いくつかの場所で、その成果が現れている。

　最近、米国の下院外交委員長が独島は歴史的な観点から見るべきだとし、「韓国の領土が正しい」と指摘したことがある。日本の矛盾的価値観を迂回的に批判したものである。もちろん今回「独島が韓国の領土が正しい」と指摘したことは必ず韓国に味方を持ち上げるためのものではない。

　日本が世界の普遍的価値観を持たないことで、今後、米国はもちろん、国際社会にもたらす悪影響を事前に遮断するという意図だったであろう。

　今日の私たちの課題は、日本が外務省のホームページを通じて、独島が日本領土という偽りの論理を作り、12カ国の言語で世界各国に発信しているということだ。これは、世界の市民社会を愚弄し、世界各国を欺瞞する行為である。韓国政府は、翻訳された言語の国に対して日本の論理が独島の本質を捏造したと正式文書で事実関係を正しく直さなければならない。

9. 独島領有権は世界の普遍的な価値観

　日本は2015年より小学校で義務的に竹島教育を実施しており、中学校は今回の検定を受けた教材に2016年から義務教育を受けることになる。韓国はこれに対して「独島領土の挑発」と規定する。このよ

うに、独島に対する日本と韓国の認識は全然違う。

　韓国政府は、日本の独島挑発に対して「領土を広げるために、漁業資源と地下資源を確保するために、軍事的な要衝地であるため」とし、「妄言」と断定して、紛争地域に見えないためには、「無対応が上策」と対処してきた。実は日本では「竹島」が日本の領土であると認識しており、むしろ韓国が不法に武力占領しているという。韓国がこのような日本を正しく知り、正しく対処してきたのであれば、今のようにますます深刻になる日本の独島挑発をある程度防ぐことができたことは明らかである。

　日本は領土拡張主義に立脚した「竹島」論を持っている。1945年の敗戦でカイロ宣言とポツダム宣言に基づいて、日本が日清戦争後侵略したすべての領土を奪われたのは確かだが、実際には独島は侵略したものではなく「無主地」を合法的に編入した領土というものである。独島は1946年に連合国最高司令部命令SCAPIN 677号により、韓国が実効的に管理するようになったのは確かだが、最終的決定ではなかったということだ。そして1951年にサンフランシスコ平和條約で日本の領土に決めたが、1952年に李承晩大統領が一方的に平和線を宣言して独島を不法占領したという認識を持っている。

　それは、日本の誤解である。事実上、対日平和條約で英国と米国の中心の連合国は、独島のような無人島の紛争地域には関与しないという方針を定め、独島の領土的地位を変更しなかった。それで、現在の韓国がSCAPIN 677号に基づき実効的に管理するようにしたも

のである。

　今日の日本が独島に対して誤った認識を持つようになったのは、当時の日本政府が独島に対する領土的野心を持って対日平和條約で「独島」の地名を明確に表記していなかったという死角を悪用して、韓国と日本国民を相手に独島が日本領土として決定されたと嘘をし、極右性向の日本国民はそれを事実として信じようとし、それ以降も継続的に日本政府は、日本国民を騙して領有権を主張してきたからである。

　このように見ると、今後も日本政府が事実を隠している限り、明らかに日本国民は「独島が日本の領土」という認識を持つようになるだろうし、今後も絶対に独島の領有権を放棄しないだろう。過去にもそうだったが、現在も韓国政府は韓国が独島を実効的に管理しているので、当然韓国の領土という名目の下に独島の領土の国際化をなおざりにした。

　一方、日本は実効的管理を強化することができない状況にあるため、そのエネルギーと情熱を国際社会に向けて、世論を助長することに集中してきた。その結果、国際社会の中で、捏造された日本の論理を事実として受け入れる状況が生じた。外務省のホームページには、12カ国の言語で竹島が日本の領土という10種類の証拠を寄せている。「無対応が上策」という韓国政府の政策の誤りゆえに、独島の地位を危うくし、国際社会も日本の偽りに愚弄されるようになった。

　韓国政府は一刻も早く、1対1の対応で12カ国の言語を母国語とする国に外交的に接近し、日本の嘘を正さなければならない。これ以上の独島問題の拡大再生産と日本の国際社会の愚弄を防ぐことが独島を穏やかな島として作る唯一の道である。日本がドイツのように、世界の普遍的な価値観を持とうとする国であれば、日本が起こした太平洋戦争が国際裁判で侵略戦争と判決去れたことを受け、侵略したすべての領土を放棄しただろう。

　日本は天皇制の日本中心主義的な価値観を持っている国であるため、絶対に独島領有権を放棄しない。これまで韓国が採択した「無対応が上策」は、日本中心主義的な価値観を認める形となり独島挑発を激化させる要因になったという事実を見落としてはならない。

10. 独島が日本の領土だったら、韓国がどのように占有しただろうか?

　近年に入って、日本は韓国の領土である独島に対して露骨に領有権を主張している。島根県が政府より熱心に竹島問題研究会を作り、「竹島の日」を條例で制定した。安倍政権は、島根県の要求に押され、最近、内閣官房部に「領土企画調整室」を置き、新たに独島領有権主張を露骨化した。

　日本の主張は、日本の固有の領土である「竹島」を韓国が武力で不法占領しているということだ。このような日本の主張には多くの矛

盾性が内包されている。本当に独島が日本の領土であるならば、領土問題が外交問題であるだけ、中央政府が積極的に推進すべきだったにもかかわらず、地方政府の島根県の要求に押されて推進している。

サンフランシスコ平和條約締結当時、日本が條約締結国として虎であるならば猫の前のネズミのような新生独立国の韓国が果たして独島を占有することができただろうか?戦後日本は、韓国の独島占有について最近まで形式的な領有権主張に消極的な姿勢であった。ところが、日本政府は、なぜよりによって今となって領有権を主張するのか。

戦後の日本は、政治的、経済的な側面から見ても、国際社会の中で絶対的な位置にあった。それでも韓国の独島占有を阻止できなかった。自衛隊は、自国の領土を防衛する軍隊であるのに、独島を自国の領土として防衛していなかった。戦後の日本は、歴史的に中国の領土として権原を持っている尖閣諸島を武力で占領しながらも独島は武力で占領していなかった。そこにはそれなりの理由があった。

一方、韓国が独島を実効的に占有することになったのはそれだけの十分な理由があった。日本が主張するように、もし独島が日本の固有の領土であったら、古代大和時代から今までも日本の領土であるため、新しい編入措置をとる理由がなかった。もし独島が戦争で取得した領土であれば、戦争終結を意味する講和條約で独島が日本

の領土と明記されていなければならない。

しかし、なぜ日本は、中央政府の告示ではなく、地方政府の島根県告示で内密の方法をとったのだろうか?古代大和の国の日本領土は西日本に限られていた。ところが中世、近世を経て近代に至るまで、日本は周辺民族と国家を侵略して領土を拡大した。

近代日本は、ヨーロッパから国際法を収容して、戦争で他国の領土を侵略しないと宣言した。しかし、日本はアイヌ民族を抑圧して、北海道を占領し、琉球民族を降圧して、沖縄を併呑した。その後、日本は日清戦争と日露戦争に勝利し、朝鮮、満州、中国などを侵略した。.

第2次世界大戦で日本は米・英・中・ロなどの連合国の措置により、明治時代以降侵略した領土、特に日清戦争後に侵略したすべての領土は日本の領土から分離すると決定された。

特に米国は、1946年1月、暫定的に独島の韓国の管轄権と統治権を認め、マッカーサーラインによって日本人と日本船舶の独島近海の接近が禁止された。これにより、韓国は最終的に領土が確定される平和條約を控えて、独島を実効的に管理するようになった。

1951年のサンフランシスコ平和條約で、連合国は無人島として紛争地域である島については、領土的地位を決定していないという方針の下、独島の地位を決定していなかった。そして連合国は、自分

たちが以前に決定した独島に対する韓国の実効的占有を中断しなかった。

ところが、日本政府は独島が最終的に日本の領土として決定されたと嘘をついた。日本の国会で條約局長は、野党の質疑を受け、独島を韓国の領土に含まれていた「日本領域参考図」を配布した。1952年毎日新聞社も「対日平和條約」という冊子を発刊して独島を韓国領土と表記した。独島が日本領土として決定されたという日本政府の主張を裏付ける証拠はどこにもない。

もし日本政府の主張のように、連合国が独島を日本の領土として決定していたなら、締結当事国であった米国、英国、オーストラリア、ニュージーランドなどの国を動員して独島を占有することができただろう。特に対日平和條約草案の作成過程においてもっぱら日本の立場を擁護していた米国でさえも、韓国の抗議を受けて、米空軍の独島爆撃場を撤去した。

また、両国関係を正常化した1965年の韓日協定でも、日本が韓国の独島占有を認めた。1974年大陸棚協定でも韓国の独島占有を否定しなかった。その後も日本政府は外交文書を通じて形式的な領有権主張にとどまった。ところが、1998年に新韓日漁業協定を締結した後は、再度、積極的に独島領有権を主張した。

小・中・高等学校の教科書改訂、防衛白書、外交青書で独島領有権を主張している。前後韓日両国間の政治過程を調べると、日本は

独島領有権を主張する位置にいない。ところが、今日、日本政府が
領有権を主張することは、一部の政治家と右翼人士の無知による
もので善良な日本国民はもちろん、世界の市民を愚弄する行為で
ある。

11. 「独島紛争」という用語を
   絶対使用しないようにしよう

　私たちは「独島が韓国の領土」と叫びながらも「独島問題」、「独島
紛争」という言葉をよく使う。「竹島=日本の領土論」が好きそうな用
語だ。1980年代の歌手が「独島は私たちの土地」という歌を歌いなが
ら、大韓民国の国民であれば、誰もが独島は一寸の疑いのない大韓
民国の領土だと、日本の挑発を非難した。これに対して「竹島=日本
の領土」論は、韓国人であるため、韓国の領土だとするとして領土
ナショナリズムによる領土野心というものであった。これは間違っ
た考えである。「独島が私たちの土地」と口ずさむ大韓民国の国民
は、すべて正義に外れず正当である。

　解放以前には、大韓帝国が日本の挑発を心配し、1900年勅令41号
「鬱島郡」を設置し、鬱島郡守が積極的に「鬱陵全島、竹島(テッソ
ム)、石島(独島)」を管理した。ところが、1905年11月、日本政府が
韓国の外交権を奪った後、1906年2月、ソウルに統監府を設置し
て、その年の3月、島根県の管理が鬱陵島を訪問し、「独島が1905
年、自分たちの新しい領土となったと無理押しをした。当時沈興澤

鬱島郡守は、翌日すぐに即座にこの事実を中央政府に報告し、大韓帝国政府は、統監府に抗議して「ありえないこと」と編入措置を否定した。

　解放後も1946年1月、連合国が歴史的権原に基づいて大韓民国の領土として認めたことで、韓国は独島を実効的に管轄統治することになった。ところが、米国を中心とする自由陣営連合国と日本の間に締結された対日平和條約で「日本の領土から分離されている島」に「独島」という名称を明確にしなかった。その理由は、米国がソ連を中心とする共産陣営に対抗するため、草案作成過程に日本を自由陣営に編入させる政治的な意図を持って日本の要求を積極的に否定していなかったからである。しかし、対日平和條約での独島の地位はSCAPIN(連合国最高司令部命令)677号に基づき、韓国が実効的に管轄統治していた領土の地位を変更しなかった。独島は明白な韓国の領土である。李承晩大統領は、日本がこのような対日平和條約を巧みに利用して独島侵奪の試みを予想し、事前にこれを遮断するために、大韓民国の主権宣言として「平和線」を設置し、独島近海に潜入する日本の民間人はもちろん、公船の巡視船でさえ思い切って排撃した。大韓民国政府は、過去はもちろん、現在も日本の侵略的な独島挑発に強く対応し領土を守ってきた。日本の独島挑発は今後も続くだろう。独島は一寸の疑いもなく、何の「問題がない」明らかな大韓民国の領土である。まるで独島に何か問題があるような、紛争があるような意味を内包している「独島問題」、「独島紛争」という用語を絶対に使用してはならない。日本はどのようにしてでも「独島問題」、「独島紛争」の島にしようとあらゆる手段を動員している。現

在、日本の優先的な目標は、「独島問題」、「独島紛争」の島にするものである。

　日本政府は、現在、御用学者が作った偽りの論理を日本国民に強制的に教育させている。これは、度を越した侵略行為である。外務省のホームページを通じて、12カ国の言語に過去に明治政府が自ら「独島は日本の領土ではない」としていたことを日露戦争中に侵襲的な編入措置した事実をすべて隠蔽し、正当な領土措置だと言い張りながら、むしろ韓国が自分たちの領土を不法に占領していると、そのような事実に本格的ではない日本国民はもちろん、世界の市民社会をだまそうとしている。米国下院の外交委員長は、「独島は韓国の領土が正しい」と、日本の偽りの論理をこれ以上我慢できないというふうに、その疎ましさを表した。

　しかし、問題は、韓国内にある。解放後ずっと国の尊厳を懸念し、多くの先覚者たちは独島が韓国の領土であるという事実を明確に論証した。ところが最近の「独島研究者」「独島の通知者」を自任する者の中には、きちんと積み上げた先覚者たちの貴重な研究を耽読することは怠り、日本の偽りの論理に惑わされて偽りを偽りと判断する能力が不足し、日本の主張にも「少なくとも「一理」あるのではないだろうか。」と「独島問題」、「独島紛争」を容認する発言を露骨に叫んでいるという事実である。今日の「竹島」は偽であり、「独島」は、正義に基づいたものと明確に分離して使うべきである。

　なぜなら、韓日双方のインターネットサイトを単に比較して、

「日本のサイトがより優れているので独島は日本の領土」という誤り
に陥る可能性があるからである。本人をはじめとする独島研究者で
さえも、「独島紛争」という用語は、意図的に避けてはいるが、「独
島問題」という用語は、何気なく使用している。それは私たち自身
が「独島は問題のある島」と認めている結果になることを指し、絶対
に使用してはならない。

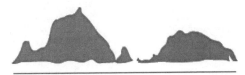

제6장
일본의 침략적
독도 도발의 현황

1. 편협한 국수주의자를 옹호하는 국가

독도는 거리상으로 울릉도에서 보이는 섬으로서, 일본의 패전과 더불어 연합국이 역사적 권원에 의거하여 한국에게 관할권과 통치권을 인정함으로써 국제법으로도 분명히 오늘날 영토주권 행사하는 한국의 고유영토이다. 반면 일본에서는 거리상으로 가장 가까운 오키 섬에서도 보이지 않기 때문에 독도는 태고 때부터 일본과는 전혀 연고가 없는 섬이다.

역사적으로 보면, 오늘날 대한민국의 정통성을 갖고 있는 신라국이 울릉도를 본거지로 한 우산국을 정벌한 이래, 고려, 조선시대의 울릉도는 물론이고, 가시거리에 있는 독도도 우리 선조들의 삶의 터전이었다. 조선시대 한 때 주민을 쇄환하여 울릉도를 빈 섬으로 관리했던 시절에도 '우산도'라는 섬 이름으로 독도를 관리했다. 그런데 침략자 일제가 조선을 강제로 개항시켜 울릉도와 독도에 대한 영토적 야욕을 서서히 드러낼 쯤에 고종황제가 칙령40호로 '울도군'을 설치하여 울릉도를 비롯하여 독도까지 관할 영토임을 명확히 했다.

한편 17세기 일본의 두 가문의 어부가 조선이 울릉도를 비워서 관리하는 사이에 몰래 잠입하여 노략질을 하다가, 은밀히 울릉도에 들어간 어부 안용복과 조우하여 양국 어부들 간에 다툼이 생겼다. 결국 그것은 울릉도와 독도를 둘러싼 양국 정부 간의 외교문제가 되었다. 이때에 일본정부는 울릉도뿐만 아니라 독도까지도 조선영토임을 인정하고 울릉도 도해면허를 취소하고 일본어부들의 동해(東海)의 출입을 금지했다. 이 시기에 일본의 두 어부가 독도를 거쳐 울릉도에 밀항한 적은 있었지만, 일본정부가 울릉도는 물론이고 독도에 대해서도 영유권을 주장한 적은 한 번도 없었다.

일본정부가 독도를 영토적으로 접근한 것이 바로 러일전쟁 때였다. 당시 나카이 요사부로라는 한 어부가 독도를 한국영토로 생각하고 독도에서 강치잡이를 독점하기 위해 한국정부의 허가서를 받으려고 일본정부의 한 요인에게 의뢰했다. 이때에 일본 내무성은 독도를 한국영토로서 인정했다. 그런데 외무성이 나서서 한국을 무시하고 러일전쟁 중이라는 상황을 악용하여 한국 몰래 내각회의를 거쳐 시마네현고시 40호로 '주인 없는 섬이기에 선점한다'는 형식으로 편입조치를 취하여 영토적 야욕을 들어내었다.

이미 일본정부가 1869년과 1877년 두 차례에 걸쳐 울릉도와 독도는 일본영토가 아니라고 분명히 한 적이 있었다. 그럼에도 불구하고, 1906년 소학교 교장출신의 국가주의자 오쿠하라 헤키운은 새로운 영토 '다케시마' 취득을 정당화하기 위해 '다케시마와 울릉도' 를 집필하여 처음으로 독도의 역사를 조작했다. '은주시청합기'는 독도가 등장하는 일본에서 가장 오래된 책이다. 여기에 있는 "오키 섬의 서북에 조선의 울릉도와 독도가 있다. 일본의 서북경계는 오키 섬이다"라는 내용을 조작하여 "일본의 서북경계는 울릉도와 독도이다"라고 왜곡했다.

그 다음으로는 일본이 패전하고 연합국이 독도의 관할권과 통치권을 인정하여 한국이 실효적으로 점유하게 되었다. 일본정부는 독도를 강탈하기 위해 미국에 접근하여 1951년의 대일평화조약에서 최종적으로 일본영토로서의 지위를 획득하려고 했다. 연합국은 결국 최고사령부가 결정한 '독도=한국영토'를 변경하지 않았다.

그런데 1952년 일본정부는 이승만 대통령이 '이승만라인'을 선언하여 독도를 불법적으로 점령했다고 우기기 시작했다. 일본정부는 한일협정에서도 독도를 강탈하려고 어용학자를 동원했는데, 시마네현은 다무라 세이자부로로 하여금 『다케시마문제의 연구』『시마네현 다케시마의 새로운 연구』, 일본 외무성은 가와카미 겐조로 하여금 『다케시마의 역사지리적 연구』를 집필하도록 하여 '다케시마=일본영토'론을 조작했다. 이때 역사학자 야마베 켄타로는 치밀한 독도연구를 통해 이들의 역사 조작을 강력히 비판했다. 그 후에도 일본정부가 계속 독도의 영유권을 주장하자, 이를 보고 있던 역사학자 호리 카즈오는 한 차원 높은 독도연구로 비판했다.

1998년 일본정부가 새로운 어업협정을 강압하여 독도 주변수역을 한일 양국이 공동으로 관리하는 체제가 되었다. 그러자, 한 우익인사 시모조 마사오가 조작된 '다케시마=일본영토'의 선행연구를 그대로 답습하여 시마네현과 일본정부를 선동했다. 이때에도 역사학자 나이토 세이추는 임종을 앞두고 80세의 노구를 이끌고 새로운 차원의 독도연구에 매진하여 어리석은 일본정부를 질타했다.

아베정권은 더 이상 국수주의자들을 옹호하지 말고, 매의 눈으로 정의를 외치는 역사학자들에게 겸허해지길 바란다.

2. 독도 도발, 日외무성 '거짓'을 국제사회에 고발

일본 외무성 홈페이지에 탑재된 독도관련 내용을 살펴보면, 메인 홈페이지에서 '나라들과 지역들'을 클릭하고, '한국'을 클릭하고, '한일관계'를 클릭하고, '다케시마문제'를 클릭하면, '다케시마'라는 제목으로 '다케시마 탑페이지, 다케시마 정보, 다케시마 문제, 자료실, 링크, 일본-한국관계'에 관한 내용이 나온다. 동영상으로는 '다케시마', '미래지향적인 일한 관계를 지향하며', '세계가 이름 붙인 일본해'를 탑재하여, 한국영토인 독도의 영유권에 도발하면서 미래지향적인 한일관계를 희망한다고 침략자의 근성을 숨기고 인자(仁者)인척 홍보하고 있다.

'일본영토 Q&A'를 클릭하면, 'Q6: 다케시마 문제에 대한 일본의 입장은 어떤 것입니까?'라는 질문에 'A6: 다케시마는 일본 고유의 영토이며, 이는 역사적으로도 국제법상으로도 명백합니다. 그러나 한국은 일방적으로 다케시마를 흡수한 후 불법 점거하고 있습니다. 제2차 세계대전 후 일관되게 평화국가의 길을 걸어 온 일본은 이 문제의 평화적 해결을 목표로 하고 있습니다.'라고 답하고 있다.

연합국 최고사령부는 1946년 1월 신라시대 이래의 한국의 역사적 권원과 '울릉도와 독도는 일본영토와 무관하다'고 했던 '태정관문서' 등 일본측 사료에 의거하여 대일평화조약 체결 때까지 잠정적 조치로 독도의 관할권과 통치권이 한국에 있다고 인정했고, 대일평화조약에서는 실효적으로 점유하고 있던 한국의 독도 관할권과 통치권을 변경하지 않았기 때문에 오늘날 한국이 독도를 관할 통치하고 있는 것이다.

외무성의 주장은 거짓이다. '다케시마 문제에 관한 정보는 이쪽'을 클릭하면, 다시 '다케시마 탑페이지'로 연결된다. '다케시마 영유권에 관한 일본의 일관된 입장'을 클릭하면, '다케시마는 역사적 사실에 비추어도, 또한 국제법상으로도 명백히 일본국 고유의 영토입니다. 한국에 의한 다케시마 점거는 국제법상 아무런 근거 없이 행해지고 있는 불법 점거이며, 한국이 이러한 불법 점거에 의거해 다케시마에 대해 시행하는 그 어떤 조치도 법적 정당성을 지니지 않습니다. 일본은 다케시마 영유권을 둘러싼 문제에 대해 국제법에 따라 냉정하게, 그리고 평화적으로 분쟁을 해결할 생각입니다. (주) 한국측은 일본이 다케시마를 실효 지배하며 영유권을 재확인한 1905년 이전에, 한국이 이 섬을 실효 지배했었다는 것을 나타내는 명확한 근거는 제시하지 않고 있습니다.'라고 하여 위에서 언급했듯이 외무성이 거짓을 주장하고 있다.

'다케시마문제'를 클릭해서 '다케시마 영유에 관하여'를 클릭하면, 고지도와 고문헌에 의해 일본어민이 17세기 초 막부의 허가를 받아 울릉도를 도항할 때 그 경로인 다케시마에서 강치를 포획하여 17세기 중반에는 영유권을 확립했다고 주장한다.

'샌프란시스코 평화조약과 국제사회의 일본 영유 확인'를 클릭하면, 1951년 대일평화조약에서 일본영토에서 제외되는 섬에 독도가 포함되어있지 않고, 또한 한국이 독도 영유권을 주장하였는데 미국이 거절했다고 주장한다.

'한국에 의한 불법 점거'를 클릭하면, 이승만 대통령이 일방적으로 '이승만라인'을 그어 다케시마를 불법적으로 점거했다고 주장한다.

'다케시마에 관한 대응'을 클릭하면, 한국에 대해 3회이나 국제사법재판소에서 해결하자고 제의했던 것처럼 일본은 어디까지나 평화적인 해결을 원한다고 주장한다.

'링크'를 클릭하면, '시마네현'의 홈페이지가 나온다. 그것은 외무성이 독도에 대한 상세정보를 갖고 있지 않아 시마네현에 의존하고 있음을 알 수 있다. '자료실'을 클릭하면, '다케시마전단(PDF), 다케시마 팸플릿(10 페이지의 PDF), 다케시마 동영상(법과 대화에 의한 해결을 지향하며, 미래지향적인 일한 관계를 지향하며'를 탑재하여 영토적 권원에 의거한 한국영토인 독도를 부정하고, 조작된 일본영토론을 '다케시마'를 국제사회에 홍보하고 있다. 'Q3 일본의 영토는 어떻게 정해졌습니까?'를 클릭하면, 'A3 현재의 일본 영토는 제2차 세계대전 후인 1952년 4월에 발효된 샌프란시스코 평화조약에 따라 법적으로 확정되었습니다.'라고 답하고 있다. 대일평화조약에서는 독도의 영토적 지위가 따로 결정되지 않아, 1946년 1월 SCAPIN 677호에 의해 인정된 한국의 관할권과 통치권이 그대로 유효했기 때문에 오늘날 한국이 실효적으로 관할 통치하고 있는 것이다.

그럼에도 불구하고 외무성 홈페이지(http://www.mofa.go.jp/)에는 12개국 언어로 조작된 '다케시마 영토론'을 홍보하고 있다. 이처럼, 일본 외무성은 거짓된 '다케시마론'으로 선량한 국제사회를 우롱하고 있다.

3. 아베정권의 독도 도발, 어떻게 상대해야 하나?

아베 정권은 2014년 1월, '정부의 통일된 견해'를 기술하도록 지시한 '학습지도요령 해설서'에 모든 교과서에 '독도는 일본 고유영토'로 명기하도록 했다.

그 일환으로 2014년 4월 초등학교 5·6학년 모든 종류의 사회교과서에 '한국이 독도를 불법 점거하고 있다'고 개정했다. 이번 4월 6일 일본 정부가 4년마다 검정하는 중학 사회과 교과서 역사(8권)·공민(6권)·지리(4권) 등 총 18권에 '한국이 독도를 불법 점거하고 있다'는 내용을 검정했다.

이것은 2016년 4월부터 사용된다. 또한 4월 7일 2015년판 외교청서를 발간하여 한국영토 독도에 대해 "역사적 사실에 비춰 봐도, 국제법상으로도 명백한 일본 고유의 영토"라고 기술했다. 민주당정부 때부터 시작된 외교청서에서의 독도 도발은 아베정권으로 이어져 정기적 도발은 물론이고 부정기적 도발도 일상적으로 자행하고 있다.

아베정권은 동아시아의 번영과 안정보다는 동아시아에서 패권을 장악하려고 한다. 이러한 이유 때문에 주변국과 사사건건 마찰을 일으키고 있다. 한국, 중국, 러시아와는 일본제국주의가 침략한 영토에 대해 영유권을 주장하고 있고, 과거 침략역사에 대해서는 반성은 커녕 오히려 일본제국주의의 침략 덕분에 주변국들이 경제성장을 했다는 황당한 논리를 펴고 있다.

이로 인해 역대정권이 전후 침략한 주변국들과의 화해를 위해 쌓아 올린 과거 청산의 성과를 모조리 허물어버리고 있다. 이번에 중국이 주도한 AIIB(아시아투자개발은행)에 가입도 거부했다. 주변국가인 중국을 패권의 상대로 보고 있기 때문이다.

일본 국내에서도 이러한 아베정권의 태도가 일본의 장래에 미칠 악영향을 우려하는 목소리가 많다. 수년 전에 히노마루, 기미가요를 반대한다고 해서 중등학교 교사직을 박탈당한 한 지인은 정권에 동조하면 복직을 허용하겠다는 요청도 거부하고 아베정권의 위험성을 경고했다.

아베정권의 막나가는 이런 행동은 어디에서 나올까? 국제사회의 보편적인 가치를 기피하는 대외적 행보는 미국이라는 동맹국에 기대면 모든 것이 해결된다고 하는 국제사회의 경험이 전무한 아베 수상의 무지 때문일까? 국가주의를 위한 대내적 행보는 지난번 중의원선거에서의 승리가 아베 노믹스의 경제정책 성공으로 자평한 때문일까? 아니면 왜곡된 교과서로 배우는 국가주의적 교육에 의한 보수화된 일본시민사회의 동조를 기대해서일까?

아베정권은 군사적으로 안보를 스스로 책임지고 이웃나라를 간섭할 수 있는 강한 일본, 문화적으로는 타국보다 우월하다는 천황제 중심의 아름다운 일본을 건설하겠다고 슬로건을 내세우고 있다.

일본은 중국을 넘어 미국에 대항할 수 있는 강한 일본을 위해 헌법을 개정하여 침략적인 군대를 만들겠다고 한다. 다른 한편 한국의 발전은 일본의 ODA원조 덕분이고, 위안부는 성을 매매하여 돈을 벌기 위한 것으로 일본정부가 관여한 적이 없고, 독도는 일본의 고유영토를 한국이 무력으로 불법 점령을 하고 있다고 한다.

일본 국민들에게도 국민의 알 권리를 무시하고 국가가 비밀로 규정한 것은 공개하면 형사처벌을 받도록 했다. 일본이라는 나라는 보통사람들이 누리는 자유도 인권도 제한된 나라이다. 아베수상의 이러한 인식은 어느 것 하나도 옳은 것이 없는 오류투성이다. 주변국이나 자국민에 대한 배려도 없다. 오직 국가주의에 의한 수구 지향적 패권국가에만 집중되어 있다.

이 정도 되면 아베정권에 대해 미련을 버리는 것이 낫다. 아베정권의 나 홀로 행보는 세월이 약이다. 이러한 일련의 과정을 보더라도 아베정권의 독도에 대한 영유권 주장이 얼마나 객관성이 결여된 무모한 행위인가를 알 수 있다. 일본국내에서도 아베정권에 대한 비판은 대단하다. 의식 있는 올바른 일본국민들이 원하는 정권이 아니다. 제2기 아베정권은 국민으로부터 불신이 높아지자 중의원 해산이라는 꼼수를 써서 정권을 재창출했지만, 정권 성향상 그리 오래 버티지는 못할 것이다. 냉각된 한일관계를 개선한다고 하여 박근혜정부가 정상회담에 동조한다면 막나가는 아베수상의 위상만을 높여주는 결과가 되어 정권연장에 이롭게 한다.

일본의 역대 정권들은 한국이나 중국 등 주변국가에 대한 최소한의 배려는 있었다. 그러나 아베정권은 주변국을 무시하는 행동이 극에 달했다. 이에 대응하기 위해서는 일본국민에 대해 반 아베정권의 입장에 있는 일본인과 연대하고, 대외적으로는 미국과 같은 맹방국에 아베정권의 부적절함을 알리고, 중국 러시아 북한 등 동북아 각국들과 보조를 맞추어 막나가는 아베수상을 정권에서 내려오게 해야 한다.

독도에 대해서는 양보와 타협은 독도의 영토주권을 넘보게 하는 결과가 된다. 강력한 영토주권 행사와 더불어 한국영토로서의 증거력을 내세워 일본의 도발에 단호히 대처해한다.

4. '죽도의 날'행사로 한일관계 50년 후퇴하다

시마네현에서는 지난 2월 22일 오후 현지사를 포함한 주최자와 관련 단체에서 400명, 일반참가자 100명이 모여 10번째 '죽도의 날' 행사가 열렸다. 기념식전 행사에서는 주최측 2명이 개최사, 내빈 9명이 축사를 했고, 현지사가 공로자로서 자료제공자 3명, 증언자 1명에게 감사장을 수여했다.

연이어 기념사업으로 원탁회의 형식으로 '죽도의 날 조례제정 10주년을 맞이하여'라는 주제로 신도 요시타카(일본영토를 지키기 위해 행동하는 의원연맹회장), 후지이 겐지(시마네현 죽도문제연구회고문), 시모조 마사오(제3기 시마네현 죽도문제연구회좌장)3명이 10년 동안의 업적평가와 향후 발전방안에 관해 발표했다.

또한 관련행사로서 죽도상품 판매, 죽도자료실 특별전시, 그리고 시마네현 공식채널인 '시마넷꼬CH'가 외부로 발신하는 동영상을 촬영했다.

원래 이 행사는 시마네현만의 단독행사였지만, 아베정부 들어 작년부터 고위공직자를 파견하기 시작하여 금년에도 내각부의 대신정무관 마쓰모토 요헤이를 파견했다. 국회의원으로 자민당에서는 신도 요시타카를 포함해 시마네현 소속 4명, 타 현 소속 6명으로 총 11명을 파견했고, 야당에서도 민주당 소속 1명, 차세대당 1명이 참석했다. 지자체 행사에 중앙정부가 기웃거리면서 '죽도의 날' 행사가 날로 힘을 싣고 있다.

애당초 시마네현이 '죽도의 날'을 조례로 제정한 것은 십수년간 한국에서 일본어강사로 일하고 있을 때 1998년 신한일어업협정이 체결되는 것을 보고 귀국한 비뚤어진 사고를 가진 한 우익인사의 선동으로 시작되었다. 사실상 독도 영유권은 일본이 패전함으로써 연합국이 결정한 포츠담선언에 의해 침략한 영토로서 몰수당하여 한국영토로 처리되었던 것이다.

그런데 독도는 '역사적으로 한국이 관리한 적이 없고, 주인 없는 땅이기에 일본이 1905년 편입한 새로운 영토'라고 미국측에 거짓말을 해서 대일평화조약에서 독도를 일본영토로서 인정받으려고 했다. 이때에 한국사정에 무지했던 미 국무부 차관보의 직책을 갖고 있던 딘 러스크가 일본의 입장에 동조했다.

그러나 연합국의 정책으로 한국이 실효적으로 점유하여 통치하고 있는 독도에 대해 결코 미국정부는 일본영토라고 생각하지도 않았고, 그렇다고 대일평화조약에서도 그 지위가 일본영토로 변경되지도 않았다. 다만 냉전체제 속에서 체결된 대일평화조약에서 미국이 일본을 자유진영에 편입하려는 정치적 의도를 가지고 일본의 요구를 전적으로 부정하지 못하여 적대적 인상을 피하기 위해 독도의 지위를 적극적으로 규정하지 못했던 것이다.

오늘날의 독도문제는 일본이 대일평화조약에서 생긴 독도 영유권의 사각지대를 악용하여 제국주의가 침략한 영토에 대해 영유권을 주장함으로써 생긴 것이다. 물론 그 근본적 요인을 제공한 것은 딘 러스크가 정치적 의도로 일본의 편을 들었기 때문이었다.

미국정부는 일본의 패전이후 지금까지 독도가 한국영토라는 사실을 부정한 적이 없었다. 일본은 한일협정에서 미국의 이러한 입장을 알아채고 한국의 실효적 점유를 묵인하여 독도문제에 한해서는 침략역사의 청산을 시작하고 있었다.

그런데 1997년 금융위기를 겪고 있는 한국에 대해 일본이 이를 악용하여 기존의 어업체제를 일방적으로 파기하고 독도를 잠적적인 공동관리수역에 포함시키는 새로운 어업협정을 강요하였다.

일부 우익인사들이 이를 왜곡하여 확대 해석함으로써 마치 한국이 독도 영유권을 포기한 것처럼 다시 영유권을 주장했다. 금년 '죽도의 날' 제정 10주년을 맞이하여 한일관계의 진전은 50년을 후퇴시켰다.

이번 행사에서 현지사는 '죽도의 날' 제정 10년째를 맞이하면서 그 성과를 평가했다. 2005년 조례를 제정한 것은 "당시 독도 문제가 국민의 의식 속에서 풍화되어가고 있어서 국민 여론을 환기시키고 정부에 촉구하기 위해서였다."하고 했다. 주된 활동으로는 "일본정부가 한국정부에 적극적으로 대응할 것과 국민 여론을 환기시킬 것, 한일 어업문제에 적절히 대응할 것, 학교 교육에서 독도문제를 적극적으로 다룰 것을 강력히 요구했다"고 했다.

또한 "시마네현이 설치한 '죽도문제연구회'에서 행한 연구성과를 학교교육에 활용함으로써 학습지도요령 해설이 일부 개정되어 다케시마가 우리나라 고유의 영토"라고 명기하게 되었고, "2013년 8월 한국 대통령이 독도에 상륙한 것이 큰 계기가 되어 일본 국민의 관심이 급속도로 높아져서 일본정부도 적극적으로 대응하게 되어 50년 만에 국제사법재판소 제소도 고려하게 되었고, 영토담당대신도 신설했고, 죽도 등 영토문제를 담당하는 '영토주권대책 기획조정실'도 내각관방에 설치되었다"라고 했다.

이처럼 침략역사를 청산하는 차원에서 과거 전 정권들이 포기한 독도 영유권에 대해 아베정권이 지금 와서 새삼스럽게 도발을 일삼는 것은 내셔널리즘에 함몰된 시마네현의 선동에 의한 것으로 결국 그것의 말로는 일본의 미래를 암울하게 할 것이다.

5. 올해도 또 독도 도발, 10번째 '죽도의 날'

일본은 지난달 22일에도 시마네현, 시마네현의회, '죽도·북방영토반환요구운동시마네현민회의'가 주체하는 형식으로 10번째 '죽도의 날' 행사를 했다. 행사는 작년과 동일한 규모로 내빈·주최자측 400명과 일반모집 100명을 포함하여 500인이 참가하고, '죽도문제연구회' 좌장 시모조 마사오(下條正男)를 포함한 3명의 회원이 연사로 나와 연구회 활동을 자평하는 강연회를 가졌다.

일본 국내에서는 '죽도의 날' 행사에 대한 관심이 많이 높아진 듯하다. 최근 일본의 한 메이저 언론사 기자가 필자의 연구실을 방문해왔다. 그 이유는 2006년 연구회가 조사 차 울릉도를 방문하였을 때 필자가 동행했기 때문이다. 이미 기자는 당시 NHK 산인방송국이 방영한 울릉도에서 필자와 좌장 시모조가 격론을 벌인 내용을 자세히 알고 있었다.

사실 필자는 2005년 시마네현이 창설한 '죽도문제연구회' 세미나에 초청되어 한국연구자로서 한국 영토론을 강하게 어필한 적이 있는데, 그때 울릉도 조사시 통역을 부탁받았다. 연구회가 울릉도 조사를 마치고 돌아오는 길에 필자의 제안으로 대구대에서 토론회를 갖게 되었다. 그때 시모조는 한국측 연구자들의 추궁을 받고 변변찮은 논리로 진땀을 흘렸다. 연구회는 필자와 작별하고 마지막 일정으로 부산의 안용복기념회를 방문하고 귀국했다.

연구회가 울릉도를 방문한 목적은 1882년 이규원 검찰사가 작성한 '울릉외도'를 확인하기 위해서이다. '울릉외도'에 독도가 표기되어있지 않기 때문이다. 조사결과 시모조는 당시 한국정부는 독도를 알지 못했고, 독도박물관에 전시된 사료들 중에 한국영토로서 근거가 되는 것은 한 점도 없다고 주장했다.

당시 필자는 통역업무를 맡고 있었지만, 시모조의 지나친 언동에 참다못해 취재 중인 한일 양국의 언론사 앞에 박물관 내에서 숙박호텔에서 시모조와 결론을 벌였다. 연구회는 '죽도'가 일본영토라는 것을 전제로 자신들의 형편에 맞게 사료적 가치를 부정하거나 왜곡하는 방식으로 한국의 고유영토론을 부정했다.

연구회가 한국연구자들과 토론회 제안에 응한 의도는 자신들의 단체가 독도를 객관적으로 연구하는 학술연구단체라는 것을 내세우기 위해서였고, 부산의 안용복기념회를 방문한 것은 동상에 쓰여진 '안용복 장군'이라는 표기를 빌미로 한국이 독도의 역사를 왜곡하여 함부로 영유권을 주장하고 있다고 선전하기 위해서였다.

기자는 필자에게 여러 가지 질문을 했다. 2006년도 어떻게 연구회와 울릉도에 동행하게 되었는가? 시모조는 한국에서 10수년간 거주한 '친한파'인데 왜 비판하는가? 양국 학자간의 학술토론은 왜 한번으로 중단되었는가?

울릉도에서 시모조와 토론할 때 빈번히 누군가의 전화를 받고 있었다던데, 한국 경찰이나 정부로부터 무슨 지시를 받았는가? 양국 학자들 간의 토론회에서 연구회가 일부러 져주었다고 하던데 맞는가? 한국정부는 독도연구에 경제적 지원을 어느 정도하는가? '죽도의 날'은 지방의

회가 제정한 것인데 한국 국민들은 왜 소란인가? 경상북도가 시마네현
과 맺은 자매결연을 취소한 것은 잘한 것인가? '죽도의 날' 제정 이후,
이전과 비교할 때 한국은 독도연구자의 수와 연구의 질적 변화는 있는
가? 이러한 질문들은 우선 한국이 내셔널리즘으로 영유권을 주장하고
있는지, 또한 시마네현이 매년 시행하는 '죽도의 날' 행사가 올바른 것
인지를 파악하기 위한 것이었다.

사실 일본정부는 1965년 한일협정에서 독도의 지위가 대일평화조약
에서 일본영토로 결정되지 않았음을 인정하여 한국의 실효적 점유를
묵인하고 독도문제에 대해 소극적인 자세로 돌아섰다. 그런데, 편향된
민족주의자들이 1998년의 신어업협정을 계기로 다시 영유권 주장하고
나섰다. 현재의 아베정권도 이에 편승하여 노골적으로 독도도발을 일
삼고 있다.

이로 인해 한일관계가 극도로 냉각된 현 상황이 과연 옳은지, 일본사
회 내부에서도 많은 논란이 있는 듯하다. 현재 일본국민들은 왜곡된 학
교교육과 편향된 매스컴의 영향으로 사이비 학자를 훌륭한 학자로 판
단하는 오류를 범하고 있다. 하루빨리 사이비를 사이비로 볼 수 있는
안목의 날이 오기를 기대한다.

6. '방위백서' 통한 日 독도 도발, 강력 대응해야

오늘날 독도문제는 1945년 일본이 패망하였을 때 연합국이 SCAPIN
677호로 역사적 국제법적 지리적 측면에서 독도의 영토적 권원이 한국

에 있다고 하여 최종적으로 한국영토로서 마무리되었어야 했는데, 일본이 내셔널리즘으로 계속적으로 영유권을 주장함으로써 생겨났다.

이처럼 일본의 도발로 생긴 독도문제는 한일협정에서 고유영토로서 한국의 단호한 영토의식에 의해 일본은 한국의 실효적 점유를 인정하면서 사실상 마무리되었다. 그런데 이런 독도문제의 역사성을 망각했거나 무지했던 현재 차세대 일본 정치인들이 외환위기를 겪고 있던 이웃나라의 불행을 악용하여 1998년 독도의 좌표를 중간수역에 넣고 신한일어업협정을 강압했다.

이처럼 일본정부는 세계보편적인 가치관을 갖지 못하고 2005년부터 자국의 이익만을 위해 편협한 민족주의로 방위백서에 독도를 일본영토로서 다루기 시작했다. 만일 독도가 합법적으로 일본영토였다면 일본정부는 2005년 이전에 왜 방위백서에 다루지 않았으며, 한일협정에서는 왜 한국의 실효적 지배를 인정했을까 라는 것이다.

특히 아베정권은 역대 어느 정권보다 편협한 민족주의의 정도가 심각하다. 일본이 일으킨 침략전쟁은 이미 세계사적으로도 공론화되어 있다. 그럼에도 불구하고 과거의 침략전쟁을 스스로 인정하는 것은 곧 자학(自虐)이라고 하는 잘못된 인식을 갖고 일본 국민들에게 자신감을 갖도록 한다고 하여 '아름다운 국가' 건설을 슬로건으로 내걸고 있다. 또한 현행 헌법을 개정하여 전수방위체제를 포기하고 공격하는 군대를 보유하려고 한다. 공격하는 군대가 합법화되면 독도를 향한 일본의 직접적인 도발은 불 보듯이 뻔하다. 아베정권은 일본제국주의가 침략한 주변국의 영토에 대해 도발적인 영유권 주장을 포기하지 못하고 독도

도발을 감행하고 있다.

2011년 울릉도 방문을 시도했던 일본 의원 3명은 "앞으로 배를 이용하여 독도에 가겠다"하고 돌아갔다. 현재 독도 인근의 오키 섬에는 해·공군기지에 첨단전력을 추가로 배치해 두고 있다. 또한 전 정권들은 감히 생각도 못했는데, 아베정권은 시마네현 지자체 행사인 '죽도의 날'에 고위직 관료를 파견하여 정부행사로 격상시키려 하고 있고, 내각부에 '영토·주권대책 기획조정실'을 두어 적극적으로 독도도발을 감행하고 있다.

지난 11월에는 2014년 방위백서 한글판 요약본 20부를 주일 한국대사관에 우편으로 송부해왔다. 2015년 1월 16일 주한 일본대사관은 서울의 한국 국방부에 한글판 요약본 57권을 놓고 갔다. '2014년도 일본의 방위백서 다이제스트'의 한글판에는 '일본 주변의 방공식별구역'이라는 지도에 독도를 '다케시마'로 표기하고 있다.

사실 2012년 12월 총리에 취임한 아베정권은 2013년도의 방위백서를 일본어와 영어·러시아어·중국어·한국어판의 요약본을 발간했고, 그것을 주일 한국대사관에 전달했다. 2014년의 방위백서 요약본에는 노골적으로 독도를 도발하는 내용을 싣고 있으며, 그것을 친절하게도 주일한국대사관과 한국 국방부에 전달했던 것이다. 요약본을 만든 이유는 방위백서가 각국의 대사관에 배포되기 때문에 독도가 일본영토라고 국제사회의 여론을 조장하기 위한 것이었다. 일본의 전 정권들이 독도를 일본영토로 다루는 것도 용서할 수 없는 일인데, 아베정권은 이를 한글판으로 만들어 직접 한국에 전달하는 뻔뻔함의 극치를 보여주고 있다.

이런 추세로 볼 때 아베정부의 독도도발의 끝은 과연 어디일까? 막나가는 아베수상이 아니고, 과거 역대 어느 정권도 감히 그렇게 하지 못했다. 그 정권들이 영토를 싫어서 포기했겠는가? 일본이 그러할만한 위치에 있지 않다는 것을 알고 있었기 때문이 아닐까?

최근 한일 양국은 국교정상화 50주년을 맞아 냉각되어 있는 한중일 3국의 협력 체제를 복원하기 위해 관계 개선에 노력하고 있고, 또한 최근 '한·미·일 군사정보공유 양해각서(MOU)'도 체결했다. 이러한 상황에 일어난 일이라 매년 정기적으로 발간하는 방위백서는 양국의 관계개선의 노력과는 전혀 무관하게 독도도발은 계속된다는 사실을 깨닫게 해준다.

일본이 한국영토 독도를 부정하는 상황에서 정부는 한일 간의 군사적 협력 체제를 신중하게 접근하지 않으면 자칫하면 신 한일어업협정 때처럼 국내외정세의 변화에 따라 독도에서 50:50의 권리를 요구하는 일본을 거절하지 못하는 상황이 도래할 수도 있음을 명심해야 한다.

7. 일본의 독도 도발은 은밀하고 다양하게 자행된다

최근 한일 양국이 위안부문제 타결과 군사정보보호협정을 체결함으로써 양국 관계가 다소 진전되는 듯이 보인다. 하지만 왠지 개운치 않다. 일본은 과거 침략의 역사를 인정하지 않고 신뢰가 회복되지 않는 상태에서 미래지향적인 양국관계를 요구한다. 독도에 관해서도 최근 외형상 일본이 크게 독도 도발을 하지 않고 한국이 관할 통치하고 있다고 해서 일본의 독도 도발은 없다고 생각하면 큰 오산이다. 우선 일본의 독도 도발은 상시적으로 행해지고 있다.

대내적으로는 2016년부터 일선 초·중·고교에서 독도교육이 의무화돼, 교사는 "다케시마(竹島·독도의 일본 명칭)는 일본영토이고, 한국이 무력으로 불법 점령하여 강탈했다"고 주입식 교육을 시키고 있다. 중앙정부에서는 관방부에 '영토/주권 대책기획조정실'을 두고 일본의 독도정책을 총괄하고 있다. 시마네현에서는 시마네현 홈페이지에 Web 죽도문제연구소를 두고, 현청에는 '죽도자료실'을 설치해 조작된 논리로 독도가 일본영토라고 선동하고 있다. 또한 오키섬 고카무라 구미쵸(면단위)에도 '죽도향토관'을 두고 과거 구미쵸 어민들이 독도 근해어업에 종사했는데 한국의 독도 강점으로 황금어장을 빼앗겼다고 선전하고 있다. 이처럼 1억2천7백만 명의 일본 국민들은 학교 교육과 언론으로 독도가 일본영토라고 세뇌되고 있다.

대외적으로도 외무성홈페이지에는 12개국 언어로 거짓된 논리로 독도가 일본영토라 선전하고 있다. 민간차원에서도 극우적인 시민단체나 개인들도 끊임없이 독도 도발을 감행하고 있는데, 2016년 한 게임제작업체는 '다케시마 탈환'이라는 게임을 만들어 출시하기도 했다.

일본은 정기적 도발로 매년 '죽도의 날' 행사, 외교청서와 방위백서를 발간한다. 시마네현은 2005년 3월 '죽도의 날'의 조례를 제정해 2006년부터 올해까지 11번째 기념행사를 했다. 2013년 조각된 아베 총리는 이를 중앙정부 행사로 승격시키기 위해 연속 3년째로 차관급 인사를 파견했고, 2016년에는 내각부 정무장관을 파견했으며, 자민당의 국회의원 10명도 함께 참가했다. 또한 외무성은 2008년부터 9년째로 매년 4월 '역사적 사실에 비춰봐도 국제법상으로도 명백한 일본의 고유영토'라는 외교청서를 발간했다. 방위성도 2005년부터 12회째로 매년 방위백서를 발간해 "일본의 고유영토 다케시마의 영토문제가 여전히 미해결된 채로 존재한다"라는 내용과 함께 독도를 한국의 영공표시방공식별권에 넣고 있으면서도 '다케시마'라는 이름으로 독도를 일본의 구역에도 포함시켰다.

간헐적 도발로는 교과서와 학습지도요령해설서를 개정해 강화했다. 문부과학성은 10년에 한 번씩 교사들의 학습지침서인 학습지도요령해설서를 개정하는데, 아베정권에 들어와서는 독도 도발을 위해 2008년의 초·중등 해설서, 2009년의 고교해설서를 편법으로 6년 만에 개정했다. 2008년 초중학교 학습지도요령 해설서에서 "일본과 한국 사이에 '다케시마'에 대한 주장이 다르다"(지리) "해결되지 않은 영토문제가 있다"(공민)라고 했던 것을 2014년에는 "다케시마는 일본의 고유영토인데, 한국이 불법 점거하였다"(지리)라고 강화했다. 또한 교과서도 4년에 한 번씩 개정한다. 초등교과서는 2010년 개정 2011년 시행, 중등교과서는 2011년 개정 2012년 사용, 고교교과서는 2012년 개정 2013년에 사용됐다. 이것은 아베정권에 들어와서 초등교과서는 2014년 "다케시마는 일본의 고유영토"라고 개정되어 2015년부터 시행되었다. 중등교과서는 종전 역사교과서 7종 중 1종만 독도를 취급했던 것이 2015년에는 역사교과서 8종 모두 "독도는 일본 땅"으로 개정되어 2016년에 사용됐다. 고교교과서도 2016년에 "일본의 고유영토"라고 개정되어 2017년부터 사용된다. 이렇게 하여 일본정부는 초,중,고교에서 독도 교육을 의무화했다.

일본의 독도 도발은 상시적인 것, 매년 정기적인 것, 간헐적인 것 등 다양한 형태로 감행되고 있다. 2017년에도 학교에서는 독도교육이 의무화되었고, 2월의 '죽도의 날' 행사, 4월의 외교청서 발간, 8월의 방위백서 작성과 이듬해 1월 발간된다. 이처럼 상시적인 것을 제외하더라도 일본의 정기적 간헐적 독도 도발로 한일 양국 사이에는 매년 수차례 양국관계가 악화된다. 한국이 이를 대비해서 일본의 독도도발을 철저히 차단하지 않으면 그것이 기정사실화 돼 도발은 날로 거세져 독도 영유권이 크게 훼손될 것임에 분명하므로 이를 간과해서는 안 된다.

8. 일본이 끈질기게 독도를 포기하지 않는 이유

일본정부는 학교교육, 매스컴, 외무성 홈페이지 등의 다양한 경로를 통해 "이승만 대통령이 1952년 1월 18일 '이승만라인'을 불법적으로 획선하여 한국이 일본의 고유영토인 '다케시마'를 불법으로 점령하고 있다"고 대내외적으로 선동하고 있다.

그런데 일본정부의 이런 주장은 거짓된 것으로 그 사실을 전후 줄곧 숨겨왔다. 그 이유는 대일평화조약에서 독도의 영유권을 포기했다는 것에 대한 일본국민의 지탄을 피하는 동시에 정권을 유지하기 위해서였다.

최근 아베정권에 들어와서는 과거 정권들의 거짓된 것이 사실로 왜곡되어 실제로 독도가 일본영토라는 인식을 만들어 일본 국민의 눈과 귀 그리고 국제사회의 질서를 교란하고 있다. 현 아베정권이 반성 없이 전 정권들의 거짓된 주장에 쉽게 동조하는 것은 일본의 영토내셔널리즘 때문이다.

일본은 역사적으로 볼 때 침략한 영토라도 고착화되면 일본의 고유영토가 된다고 하는 속성을 가지고 있다. 고대의 일본 국가는 원주민인 아이누민족의 영토를 침략하여 성립되었고, 중세 이후에는 각 지역의 무사들이 700년간 서로간의 격렬한 전투로 권력을 장악하면서 영토를 확장했고, 근대에는 주변의 여러 국가들을 침략하여 영토를 확장했다.

오늘날 일본영토의 범위는 일본이 패전함으로써 연합국의 조치를 전적으로 수락하여 근대 일본제국주의가 침략한 영토를 완전히 제외시킨 것이다. 연합국은 1945년 종전과 더불어 1946년 1월 연합국최고사령부 명령 677호를 발령하여 제국주의가 침략한 곳을 일본영토에서 분리하는 잠정적 조치를 취했고, 1951년 9월 대일평화조약에서 최종적으로 확정했다. 독도의 소속에 관해서는 대일평화조약 비준국회의 의사록을 보면 잘 기록되어 있다.

그 내용으로는 일본의 조약국장이 일본 해상보안청 수로부가 1951년 8월에 제작한 '일본영역참고도'를 국회에 배포했는데, 거기에는 독도를 일본 제국주의가 침략한 영토로 분리하여 한국영토로 인정하고 있었다. 이때에 일본총리와 외무대신은 물론이고, 다른 정부요인, 국회의원 등 일본 정계의 모두 요인들이 알게 되었다. 그럼에도 불구하고 오늘날 일본이 독도에 대한 영유권을 지속적으로 주장하는 근본적인 이유가 어디에 있을까?

현재 그리고 미래에 있어서 한국이 독도의 영유권을 침탈당하지 않기 위해서는 일본의 영유권 주장의 본질을 알아야 한다.

오늘날의 일본영토는 1946~1948년의 도교재판에서 일본이 일으킨 제2차 세계전쟁이 침략전쟁이라고 판결남으로써 1943년의 카이로선언과 1945년의 포츠담선언을 바탕으로 근대 일본 제국주의가 침략한 영토를 전적으로 몰수당하여 근세시대의 영토범위에 국한되었다. 그런데 현재의 홋카이도 중심의 아이누민족의 땅, 유구민족의 땅이었던 오키나와지역은 일본영토로 처리되었다.

따라서 전후 일본영토가 일본제국주의가 침략한 영토를 전적으로 배제된 것이 아니었기 때문에 제국주의적인 영토 확장의 야욕이 전적으로 없어졌다고 말할 수 없게 되었다.

오늘날 일본의 초·중·고등학교에서는 확고한 신념을 갖고 영토 확장 및 침략의 역사가 정의롭지 못한 것이라고는 가르치지 않는다. 학교교육을 아주 잘 받은 모범적인 일본국민은 모두 그런 교육을 받았기 때문에 영토 내셔널리즘을 완전히 버리지 못했다.

현재 일본은 주변 국가들과 영유권 분쟁을 하고 있다. 러시아가 점유하고 있는 쿠릴열도 남방4도에 대해서는 "북방영토"라고 하여 영유권을 주장하고 있고, 중국과는, 과거 중국의 명나라 영토였던 다오이다오 섬을 청일전쟁때 일본이 몰래 편입 조치하여 센카쿠제도라는 이름으로 점유하고 있다. 일본이 영유권을 주장하고 있는 이들 지역은 모두 일본 제국주의가 침략한 영토이다.

오늘날 러시아와 중국은 국제사회에서 패권을 노리는 국가로서 영토 주권을 포기할 일은 절대로 없다. 일본 또한 침략한 영토라도 고착화되면 고유영토가 된다고 하는 영토인식을 갖고 있기 때문에 영유권 주장을 포기하지 않는다. 따라서 일본정부는 앞으로도 지속적으로 영유권을 주장하면서 왜곡된 영토교육을 후세의 국민들에게도 강요한다. 미래에도 러시아가 점유하고 있는 쿠릴열도 남방4도, 한국이 실효적을 관할하고 있는 독도에 대한 일본의 도발은 계속된다.

일본이 점유하고 있는 센카쿠제도에 대해서는 영토문제가 존재하지 않는다는 일본의 입장에 대해 중국은 지속적으로 분쟁지역화를 추구할 것이다. 이처럼 동아시아의 영토분쟁은 제국주의의 잔재를 전적으로 청산하지 못한 일본의 영토인식 때문이다.

한국은 과거 국력을 쇠잔했을 때 간도 영토를 중국에 빼앗기고, 국가 주권은 전적으로 일본에 빼앗겼다. 다시는 그런 날이 없기를 바란다.

9. 日 침략적 영토내셔널리즘에 속아서는 안 된다

독도는 36년간 일본의 식민지 지배를 받은 것을 제외하면 고대부터 지금까지 한국이 영토로서 통치한 한국의 고유영토이다. 그런데 근대의 일본이 국민국가가 되면서 한일 양국의 국경지대에 위치했던 한국 영토 독도에 대해 '사람이 살지 않는 무인도'라는 사실을 악용하여 끊임 없이 침탈을 시도했다. 일본의 독도 침략은 시기적으로 보면 4번에 걸쳐 다른 형태로 나타나고 있다.

첫 번째로, 제2차 세계대전 이전에는 한일 양국 간의 문제였다. 일제가 은밀한 방법으로 1905년 '시마네현 고시40호'를 가지고 한국의 고유 영토인 독도 침탈을 시도했고, 1910년에는 합법을 가정한 '한일합방'이라는 형태로 대한제국의 영토 전부를 침탈함으로써 독도도 36년간 일본의 지배를 받았다.

두 번째로, 제2차 세계대전 종전 직후 한국이 독립되고 일본이 연합국의 점령 통치를 받던 시기에는 일본과 연합국 간의 문제였다. 48개국으로 이루어진 연합국의 중심 국가였던 미국, 영국, 중국이 군국주의로 주변 국가를 침략한 일제를 단죄하여 침략한 모든 영토를 박탈하기로 결정했고, 연합국은 1945년 종전 직후부터 대일평화조약까지 최종적으로 독도를 한국영토로서 처리했다.

일본은 점령통치를 받고 있던 미국을 이용하여 독도 침탈을 시도했으나 미국은 끝까지 일본입장을 대변해주지 않았다. 그것은 1951년 미일안보조약으로 미국이 실질적으로 일본의 영토보전을 책임지고 있었는데도 불구하고, 1946년 연합국최고사령부가 SCAPIN 677호로 공식적으로 한국의 독도 관할통치를 인정했고, 게다가 1952년 이승만 대통령이 평화선으로 배타적 독도관리를 선언하였을 때도 이를 철회하지 않고 오히려 주일 미공군이 정한 독도 공군연습장을 해체하여 한국의 관할 통치를 인정했다.

세 번째로, 대일평화조약으로 독도가 한국영토로 결정되었음에도 불구하고 일본이 영유권을 포기하지 않고 주장함으로써 독도문제는 다시 한일 양국간 문제가 되었다. 일본정부는 미국의 적극적인 지지를 받지 못해 독도침탈에 실패했음에도 불구하고 정권을 유지하기 위해 대일평화조약에서 독도가 일본영토로 결정되었다고 거짓말로 일본국민을 속였다. 줄곧 일본 국민과 한국을 상대로 대일평화조약에서 독도가 일본영토로 결정되었다고 주장했고, 이승만 대통령이 선언한 평화선은 불법적인 '이승만라인'이라고 했다.

일본은 주일 미공군이 독도를 폭격훈련장으로 지정한 것은 독도가 일본영토라는 증거라고 주장하기도 하고, 한국전쟁 때는 혼란한 틈을 타서 마치 미국이 독도를 일본영토로 인정한 것처럼 가장하여 성조기를 단 일본 순시선으로 몰래 독도에 상륙하여 일본영토 표지판을 세웠고, 1954년, 1962년, 2012년 3번에 걸쳐 마치 독도가 분쟁지역인 것처럼 하여 독단으로 국제사법재판소에 중재를 의뢰하자고 한국에 제의하기도 했다. 전후 한국정부는 일본의 수많은 공갈과 협박에도 굴하지 않고, 종전 직후에는 독도에 경찰을 주둔시키고, 숙사를 건축하고, 등대 등을 설치하여 관할했고, 1965년 한일협정, 1974년 대륙붕협정에서는 일본으로부터 직접 독도의 관할권을 인정받았다.

네 번째로, 일본정부는 시마네현이 2005년 '죽도의 날'의 조례를 제정한 이후, 특히 아베정권에 들어와서 한국을 직접적으로 상대하지 않고 일본국민과 국제사회를 상대로 정치적인 방법으로 독도침탈을 시도하고 있다.

　한국정부가 1997년 외환위기 때문에 '독도 주변바다에서 공동으로 어업관리를 한다'고 하는 일본의 요구에 강요당한 신한일어업협정이 빌미가 되어 일본 우익인사들이 독도문제의 본질을 제대로 알지 못하고 영유권 주장에 열을 올리기 시작했다. 그 대표적인 인물로서 스스로 우익학자를 자처하고, 독도의 행정관청 역할을 하고 있는 시마네현을 선동했고, 시마네현을 앞장세워 일본정부를 선동한 바로 시모조 마사오이다. 우경화된 보수정권인 아베정부는 대내적으로는 시모조의 선동으로 시작된 시마네현의 '죽도의 날'을 적극적으로 동조하고, 초·중·고등학교에서 독도교육을 의무화하여 일본국민을 볼모로 삼았다.

　대외적으로는 외무성 홈페이지에 12개국의 언어로 일본영토론을 조작하여 '일본정부는 국제법으로 평화적 해결을 희망하여 3번에 걸쳐 국제사법재판소의 중재로 독도문제 해결을 한국정부에 제의했으나, 한국정부가 평화적 해결을 거부하고 무력으로 독도를 불법 점령하고 있다'라는 식으로 분쟁지역화를 노리고 거짓말로 국제사회를 우롱하고 있다. 아베정권이 시모조와 같은 비논리적인 인물에 선동되고, 미국에는 굴욕적으로 다가가면서 주변 국가를 철저하게 무시하는 외교적 행태는 자국중심적 침략적 영토내셔널리즘이다.

　국제사회는 여기에 속아서는 안 된다.

10. 日 "독도 신영토" 주장은 영토내셔널리즘

독도는 한국의 고유영토이다. 고대의 우산국은 울릉도를 근거지로 한 소국이었는데, 한반도의 여러 소국이 신라, 고구려, 백제로 재편되면서 신라에 편입되었다. 고대 우산국의 범위는 울릉도에서 바라볼 수 있는 지역 즉 독도를 포함한 울릉도 주변의 섬들이었다.

우산국의 영토는 중세의 고려, 발해시대에는 고려영토에 편입되었고, 조선시대에는 조선의 영토가 되었다. 일제시대에는 일본이 불법으로 조선을 강점함에 따라 독도도 일본의 지배를 받았지만, 제2차대전에서 패전한 일본은 연합국에 무조건으로 항복함으로써 노예상태에 있던 조선이 독립되면서 독도도 한반도의 일부로서 한국의 영토로 반환되었던 것이다.

그런데 오늘날 일본정부는 이 같은 한국의 고유영토인 독도에 대해, '다케시마'라고 하여 일본국가의 전통적인 '고유영토'라고 주장하기도 하고, 때로는 국제법의 무주지 선점이론에 의해 편입된 근대 국민국가의 '신영토'라고 하기도 한다.

이것부터 모순이다. 독도가 자국의 영토라고 주장하면서 고유영토인지, 신영토인지도 몰라서 갈팡질팡하고 있다. 이것은 일본 영토가 아님을 반증하는 것이다.

그렇다면 독도가 일본의 '고유영토'가 될 수 있는지 검증해보자. 일본 측에서 독도를 처음으로 알게 된 것은 1620년대부터 1692년 사이에 섬을 비워서 관리하던 조선의 영토인 울릉도에 일본의 두 가문 오야, 무라카와 가문이 벌목과 어채를 위해 몰래 도항하는 과정에 그 길목에 위치한 독도의 존재를 알게 되었다.

그때 부산 출신 어부 안용복이 울릉도에서 불법 침입한 일본인을 조우하여 분쟁에 생기면서 조선과 일본의 중앙정부 사이에서 울릉도 영유권을 둘러싼 담판이 있었다. 당시 조선과의 친선외교를 추구하던 일본의 막부는 돗토리번에 대해 울릉도와 독도의 소속을 조사하도록 지시했고, 돗토리번은 울릉도와 독도가 일본의 영토가 아님을 막부에 보고했다.

그 결과 막부는 일본어부들의 울릉도 도항을 금지하고 그 사실을 조선에 알렸다. 그 당시의 독도는 막부와 돗토리번이 인정했듯이 조선의 영토로서 존재했던 섬이다.

따라서 독도는 일본의 고유영토가 아님이 명확하다. 오늘날 일본정부의 주장은 무지의 극치다.

일본은 메이지 시대가 되면서 유럽의 식민지화를 극복하기 위해 '아시아의 미개국이 아니고, 문명국으로서 유럽의 일원'이라는 '탈아'를 주창하면서 부국강병을 목표로 주변국을 침략하는 방법으로 영토 확장에 혈안이 되었다.

근대 일본 국민국가의 성립과 더불어 순식간에 일본열도 주변에 위치한 소수민족의 국가들이 침략의 대상이었다. 1869년 동북지방의 아이누민족의 땅, 1871년 서남쪽의 유구국, 1876년 오가사와라군도를 일본의 행정구역으로 강제로 편입 조치했다.

한편, 일본 서쪽에 위치한 조선인이 거주하는 울릉도와 사람이 거주하지 않는 독도 모두가 조선의 영토임을 분명히 알고 있었기 때문에 편입조치를 취하지 못했다. 그런데 일본은 노골적으로 조선영토를 침탈하기 위해 러일전쟁을 일으키고 그 혼란한 틈을 타서 사람이 살지 않는 독도에 대해 '주인이 없는 땅'이라고 우기며 은밀히 각료회의에서 편입을 결정했다. 편입조치는 시마네현(고시 40호)의 고시로 취했는데, 그 이유는 중앙정부의 고시로 하면 열강이 일본을 침략국으로 간주하는 것을 피하기 위해 시마네현의 지방고시를 단행한 것이다.

당시의 조선조정은 시마네현 고시로 은밀한 방법으로 독도를 도취하려고 했던 사실에 대해 당연히 알 수가 없었다. 일본은 러일 전쟁에 승리하고, 그 기세를 몰아 서울에 통감부를 설치하여 한국의 외교권을 장악했다.

그해 시마네현 관리 일행이 독도를 행정적으로 관할하고 있는 울릉도 심흥택 군수을 찾아가 간접적인 방법으로 독도의 편입사실을 알렸던 것이다. 심 군수는 일본의 독도 침략 사실을 바로 다음날 즉시 중앙정부에 보고했고, 중앙정부는 부당한 처사라고 하여 통감부에 항의했다. 오늘날 일본정부는 이런 침략적인 독도 도취 행위를 가지고 국제법이론인 '무주지 선점'으로 신영토를 확보했다고 주장한다.

오늘날 일본정부가 한국의 고유영토 독도에 대해 '다케시마'라고 하여 '전통적인 고유영토다, 국제법에 의한 신영토다'라고 주장한다. 일본의 극우정권은 영토내셔널리즘에 입각한 왜곡된 학교교육을 강요하고 매스컴 등의 언론매체를 동원하여 선량한 일본국민의 귀를 막아 국가의 노예로 전락시키고, 평화와 안정을 갈구하는 국제사회를 우롱하고 있고, 세계의 시민사회를 이간질시키고 있다.

11. 日 영토주권대책기획조정실 자문단의 전략보고서

독도는 고대시대 울릉도의 우산국이 신라에 편입된 이후 고려, 조선시대를 거치면서 고종황제가 일제의 침략을 막기 위해 울도군을 설치하여 영토로서 관리한 한국의 고유영토이다.

그런데 일본의 주장은 다르다. 한국이 독도를 관리한 적 없지만, 일본은 17세기에 영유권을 확립했고, 또한 무주지를 1905년 새로운 영토로서 편입했다. 패전 후 1951년의 대일평화조약에서 일본영토로 결정되었지만, 한국이 1952년 불법적으로 '이승만라인'을 선언했고, 1954년 해안경비대를 독도에 주둔시켜 일본어선 나포, 대량의 일본 어민 구속, 해상 보안청 순시선 등 일본 선박에 총격을 가하여 무력으로 점령했다. 일본은 불법점령에 대해 국제사법재판소에서 평화적으로 해결하자고 제의했지만, 한국은 아무런 설명 없이 거부하고 있다. 이러한 일본의 주장은 많은 자료에서 확인되는바 조작된 논리이다.

일본정부는 2013년 2월 '영토주권대책기획조정실'을 설치하고, 외교·안전보장, 국제관계, 국제법, 역사연구 등의 전문가 10명을 초청하여 4월부터 6월까지 5회에 걸쳐 '영토·주권을 둘러싼 국제여론 확산을 위한 유식자 간담회'를 개최했다. 여기에 독도역사의 전문가 자격으로 독도논리를 조작하는 단체 '웹죽도문제연구소' 좌장인 시모조 마사오가 참가한 것으로 보아 간담회가 일본국민과 국제여론을 속이기 위한 대책회의임을 쉽게 알 수 있다.

보고서는 국제사회에 독도가 일본영토라는 여론을 확산하기 위해 구체적인 방법을 제시했다. 첫째, 한국이 독도를 무력으로 점령하고 있다는 점, 반면 일본은 국제법에 의거하여 평화적으로 해결하려고 한다는 이미지를 알린다. 이를 위해 정부 내에 전략적 정책과 홍보를 위한 조직과 체제를 갖추고 인재를 양성한다. 둘째, 인터넷상에 독도가 일본영토라는 영어 논문이 없기 때문에 민간연구기관 웹사이트에 영어 지원, 해외신문에 독도논설 투고 지원, 국내외 도서관에 영어논문 비치, 도쿄주재 해외특파원을 지원하여 미국과 유럽에 알린다. 셋째, 일본정부의 주도로 출연 연구기관을 만들고, 국내외연구자의 네트워크 활용으로 학술계와 연대하고, 해외 싱크탱크에 일본연구자 파견, 해외전문가 초청으로 국제심포지움 개최, 일본 주재 외국인 등에게 중층적으로 홍보한다. 넷째, 일본정부는 모든 일본국민들과 의사소통하고 문답식 매뉴얼을 영문으로 만들어 국익을 위해 대내외에서 모든 국민이 한 목소리로 독도가 일본영토라고 외친다. 다섯째, 전후 일본은 오로지 평화국가를 지향하고 지역의 평화와 안정과 번영을 위해 공헌해왔고, 영토문제를 국제조약과 국제판례에 의한 국제법에 따라 해결을 원하고, 언론자유와 민주주의가 정착된 국가로서 국제사회의 신뢰와 긍정적 이미지를 갖도록 한다. 여섯째, 우선적으로 일본국민에게 독도의 영토의식을 고

취시키기 위해 정부차원의 완전한 영토교재를 만들어 '다케시마' 교육을 실시하고 한국처럼 자료관을 만들어 살아있는 교육을 실시한다. 일곱째, 독도의 역사적 경위, 문헌, 사료 수집을 위한 조사 연구체제의 기반을 영어로 구축하여 한국처럼 공문서를 의도적으로 숨기지 않고 대내외에 공개하여 일본의 주장이 정당하다는 것을 효과적으로 알린다. 여덟째, 사진, 영상자료를 활용하여 지도의 표기, 인터넷공간에서의 영토표기, 일본 국내의 지도나 팜플렛, 일기예보 등에서 시각적 효과로 일본의 주장이 정당하도록 한다는 것이다.

　이상의 보고서 내용으로 볼 때, 일본은 독도문제를 본질대로 해결하겠다는 의지가 전혀 없고, 오직 기회를 기다려 독도를 취하겠다는 심산뿐이다. 일본을 상대로 독도를 지키는 유일한 방법은 본질을 밝히는 것도 중요하지만 역시 전략과 전술에 의한 전투력이다.

12. "다케시마가 일본영토"라는 日 주장 파악해야

　일본외무성 홈페이지에 의하면 일본은 "다케시마(독도의 일본명칭)는 역사적 사실에 비추어도 또한 국제법상으로도 분명히 일본국 고유영토"이고, "한국에 의한 다케시마 점거는 국제법상 아무런 근거가 없이 행해지는 불법 점거이며" "일본국은 다케시마 영유권을 둘러싼 문제에 대해 국제법에 따라 침착하고도 평화적으로 분쟁을 해결할 생각"이다. "일본이 다케시마를 실질적으로 지배하고 영유권을 재확인한 1905년(시마네현고시40호) 이전에 한국이 다케시마를 실질적으로 지배하고 있었다는 명확한 근거를 제시하지 못했다"라고 한다.

종래 한국은 일본의 이러한 주장에 대해 '일본이 독도가 한국영토인 줄 알면서 억지로 우긴다, 망언한다'고 무시해왔다. 그래서 흔히 누가 일본이 독도 영유권을 주장하는 이유가 무엇이냐고 물으면 '영토를 넓히기 위해, 어장 및 지하자원을 확보하기 위해, 군사적 요충지이기 때문에, 해양영토를 넓히기 위해'라는 식으로 대답했다. 과연 그럴까? 결론부터 말하면 'No'이다. 보통의 일본 국민들은 본심으로 '다케시마'가 자신의 고유영토라고 생각하고 있다. 우리가 생각하듯이 타국의 영토를 침략하겠다는 그런 입장이 아니라는 사실을 분명히 알아야한다. 지금까지 그러하지 않았기 때문에 종래 한국정부는 일관성 있는 독도정책을 펴지 못했다. 일본이 도발할 때마다, '무대응이 상책' '영토주권문제는 단호히 대응'이라는 두 부류로 국민여론이 나눠져 늘 싸우듯이 우왕좌왕해왔다. 이런 모습을 보고 있던 일본은 매년 몇 번씩이나 독도 도발을 감행하면서 미소 지으며 행복해하는 듯하다.

실제로 독도는 한국 사람이 사는 울릉도에서 바라볼 수 있을 정도로 가까운 섬이라는 지리적 측면, 신라의 우산국영토로서 고려, 조선의 영토로서 존재했다는 역사서의 기록에 의한 역사적 측면, 전후 연합국최고사령부 조치(677호)와 일본과 연합국 사이의 대일평화조약, 한일 양국 간의 조약에서 독도가 한국 영토로 처리된 정치외교적 측면, 고유영토이론에 의한 국제법적 측면에서 볼 때 한국의 고유영토임에 분명하다.

사실상 일본정부가 1951년의 대일평화조약 조문에 '독도'라는 명칭이 없다는 것을 빌미로 영유권을 주장하고는 있지만, 그 비준국회에서 조약국장이 배포한 '일본영역참고도(해상보안청 제작)'에 독도가 분명히 한국영토로 표기되어 있었다. 그럼에도 불구하고 일본이 독도 영유권을 주장하는 근본적인 이유는 영토에 대한 인식문제 때문이다.

한국 국민으로서의 우리는 선조들이 살았던 고조선과 고구려의 영토가 중국에 빼앗겼기 때문에 언젠가 회복되어야할 영토라고 교육을 받는다. 일본국민들은 일본제국주의가 침략한 영토도 잃어버린 영토라고 교육을 받는다. 독도의 경우는 일본의 고유영토인데 한국에 무력으로 불법 탈취당한 영토로 생각하고 있다. 전후의 일본정부는 올바른 영토교육을 포기하고 침략전쟁을 합리화하는 왜곡교육에서 빠져나오지 못하고 있다. 그러나 일본정부가 1981년 쿠릴열도의 영유권을 주장하는 '북방영토의 날'을 정하면서도 '다케시마의 날'을 정하지 못했던 것처럼, 적극적으로 독도 영유권을 주장하지 못했다. 그 이유는 바로 '일본영역참고도'에서도 알 수 있듯이 당시의 일본정부가 대일평화조약에서 독도가 한국영토로 결정되었다는 사실을 잘 알고 있었기 때문이다. 그런데 1998년 한국의 금융위기상황을 악용한 일본정부의 강요로 독도 주변바다를 공동으로 관리하는 새로운 어업협정이 체결되었다. 극우주의자들이 이를 과장 해석하여 한국이 독도의 공동관리를 인정했다고 왜곡했고, 그것이 계기가 되어 다시 '1952년 한국이 일방적으로 이승만라인(평화선)을 선언하여 일본영토를 불법적으로 절취해갔다'고 날뛰기 시작했다. 2000년 모리총리가 KBS방송국과의 인터뷰에서 '다케시마가 일본영토'라고 한 이후부터 점차로 영유권 주장이 확산되어 급기야 2004년 문부성은 극우 성향의 후소샤 출판사가 간행한 '한국의 다케시마 불법 점거'라는 교과서를 검정 통과시켰다. 2005년에는 시마네현이 '다케시마의 날'을 제정했고, 문부성도 학습지도요령의 개정을 필두로 점차로 초, 중, 고교에서의 독도교육을 의무화했다. 또한 2005년의 방위백

서와 2010년의 외교청서 발간부터 매년 대내외에 '다케시마 영유권'을
선동하고 있다.

독도에 대한 일본의 이러한 인식 때문에 영유권을 포기하는 일은 미
래에도 아마 없을 것이다. 문제가 해결되는 유일한 방법은 자민당 중심
의 정권이 교체되어 현재 일본에는 없는 새로운 진보정당이 생겨나 삐
뚤어진 역사교육을 바로잡는 것뿐이다. 한국정부의 독도정책은 이러한
인식을 바탕으로 다시 검토되어야 한다.

13. 한일관계 복원 위한 이웃 '일본'을 읽는 법

현재 한일관계는 1965년 국교수립이후 역사상 최악의 상태이다. 경
제적으로 무역교역량에서 일본은 최대국인 중국 그리고 베트남 보다
교역량이 적은 5위이다. 정치적으로는 아베총리와 박근혜 대통령이 다
같이 2013년에 취임하여 한 번도 정상회담을 하지 않았다. 문화적으
로는 일본우익들의 혐한운동으로 한류를 통한 교류를 위축시켰다. 사
회적으로는 극우주의자들이 혐한운동으로 한국에 대한 증오를 심어
주었다.

한편 한국에서도 중국의 부상과 혐한운동의 영향으로 일본에 대한
관심도가 떨어졌다. 이러한 현상은 아베정권이 역대 일본정권들이 노력
해온 침략의 역사 청산정책을 변경하여 주변 국가를 무시하는 정책을
펴고 있기 때문이다. 아베수상은 일본군이 위안부를 강제로 동원했다고
인정한 고노담화를 부정하고, 주변국가에 대한 식민지지배와 침략전쟁

에 대한 반성과 사과를 담은 '무라야마 담화'를 회피하려 하고 있다.

이웃나라 한국과 일본이 서로 소원한 관계를 갖는 것은 결코 올바른 현상이 아니다. 양국에 있어서 관계를 복원시키는 일은 매우 시급한 과제이다. 현재 현안인 위안부문제, 독도문제 등을 모두 해결하면 관계가 개선된다고 하는 생각은 현실적으로 맞지 않다. 그렇다고 아베정권처럼 막나가는 정권의 요구를 전적으로 수용할 수는 없다.

그렇다면 그 대안은 무엇인가? 현상을 유지시키고, 협력할 수 있는 부분에 대해 서로가 발전 지향적으로 활발하게 협력하는 것이다. 이를 위해서는 다음과 같은 덕목이 요구된다.

첫째, '한국은 우선적으로 일본과 적대관계를 완전히 청산해야한다.' 즉 양국은 지배국과 피지배국이라는 관점에서 보더라도 문화적 차이가 크다. 이를 인정해야할 것이다.

둘째, 한국은 '일본을 바로 알아야 한다.' 일본은 섬나라, 천재지변, 무사사회, 천황제, 식민지지배, 침략전쟁, 원자폭탄세례, 자위대 등 다양한 일본만의 키워드를 갖고 있다. 그러한 이유 때문에 세계보편적 가치관을 갖기에 어려운 문화적 측면이 있다. 즉 일본적 가치관을 중심에 두고 있다는 사실을 간과해서는 안 된다.

셋째, '현재의 일본을 잘 분석해야한다.' 미국을 방문한 아베총리의 행보를 보자. 상하원 합동 의회연설에서 미국을 위해서라면 목숨이라도 바치겠다는 언변으로 자세를 낮추었다. 일본은 70년 전 미국을 이기기 위해 싸웠던 나라이다. 일본의 의도는 따로 있다. 유엔 상임이사국 진출을 꾀하고 있다. 미국의 지지가 절실하다. 얼마나 이중적인가? 일본사회에서는 이중성도 하나의 문화적 키워드라는 사실이다.

넷째, '대일외교는 맞춤형으로 대처해야한다.' 외교, 경제, 문화 등 각각을 담당하는 부서를 두어 각개전투 식으로 대응해야할 것이다. 독도 문제와 같은 경우는 그 해결시점이 요원하다. 따라서 독도와 위안부문제를 해결한 뒤 한일관계를 복원할 수는 없다.

일본 국민은 진보와 보수, 그 속에 극우에서 극좌까지 다양한 부류로 나누어진다. 일본은 19C 한국보다 100년 이전에 적극적으로 유럽문명을 수용하여 국민들의 의식수준을 높였다. 한편 천황을 신으로서 숭배하는 전통문화를 중시하고 이웃나라를 침략했다. 일본은 연합국에 의해 20C의 침략자로 규정되어 원자폭탄의 세례를 받았다. 현재 일본사회는 이를 긍정적으로 받아들이는 진보층과 이에 저항하는 보수층으로 나누어져있다.

전후 일본은 주로 보수층이 정권을 담당해왔기에 주류사회는 보수의 교육을 받고 보수의 정치인들이 리드해왔다. 그래서 많은 일본 국민들은 교육적으로 천황제를 바탕으로 내셔널리즘적 인성을 강요당했다. 다수의 정치인, 언론인들 등이 여기에 속하지만, 이를 비판적으로 보려는 부류가 진보층인데, 양심적인 학자들은 여기에 속한다. 일본에는 천황제를 배경으로 보수를 표방하는 폭력배도 있다. 이들은 보수층의 정치와 결탁하고 있기에 일본사회에서 너그럽게 받아들여지기도 한다. 이들 폭력배들은 진보층을 공격하기도 한다. 때로는 일본사회에서 진

보층이 되려면 목숨도 내놓는 각오가 필요하다. 진보, 보수 어느 쪽이
정치적 주도권을 잡느냐에 따라 대외관계에도 영향을 미친다.

　일본은 1955년 이래 보수층이 줄곧 주도권을 잡아오다가, 1993년 보
수층에서 이탈한 의원들이 진보층과 연합하여 반 보수정권을 창출한
적이 있었다. 일본의 보수층은 세계에서 패권을 장악했던 과거의 일본
을 그리워하고, 진보층은 패전의 경험으로 전쟁이 없는 평화로운 국가
를 원한다. 현재 보수층은 강한 일본을 위해 미국의 세계전략에 동조하
기를 원하고, 진보층은 아시아 주변국가와의 관계개선을 원한다. 보다
나은 한일관계를 위해서는 진보층의 정권이 더 유리하다. 현재 아베 수
상은 일본에서도 극우 중의 극우이다. 주변국은 무시하면서도 미국에
접근하여 '희망의 동맹'이라는 슬로건을 내걸고 경제적 정치적 패권을
장악하겠다는 호전성을 드러내고 있다. 경계대상이다.

第6章

日本の侵略的な
独島挑発の現況

1. 偏狭なナショナリズム派を擁護する国

独島は距離的に鬱陵島から見える島として、日本の敗戦とともに、連合国が歴史的権原に基づいて韓国に管轄権と統治権を認めることで、国際法にも明らかに今日の領土主権を行使する韓国の固有領土である。一方、日本では距離的に最も近い隠岐の島からでも見ることができないため」、独島は太古の昔から日本とは全くゆかりのない島である。

歴史的に見れば、今日大韓民国の正統性を持つ新羅国が鬱陵島を本拠地とした于山国を征伐して以来、高麗、朝鮮時代の鬱陵島はもちろんのこと、可視距離にある独島も私たちの先祖の生活の基盤であった。朝鮮時代一時的に住民を陸地に居住を命じ鬱陵島を無人島として管理していた時代にも「于山島」という島名で独島を管理した。ところが、侵略者である大日本帝国が朝鮮を強制的に開港させて鬱陵島と独島に対する領土的野心を徐々に現れ始めた頃、高宗皇

帝が勅令40号で「鬱島郡」を設置し、鬱陵島を始め独島まで管轄領土であるということを明らかにした。

　一方、17世紀に日本の二家紋の漁師は朝鮮が鬱陵島を空にして無人島として管理している間に潜入して略奪をして、密かに鬱陵島に入った漁師である安龍福と遭遇し、両国の漁師たちの間で争いが生じた。結局、それは鬱陵島と独島をめぐる両国政府間の外交問題に発展した。この時、日本政府は鬱陵島だけでなく、独島までも朝鮮の領土であることを認めて鬱陵島渡海免許を取り消し、日本の漁師達の東海の出入りを禁止した。この時期に日本の両漁師が独島を経て鬱陵島に密航したことはあったが、日本政府が鬱陵島はもちろん、独島に対しても領有権を主張したことは一度もなかった。

　日本政府が独島を領土として接近したのが日露戦争の時だった。当時中井養三郎というある漁師が独島を韓国領土と考え、独島でアシカ漁を独占するために韓国政府の許可書を受けようと日本政府のある要人に依頼した。この時、日本の内務省は独島を韓国領土として認めていた。ところが、外務省が関わって韓国を無視し、日露戦争中であるという状況を悪用して韓国に気づかれないように閣議を経て、島根県告示40号で「主人のいない島だから先取りする」という形で編入措置をとり、領土的野心を表わした。

　すでに日本政府が1869年、1877年の二度にわたり鬱陵島と独島は日本の領土ではないと明らかにしたことがあった。それにもかかわらず、1906年に小学校の校長出身である国家主義者奥原碧雲は新し

い領土「竹島」の取得を正当化するために、「竹島と鬱陵島」を執筆し初めて独島の歴史を捏造した。「隠州視聴合記」は、独島が登場する日本最古の書籍である。ここにある「隠岐の島の北西に朝鮮の鬱陵島と独島がある。日本の北西の境界は隠岐の島である」という内容を捏造し、「日本の北西の境界は鬱陵島と独島である」と歪曲した。

そして、日本が敗戦して連合国が独島の管轄権と統治権を認め、韓国が実効的に占有することになった。日本政府は、独島を強奪するために米国に接近し、1951年の対日平和條約で、最終的に日本の領土としての権利を獲得しようとした。結局連合国は、最高司令部が決定した「独島=韓国の領土」を変更しなかった。

ところが、1952年、日本政府は、李承晩大統領が「李承晩ライン」を宣言し独島を不法に占領したと主張するようになった。日本政府は、韓日協定でも独島を強奪しようと御用学者を動員したが、島根県は田村清三朗により「竹島問題の研究」「島根県竹島の新しい研究」、日本の外務省は川上健三により「竹島の歴史地理研究」を執筆させ「竹島=日本の領土」論を捏造した。この時、歴史学者山辺健太郎は緻密な独島に関する研究を通じて、彼らの歴史捏造を強く批判した。その後も日本政府が引き続き独島領有権を主張すると、これを見ていた歴史学者堀和夫は、一次元高い独島研究で批判した。

1998年、日本政府が新たな漁業協定を押し付けて独島周辺水域を韓日両国が共同で管理する体制となった。すると、ある右翼団体の下條正男が捏造した「竹島=日本の領土」の先行研究にそのまま従い

島根県と日本政府をけしかけた。この時も歴史学者の内藤正中は人生の巻く引きを控えた中、80歳の古老を率いて、新しい次元の独島研究に邁進し愚かな日本政府を非難した。

　安倍政権は、もはやナショナリストを支持せずに、鷹の目で定義を主張する歴史学者たちに謙虚になってもらいたい。

2. 独島挑発、日外務省「虚偽」を国際社会に告発

　日本外務省のホームページに掲載された独島関連の内容を見てみると、メインのホームページから「「国と地域」を選択し、「韓国」、「日韓関係」、「竹島問題」を選択すると、「竹島」というタイトルで「竹島トップページ、竹島情報、竹島問題、資料室、リンク、日本-韓国の関係」に関する内容が出てくる。動画では、「竹島」、「未来志向の日韓関係を目指して」、「世界が名付けた日本海」を掲載して、韓国の領土である独島の領有権に対する挑発しながらも、未来志向的な韓日関係を望むと侵略者の根性を隠し仁者のように装って宣伝をしている。

　「日本の領土Q＆A」をク選択すると、「Q6：竹島問題に対する日本の立場はどのようなものですか?」という質問に対し、「A6：竹島は日本固有の領土であり、これは歴史的にも国際法上にも明らかです。しかし、韓国は一方的に竹島を吸収した後、不法占拠しています。第2次世界大戦後一貫して平和国家の道を歩んできた日本は、

この問題の平和的解決を目指しています。」と答えている。

　連合国最高司令部は、1946年1月、新羅時代以来の韓国の歴史的権原と「鬱陵島と独島は日本の領土とは無関係だ」としていた「太政官文書」など、日本側史料に基づき対日平和條約締結時まで暫定的措置として独島の管轄権と統治権が韓国にあると認めた。また対日平和條約では、実効的に占有していた韓国の独島管轄権と統治権を変更していなかったため、今日韓国が独島を管轄統治しているのである。

　外務省の主張は偽りである。「竹島問題に関する情報はこちら」をクリックすると、再び「竹島トップページ」に接続されている。「竹島の領有権に関する日本の一貫した立場」をクリックすると、「竹島は歴史的事実に照らしても、かつ国際法上も明らかに日本固有の領土です。韓国による竹島の占拠は、国際法上何ら根拠もないまま行われている不法占拠であり、韓国がこのような不法占拠に基づいて竹島に対して行ういかなる措置も法的な正当性を有するものではありません。日本は竹島の領有権を巡る問題について、国際法にのっとり、冷静かつ平和的に紛争を解決する考えです。(注)韓国側からは、日本が竹島を実効的に支配し、領有権を再確認した1905年より前に、韓国が同島を実効的に支配していたことを示す明確な根拠は提示されていません。」として前述したように外務省が偽りを主張している。

　「竹島問題」をクリックして「竹島の領有について」をクリックすると、古地図や古い文献で日本漁民が17世紀初め、幕府の許可を受け

鬱陵島に渡航する際に、その経路のにある竹島でアシカを捕獲して、17世紀半ばには、領有権を確立したと主張している。

「サンフランシスコ平和條約と国際社会の日本領有確認」をクリックすれば、1951年対日平和條約で日本の領土から除外される島に独島が含まれておらず、また、韓国が独島領有権を主張したが、米国が拒否したと主張している。

「韓国による不法占拠」をクリックすると、李承晩大統領が一方的に「李承晩ライン」を引いて竹島を不法に占拠したと主張する。

「竹島に関する対応」をクリックすると、韓国に対して3回も国際司法裁判所で解決しようと提案したように、日本はあくまでも平和的な解決を望んでいると主張している。

「リンク」をクリックすると、「島根県」のホームページが出てくる。それは外務省が独島の詳細情報を持っておらず、島根県に依存していることが分かる。「資料コーナー」をクリックすると、「竹島フライヤー(PDF)、竹島パンフレット(10ページPDF)、竹島動画(法と対話による解決を目指して、未来志向の日韓関係を目指して」を掲載して領土的権原に基づいた韓国の領土である独島を否定し、捏造された日本領土論を、そして「竹島」を国際社会に広報している。「Q3日本の領土は、どのように決まりましたか?」をクリックすると、「A3現在の日本の領土は、第2次世界大戦後の1952年4月に発効されたサンフランシスコ平和條約に基づいて法的に確定しました。」と答え

ている。対日平和條約では、独島の領土的地位が別に決定されてい
おらず、1946年1月SCAPIN 677号により認定された韓国の管轄権と
統治権がそのまま有効したので、今日、韓国が実効的に管轄統治し
ているのである。

それにもかかわらず、外務省ホームページ(http://www.mofa.go.jp/)
には、12カ国の言語にで捏造された「竹島領土論」を広報している。こ
のように、日本の外務省は偽りの「竹島論」で善良な国際社会を愚弄し
ている。

3. 安倍政権の独島挑発、
　どのように対処すべきか。

安倍政権は、2014年1月、「政府の統一された見解」を記述するよ
うに指示した「学習指導要領解説書」にす「独島は日本固有の領土」で
あるということをすべての教科書にと明記するようにした。

その一環として、2014年4月小学校5・6年生のどの出版社のの社
会教科書に「韓国が独島を不法占拠している」と改正した。今年のの
4月6日、日本政府が4年ごとに検定する中学社会科教科書の歴史(8
冊)・公民(6冊)・地理(4冊)など計18冊に「韓国が独島を不法占拠して
いる」という内容を検定した。

これは、2016年4月から使用される。また、4月7日、2015年版外

交青書を発刊して韓国の領土である独島について「歴史的事実に照らしてみても、国際法上でも明らかに日本固有の領土」と記述した。民主党政権の時から始まった外交青書での独島挑発は安倍政権でも続けられ、定期的な挑発はもちろん、不定期に行われる挑発も日常的に行っている。

　安倍政権は東アジアの繁栄と安定ではなく、東アジアで覇権を握ろうとしている。このような理由のために、周辺国と事あるごとに摩擦を起こしている。韓国、中国、ロシアとは、大日本帝国が侵略した領土について領有権を主張しており、過去の侵略の歴史については、反省はおろか、むしろ大日本帝国の侵略のおかげで周辺国が経済成長をしたという不合理な論理を展開している。

　これにより、歴代政権が戦後侵略した周辺国との和解のために築いた過去の清算の成果を全部崩れてしまっている。今回、中国が主導したAIIB(アジア投資開発銀行)への加入も拒否した。周辺国である中国を覇権の国家の相手と見なしているからである。

　日本国内でも、これらの安倍政権の態度が日本の将来に及ぼす悪い影響を懸念する声が多い。数年前に日の丸、君が代に反対したとして、中等学校教師の職を剥奪されたある知り合いは、政権に同調すると復職を許可するという要請も拒否して安倍政権の危険性を警告した。

　安倍政権のこのようないきすぎた行動には、どのような根拠があ

るのか?国際社会の普遍的な価値を下げる対内外的歩みは、米国という同盟国に期待すると、すべてが解決されるという国際社会の経験が全くない安倍首相の無知のためであろうか。国家主義のための対内的歩みは前回の衆議院選挙での勝利がアベノミクスの経済政策の成功に自評したためであろうか。それとも歪曲された教科書で学ぶ国家主義的教育による保守化された日本の市民社会の同調を期待したのだろうか。

安倍政権は、軍事的に安保を自ら責任を持って隣国を干渉することができる強力な日本、文化的には他国よりも優れているという天皇制を中心とする美しい日本へと国づくりをしよういうスローガンを掲げている。

日本は中国を越えて米国に対抗することができる強力な日本にすために、憲法を改正して侵略的な軍隊を作ろうとしている。一方、韓国の発展は日本のODA援助のおかげで、慰安婦は性を売買しお金を稼ぐためのものであり、日本政府が関与したことがはなく、日本の固有領土である独島を韓国が武力で不法占領をしているという。

日本国民に対しても国民の知る権利を無視し、獨島は韓国令という事実を公開すれば刑事処罰を受けるというようにし、国が秘密裏に規定した。日本という国は、一般人が享受する自由も人権も制限された国である。このような安倍首相の認識は、どれも正しいことがない誤謬だらけである。周辺国や自国民への配慮もない。唯一の国家主義による保守志向的な覇権国にだけ集中している。

　この程度になると、安倍政権への望みを捨てることの方がましで
ある。安倍政権のひとり歩きは時が解決するだろう。このような一
連の過程を見ても、安倍政権の独島に対する領有権の主張がどれだ
け客観性が欠如した無謀な行為であるかを知ることができる。日本
国内でも、安倍政権への批判の声は高まっている。意識のあるまと
もな日本国民が望んでいる政権ではない。第2期安倍政権は、国民
から不信感が高まると衆(議)院解散というごまかしを使い政権を再
創出したが、政権の性向上それほど長くは続くことはないだろう。
冷却された韓日関係を改善しようとして、朴槿恵政府が首脳会談に
同調すれば安倍首相の地位のみを高める結果となり政権延長に有利
となる。

　日本の歴代政権は、韓国や中国などの周辺国に対する最低限の配
慮はあった。しかし、安倍政権は周辺国を無視するような行動が目
に余る。これに対応するためには、日本国民に対しては、反安倍政
権の立場にある日本人と連帯し、対外的には、米国のような同盟国
に安倍政権の不適切さを認知させ、中国、ロシア、北朝鮮など北東
アジア諸国と歩調を合わせ、いきすぎた安部首相を政権から引きず
り降ろすようにしなければならない。

　独島については、譲歩と妥協は独島の領土主権を見くびる結果に
なる。強力な領土主権の行使に加え、韓国の領土としての証拠力を
掲げ、日本の挑発に断固として対処するべきである。

4. 「竹島の日」の行事で韓日関係は50年後退する

島根県では、去る2月22日の午後、県知事を含む主催者と関連団体から400人、一般参加者100人が集まり、10回目となる「竹島の日」の行事が開催された。記念式典行事では、主催者である2人が開催辞、来賓9人が祝辞を述べ、県知事が功労者として資料提供者3人、証言者1人に感謝状を授与した。

立て続けに記念事業として円卓会議形式で「竹島の日條例制定10周年を迎えて」というテーマで新藤義孝(日本の領土を守るために行動する議員連盟会長)、藤井健司(島根県竹島問題研究会顧問)、下條正男(第3期島根県竹島問題研究会座長)の3人が10年間の業績評価と今後の発展方案について発表した。

また、関連行事として竹島商品の販売、竹島資料室特別展示、そして島根県公式チャンネルである「島ネッコCH」が外部へ発信する動画を撮影した。

元々この行事は島根県だけの単独行事であったが、安倍政権となり、昨年から高位公職者を派遣し始めて今年も内閣府の大臣政務官松本洋平を派遣した。国会議員として自民党からは、新藤義孝を含む、島根県所属4人、他県所属の6人、計11人を派遣し、野党でからも民主党所属1人、次世代党1人が参加した。自治体の行事に中央政府が関与しており「竹島の日」の行事を重要視している。

そもそも島根県が「竹島の日」を條例で制定したのは、十数年間、韓国で日本語講師として働いていた頃、1998年に新韓日漁業協定が締結されているのを見て帰国したゆがんだ考えを持っているある右翼人士の扇動に開始された。事実上の独島領有権は日本が敗戦したことで、連合国が決定したポツダム宣言により日本が侵略した領土として没収されて韓国の領土として扱われていたのだ。

ところが独島は「歴史的に韓国が管理したことがなく、所有者のない地だから日本が1905年編入した新しい領土」と米国側を偽り、対日平和條約で独島を日本の領土として認めてもらおうとした。この時に、韓国の情勢に無知であった米国務省次官補を努めていたディーン・ラスクが日本の立場に同調した。

しかし、連合国の政策で、韓国が実効的に占有して統治している独島に対し、決して米国政府は断じて日本の領土であると見なしておらず、とは言えど対日平和條約でもその地位が日本の領土として変更されてもいない。ただし冷戦体制の中で締結された対日平和條約で、米国が日本を自由陣営に編入しようとする政治的意図を持って、日本の要求を完全に否定することはできず、敵対的な印象を避けるために、独島の地位を積極的に規定していなかったのだ。

今日の独島問題は日本が対日平和條約で生じた独島領有権の死角地帯を利用し、大日本帝国が侵略した領土に領有権を主張することにより、生じたものである。もちろん、その根本的な要因を提供したのはディーン・ラスクが政治的意図を持ち日本側についたためで

あった。

　日本の敗戦後米国政府は、今まで独島が韓国の領土であるという事実を否定したことはなかった。日本は韓日協定で、米国のこのような立場を察知し、韓国の実効的な占有を黙認して独島問題に限って侵略の歴史の清算を開始していた。

　ところが、1997年の金融危機を経験した韓国に対して日本がこれを利用して、既存の漁業体制を一方的に破棄して独島を暫定的な共同管理水域に含んだ新しい漁業協定を強要した。

　一部の右翼人士が、これを歪曲して拡大解釈することにより、あたかも韓国が独島領有権を放棄したかのように再び領有権を主張した。今年「竹島の日」制定10周年を迎え、韓日関係の進展は、50年後退させた。

　今回の行事では、県知事は「竹島の日」制定から10年目を迎え、その成果を評価した。2005年に條例を制定したのは、「当時、独島問題が国民の意識の中でから風化されつつあり、国民の世論を喚起させ、政府に促すためであった。」とした。主な活動としては、「日本政府が韓国政府に積極的に対応することと国民世論を喚起させること、日韓漁業問題に適切に対応すること、学校教育で独島問題を積極的に対処することを強く要求した」と述べた。

　また、「島根県が設置した「竹島問題研究会」が行った研究成果を

学校教育に活用することで、学習指導要領解説が一部改正され、竹島がわが国固有の領土」と明記することになり、「2012年8月韓国大統領が独島に上陸したことが大きなきっかけとなり、日本国民の関心が急速に高まった。日本政府も積極的に対応するようになって50年ぶりに国際司法裁判所への提訴も検討するようになり、領土担当大臣も新設し、竹島などの領土問題を担当する「領土主権対策企画調整室」も内閣官房に設置された」とした。

このように侵略の歴史を清算する次元で過去のすべての政権が断念した独島領有権について、安倍政権が今になって改めて日常的に挑発を行うことは、ナショナリズムに堕ちた島根県の扇動によるもので、最終的にそれの末路は日本の未来を暗鬱なものにするだろう。

5. 今年もまた、独島挑発、10回目となる「竹島の日」

日本は先月22日にも島根県、島根県議会、「竹島・北方領土返還要求運動島根県民会議」が主体する形式で10回目の「竹島の日」の行事をした。行事は、昨年と同じ規模で来賓・主催者側400人、一般募集100人を含む500人が参加し、「竹島問題研究会」座長下條正男を含む3人の会員が講演者として出席し研究会の活動を自評する講演会を開催した。

　日本国内では「竹島の日」の行事への関心がたいへん高まったよう
だ。最近、日本のメジャー報道機関の記者が、筆者の研究室を訪問
してきた。その理由は、2006年に研究会が調査するため鬱陵島を訪
問した際、筆者が同行したからである。すでに記者は当時NHK山陰
放送局が放送した鬱陵島で筆者と座長下條が激論を繰り広げた内容
を詳しく知っていた。

　実際に筆者は、2005年に島根県が創設した「竹島問題研究会」のセ
ミナーに招待され、韓国の研究者として韓国領土論を強く主張した
ことがあるが、その際鬱陵島調査時通訳を願われた。研究会が鬱陵
島の調査を終え、帰りに筆者の提案で大邱大学で議論会を行うこと
になった。その時下條は韓国側の研究者の追及を受けて粗末な論理
で冷や汗を流していた。研究会は、筆者と別れ、最後のスケジュー
ルである釜山の安龍福記念会を訪問し、帰国した。

　研究会が鬱陵島を訪問した目的は、1882年李奎遠検察使が作成し
た「鬱陵外島」を確認するためである。「鬱陵外島」に独島が表記され
ていなかったからである。調査の結果、下條は当時、韓国政府は独
島を知らず、独島博物館に展示された史料の中に韓国の領土として
根拠となるものは一つもないと主張した。

　当時、筆者は通訳業務を担当していたが、下條の過度な言動にこ
らえられなくなり取材していた韓日両国のマスコミを前に博物館内
で、また滞在ホテルで下條と激論を行った。研究会は「竹島」が日本
の領土であることを前提に、自分たちの都合に合わせて史料的価値

を否定したり、歪曲することで、韓国の固有領土論を否定した研究
会が韓国の研究者たちとの議論会の提案に応じた意図は、自分たち
の団体が独島を客観的に研究する学術研究団体であることを立てる
ためにであり、釜山の安龍福記念会を訪れたのは像に書かれた「安
龍福将軍」という表記を口実に韓国が独島の歴史を歪曲してむやみ
に領有権を主張していると宣伝するためであった。

　記者は筆者に、いろいろと質問をした。2006年にどういった経緯
で研究会と鬱陵島に同行することになったのか。下條は韓国に10数
年間住んでいた「親韓派」なのになぜ批判するか。両国の学者間の学
術議論はなぜ一回で中断されたのか。

　鬱陵島で下條と論議したとき頻繁に誰かの電話を受けていたとい
うが、韓国警察や政府からどんな指示を受けていたか。両国の学者
たちの間で議論会で研究会がわざわざ負けてくれた言っているが、
それは正しいか。韓国政府は独島研究に対して経済的支援はどの程
度しているのか。「竹島の日」は、地方議会が制定したものである
が、韓国国民はなぜ騒ぐのか。慶尚北道が島根県と結んだ姉妹提携
を取り消したのは正しいことであるのか。「竹島の日」制定以来、以
前と比較すると、韓国は独島研究者の人数と研究の質的変化はある
のか。これらの質問は、まず韓国が国家主義的な思想を持ち領有権
を主張しているのかどうか、また、島根県が毎年実施している「竹
島の日」の行事が正しいかどうかを把握するためのものであった。

　実際、日本政府は1965年の韓日協定で独島の地位が対日平和條約

で日本領土として決定されていないことを認め、韓国の実効的占有を黙認し、独島問題について消極的な姿勢に転じた。ところが、片寄った思想を持つ民族主義者が1998年の新漁業協定を契機に再び領有権を主張している。現在の安倍政権もこれに便乗して露骨に独島への挑発を事としている。

　これにより、現在のような険悪な日韓関係が果たして正しいのか、日本社会でも多くの議論があるようだ。現在、日本国民は歪曲された学校教育と偏った報道の影響でえせ学者を優れた学者に判断する誤謬を犯している。一日も早くえせをえせで見ることができる目の日が来るのを期待している。

6. 「防衛白書」による日独島挑発、強力に対応しなければ

　今日独島問題は1945年に日本が敗亡したとき、連合国がSCAPIN 677号で歴史的、国際法的、また地理的な側面で独島の領土的権原が韓国にあるとして、最終的に韓国領土として認められるべきであったが、日本が継続的に領有権を主張することによって生じた。

　このように、日本の挑発により生じた独島問題は韓日協定で固有の領土として韓国の確固たる領土意識によって、日本は韓国の実効的占有を認めながらも、事実上まとまった。ところが、このような独島問題の歴史性を忘却し無知であった現在、そして次世代の日本

の政治家たちが、通貨危機を経験していた隣国の不幸を利用して、1998年に独島の座標を中間水域に置き新韓日漁業協定を降圧した。

　このように、日本政府は、世界の普遍的な価値観を持たず、2005年から自国の利益のためだけに、偏狭な民族主義で防衛白書に独島を日本の領土として扱い始めた。もし独島が合法的に日本の領土であるなら、日本政府は、2005年以前に、なぜ防衛白書に扱われておらず、韓日協定では、なぜ韓国の実効的支配を認めたのかということである。

　特に安倍政権は歴代のどの政権よりも偏狭な民族主義の程度が深刻である。日本が起こした侵略戦争は、すでに世界史的にも公論されている。それにもかかわらず、過去の侵略戦争を自ら認めることは、すなわち自虐と呼ばれる誤った認識を持ち、日本国民に自信を持たせるようにするとして「美しい国」への国づくりのスローガンとして掲げている。また、現行憲法を改正して専守防衛体制を放棄し、攻撃することができる軍隊を保有しようとする。攻撃することができる軍隊が合法化されると、独島に向けた日本の直接的な挑発は火を見るより明らかである。安倍政権は、日本帝国主義が侵略した周辺国の領土に対して挑発的なに領有権主張を放棄せず独島挑発を敢行している。

　2011年鬱陵島訪問をしようとした日本の議員3人は「これから船を利用して、独島に行く」と言って帰っていった。現在独島近くの隠岐島には海・空軍基地に先端へ戦力を追加で配置して置いている。また、前政権は、敢えて考えもしなかったが、安倍政権は島根県自

治体の行事である「竹島の日」に高位職官僚を派遣し、政府の行事にとして格上げさせようとしており、内閣府に「領土・主権対策企画調整室」を置き、積極的に独島への挑発を敢行している。

　去る11月には、2014年防衛白書ハングル版の要約本20部を駐日韓国大使館に郵送してきた。2015年1月16日日本大使館はソウルの韓国国防部にハングル版の要約本57冊を置いて行った。「2014年度日本の防衛白書ダイジェスト」のハングル版には、「日本周辺の防空識別区域」という地図に独島を「竹島」と表記している。

　実際2012年12月首相に就任した安倍政権は、2013年度の防衛白書を日本語と英語・ロシア語・中国語・韓国語版の要約本を発刊し、それを駐日韓国大使館に伝達した。2014年の防衛白書要約本には、露骨に独島を挑発する内容を載せており、親切にもそれを、駐日韓国大使館と韓国国防部に伝達していたのだ。要約本を作成した理由は、防衛白書が、各国の大使館に配置されるため、独島が日本の領土と国際社会の世論を助長するためのものであった。今までの日本の政権が独島を日本の領土として扱われていることもゆるせないが、安倍政権は、これを日本語版で作り、直接韓国に伝達するという厚かましい極致を見せている。

　このような傾向を見ると、安倍政府の独島挑発の終焉は、果たしてどこなのか。いきすぎた安倍首相ではなく、歴代どの政権もあえてそうはしなかったことである。その政権が領土が嫌いで放棄したのだろうか。日本がそのような価値が無いことを知っていたからで

はないだろうか。

　最近、韓日両国は国交正常化50周年を迎え、冷えきった日中韓3カ国の協力体制を復元するために、関係改善に努めており、また、最近「韓・米・日軍事情報共有覚書(MOU)」も締結した。このような状況に起こったことであるため、毎年定期的に発刊した防衛白書は、両国の関係改善の努力とは全く無関係に、独島への挑発は続くという事実を気づかせてくれる。

　日本が韓国の領土である独島を否定するしている状況で、政府は、韓日間の軍事的協力体制を慎重に接近しなければ、ひょっとすると、新韓日漁業協定のように国内外の情勢の変化に応じて、独島の半分の権利を要求する日本を拒絶できない状況が到来することもあることを留意しなければならない。

7. 日本の独島挑発は隠密で多様に強行される

　最近、韓日両国が慰安婦問題妥結と軍事情報保護協定を締結することにより、両国関係が多少進展するように見える。しかし、わだかまりが残る。日本は過去の侵略の歴史を認めず、信頼が回復されていない状態で、未来志向的な両国の関係を要求している。独島に関しても、最近表面上は日本が大きく独島挑発をせずに、韓国が管轄統治しているとして、日本の独島挑発はないと思うのは、大きな誤算である。まず、日本の独島への挑発は常時的に行われている。

　対内的には、2016年から小・中・高校で独島教育が義務化され
て、教師は「竹島(独島の日本名称)は、日本の領土であり、韓国が武
力で不法占領して奪われた」と注入式の教育を行っている。中央政
府は、官房部に「領土/主権対策企画調整室」を設置し、日本の独島政
策を総括している。島根県では、島根県のホームページにWeb竹島
問題研究所を開設し、県庁には「竹島資料室」を設置しており、捏造
された論理で独島が日本の領土だと扇動している。また、隠岐島五
箇村久見町(面単位)にも「竹島郷土館」を置いて、過去に久見町の漁
民たちが独島近海漁業に従事していたが、韓国が独島を強引に占有
していて良い漁場を奪われたと宣伝している。このように、1億2千
7百万人の日本国民は、学校教育と報道によって独島が日本の領土
であると洗脳されている。

　対外的にも外務省のホームページには12カ国の言語に偽りの論理
で独島が日本の領土だと宣伝している。民間レベルでも極右的な市
民団体や個人も独島挑発を絶えず敢行しているが、2016年にある
ゲーム制作会社は「竹島奪還」というゲームを作り発売した。

　日本は、定期的挑発として、毎年「竹島の日」の行事、外交青書と
防衛白書を発刊する。島根県は2005年3月に「竹島の日」の條例を制
定し、2006年から今年まで11回目の記念行事を行った。2013年に組
閣された安倍首相は、これを中央政府の行事に昇格させるために、
3年間続けてに次官級人士を派遣し、2016年には内閣府政務長官を
派遣し、自民党の国会議員10人も一緒に参加した。また、外務省
は、2008年から9年間、毎年4月に「歴史的事実に照らしてみても、

国際法上も明らかに日本固有の領土」という外交青書を発刊した。
防衛省も2005年から12年間連続で、毎年防衛白書を発刊して「日本
の固有の領土である竹島の領土問題が依然として未解決のまま存
在する」という内容とともに独島を韓国の領空表示防空識別圏に入
れながらも、「竹島」という名前で独島を日本の区域にも含ませて
いた。

　断続的挑発で(として)は、教科書と学習指導要領解説書を改正し
て強化した。文部科学省は10年に一度の教師の学習の指針である学
習指導要領解説書を改訂する、安倍政権に入ってからは独島挑発の
ために、2008年の初・中等解説書、2009年の高校解説書を便法とし
て6年ぶりに改正した。2008年小中学校の学習指導要領解説書で「日
本と韓国の間に「竹島」の主張が違う」(地理)」解決されていない領土
問題がある」(公民)としたことを、2014年には「竹島は日本の固有の
領土であるのに、韓国が不法占拠した(地理)と強化した。また、教
科書も、4年に一度改訂する。小学校の教科書は、2010年改訂2011
年施行、中等教科書は、2011年の改訂、2012年の使用、高校教科書
は、2012年の改正、2013年に使用された。これは安倍政権に入り小
学校の教科書は、2014年に「竹島は日本の固有の領土」と改訂され、
2015年から施行された。中等教科書は、従来の歴史教科書7種のう
ち1種のみ独島に関する内容を扱っていたが、2015年には、歴史教
科書8種すべてが「独島は日本の領土」と改訂され、2016年に使用さ
れた。高校の教科書にも2016年に「日本の固有の領土」と改訂され、
2017年から使用される。このようにして、日本政府は、小、中、高
校で独島教育を義務化した。

日本の独島挑発は常時的なもの、毎年定期的であること、断続的なものなど、さまざまな形で敢行されている。2017年にも、学校では、独島教育が義務化され、2月の「竹島の日」の行事、4月の外交青書発刊、8月の防衛白書の作成と翌年1月発刊される。このように、常時的なものを除いても、日本の定期的かつ断続独的島挑発で韓日両国の間には、毎年数回、両国関係が悪化している。韓国がこれに備えて日本の独島挑発を徹底的に遮断しなければ、それは既成事実化されてしまい挑発はますます強まり、独島領有権が大きく毀損されるものであることは明らかであるため、これを見逃してはならない。

8. 日本がしつこく独島を放棄していない理由

日本政府は、学校教育やマスコミ、外務省ホームページなどの様々な経路を介して「李承晩大統領が1952年1月18日「李承晩ライン」を違法に線を引いて、韓国が日本の固有の領土である「竹島」を不法に占領している」と対内外的に扇動している。

ところが、日本政府のこのような主張は偽りのもので、その事実をひたすら隠してきた。その理由は、対日平和條約で独島の領有権を放棄したということに対する日本国民の非難を避けると同時に、政権を維持するためであった。

近年安倍政権に入ってからは過去の政権の虚偽が事実として歪曲

され、実際に独島が日本の領土であるという認識を作って日本国民
の目と耳と国際社会の秩序を乱している。現安倍政権が反省せず
に、今までの政権の虚偽の主張に簡単に同調することは、日本の領
土へのナショナリズムからである。

　日本は歴史的に見ると、侵略した領土であっても固定化される
と、日本の固有の領土になるという属性を持っている。古代の日本
国家は、先住民であるアイヌ民族の領土を侵略して成立し、中世以
降には、各地域の武士が700年間、お互いの間の激しい戦闘で権力
を掌握しながら領土を拡張し、近代には、周辺のいくつかの国を侵
略して領土を拡大した。

　今日の日本の領土の範囲は、日本が敗戦したことにより、連合国
の措置を全面的に受け入れ、近代大日本帝国が侵略した領土を完全
に除外したものである。連合国は、1945年以前に加え、1946年1
月、連合国最高司令部命令677号を発令して大日本帝国が侵略した
ところを日本の領土から分離する暫定措置をとり、1951年9月対日
平和條約で最終的に確定した。独島の所属に関しては、対日平和條
約批准国会の議事録を見ればきちんと記録されている。

　その内容としては、日本の條約局長が日本の海上保安庁水路部が
1951年8月に製作した「日本領域参考図」を国会に配置したが、そこ
には独島を大日本帝国が侵略した領土から分離し韓国の領土として
認めていた。この時に日本の首相と外務大臣はもちろん、他の政府
要人、国会議員など、日本政界の全要人が知ることとなった。それ

にもかかわらず、今日の日本が独島に対する領有権を継続的に主張する根本的な理由がどこにあるのであろうか。

　現在そして未来における韓国が独島の領有権を侵奪されないためには、日本の領有権主張の本質を知るべきである。

　今日の日本の領土は、1946~1948年の東京裁判で日本が起こした第二次世界大戦が侵略戦争と判決したことで1943年のカイロ宣言と1945年のポツダム宣言に基づき、近代の大日本帝国が侵略した領土を完全に没収されて近世時代の領土範囲に限定された。ところが、現在の北海道中心のアイヌ民族の地や琉球の民族の土地であった沖縄地域は、日本の領土として処理された。

　したがって戦後日本の領土が大日本帝国が侵略した領土を完全に排除されたことがなかったため、帝国主義的な領土拡張の野心が完全になくなったと言うことができなくなった。

　今日の日本の小・中・高等学校では、確固たる信念を持って領土拡張と侵略の歴史が正しいとは教育していない。学校教育をきちんと受けた手本となる日本国民は、すべてのそのような教育を受けたため、領土ナショナリズムを完全に捨てることはできなかった。

　現在、日本は周辺諸国と領有権をめぐり争っている。ロシアが占有している千島列島の南方4島には、「北方領土」として領有権を主張しており、中国とは中国の明の領土であった釣魚島を日清戦争時

に日本が秘密裏に編入措置して尖閣諸島という名称で占有している。日本が領有権を主張しているこれらの地域はすべて大日本帝国が侵略した領土である。

　今日、ロシアと中国は、国際社会で覇権を狙っている国家としての領土主権を放棄することは絶対にない。また日本は、侵略した領土であっても固定化されると、固有の領土になるという領土認識を持っているので(ため)、領有権主張を放棄することはない。したがって、日本政府は、今後も継続的に領有権を主張しながら、歪曲された領土教育を後世の国民に対しても強いるだろう。そして今後もロシアが占有している千島列島南方4島も、韓国が実効的に管轄している独島に対する日本の挑発は続く。

　日本が占有している尖閣諸島に関しては、領土問題が存在しないという日本の立場について、中国は一貫して紛争地域化を追求する。このように、東アジアの領土紛争は、日帝残滓を完全に清算していない日本の領土認識ためである。

　韓国は過去国力が衰残したとき間島領土を中国に奪われ、国家主権は日本によって完全に奪われた。再びそのような日がないことを願う。

9. 日侵襲領土ナショナリズムに騙されてはならない

独島は36年間、日本の植民地支配を受けたことを除けば、古代から現在まで、韓国が領土として統治した韓国の固有領土である。ところが、近代の日本が国民国家になりながらも、韓日両国の国境地帯に位置していた韓国の領土である独島に対して「人が住んでいない無人島」という事実を利用して、絶えず侵奪を試みた。日本の独島侵略は時期的に見ると、4回に渡って、様々な違った形で現れている。

一つ目は第二次世界大戦以前の韓日両国間の問題であった。大日本帝国が密かに、1905年に「島根県告示40号」を用いて韓国の固有の領土である独島侵奪を試みた。1910年には合法を仮定した「日韓併合」という形で大韓帝国の領土すべてを侵奪することにより、独島も36年間、日本の支配を受けることになった。

二つ目は第二次世界大戦の終戦直後、韓国が独立し、日本が連合国の占領統治を受けていた時期に生じた、日本と連合国との間での問題であった。48カ国からなる連合国の中心国家であった米国、英国、中国が軍国主義の思想から周辺国を侵略した日帝大日本帝国を断罪し侵略したすべての領土を奪うこととした。連合国は1945年終戦直後から対日平和條約まで、最終的に独島を韓国領土として処理した。

日本は占領統治を受けていた米国を利用して、独島侵攻を試みた

が、米国は最後まで日本の立場を代弁することはなかった。これ
は、1951年に日米安保條約で米国が実質的に日本の領土保全を保証
していたにも関わらず、1946年に連合国最高司令部がSCAPIN 677号
で公式に韓国の独島の管轄統治を認めた。しかも1952年、李承晩大
統領が平和線として排他的独島管理を宣言したときも、これを撤回
せず、むしろ駐日米空軍が定めた独島空軍練習場を解体し、韓国の
管轄統治を認めた。

　三つ目は対日平和條約で独島が韓国の領土として決定されたにも
かかわらず、日本が領有権を放棄せずに主張していることにより、
独島問題は再び、韓日両国間の問題となった。日本政府は、米国の
積極的な支持を受けられず、独島侵略に失敗したにもかかわらず、
政権を維持するために対日平和條約で独島が日本の領土に決まった
と虚偽で日本国民を欺いた。長岐にわたって日本国民と韓国を相手
に対日平和條約で独島が日本の領土に決まったと主張し、李承晩大
統領が宣言した平和線を違法な「李承晩ライン」とした。

　日本は駐日米空軍が独島を爆撃訓練場として指定されたことを、
独島が日本の領土であるという証拠だと主張し韓国戦争時は混乱し
た隙に乗じて、まるで米国が独島を日本の領土と認めたかのように
装い星條旗を掲げた日本巡視船として密かに独島に上陸した。そし
て日本の領土標識を立て、1954年、1962年、2012年3度にわたり、
まるで独島が紛争地域であるかのようにして独断で国際司法裁判所
に仲裁を依頼しようと韓国に提案してきたりした。戦後韓国政府
は、日本が行ってきた多くの恐喝と脅迫にも屈せず、終戦直後には

独島に警察を駐屯させて、宿舎を建設し、灯台などを設置して管轄したことにより、1965年の韓日協定、1974年大陸棚協定では、日本から直接独島の管轄権を認められこととなった。

　四つ目は日本政府は、島根県が2005年の「竹島の日」の條例を制定して以来、特に安倍政権に入って韓国を直接相手にせず日本国民と国際社会を相手に政治的な方法で、独島侵略を試みしている。

　韓国政府が1997年の通貨危機のために「独島周辺海域で共同漁業管理をする」という日本の要求に強要された新韓日漁業協定が口実となり、日本のたち右翼派の人々が独島問題の本質を正しく知知っておらず領有権の主張に熱を上げ始めた。その代表的な人物として自ら右翼学者と自称し、独島の行政官庁の役割をしている島根県を筆頭とし、島根県を先頭に立てて、日本政府を扇動したのが下條正男である。右傾化された保守政権である安倍政府は対内的には下條の扇動に始められた島根県の「竹島の日」に積極的に同調して、小・中・高等学校で独島教育を義務化して、日本国民を人質にした。

　対外的には、外務省のホームページに12カ国の言語に日本領土論を捏造し、「日本政府は、国際法に平和的解決を希望して3回に渡って、国際司法裁判所の仲裁で、独島問題の解決を韓国政府に働きかけたが、韓国政府が平和的解決を拒否して武力で独島を不法占領している」というように紛争地域化することを狙って、虚偽で国際社会を愚弄している。安倍政権が下條のような非論理的な人物に扇動され、米国に対しては屈辱的ではあるが近づき周辺国を徹底的に無

視する外交行動は、自国中心的侵略的領土ナショナリズムである。

　国際社会は、ここにだまされてはならない。

10. 日「独島新領土」と主張は領土ナショナリズム

　独島は韓国の固有の領土である。古代の于山国は鬱陵島を拠点とした小国だったが、韓半島の多くの小国が新羅、高句麗、百済に再編され、新羅に編入された。古代于山国の範囲は、鬱陵島から眺めることができる地域、すなわち、独島を含む鬱陵島周辺の島々だった。

　于山国の領土は、中世の高麗、渤海時代には高麗の領土に編入され、朝鮮時代には朝鮮の領土となった。大日本帝国時代には、日本が不法に朝鮮を占領したことにより、独島も日本の支配を受けたが、第2次大戦で敗戦した日本は、連合国に無條件で降伏することで、奴隷状態にあった朝鮮が独立され、独島も韓半島の一部として、韓国の領土として返還したのである。

　ところが、今日の日本政府は、このような韓国の固有の領土である独島に対して、「竹島」として日本の伝統的な「固有の領土」と主張したり、時には国際法の無主地先占理論によって編入された近代国民国家の「新領土」としている。
　このことから矛盾である。独島が自国の領土であると主張しつつ

も固有の領土であるのか、新領土なのかも分からなくて右往左往している。これは、日本の領土ではないということを反証するものである。

そうすれば、独島が日本の「固有の領土」となることができるのかを検証してみよう。日本が独島の存在を初めて知ったのは1620年代から1692年の間に無人島として管理していた朝鮮の領土である鬱陵島に日本の二家大谷、村川家が伐採と漁採のために密かに渡航した過程で、その途中に位置する独島の存在を知ることになった。

その後、釜山出身の漁師安龍福が鬱陵島に不法侵入した日本人に出会い紛争になりながらも、朝鮮と日本の中央政府の間で鬱陵島領有権をめぐる交渉があった。当時、朝鮮との親善外交を望んでいた日本の幕府は、鳥取藩に鬱陵島と独島の所属を調査するように指示し、鳥取藩は鬱陵島と独島が日本の領土ではないことを幕府に報告した。

その結果、幕府は日本の漁師達の鬱陵島渡航を禁止し、その事実を朝鮮に知らせた。その当時の独島は幕府と鳥取藩が認めたように、朝鮮の領土として存在していた島である。

したがって独島は日本の固有の領土ではないことが明確である。今日の日本政府の主張は、無知の極致だ。

日本は明治時代となり、ヨーロッパの植民地化を克服するため

に、「アジアの未開国ではなく、文明国としてヨーロッパの一員」という「脱亜」を唱えながら、富国強兵を目指し、周辺国を侵略していくという方法で領土拡張に必死になった。

　近代日本の国民国家の成立とともに、瞬く間に日本列島周辺に位置しする少数民族の国々が侵略の対象であった。1869年東北地方のアイヌ民族の地、1871年南西に位置するの琉球国、1876年小笠原諸島を日本の行政区域として強制的に編入措置した。

　一方、日本の西に位置し、朝鮮人が居住する鬱陵島と人が居住していない独島のすべてが朝鮮の領土であることを明らかにわかっていたため、編入措置を取らなかった。ところが、日本は露骨に朝鮮領土を侵奪するために、日露戦争を起こし、その混乱した隙に人が住んでいない島を「主人がない地」と言い張って隠密に閣僚会議で編入を決めた。編入措置は、島根県(告示40号)の告示を行ったが、その理由としては、中央政府の告示にすると列強各国が日本を侵略国とみなすことを避けるために、島根県の地方告示を断行したものである。

　当時の朝鮮の調整は、島根県告示で密かに独島を盗取しようとしていた事実を当然知ることができなかった。日本は日露戦争に勝利し、その勢いそのままに、ソウルに統監府を設置し、韓国の外交権を掌握した。

　その年の島根県管理団が独島を行政的に管轄している鬱陵島沈興

澤郡守を訪ね、間接的な方法として独島の編入事実を知らせたの
だ。沈郡守は日本の独島侵略の事実を翌日すぐに中央政府に報告
し、中央政府は不当な仕打ちとして統監府に抗議した。今日の日本
政府は、このような侵略的な独島盗取行為により、国際法理論であ
る「無主地先占」に新領土を確保したと主張する。

今日の日本政府が韓国の固有の領土の独島について「竹島」とし、
「伝統的な固有の領土だ、国際法による新領土」と主張している。日
本の極右政権は領土ナショナリズムに立脚した歪曲された学校教育
を強要して、マスコミなどのメディアを使い善良な日本国民の耳を
塞ぐことにより国の奴隷に転落させ、平和と安定を切望する国際社
会を愚弄してあり、世界の市民社会を乱している。

11. 日領土主権対策企画調整室諮問団の 戦略レポート

独島は古代鬱陵島の于山国が新羅に編入された後に高麗、朝鮮時
代を経て、高宗皇帝が日本の侵略を防ぐため鬱島郡を設置し領土と
して管理した韓国の固有の領土である。

ところが、日本の主張は違う。韓国が独島を管理したことがない
が、日本は17世紀に領有権を確立し、また無住地を1905年新しい領
土として編入した。敗戦後、1951年の対日平和條約で日本の領土と
して決められたが、韓国が1952年に不法に「李承晩ライン」を宣言

し、1954年に沿岸警備隊を独島に駐留させて日本漁船拿捕、大量の日本漁民拘束、海上保安庁巡視船など日本の船舶に銃撃を加え武力で占領した。日本は不法占領に国際司法裁判所で平和的に解決しようと提案したが、韓国は何の説明もなく拒否している。このような日本の主張は、多くの資料で確認されており捏造された論理である。

　日本政府は、2013年2月「領土主権対策企画調整室」を設置し、外交・安全保障、国際関係、国際法、歴史研究などの専門家10人を招待し、4月から6月まで5回にわたって「領土・主権をめぐる国際世論の拡散のための有識者懇談会」を開催した。ここで、独島の歴史の専門家の資格という立場で、独島の論理を捏造する団体「Web竹島問題研究所」座長である下條正男が参加したことから、懇談会が日本国民と国際世論を欺くための対策会議であることは容易に知ることができる。

　報告書は、国際社会に独島が日本領土という世論を拡散するための具体的な方法を提示した。まず、韓国が独島を武力で占領していること、一方、日本は国際法に基づいて平和的に解決しようとするイメージを知らせる。このため、政府内に戦略的な政策と広報のための組織と体制を整え人材を養成する。第二に、インターネット上に独島が日本の領土であるという英語の論文がないため、民間研究機関のウェブサイトに英語サポート、海外の新聞に独島論説投稿サポート、国内外の図書館に英語での論文を準備し、東京駐在の海外特派員をサポートして、米国とヨーロッパで知らせる。第三に、日

本政府の主導で出願して研究機関を作り、国内外の研究者のネットワークを活用することで学術界と連携して、海外シンクタンクに日本の研究者の派遣、海外専門家の招待を行うで、国際シンポジウムの開催、日本在住の外国人などに注力して広報する。第四に、日本政府は、すべての日本国民と意思疎通を行い問答式のマニュアルを英語にして国益のために内外ですべての国民が一つとなり独島が日本の領土だと叫ぶ。第五に、戦後の日本はひたすら平和国家を指向し、地域の平和と安定と繁栄のために貢献してきた、領土問題を国際條約と国際判例による国際法に従った解決を望んでいる、言論の自由と民主主義が定着した国家として国際社会の信頼と肯定的なイメージを持つようにする。第六に、優先的に日本国民に独島の領土意識を鼓吹させるために、政府の次元での完全な領土教材を作り「竹島」の教育を実施して韓国のように資料館を作って生きている教育を実施する。第七に、独島の歴史的経緯、文献、史料収集のための調査研究体制の基盤を英語で構築し韓国のように公文書を意図的に隠すことはせず内外に公開して、日本の主張が正当であることを効果的に公布する。第八に、写真、映像資料を活用して、地図の表記、インターネット空間での領土表記、日本国内の地図やパンフレット、天気予報などで視覚的効果で日本の主張が正当になるようにする。

　以上のレポートの内容を見ると、日本は独島問題を本質的に解決するという意志が全くなく、ただ機会を待って独島を侵略しようという心算だけである。日本を相手に独島を守る唯一の方法は、本質を明らかにすることも重要だが、やはり戦略と戦術による戦闘力である。

12. 「竹島は日本の領土」という日の 主張を把握すべきである。

　日本外務省のホームページによると、日本は「竹島(独島の日本名称)は、歴史的事実に照らしあわせても、また、国際法上も明らかに日本国固有の領土」であり、「韓国による竹島の占拠は、国際法上何ら根拠もなく行われる違法占拠であり、「日本国は竹島の領有権をめぐる問題について国際法に基づき、冷静かつ平和的に紛争を解決するという考え」である。「日本が竹島を実質的に支配して領有権を再確認した1905年(島根県告示40号)の前に、韓国が竹島を実質的に支配していた明確な根拠を提示できなかった」という。

　従来韓国は日本のこのような主張に対して「日本は独島が韓国の領土だと知りながら、無理に言い張る、妄言している」と無視してきた。そのため、誰かが日本が独島領有権を主張する理由が何なのかと尋ねると「領土を拡大するために、漁場や地下資源を確保するために、軍事的要衝地であるため、海洋領土を広げるために」というように答えた。果たしてそうだろうか。結論から言えば、「No」である。通常の日本国民は本音で「竹島」が自国の固有の領土だと考えている。私たちが考えているように他国の領土を侵略するというような立場ではないことを明らかに知るべきである。これまで、この限りでないため、従来、韓国政府は一貫性のある独島政策を伸ばすことができなかった。日本が挑発するたびに、「無対応が上策」「領土主権問題は断固として対応」という二つの部類で、国民世論が分かれ言い争ってきた。このような姿を見ていた日本は、毎年何度も

独島への挑発を敢行しながら微笑んで幸せそうなようだ。

　実際に独島は韓国人が住んでいる鬱陵島から眺めることができるほど近い島という地理的側面、新羅の于山国の領土であったということを考慮して、朝鮮の領土として存在したという歴史書の記録による歴史的側面、前後連合国最高司令部の措置(677号)と日本と連合国間での対日平和條約、日韓両国間の條約で独島が韓国の領土として処理された政治外交的側面、固有領土論による国際法的側面から見れば、韓国の固有領土であることは明らかである。

　事実上、日本政府が1951年の対日平和條約の條文に「独島」という名称がないことを口実に領有権を主張してはいるが、その批准の国会で條約局長が配布した「日本領域参考図(海上保安庁製作)」に独島が明らかに韓国の領土と表記されていた。それにもかかわらず、日本が独島領有権を主張する根本的な理由は、領土に対する認識の問題ためである。

　韓国国民としての私たちは、先祖が住んでいた古朝鮮と高句麗の領土が中国に奪われたため、いつか回復されるべき領土と教育を受ける。日本国民は、大日本帝国が侵略した領土も失われた領土と教育を受ける。独島の場合は、日本の固有の領土であるのに韓国に武力によって不法奪取された領域であると考えている。戦後の日本政府は、正しい領土教育を放棄し、侵略戦争を合理化する歪んだ教育から脱することができていない。しかし、日本政府が1981年千島列島の領有権を主張する「北方領土の日」を定めながらも、「竹島の日」

を定めなかったかのように、積極的に独島領有権を主張していな
かった。その理由は、まさに「日本領域参考図」からも分かるよう
に、当時の日本政府が対日平和條約で独島が韓国領土として決定さ
れたことをよく理解していたからである。ところが、1998年に韓国
の金融危機を利用し、(また)日本政府が強要して独島周辺の海を共
同で管理するための新しい漁業協定が締結された。極右主義者たち
が、これを誇張解釈し、韓国が独島の共同管理を認めたと歪曲し、
それがきっかけとなり、再び「1952年、韓国が一方的に李承晩ライ
ン(平和線)を宣言して日本の領土を不法に略奪していった」と暴走し
始めた。2000年森首相がKBS放送局とのインタビューで、「竹島は日
本の領土」とした後から、次第に領有権主張が拡散して、ついに
2004年、文部省は、極右性向の扶桑社出版社が出版した「韓国の竹
島不法占拠」という教科書を検定通過させた。2005年には島根県「竹
島の日」を制定し、文部省も学習指導要領の改訂を筆頭に徐々に
小、中、高校での独島教育を義務化した。また、2005年の防衛白書
と2010年の外交青書発刊から毎年国内外に「竹島の領有権」を扇動し
ている。

　独島に対する日本のこのような認識のため領有権を放棄すること
は、この先もおそらくないであろう。問題が解決できる唯一の方法
は、自民党中心の政権から交代し、現在、日本にはない新たな進歩
政党が生まれ歪んだ歴史教育を正すことだけだ。韓国政府の独島政
策は、このような認識に基づいて再度検討すべきである。

13. 韓日関係の復元のための隣国「日本」の読み方

　現在、日韓関係は、1965年の国交樹立以来、史上最悪の状態である。経済的に貿易交易量で日本は最大の国である中国、そしてベトナムよりも交易量が少ない5位である。政治的には、安倍首相と朴槿恵大統領が共に2013年に就任したが一度も首脳会談を行っていない。また文化的には、日本の右翼の嫌韓運動に韓流を通じた交流を萎縮させることになった。そして社会的には極右主義者が嫌韓運動を行うことによってに韓国に対する憎悪を植え付けた。

　一方、韓国でも中国の浮上と嫌韓運動の影響により、日本への関心が低下した。このような現象は、安倍政権が歴代の日本の政権が努力してきた侵略の歴史清算政策を変更して、周辺国を無視するような政策をとっているからである。一方、安倍首相は、日本軍が慰安婦を強制的に動員したと認めた河野談話を否定し、周辺国の植民地支配と侵略戦争に対する反省と謝罪を盛り込んだ「村山談話」を回避しようとしている。

　隣国の韓国と日本が疎遠な関係であることは、決して正しい現象ではない。両国における関係を復元させることは非常に緊急の課題である。現在の懸案である慰安婦問題、独島問題などを解決すれば関係が改善するという考えは現実的に合わない。とはいえ安倍政権のようにいきすぎた思想を持つ政権の要求を完全に収容することはできない。

それなら、その代わりは何であるか。現状を維持し、協力することができる部分について互いが発展志向的に活発に協力することである。そのためには、次のような徳目が要求される。

まず、「韓国は、優先的に日本と敵対関係を完全に清算しなければならない。」つまり、両国は支配国と被支配国という観点から見ても、文化の違いが大きい。これを認めなければならないだろう。

第二に、韓国は「日本をきちんと知るべきである。」日本は島国、天災、武士社会、天皇制、植民地支配、侵略戦争、原子爆弾の洗礼、自衛隊などの様々な日本だけのキーワードを持っている。そのため、世界の普遍的な価値観を持つことは難しい文化的側面がある。すなわち、日本的価値観を中心に置いているという事実を見落としてはならない。

第三に、「現在の日本をよく分析しなければならない。」米国を訪問した安倍首相の歩みを見てみよう。上下院合同議会演説で、米国のためなら命も捧げるという弁舌で姿勢を下げた。日本は70年前、米国に勝つために戦った国である。日本の意図は別にある。国連常任理事国入りを謀っているのである。それには米国の支持が切実である。どれほどしたたかであるのか。日本社会では二面性も一つの文化的なキーワードという事実である。

第四に、「対日外交は要求に合わせて対処しなければならない。」外交、経済、文化などそれぞれを担当する部署を置きしっかりと対

応すべきである。独島問題のような場合には、その解決は遥かに遠い。したがって独島と慰安婦問題を解決しない限り、韓日関係を復元することはできない。

日本国民は、進歩と保守、その中に極右から極左まで、様々な部類に分けられる。日本は19世紀韓国より100年も前に積極的にヨーロッパ文明を受容して、国民の意識レベルを高めた。一方、天皇を神として崇拝する伝統文化を重視して隣国を侵略した。日本は連合国によって20世紀の侵略者と規定され、原子爆弾の洗礼を受けた。現在、日本の社会は、これを肯定的に受け入れる進歩層とこれに抵抗する保守層に分かれている。

戦後の日本は、主に保守層が政権を担ってきたが、主流社会は保守の教育を受けて保守の政治家たちが主導してきた。そのため多くの日本国民は、教育的に天皇制をもとにナショナリズム的人性を強要された。多くの政治家、ジャーナリストなどがここに属するが、これを批判的に見ようとする部類が進歩層であり、良心的な学者たちは、ここに属する。日本には、天皇制を背景に保守を標榜する暴力団もある。これらは保守層の政治と結託しているので、日本社会で寛容に受け入れられたりもする。これらの暴力団は、進歩層を攻撃することもある。時には日本社会で進歩層になるには命を賭ける覚悟が必要である。進歩、保守、どちらが政治的主導権を捉えるに応じて、対外関係にも影響を与える

日本は1955年以来、保守層が主導権を握り、1993年に保守層から

離脱した議員が進歩層と連合して反保守政権を創出したことがあっ
た。日本の保守層は、世界で覇権を掌握していた過去の日本を懐か
しがり、進歩層は敗戦の経験から戦争のない平和な国を望んでい
る。現在保守層は強い日本のために、米国の世界戦略に同調するこ
とを望んでおり、進歩層はアジア周辺国との関係改善を望んでい
る。より良い韓日関係のためには進歩層の政権がより有利である。
現在安倍首相は日本でも極右の中の極右である。周辺国はを無視し
ながらも、米国に近づき「希望の同盟」というスローガンを掲げて経
済的、政治的覇権を掌握するという好戦性を表している。警戒対象
である。

제7장
일본의 독도
영유권 논리 조작

1. 일본 외무성의 독도 영유권 조작과 선동 행위, 방치해서 안 될 일

독도는 역사적 권원에 의거하여 한국이 실효적으로 관할 통치하고 있는 명백한 대한민국 고유의 영토이다. 그런데 일본정부는 외무성 홈페이지에서 조작된 다양한 근거를 제시하여 일본영토라고 주장하고 있다. 조작된 내용들은 1억3천의 일본국민을 포함한 세계 70억 인구가 볼 수 있도록 해두었다.

일본외무성 홈페이지의 바탕화면은 국제 공용 언어인 영어로 되어있고, 내용은 〈미국(About Us)〉〈뉴스(News)〉〈외교정책(Foreign Policy)〉〈국가와 지역(Countries &Regions)〉〈영사서비스(Consular Services)〉라는 5개의 큰 제목으로 구분했다. 〈국가와 지역〉의 베너를 클릭하여 〈아시아〉의 〈한국〉에 들어가면, '한일관계'의 〈기본데이터(Basic Data)〉〈독도문제〉〈일본해명칭문제〉〈화제(Topics)〉를 다루고 있는데, 〈독도문제〉를 클릭하면 '일본영토'라고 하여 '다케시마(竹島)'라는 큰 제목의 바탕화면이 등장한다.

'다케시마(竹島)'의 바탕화면은 〈다케시마 톱 페이지〉〈다케시마 정보〉〈다케시마 문제〉〈다케시마 문제 Q&A〉〈자료실〉〈링크〉로 구분해 두었다. 그리고 〈English, ‏‏عربي, 中文簡体, 中文繁体, Français, Deutsch, Italiano, 한국어, Português, Русский , Español, 日本語〉라는 12개 언어의 베너를 두었고, 그곳을 클릭하면 다양한 언어로 조작된 일본영토 논리가 등장한다.

〈다케시마 톱 페이지〉에는 '다케시마 영유권에 관한 일본국의 일관된 입장'이라고 하여 '독도는 국제법적으로나 역사적으로 일본영토인데 한국이 무력을 불법점령하고 있다. 그러나 일본은 평화적 해결을 위해 침착하게 노력하고 있다. 한국은 아직도 독도가 한국영토라는 근거를 제시하지 못하고 있다'라고 사실을 조작하고 있다. 또한 일본영토로서의 독도의 '위치지도' '자세한 지도'로서 독도의 평면도, '주변지역'으로서 한국 육지에서 독도까지의 거리를 217km라 하고 일본 본섬에서 독도까지를 211km라고 하여 일본이 더 가깝다고 강조했고, 오키섬에서 독도까지는 158km라고 표기하면서도 이보다 더 가까운 거리에 있는 한국의 울릉도에서 독도까지의 87.4km의 표기를 은폐하여 사실을 조작했다.

〈다케시마 정보〉를 클릭하면, '다케시마 데이터'라고 하여 "17세기 초에는 강치 포획이나 전복 채취에 좋은 장소로 이용했다. 특히 강치 포획은 1900년대 초기부터 본격적으로 이루어졌다."라고 하여 독도는 한국이 알지 못하는 사이에 "일본인에 의한 이용되었다"라고 사실을 조작했다. 〈다케시마 문제〉를 클릭하면, 〈다케시마 영유권에 관한 일본국의 입장과 한국의 불법 점거 개요〉라고 하여 "다케시마에 대한 인지, 다케시마의 영유, 울릉도 도항 금지, 다케시마의 시마네현 편입, 제2차 세계대전 직후의 다케시마, 샌프란시스코 평화조약에서의 다케시마 취급, 미군 폭격훈련 구역으로서의 다케시마, '이승만 라인'의 설정과 한국의 다케시마 불법 점거, 국제사법재판소에 회부 제안"이라는 내용으로 일본의 고유영토인 '다케시마'를 한국이 무력으로 불법점령하고 있다고 사실을 조작했다. 또한 이들 내용마다 각각의 베너를 만들어두었는데 그곳을 클릭하면, 지도나 그림 등을 이용하여 상세한 내용으로 독도가 일본영토라고 논리를 조작했다. 〈다케시마 문제 Q&A〉를 클릭하면, 〈Q1 국제법상 어떤 섬이 자국 영토와 거리적으로 가깝다는 점이 그 섬의 영유권과 관계가 있습니까? Q2 한국측의 고문헌·고지도에는 다케시마가 기재되어 있습니까? Q3 '안용복'이란 사람은 어떤 인물이었습니까? Q4 1905년의 일본정부에 의한 다케시마 편입 이전에 한국측이 다케시마를 영유하고 있었던 증거는 있습니까? Q5 다케시마는 카이로 선언에서 말하는 '폭력과 탐욕으로 탈취한' 지역에 해당됩니까? Q6 제2차 세계대전 후 다케시마는 연합국 총사령부에 의해 일본의 영역에서 제외되었습니까?〉라는 질문형식으로 조작된 내용으로 독도가 한국영토라는 증거를 모두 부정했다. 〈자료실〉을 클릭하면, 〈전단: 다케시마〉, 〈다케시마 팸플릿(10페이지)〉, 〈다케시마 문제에 관한 10개의 포인트(Q&A 포함, 28페이지)〉라는 3개의 PDF 파일과 〈다케시마 - 법과 대화에 의한 해결을 지향하며〉라는 1개의 동영상을 탑재하여 시각적 청각적 효과로 독도 영유권의 본질을 조작했다. 〈링크〉를 클릭하면, 독도가 일본영토라고 조작된 〈외무성(일본영토)〉, 〈영토및주권정책기획조정실, 내각부사무국〉, 〈시마네현〉의 홈페이지로 이동하도로 되어 있다.

이처럼 일본정부는 일본국민을 포함한 세계인구 70억을 상대로 영유권을 조작하여 국제사회를 현혹시키고 있다. 한국정부가 이를 방치한다면 국제사회는 독도를 일본에 넘길 것이다.

일본정부의 독도 논리의 조작 경위

독도는 고대 우산국 영토였으나 512년 신라영토에 귀속된 이후 지금까지 영토적 권원에 의거해 현재 한국이 실효적으로 관할 통치하는 고유영토임에 명백하다. 그런데 일본정부는 "다케시마(竹島,독도의 일본명칭)는 역사적 사실에 비추어도 국제법상으로도 분명히 일본국 고유영토이며, 한국에 의한 다케시마 점거는 국제법상 아무런 근거가 없는 불법 점거이다. 한국이 이러한 불법 점거로 행하는 그 어떤 조치도 법적 정당성을 갖지 못한다. 일본국은 다케시마 영유권 문제를 국제법에 따라 침착하고도 평화적으로 분쟁해결을 원한다. 일본이 다케시마를 실질적으로 지배하고 영유권을 재확인한 1905년 이전에 한국이 다케시마를 실질적으로 지배했다는 명확한 근거를 제시하지 못했다"라고 한다. 이것이 일본정부의 입장이다.

일본의 논리가 만들어진 경위는 이렇다.

첫째는 일본정부가 1905년 1월 28일 각의결정을 하면서, "무인도 소속에 관한 건을 심사해 보니, 북위 37도 9분 30초, 동경 131도 55분, 오키시마(隱岐島)에서 서북으로 85리에 있는 이 무인도는 다른 나라가 점유했다고 인정할 형적이 없다. 지난 1905년 나카이 요사부로가 어사(漁舍)를 만들고, 인부를 데리고 가 엽구(獵具)를 갖추어서 강치잡이를 시작했다" "이 섬을 다케시마라고 칭하고 지금부터 시마네현 소속 오키도사의 소관으로 한다. 이를 심사하니 1903년 이래 나카이 요사부로란 자가 이 섬에 이주하고 어업에 종사한 것은 관계 서류에 의해 확인되어, 국제법상 점령의 사실이 있는 것으로 인정하여 이를 일본의 소속

으로 하고 시마네현 소속 오키도사의 소관으로 함이 무리 없다" 라고
했다.

둘째는 1905년 2월 22일자의 "시마네현고시 40호"에서 "북위 37도 9
분 30초 동경 131도 55분. 오키도와의 거리는 서북 85리에 달하는 도서
를 다케시마라 칭하고, 지금부터 본현 소속 오키도사(隱崎島司)의 소
관으로 정한다"라고 했다.

셋째는 대일평화조약을 체결하는 과정에서 일본정부에 로비를 당한
시볼트가 1949년 11월 14일 미국무부에 "리앙쿠르암(독도)에 대한 재
고"라는 의견서에서 "일본이 전에 영유했던 한국 측에 위치한 섬들의
처리와 관련하여 리앙쿠르암을 제3조에서 일본에 속하는 것으로 명시
할 것을 건의한다. 이 섬에 대한 일본의 주장은 오래 되었으며, 정당한
것으로 여겨진다. 이 섬을 한국의 연안에 있는 섬이라고 보기는 어렵다.
안보적 측면에서 이 섬에 기상과 레이더 기지를 설치하면 미국의 국가
이익에 도움이 된다"라고 했다.

넷째는 1949년 12월 15일 미국이 작성한 대일평화조약 초안 2장 제3
조에서 "일본 영토는 혼슈, 큐슈, 시코쿠, 홋카이도 등 4개 주요 섬에
쓰시마, 다케시마(리앙쿠르 록), 오키열도, 사도(佐渡) 등을 포괄해 이
뤄진다"라고 했다.

다섯째는 한국정부가 1952년 1월 18일 평화선을 선언하였을 때, 일
본 외무성 조약국 관료였던 가와카미 겐조(川上健上)가 1953년 "죽도
의 영유"를 집필했고 또한 이를 보완하여 1966년 "죽도의 역사지리학적

연구"를 출간하여 "한국측의 문헌에 등장하는 동해의 두 섬 '우산도(독도)와 울릉도는 1도 2명이고, 울릉도에서는 보이지 않기 때문에 한국은 역사적으로 독도를 알지 못했다" "독도의 시마네현 편입은 당시 일반적인 관행에 따라 나카노도리시마(1908년 8월8일자 도쿄부 고시 제141호)의 경우와 같이 내각이 결정하여 이를 고시했다"라고 했다.

시마네현의 문서담당자였던 다무라 세이자부로(田村淸三郎)도 1955년 "죽도문제의 연구"를 발간했고 이를 보완하여 1930년 "시마네현 죽도의 신연구"를 저술하여 통계숫자를 나열하면서 '일본은 1903년 나카이 요사부로 이후 1940년대까지 줄곧 강치잡이를 하여 죽도를 실효적으로 지배했다'고 했다.

시마네현은 어용학자 시모조 마사오에 선동되어 2005년 '죽도의 날' 조례를 제정하고, "죽도문제연구회"를 만들어 기존의 주장을 바탕으로 새로운 논리를 조작하여 "전후 한국 경비대원이 상주함에 따라 50년 이상 불법 점거 당하여 어업권 등 일본이 주권을 행사할 수 없는 상황이 되었다" "또한 일본이 다케시마 주변 해역에서 해양조사를 위해 측량선을 파견한 것이 계기가 되어 2006년 6월 일한 양국 정부간에 배타적 경제수역의 경계 확정 교섭이 6년 만에 재개되었지만, 다케시마 영유권에 대한 양국의 주장은 평행선이다" "국제법상 영토취득의 요건은 국가에 의한 해당토지의 실효적 점유이다. 일본은 다케시마에 대한 역사적인 권원을 가지고 있고, 20세기 이후의 조치에 의한 근대국제법상의 요건도 완전히 충족시키고 있다"라고 보강했다.

이렇게 전개되어 온 일본의 독도논리 조작은 극우성향의 아베정권까지 이어져, 영토 내셔널리즘적인 시마네현의 선동에 편승하여 오늘날까지 독도 도발을 감행하고 있다.

2. '죽도=일본영토'라는 일본정부의 논리는 한 어용단체의 조작

독도는 신라시대부터 지금까지의 역사적 근거에 의한 영토적 권원으로 한국이 관할통치하고 있는 명백한 우리의 고유영토이다. 그런데 일본정부는 "원래 죽도는 1905년 각의결정으로 일본영토에 편입되어 1945년 종전까지 일본이 실효적 지배를 했다. '샌프란시스코 강화조약'이 발효되고 일본이 국제사회에 복귀하기 3개월 전, 1952년 한국이 '이승만 라인'을 공해상에 설정하여 불법 점령했다."라고 주장한다. 이러한 논리는 '죽도의 날' 조례 제정을 선동한 어용학자 시모조 마사오가 주도하는 '죽도문제연구회'가 제공한 것이다. 시모조는 "방위백서에 죽도문제가 기술된 것, 외무성 홈페이지에 죽도는 일본고유의 영토인데, 한국이 불법 점거했다고 한 것도 '죽도의 날' 조례가 제정된 이후다."라고 말하는 것으로도 분명하다. 시모조는 시마네현 홈페이지에서 "일본정부는 죽도문제를 역사문제나 어업문제에 국한하여 한국에 동조하는 움직임이 강해졌다." "일본의 국가주권이 침해받은 반세기 동안, 일본정부는 적절한 조치를 하지 않았다." "죽도문제의 본질은 사실상 영토문제이지만, 그것을 해결하기 위해서는 역사의 사실과 약간의 전략이 필요하다. 그런데 시마네현이 할 수 있는 일을 일본정부는 왜 하지 않았을까?" "당초 일본정부는 '죽도의 날' 조례을 비판했다."라고 하여 일본정부가 독도를 버렸다고 비난했다.

시모조는 다음과 같이 주장한다. "죽도문제가 역사문제이기도 하기 때문에 2014년 2월 '죽도문제, 100문 100답'을 간행했다. 한국이 독도 영유권을 주장할만한 역사적 권원이 없다는 사실을 확인했다. 한국은 지금까지 아무런 반론도 못하고 있다. 경상북도 독도사료연구회는 200만엔(2000만원)의 출판비용을 들어 '죽도문제, 100문 100답에 대한 비판'을 출간하여 인터넷에 공개했다가, 죽도문제연구회의 견해와 한국의 견해를 비교한 결과, 사실상 패배를 선언하고 갑자기 인터넷에서 삭제했다."

어용학자 시모조가 일본정부를 비판하고 자신의 업적을 과대 포장하는 것은 스스로 무지를 폭로한 것이다. 일본정부가 독도의 영유권 주장을 적극적으로 하지 못하는 데는 그만한 이유가 있었다. 일본이 패전한 후, 1946년 연합국은 최고사령부각서 677호로 독도를 일본제국주의가 침략한 영토로서 간주하여 독립된 한국이 관할 통치하도록 했다. 1951년 8월 일본 해상보안청이 제작한 '일본영역참고도'를 보면, 1951년 대일평화조약에서도 독도가 한국영토로 처리되었음을 알 수 있다. 1965년 한일협정에서도 일본정부는 한국이 독도를 관할통치하고 있었기 때문에 일본국민의 비난을 피하기 위해 독도밀약으로 더 이상 실효적 지배를 강화하지 않는다는 "현상유지"의 조건으로 한국의 관할권을 인정했다. 1974년 대륙붕협약에서도 동해상에 한국이 채굴하던 석유개발에 공동으로 참여하기 위해 한국의 독도 관할권을 인정했던 것이다.

시모조가 독도문제에 투신하게 된 계기는 신한일어업협정의 체결이다. 그는 "1994년 유엔해양법협약이 발효되어 한국정부는 국제법에 따르지 않고 불법적인 죽도점거를 정당화하기 위해 접안시설을 건설했고, 일본정부가 항의하면 반일감정을 폭발시켰다. 일본정부는 한국의 반일감정을 고려하여 영유권문제를 보류하고, 1998년말 신한일어업협정을 체결했다. 그 결과 일본해(동해)에 배타적 경제수역(EEZ)의 중간선을 긋지 않고 공동관리수역이 설정되어 한국어선이 불법어로를 자행했다. 그래서 시마네현 의회는 2005년 3월 16일 '죽도의 날' 조례를 제정하여 죽도의 영토권 확립을 요구했다"라는 왜곡된 인식을 갖고 있다. 신한일어업협정은 12해리 영해와 200해리 배타적 경제수역을 적용하는 국제해양법협약에 양국이 동시 가입한 이후의 일이다. 일본은 이를 빌미로 한국의 독도 관할통치권을 방해하려고 새로운 어업협정 체결을 강요했다. 원래 원칙은 한국의 독도와 일본의 오키섬을 중간선으로 경계를 확정해야 했다. 그런데 일본은 독도가 자국 영토라고 하여 일방적으로 독도를 포함하는 잠정합의수역을 설정하여 공동 어장관리를 요구했다. 한국은 1997년 국제통화기금으로부터 금융지원을 받아야하는 경제위기 상황에 놓여 있어서 일본의 요구를 거부하지 못했다.

시모조의 무지는 한국의 평화선 선언에 대해서도 "국교정상화 교섭과 병행하여 공해상에 '이승만 라인'을 만들어 일본인 선원을 나포하고 억류한 것은 재일 한국인 불법체류자들을 정착시키기 위한 '법적지위'를 요구하기 위한 외교카드이다."고 주장한다. 시모조의 역사인식은 무지의 극치다. 오늘날 일본정부의 독도 영유권주장 논리는 바로 이런 시모조의 무지로 조작된 것이다.

3. 日 조작된 독도영유권 논리,
거짓으로 속속 밝혀지다

독도는 울릉도에서 바라볼 수 있는 섬으로 고대시대에 울릉도와 더불어 우산국의 영토로서 신라에 복속되었으며, 고려, 조선시대를 거쳐 오늘날 대한민국이 실효적으로 관할 통치하는 고유영토이다.

지금까지 발굴된 한일 양국의 수많은 고문헌과 고지도에서도 독도가 일본영토라는 증거는 한 점도 없다. 일본의 저명한 역사학자 1965년의 야마베 켄타로, 1979년의 카지무라 히데키, 1987년의 호리 카즈오, 2000년 이후의 나이토 세이츄 교수 모두가 독도는 한국영토라고 논증했다.

그런데 독도가 일본영토라고 하는 사람은 일본 외무성과 시마네현 관리와 소수의 극우주의자들이다. 이들은 독도의 역사적 진실을 숨기고 국제법을 왜곡해 "1905년 시마네현고시 40호로 독도가 '주인이 없는 섬'으로 국제법의 무주지선점 이론으로 일본영토가 되었고, 대일평화조약에서도 '일본영토에서 제외되는 섬'에 독도의 명칭이 없기 때문에 독도가 일본영토가 되었다.

그런데 이승만 대통령이 불법적으로 '이승만라인'을 선언해 일본 어선과 순시선에 총격을 가하여 무력으로 점령했다. 그러나 일본은 평화를 사랑하여 독도문제를 국제사법재판소에서 해결할 것을 제안했으나 한국은 이를 거절하고 무력의 불법 점령을 계속하고 있다" 라고 사실을 조작하고 있다.

특히 죽도문제연구회는 1905년 일본제국주의의 독도 편입조치를 정당화하기 위해 한국영토를 인정하는 고지도와 고문헌에 대해, 그 시대의 관점에서 해석하지 않고 현재적 관점에서 위치나 거리, 방향 등을 자로 재듯이 정확히 적용하여 어느 자료도 한국영토로서 증거가 될 수 없다고 부정한다. 일본측의 고문헌과 고지도에서도 울릉도와 독도가 한국영토라는 증거가 수없이 많다. 설득력 있는 논증도 없이 이들 모두도 부정한다.

가와카미 겐조는 복잡한 수학방정식을 동원하여 논리적으로 울릉도에서 독도가 보이지 않는다고 우겨댔다. 그러나 최근 실제로 찍은 사진자료에서 울릉도와 독도가 서로 바라볼 수 있다는 사실이 증명됨으로써 일본은 더 이상 이를 부정할 수 없게 되었다.

일본에서 독도가 나오는 가장 오래된 고문헌으로 1667년 돗토리번사가 집필한 '은주시청합기'에 "이 주(州)를 일본의 서북경계로 한다."고하는 구절이 있다. 일본제국주의가 1905년 독도를 편입한 직후인 1906년 극우주의자 오쿠하라 헤키운은 "이주(죽도;울릉도와 송도;독도)를 서북경계로 한다."라고 사실을 조작했다. 일본정부는 이것을 답습하여 독도가 일본영토라는 증거라고 우기다가, 최근에 "주(州)는 행정구역"을 의미한다는 연구성과가 나와 "오키섬을 서북경계로 한다."라고 수정되어 더 이상 황당한 주장을 하지 못하게 되었다.

숙종실록에 1693년과 1696년 2번에 걸쳐 어부 안용복이 울릉도에서 일본인들을 만나 일본으로 건너가 일본의 최고통치기관인 막부로부터 울릉도와 독도가 조선영토임을 인정받았다는 기록이 있다. 일본은 안용복을 월경 범법자, 거짓말쟁이라고 하여 안용복의 행적을 모두 부정했다. 그런데 최근 일본에서 "병자년원록각서"와 "1696년의 돗토리번답변서"가 발견되어 막부가 울릉도와 독도를 조선영토로 인정했다는 기록이 나왔다.

1870년의 조선국교제시말내탐서에 "울릉도 독도가 조선영토가 된 시말"과 1877년의 울릉도와 독도를 조선영토로 명확히 그린 "기죽도약도"와 "죽도 외1도 일본영토와 무관함을 명심할 것"이라는 태정관지령이 발견되어 근대시대에도 독도를 한국영토로 인정했음이 밝혀졌다.

1696년 막부가 죽도도해금지령을 내리고 140여년이 지난 시점의 1836년 하치에몽이라는 밀무역업자가 울릉도에 도해했다가 사형에 처해졌다. 일본은 하치에몽의 진술에서 "일본령 송도"에 가려다가 울릉도에 표류했다고 하여 이것이 독도가 일본영토라는 증거라고 우겼다. 그러나 그때 재판에 사용된 '죽도방각도'에 울릉도와 독도가 조선과 같은 색으로 채색된 것을 보면, 하치에몽이 조선영토 울릉도와 독도에 도해했다는 이유로 처형되었음이 분명하다. 또한 1904년 해군성 군함 니이타카호가 울릉도와 독도를 조사한 후 항해일지에 "조선에서는 독도(獨島)라고 기록한다."라고 남긴 것을 보면, 일본제국이 1905년 독도를 편입한 직전까지 한국영토로 인정하고 있었음이 명백하다. 그런데 1905년 "주인없는 섬"이기에 일본영토에 편입해 국제법적으로 일본영토가 되었다는 주장은 새빨간 거짓말이다. 이렇게 일본의 조작된 독도영유권 논리가 거짓임이 속속들이 드러나고 있다.

4. 왜 일본은 독도를 '영토문제'라고 하는가?

일본정부는 외무성 홈페이지에 세계 주요 12개국 언어로 독도가 역사적으로나 국제법적으로 일본영토라고 논리를 조작하고 있다. 이승만 대통령이 '이승만라인'을 그어 독도를 불법적으로 점령했고, 일본은 평화적으로 독도문제 해결을 원해 3번이나 한국정부에 국제사법재판소에서 해결하자고 제안했는데, 한국은 매번 거절했다는 것이다. 일본은 이런 방식으로 일본국민과 국제사회를 향해 거짓선동을 하고 있다.

독도는 한국의 고유영토가 맞다. 원래 두 개의 암초로 구성된 이 섬은 울릉도에서 보이는 섬이다. 신라의 우산국 사람들과 고려의 우산성 사람들은 512년 이전부터 울릉도에 살고 있었다. 이들은 동해바다에 울릉도와 더불어 또 다른 한 개의 섬이 존재한다고 본국 조정에 전했다. 세종실록(1454년)과 동국여지승람(1530년)에는 "울릉도, 우산도 두 섬은 날씨가 맑고 바람부는 청명한 날 서로 바라볼 수 있다"고 하여 우산도의 위치를 정확하게 설명했다. 오늘날의 독도가 바로 이때부터 '우산도'라고 불리었다. 1417년 태종 때에는 날씨가 청명하지 않으면 우산도를 바라볼 수 없었기에 울릉도와 우산도 2섬 모두 사람이 사는 섬으로 착각하기도 했다. 조선 조정은 백성들을 보호하기 위해 섬을 비우고 수토사를 정기적으로 파견하여 동해의 2섬, 울릉도와 우산도(독도)를 관리했다. 울릉도는 철저히 관리되었지만, 우산도는 작은 암초라서 날씨가 맑지 않으면 바라볼 수 없어 그 존재를 확인하려 했다. 1694년 수토사 장한상은 울릉도를 수토하고 우산도를 확인했다. 그러나 1699년 전회일, 1702년 이준명, 1711년 박석창 등 일부 수토사들은 실제의 우산도를 찾지 못하고 울릉도 인근의 죽도(죽서도) 또는 관음도를 우산도

(소위 우산도, 소우도, 대우도)로 착각하기도 했다. 그후 여지도, 광여도, 청구도, 동여도를 그린 지도학자들은 박석창류의 잘못된 지도를 모방하여 죽도에다 '우산도'라고 표기했다. 이처럼 조선조정은 동해의 2섬, 울릉도와 우산도를 영토로서 관리했지만, 지금의 독도인 우산도에 대해서는 그 위치를 찾는데 혼란을 겪었다.

그 사이에 1620년대부터 일본의 두 가문의 어부가 울릉도에 사람이 살지 않는다는 것을 알고 조선령 '송도'(독도; 일본 호칭)를 거쳐 '죽도'(울릉도; 일본 호칭)에 70여 년간 왕래했다. 1692년 부산어부 안용복이 울릉도에서 일본인들을 만난 것이 계기가 되어 영유권분쟁이 생겨 최종적으로 일본 중앙정부인 막부가 울릉도 도해금지령을 내렸다. 1667년의 은주시청합기, 1696년의 돗토리번답변서를 보면, 막부는 '죽도'(울릉도)와 '송도'(독도)를 조선영토로 인정하고 있었다.

그 후 170여년이 지나 근대시대가 되어 일본인들이 다시 독도를 거쳐 울릉도에 잠입하게 되어 고종황제가 1882년 사람을 모아 울릉도에 거주민이 살도록 했다. 1900년에는 '칙령41호'로 울도군을 설치하여 '울릉전도, 죽도, 석도(독도)'를 고유영토로서 행정적으로 관리했다. 메이지정부도 1870년 이후 몇몇 일본인이 울릉도 개척을 건의했지만, 울릉도와 독도를 조선영토로 그린 막부시대의 '기죽도약도'를 증거로 모두 기각시켰다. 그런데 청일전쟁을 계기로 영토내셔널리즘이 극에 달한 일본은 러일전쟁을 일으키고 그 혼란한 틈을 타 몰래 지방 고시(시마네현고시 40호)로 독도를 일본영토에 편입시켰다. 일본은 국제법의 '무주지(無主地)선점'이론에 의해 일본영토가 되었다고 주장한다. 독도는 무주지가 아니고 고대시대부터 한국의 고유영토였다.

일본은 러일전쟁이 끝나고 서울에 통감부를 설치하여 조선 통치체제를 완비한 후 시마네현 관리를 울릉도에 보내 구두로 알렸다. 심흥택 울릉군수는 곧바로 "본군 소속 독도"가 일본에 도취 당했다고 중앙정부에 보고했고, 중앙정부는 통감부에 항의했다. 이처럼 당시 대한제국은 일본의 독도 도취행위를 묵과하지 않았다. 그후 36년간의 일본 통치를 받았지만, 연합국이 1945년 히로시마, 나가사키의 원자폭탄으로 일본에게 항복을 받아내고 침탈한 모든 영토를 몰수하여 원상 복구시켰다. 독도도 조선독립과 더불어 한국영토로 복구시켰다.

이처럼 독도는 지리적 역사적 국제법적으로 한국의 고유영토임에 분명하다. 현재 일본은 독도가 자국영토인 유일한 증거로서 지방현에 고시한 '시마네현고시40호'를 내세운다. 국제법적으로 합당하다는 것이다. 국제법의 기준은 누가 먼저 발견하고, 지속적으로 관리했으면, 현재 관할 통치는 누가 하는가이다. 한국은 모든 요건을 충족하고 있다. 그래서 만일의 경우, 국제사법재판소에 가더라도 100% 승소다. 일본은 이러한 사실을 알고 있기에 불리한 역사적 사실을 숨기고, '영토문제'라고 우긴다. 하지만 독도는 국제사법재판소의 중재대상이 아니다. 그곳은 양자가 분쟁임을 인정했을 경우만 다룬다. 일본의 영유권 주장은 제국주의가 침략한 영토에 대한 집착에 불과하다. 독도가 한국의 고유영토이기에 그 대상이 될 수 없다. 따라서 확고한 주인의식만이 독도를 지킬 수 있다.

5. 독도를 '분쟁지역'으로 조작하는 日 시마네현

시마네현 어민들은 강치잡이를 위해 독도가 한국영토임을 알고서도 러일전쟁 중에 일본정부의 요청으로 영토편입 및 대여원을 내고, 편입 조치한 '죽도'에서 한국을 통치한 36년간 강치조업을 독점했다. 이때부터 독도해역이 황금어장임을 알게 되었다. 일본이 패전하고 난후, 연합국이 한반도와 더불어 독도를 한국의 관할 통치지역으로 되돌려줌으로써 시마네현 어부들은 독도해역에 들어오지 못하게 되었고, 황금어장을 한국에 빼앗겼다는 인식을 갖게 되었다. 그러나 일본정부는 독도를 연합국이 한국영토로서 조치했다는 사실을 알고 있었기 때문에 영유권을 주장하긴 했지만, 그것은 형식적인 것으로 어민들의 요구를 무시할 수밖에 없었다.

그런데 1998년 한일 간에 독도 좌표를 포함하는 수역을 공동으로 관리하는 새로운 어업협정이 체결되자, 시마네현 어민들은 편협한 한 우익인사 시모조 마사오의 선동에 동조되어 황금어장을 찾아달라고 일본정부를 압박했다. 시모조는 시마네현의 지원을 받아 죽도문제연구회를 조직하여 '웹 죽도문제연구소'를 무대로 활동해왔다. 연구회는 독도가 한국영토임을 부정하고 죽도가 일본영토라는 논리를 조작하여 시마네현과 일본 외무성에 제공함으로써 일본국민과 국제사회가 이들의 거짓에 속고 있다.

시마네현이 아무리 우겨도 역사적 권원에 의거하여 한국이 실효적으로 관할 통치하고 있는 사실에 비춰볼 때 독도는 명명백백한 한국의 고유영토이다. 죽도문제연구회가 시마네현을 배경으로 '죽도=일본영토'

론을 조작하여 논리를 제공함으로써 일본정부가 거기에 동조하여 행동하는 것이 문제이다.

시마네현의 메인홈페이지에서 '현정·통계→현정보→죽도관계→Web죽도문제연구소' 순으로 들어가면 Web죽도문제연구소가 나온다. Web죽도문제연구소는 2005년 3월 시마네현의회에서 '다케시마의 날' 조례 제정을 계기로 시모조가 좌장으로 제1기 '죽도문제연구회'를 구성했는데, 연구회의 2년간 연구성과와 최신 연구정보, 시마네현의 주장 등을 인터넷을 통해 홍보하기 위해 시모조를 소장으로 시마네현 홈페이지에 개설한 것이다.

제1기 죽도문제연구회는 시마네현의 지원을 받아 2005년 3월에 시작하여 2007년 3월까지 13회에 걸쳐 연구회를 개최하고 '죽도문제에 관한 조사연구중간보고서'(2006년 5월)와 '최종보고서'(2007년 3월)를 시마네현에 제출했다. 2년 반이 지나 2009년 10월 다시 제2기 연구회가 발족되어 2012년 3월까지 10회의 연구회를 개최하고 '죽도문제에 관한 조사연구 제2기중간보고서'(2011년 2월)와 '제2기최종보고서'(2012년 3월)를 제출했다. 현재는 제3기 연구회가 2012년 10월부터 2015년 5월까지 10회에 걸친 연구회 활동을 마치고 활동보고서를 작성하고 있는 중이다.

매 연구회에는 15명 전후의 연구위원과 현지사를 포함한 7명 정도의 현 직원이 참석했다. 구체적인 활동으로는 좌장격인 시모조는 2007년 12월부터 2015년 6월까지 "실사구시; 한일의 가시바늘, 죽도문제를 생각한다"라는 주제로 한국이 새로운 사료를 발굴할 때마다 부정하는 논조를 만들고, 최근에는 센카쿠문제에까지 영역을 확대하여 홈페이지에 총 41회에 걸쳐 연재했다. 그리고 시모조는 2012년 5월부터 그해 9월까지 4회에 걸쳐 '죽도의 진실과 독도의 허위'를 게재했는데, 마침 동북아역사재단이 일본외무성의 '죽도문제를 이해하기 위한 10포인트'를 비판하는 '일본이 모르는 10가지 독도의 진실'을 작성하였을 때. 이를 비판하는 '한국이 모르는 10가지 독도의 허위'를 10회에 걸쳐 홈페이지에 연재했다. 한편 부좌장격의 스기하라 타카시는 '스기하라 통신'이라는 이름으로 2007년 9월부터 2010년 1월까지 30회에 걸쳐 '죽도=일본영토'론을 조작하는 글을 게재했다. 이 외에도 연구위원과 연구협력원이 53회에 해당하는 '죽도=일본영토'론을 실었다. 2007년 9월부터 초기에는 시모조 마사오, 스기하라 타카시, 쓰카모토 타카시, 후나스기 리키노부가 1, 2회씩 번갈아 글을 썼는데, 2008년 2월부터는 스기하라 류가 죽도문제연구 고문 자격으로 독보적으로 활동했다. 2014년 4월부터 2015년 7월 현재까지는 후지이 겐지가 죽도문제연구회 고문 자격으로 '산잉쥬오신보'의 '담론풍발'코너에 조작된 죽도론을 연재하고 있다.

또한 웹 죽도문제연구소는 시마네현과 외무성이 제작한 팜플렛, 죽도관련사진, 죽도문제를 생각하는 강좌, 죽도문제에 관한 연수회, 전시회 내용소개, 죽도자료실 활용안내를 비롯해 네티즌의 죽도문제에 대한 질문에도 일일이 답변하고, 링크집에는 관련 외부사이트를 소개하고 있다. 시마네현은 자신들의 논리의 객관성을 담보하기 위해 죽도·북방영토반환요구운동시마네현대회, 영토문제강연회도 개최하여 다른 영토문제까지도 취급하고 있지만, 독도가 한국영토라는 사실은 절대로 바꿀 수 없다.

6. 일본 시마네현의 '다케시마=일본영토'는 허상

일본정부는 7월7일 강제징용으로 건축된 '근대산업시설'을 유네스코에 등재했다.

한국정부의 외교적 노력으로 영어로 쓰여진 원문에 조선인의 강제노동(forced to work)으로 건축되었다고 명기하게 되었다. 그런데 기시다 후미오 일본 외상은 그 영문은 강제노동이라는 의미가 아니라고 우기면서 뻔한 사실조차도 거짓말한다.

일본은 잘못을 잘못이라 시인하지 못하는 나라임에 분명하다. 왜 그럴까? 근대 일본은 대부분 침략의 역사를 바탕으로 존재했다. 침략은 포츠담선언과 도쿄재판에 의해 불법으로 규정되었다. 이를 모두 시인해버리면 일본에게는 과거도 그렇듯이 미래도 정의롭지 못하다는 생각을 하기 때문이다.

오늘날 독도에 대해 영유권을 주장하는 시마네현의 '다케시=일본영토'에도 침략의 역사가 숨어있다. 1903년부터 독도에서 강치잡이를 시작한 시마네현민 나카이 요사부로는 독도를 한국영토로 생각하고 일본 농상무성의 알선으로 한국정부로부터 강치잡이 독점권을 취득하려 했다. 그런데 일본 외무성이 개입하여 편입원을 내무성, 농상무성, 외무성 이름으로 제출하면 독점권을 부여한다고 약속했다. 나카이는 1904년 9월 러일전쟁 중에 3성의 장관 앞으로 편입원을 제출하여 약속대로 1905년부터 1924년까지 10년씩 2차례에 걸쳐 조업의 독점권을 취득했다.

일본정부는 신영토로서 '다케시마' 편입조치를 취하면서 대외에 공개되는 정부고시를 피하고 은밀한 방법인 '시마네현 고시(40호)'를 택했다. 그리고 1년이 지난 후 시마네현 관리가 은밀히 울릉도를 방문하여 심흥택 울도군수에게 슬쩍 이 사실을 한국에 전했다.

일본은 왜 그래야만 했을까? 일본은 한국, 만주를 비롯한 중국 등 대륙침략을 목표로 삼고 있었기 때문에 도쿄 주재 유럽대사관을 통해 열강들에게 알려지는 일본의 침략성을 숨기기 위해서였다. 한국은 러일전쟁이후 40여 년 동안 일본에게 국권을 침탈당했다.

한국으로서는 우연히 1945년 일본이 연합국으로부터 원자폭탄을 맞고 항복함으로써 독립을 달성했다. 그때 연합국은 1946년 연합국최고사령부명령 677호로 일본의 침략에 희생된 독도를 포함한 한반도를 한국에 귀속시켰다. 일본은 1951년 대일평화조약을 통해 '다케시마'가 한국병탄 이전에 합법적으로 취득한 영토라고 우겨봤지만 연합국은 일본영토로 인정하지 않았다.

한국은 이러한 과정을 통해 독도를 합법적으로 관할 통치해오고 있다. 그런데 일본정부가 일본국민들을 상대로 평화조약에서 독도가 일본영토로 결정되었다고 거짓말을 했다. 시마네현 어민들은 이로 인해 '다케시마 황금어장'을 한국에 불법 점령당했다고 생각하게 되었다. 시마네현 어민들이 조업권을 요구하자, 1953년 한국전쟁의 혼란한 틈을 타 성조기를 단 일본순시선이 여러 번 독도 상륙을 시도했다. 하지만 독도의용수비대에 의해 저지당했다.

1954년 시마네현 문서과장 다무라 세이쟈부로는 '다케시마문제의 연구'라는 책으로 독도의 강치를 멸종시킨 침략의 역사를 조작하여 '다케시마를 관리했다'고 왜곡했다. 시마네현 어부들은 일본정부의 말처럼 외교를 통해 어장을 돌려받을 것을 고대했지만, 사실 그것은 불가능했다. 왜냐하면 일본정부가 관례적으로 외교문서를 한국외교부에 보내 영유권은 주장하고 있지만, 사실상 대일평화조약에서 한국의 관할통치권을 인정한 연합국최고사령부명령 677호를 변경하지 못했다는 사실을 잘 알고 있었기 때문이다. 시마네현 어민들은 이러한 사실을 제대로 알지 못하고 일본외무성이 적극적으로 나서서 한국이 불법 점령하고 있는 '다케시마 황금어장'을 되찾아야 한다는 생각뿐이었다.

그러한 사이에 1998년 일본정부는 한국의 외환위기 상황을 악용하여 일방적으로 독도의 좌표를 포함하는 잠정합의수역을 요구하여 양국이 이 수역을 공동으로 관리한다는 새로운 어업협정을 체결했다. 시마네현 어민들은 이를 확대 해석하여 그토록 갈망했던 '다케시마의 황금어장'을 되찾아왔다고 생각했다. 그런데 실상 황금어장에는 접근할 수 없었다.

사실상 새로운 어업협정은 한국영토인 독도 근해 12해리 영해에 일본어선을 접근하도록 한 결정은 아니다. 이러한 사실을 제대로 알지 못했던 시마네현 어민들의 불만은 이만저만이 아니었다. 어느 날 갑자기 독도의 진실을 잘 알지 못하는 시모조 마사오라는 한 우익인사가 나타나 시마네현과 현의회를 선동하여 '다케시마' 영유권 주장을 부추겼다. 아베정권이 편협한 한 우익인사에 동조하고 있지만, 시마네현 어민들은 그토록 갈망했던 '다케시마=일본영토'가 허상(虛想)임을 알아야한다.

7. 일본정부에 독도 논리를 제공한 시모조 마사오

"시모조상, 이젠 고만해라. 그런 황당하고 유치한 논리에 속을 사람 없다"

시모조 마사오(下條正男)는 일본의 극우학자로서 독도문제에 한해 아베정권에서 일본정부의 논리를 대표하고 있다. 그는 시마네현 죽도 문제연구회 좌장으로서 역할을 인정받아 현 내각부의 영토주권대책기 획조정실의 자문단에 독도전문가로 참가하고 있고, 일본정부의 독도정 책은 그의 논리를 그대로 반영하고 있다.

시모조의 논리가 황당하고 유치한 논리임에도 불구하고 일본정부가 수용하는 것을 보면 영토내셔널리즘은 일본의 문화적 특성이라는 사실 을 알 수 있다. 그렇다면 독도에 대한 시모조의 논리를 통해 일본의 문 화적 특성을 살펴보자.

시모조는 지난 1월 14일 '죽도문제연구회' 홈페이지의 칼럼 "실사구 시 - 한일의 가시, 죽도문제를 생각한다"(제46회)에서 2015년 11월 20 일 SBS 방송국의 '인문학 특강 - 한국인, 우리는 누구인가?'를 주제로 방송한 신용하 교수의 독도 강의에 대해 〈신용하 교수의 독도 강의는 선전용으로 본래 전해야 할 역사적 사실을 숨기고 자의적인 문헌해석 을 하고 있다〉 〈독도가 1905년 1월 28일 각의 결정에 의해 일본 영토가 되었다는 중요한 역사적 사실이 있다. 그런데 한국정부가 1952년 1월 18일, 갑자기 공해상에 '이승만 라인'을 설정하고 독도(다케시마-일본명

칭)를 그 안에 포함시켰다. 그것도 4월 28일 '샌프란시스코 강화 조약'
이 발효되어 패전국 일본이 국제 사회에 복귀하는 3개월 전의 일이었
다. 한국 정부는 그 틈을 악용해 1954년 9월 독도를 한국영토로서 무력
으로 점거했다. 일본영토의 일부가 침탈당하여 국가주권이 침해당한
이상 일본정부가 독도 영유권을 주장하는 것은 당연했다. 그런데 신용
하 교수는 "일본의 독도 침탈 야욕"이라고 하여 일본측이 독도를 호시
탐탐 노리고 있다고 했다. 그것은 본말이 전도된 논리〉라는 것이다.

독도의 사실에 대해 잘 모르는 일본 국민이나 제3국인들의 입장에서
본다면 시모조의 논리가 일견 타당한 것으로 보일 수도 있다. 그러나
시모조는 사실을 조작하고 있다. '각의결정'이라고 하는 것은 한국의 고
유영토인 독도에 대해 일본 각료들이 은밀히 모여 밀담으로 편입조치
를 결정한 것으로써 타국 영토에 대한 침략행위라는 사실을 기막히게
조작하고 있다.

시모조는 신용하 교수가 역사적 사실을 조작한 사례로서 〈지증왕 13
년 여름 6월조에 "우산국 귀복"이라고 되어있을 뿐 독도가 울릉도의 "가
시거리 내에 위치한다"고 하는 설명은 없다. 그런데 신용하 교수를 비
롯한 한국 측이 독도가 우산국의 부속 섬이라는 증거로 논리를 날조했
다〉〈그런데 왜 "가시거리 내"라는 지리적 여건으로 독도가 울릉도의
부속 섬이라는 논거로 삼을까? 그것은 실제로 독도가 울릉도에서 "보이
기" 때문이다. 그래서 한국 측에서는 그 사실을 입증하기 위해 '세종실
록'의 '지리지'와 '신증 동국여지승람'에서 "보인다"라는 귀절을 울릉도
에서 독도가 "보인다"라고 해석하고 있다. 한국의 이같은 주장은 본말
의 전도이다. 사실 17세기 말 일본과 조선 사이에 울릉도 귀속을 둘러

싸고 영유권 분쟁이 있었을 때 조선 측이 '신증 동국여지승람'의 "보인
다"라는 구절을 한반도에서 울릉도가 "보인다"고 해석하여 울릉도를 조
선영토라고 주장했다. '세종실록'의 '지리지'와 '신증 동국여지승람'의
"보인다"라는 구절은 한반도에서 울릉도가 "보인다"고 해석해야 한다.
따라서 한국 측은 "가시거리 내"라는 논거를 날조하여 문헌을 자의적으
로 해석하고 있다〉 또한 〈'세종실록'의 '지리지'는 관찬 지지(地誌)로서
교본(稿本) 단계에 있었고, 조선시대의 관찬지지(地誌)로서 가장 권위
있는 것은 '신증 동국여지승람'(1530년)이었다. 그 때문에 17세기에도
그랬듯이 '신증 동국여지승람'에서 "보인다"라고 하는 것은 한반도에서
울릉도가 "보인다"라는 것이다. 따라서 '세종실록'의 '지리지'에 "보인다"
라는 것 또한 한반도에서 울릉도가 "보인다"라는 것이다.〉 〈신용하 교
수의 사료 작업은 조선사 연구의 기본을 이탈하는 경향을 볼 수 있다〉
라고 비판했다.

그러나 시모조의 주장은 조작된 논리이다.

즉 첫째, 울릉도와 독도는 실제로 서로 바라볼 수 있기 때문에 사료
의 논증이 필요 없다. 둘째, 1454년에 편찬된 「세종실록」의 「지리지」가
1530년에 편찬된 「신증 동국여지승람」에 영향을 준다고 하는 것은 황
당한 논리이다. 셋째, 두 고문헌 모두 "동해에는 두 섬이 존재한다. 한
섬은 울릉도이고 다른 한 섬은 우산도이다. 두 섬은 바람이 불고 날씨
가 청명하면 서로 잘 보인다"라는 요지의 내용이다. 그런데 황당한 논
리를 만들어 개성적인 해석을 하는 것은 역사해석의 바른 방법이 아
니다.

시모조는 이런 식으로 해서 독도의 사실에 대해 잘 알지 못하는 일본 국민은 물론이고 국제사회를 속이고 있다. 무지한 자의 조언을 바탕으로 국제사회에 역행하는 정책을 편다면 일본국가의 미래는 암담하다. 정치지도자들은 인재를 고를 때 '진짜'와 '가짜'를 분별할 줄 아는 식견이 있어야한다.

8. 일본이 제시한 독도사진, 세계 여론을 속이고 있다

일본 시마네현의 '웹죽도문제연구회'는 홈페이지에 '죽도관련사진' 6장을 게시하여 17세기에 독도를 일본영토로서 확립했다고 주장한다. 일본정부는 연구회의 논리를 아무런 비판 없이 받아들이고 있다. 이 사진들은 한국영토로서의 역사적 근거인 삼국사기, 삼국유사, 고려사지리지, 세종실록지리지, 동국여지승람, 동국문헌비고, 만기요람, 칙령41호 등에 대응하여 일본이 제시한 일본영토로서의 증거이다.

첫 번째 자료는 1953년 6월 독도에 '시마네현과 해상보안청이 합동으로 세운 영토표찰' 사진이고, 두 번째 자료는 '다케시마(한국령 독도)에서 행하는 강치조업', 세 번째 자료는 '1905년 2월 22일에 편입한 시마네현고시 40호', 네 번째 자료는 '1835년 제작한 아세아소동양도', 다섯 번째 자료는 '1857년 제작한 아세아소동양도', 여섯 번째 자료는 '1846년에 제작한 개정일본여지로정전도'의 사진이다. 처음 3장의 사진은 일제의 독도침략을 상징하는 내용이고, 나머지 3장은 '다케시마'가 일본영토라는 역사적 증거로서 제시한 사진이다. 그러나 어느 하나도 일본영토로서의 증거가 될 수 없다. 연구회는 착시현상을 불러일으켜 독도를 잘 모르는 '일반대중들' 즉 일본국민은 물론이고 세계여론을 현혹시키기 위해 조작된 사료해석과 더불어 사진자료를 게시했고, 마치 한국이 일본의 고유영토인 '다케시마'를 불법으로 점령하고 있다고 속이고 있다.

첫 번째 자료는 1953년 6월 한국전쟁 중에 일본의 시마네현과 해상보안청 순시선이 몰래 독도에 상륙하여 일본영토로서의 표찰을 세우는 사진이다. 그렇게 세워진 표찰은 몇 번에 걸쳐 독도의용수비대에 의해 제거되었고, 1954년 경상북도에서 파견한 석공들에 의해 바위에 새겨진 '한국령'표식으로 교체되었다.

두 번째 자료는 연도표기는 없지만 일본인들이 독도에서 강치잡이를 하는 사진이다. 나카이 요사부로라는 일본인이 1903년부터 한국영토인 독도에서 불법 강치조업을 했다는 기록이 있다. 그는 일본정부의 요청으로 1905년 러일전쟁 중 독도 편입 및 불하요청서를 제출하여 '시마네현고시 40호'로 은밀히 편입 조치됨으로써 일제강점기를 거쳐 1945년 종전까지 독점적으로 강치조업을 했다. 일본정부는 이것을 가지고 '다케시마'를 실효적으로 관리했다고 우긴다. 사실 일본의 남획으로 독도 강치는 멸종되었다.

세 번째 자료는 1905년 2월 22일 '다케시마'를 일본영토로 편입 조치했다고 하는 '시마네현고시 40호' 사진이다. 일본은 이를 근대 국제법에 의거한 영토취득 조치의 증거로 삼고 있다. 러일전쟁 중 몰래 시마네현에 고시하여 영토를 편입했다고 하지만, 독도의 소유권을 갖고 있는 대한제국정부는 그 사실을 알 수 없었다. 일본은 1906년 3월 편입 후 1년이 지난 시점에서 시마네현 관리가 울릉도를 방문하여 울도군수 심흥택에게 구두로 그 사실을 전했다. 군수는 다음날 곧바로 울진현 관찰사를 통해 대한제국 정부에 보고했고, 총리대신과 내부대신은 '있을 수 없는 당치도 않는 일'이라고 그것을 부정하고 통감부에 항의했다. 통감 이토 히로부미조차도 그때 1900년 칙령41호로 행정구역에 포함되어 한국이 독도를 관할 통치하고 있다는 사실을 확인했다.

네 번째, 다섯 번째 자료는 19세기 지도 제작자 나가쿠보 세키스이가 그린 '아세아소동양도'이다. 두 지도는 각각 1835년과 1857년에 제작된 것으로 한국과 일본 지리를 모두 표기하고 있고, 그 속에 쓰시마, 오키섬과 그 동북쪽에 위치한 조선영토 울릉도와 독도까지도 붉은 색으로 일본영토와 같이 채색되어 있다. 연구회는 "국립국회도서관 소장의 초판지도에도 같은 색으로 채색하여 구분하고 있다"라고 하여 마치 독도가 역사적으로 일본영토인 것처럼 해석을 조작하고 있다.

여섯 번째 자료도 같은 제작자인 나카쿠보가 1846년에 제작한 '개정일본여지로정전도'이다. 사실 이 지도에도 울릉도와 독도가 포함되어 있지만 채색상태는 명확하지 않다. 그런데 연구회는 "화상으로 구분이 어렵지만, 조선반도는 갈색, 울릉도와 독도는 일본 본토(오키섬)와 같은 황색으로 채색되어있다"라고 해석을 조작하고 있다. 사실 세키스이가 1779년 제작한 '개정일본여지로정전도' 초판에는 독도와 울릉도를 포함하고 있지만 일본영토와 같은 색으로 채색되지 않았다. 그런데 1835년과 1857년의 "아세아소동양도"에는 채색으로 명확하게 울릉도와 독도를 일본영토에 포함시켰다. 그것은 영토 침략의 야욕을 드러내는 영토팽창지도임을 말한다. 사실 울릉도와 독도는 이미 1696년 안용복 사건으로 조일 양국정부의 담판으로 일본정부(막부)가 울릉도는 공식적으로, 독도는 '돗토리번 답변서'를 통해 비공식적으로 한국영토임을 인정했다. 그럼에도 불구하고 현 아베정권이 침략적 영토팽창지도를 앞세워 독도 영유권을 주장하는 것은 시대착오적인 영토내셔널리즘에 의한 것이다.

9. 죽도문제연구회의 코믹스런 역사인식

독도는 연합국이 점령통치를 위해 조치한 고대이후 일본의 패전까지의 영토적 권원에 따라 침략한 일본영토를 몰수한다는 포츠담선언과 SCAPIN 677호로서 한국에게 관할권과 통치권이 부여되었고, 대일평화조약에서 677호 조치가 묵인되어 오늘날 한국이 관할통치하고 있다.

그런데 영토주권의 본질을 조작하여 '다케시마' 영유권을 주장하는 죽도문제연구회는 2015년 8월 "제3기 '죽도문제에 관한 조사연구' 최종보고서"를 발간하여 공표했다. 그 내용은 "제3기 시마네현 죽도문제 연구회의 최종보고서에 관해(시모조), 연구회의 개최상황, 연구 레포트, 자료편, 부록(경상북도독도자료연구회의 '죽도문제 100문100답에 대한 비판'의 객관적 검증" 등의 5개 항목으로 구성되었다.

사실 아베정권에 있어서 일본정부의 죽도인식은 죽도문제연구회가 제공한 논리를 그대로 답습하고 있다.

시모조의 논리는 죽도문제연구회의 업적을 과대 포장한 코믹스런 소설이다. "한국이 다케시마의 불법점거를 정당화하기 위해 2005년 '다케시마의 날'조례 제정 이후 갑자기 일본을 같은 패전국 독일과 비교했다. 전후 독일은 과거를 사죄하고 프랑스와 화해했다. 하지만 일본은 과거를 반성하지 않고, 과거에 침략한 독도를 다시 빼앗으려고 영토적 야심을 드러내고 있다. 일본이야말로 아시아의 평화를 깨는 원흉이다. 독도에 대한 영토적 야심을 버리고 진지하게 사과하지 않으면 한일의 화해는 없다고 하는 논법이다. 이 논리는 사기이다. 이 논리에 따르면, 독·프 관계와 한·일관계는 근본적으로 다르다. 전후 프랑스는 독도를 침략한 한국처럼, 독일의 영토를 침탈하고 무력으로 점거하지 않았다" 라고 하여 한국이 일본영토 '다케시마'를 불법 점령했다고 한다.

전후 재일한국인의 법적 지위 획득과 재한 일본인의 재산청구권 포기에 대해서는 "일본의 보호국이 된 대한제국의 경제가 인구는 대만의 네 배 이상인 1300만 명이었지만, 재정규모는 대만의 5분의1 정도로서 미개상태였다. 통감부와 조선총독부가 경제자립을 목표로 1945년까지 부족분을 일본의 국세로 충당했다. 게다가 해방이후 한반도에는 조선경제의 80%라고도 하는 막대한 일본인의 개인자산이 남아있었다. 한국이 '이승만라인'(평화선) 설정으로 일본 어부를 나포 억류하여 국교정상화 교섭의 외교카드로 활용했다"라고 하여 평화선 조치가 한일협정에 활용하기 위한 것이라고 한다.

오늘날 독도문제가 해결되지 않은 것에 대해 "일본국 헌법 '9조'가 국제분쟁을 해결하는 수단으로 무력사용을 포기하고 있기 때문"이라고 하여 자위대의 무력도발을 부추기고 있다.

죽도문제연구회가 '다케시마문제 100문 100답'을 출간한 것에 대해 "한국이 독도가 한국영토라고 하는 논리 확증을 상실하게 되어 부득이 전술전환을 꾀하여 '일본의 고유영토론'과 '무주지 선점론'을 비판하는 것은 사실상 패배를 선언한 것"이라고 하여 자신들의 주장이 논리적으로 정당하다고 조작했다.

한국정부의 '동북아역사재단' 설립에 대해 "자신들이 주도한 '다케시마의 날' 조례 제정에 대응차원에서 한 것이라고 하고, 또한 최근 동북아역사재단이 독도문제를 봉인하는 외교카드로 위안부, 일본해 호칭, 야스쿠니신사참배, 역사교과서 문제 등의 '역사인식'을 문제삼고 있다"고 하여 터무니없는 주장으로 자신들의 업적을 과대포장하고 있다.

일본의 조선통치에 대해 "일본이 거액의 비용을 투입하여 조선인구가 통치 35년 간 두 배 가까운 2550만 명으로 늘어난 것을 보더라도 수탈 목적으로 통치한 것이 아니다. 한국이 '다케시마'를 침략한 것을 보더라도 외교카드로 활용해온 '역사인식'은 날조된 역사"라고 하여 오히려 역사를 날조한 한국이 일본을 침략자로 몰고 있다고 한다.

일본의 역사인식에 관한 유럽의 입장에 대해 "2015년 5월 7일 구미를 중심으로 한 일본연구자 187명이 일본의 역사가를 지지하는 성명을 발표하여 전후 70년은 기념비적인 중요한 해로 일본과 이웃나라 사이에 70년 간 지켜온 평화를 축하하기 위한 것이라고 했다"라고 하여 마치 유럽이 일본의 역사인식을 높이 평가한 듯이 사실을 왜곡했다.

또한 전후 70년의 의미에 대해 "일본이 70년간 평화를 지키려고 노력했지만, 이웃 한국, 러시아, 중국으로부터 영토의 일부를 빼앗기고, 국민을 납치당하고 하여 지금도 국가 주권을 침범당한 상태"라고 했다.

한일 간의 '역사인식'에 간격은 바로 비정상적으로 타국의 영토를 훔친 한국이 도난당한 일본에게 사과를 요구하고, 과거청산을 강요했기 때문이고, 전후 70년 이제 일본은 역사를 직시해야 할 때가 왔다"라고 하여 보편적 가치를 거부하고 편협한 일본의 극우논리가 올바른 역사인식이라는 입장이다.

그냥 웃고 넘기기엔 참 심각하다.

第7章
日本の
独島領有権に
対する論理捏造

1. 日本の外務省による独島の領有権捏造と 扇動行為、放置してはならないこと

独島は歴史的な権原に基づいて、韓国が実効的に管轄統治している大韓民国の明白な固有の領土である。ところが日本政府は、外務省のホームページで捏造された様々な根拠を提示して日本の領土だと主張している。捏造された内容は、1億3千万人の日本国民を含めた世界70億の人口が見ることができるようにしておいた。

日本の外務省のホームページの初期画面は国際共用言語である英語になっていて、内容は〈アメリカ(AboutUs)〉〈ニュース(News)〉〈外交政策(ForeignPolicy)〉〈国家と地域(Countries＆Regions)〉〈領事サービス(ConsularServices)」という5つの大きなタイトルに区分されている。〈国と地域〉のバナーをクリックして、「アジア」の〈韓国〉に入ると、「韓日関係」の「基本データ(BasicData)〉〈独島問題〉〈日本海の名称問題〉〈話題(Topics)〉を扱ってているが、〈独島問題〉をクリックすると、「日本の領土」とし、「竹島」と呼ばれる大きな初期画

面が登場する。

　「竹島」の初期画面は、〈竹島トップページ〉〈竹島の情報〉〈竹島問題〉〈竹島問題Q&A〉〈資料室〉〈リンク〉で区分されていた。そして〈English、ﻋﺮﺑ、中文簡体、中文繁体、Français、Deutsch、Italiano、韓国語、Português、Русский、Español、日本語〉という12個の言語のバナーをおいていて、そこをクリックするとさまざまな言語で捏造された日本の領土論理が登場する。

　〈竹島トップページ〉には、「竹島の領有権に関する日本国の一貫した立場」とし、「独島は国際法的にも歴史的にも日本の領土なのに韓国が武力で不法占領している。しかし、日本は平和的解決のために冷静に努力している。韓国はまだ独島が韓国領土という根拠を提示できていない」と事実を捏造している。また、日本の領土として独島の「位置地図」「詳細地図」として独島の平面図、「周辺地域」として韓国陸地から独島までの距離を217kmとし、日本の本土から独島までを211kmとして、日本の方がもっと近いと強調し、隠岐の島から独島までは158kmと表記しながらも、これよりも近い距離にある韓国の鬱陵島から独島までの87.4kmの表記を隠蔽して事実を操作している。

　〈竹島情報〉をクリックすると、「竹島データ」とし、「17世紀の初めには、アシカ捕獲やアワビ採取には絶好の場所に(で)利用した。特にアシカの捕獲は、1900年代初期から本格的に行われた。」として、独島は韓国が知らない間に「日本人による(って)利用された」と事実を捏造した。〈竹島問題〉をクリックすると、〈竹島の領有権に関する日本国の立場と韓国の不法占拠の概要〉とし、「竹島の認知、竹島の領有、鬱陵島渡航禁止、竹島の島根県編入、第二次世界大戦

直後の竹島、サンフランシスコ平和條約での竹島の取り扱い、米軍爆撃訓練区域としての竹島、「李承晩ライン」の設定と韓国の竹島不法占拠、国際司法裁判所に回附提案」という内容で、日本の固有の領土である「竹島」を韓国が武力で不法占領していると事実を捏造した。また、これらの内容ごとにそれぞれのバナーを作って置いたが、そこをクリックすると、地図や絵などを利用して、詳細な内容で独島が日本領土と言う論理を捏造している。〈竹島問題Q＆A〉をクリックすると、「〈Q1国際法上，ある島が自国の領土に距離的に近いことは，その島の領有権に関係があるのですか?Q2韓国側の古文献・古地図には竹島のことは記載されているのですか?Q3「安龍福」とは，どのような人物だったのですか?Q41905年の日本政府による竹島編入以前に，韓国側が竹島を領有していた証拠はあるのですか?Q5 竹島は，カイロ宣言にいう「暴力と貪欲により奪取した」地域に該当するのですか?Q6 第二次世界大戦後，竹島は，連合国総司令部によって日本の領域から除外されたのですか?」という質問の形式の捏造された内容で、独島が韓国領土という証拠をすべて否定した。〈資料室〉をクリックすると、〈フライヤー：竹島〉、〈竹島パンフレット(10ページ)〉、〈竹島問題に関する10個のポイント(Q＆Aを含む、28ページ)〉という3つのPDFファイルと〈竹島-法との対話による解決を目指して〉という1つの動画を搭載して視覚的、聴覚的効果により独島領有権の本質を捏造している。〈リンク〉をクリックすれば、独島が日本領土と捏造された〈外務省(日本の領土)〉、〈領域および主権政策企画調整室、内閣府事務局〉、〈島根県〉のホームページに移動するようになっている。

　このように、日本政府は、日本国民を含めた世界の人口の70億を

相手に領有権を捏造して、国際社会を惑わさせている。韓国政府が
これを放置すれば、国際社会は、独島を日本に渡すものである。

日本政府の独島論理の捏造経緯

独島は古代の于山国の領土であったが、512年、新羅の領土に帰
属された後、今まで(の)領土的な権原に基づき、現在、韓国が実効
的に管轄統治する固有の領土であることに(は)明らかである。とこ
ろで日本政府は、「竹島(独島の日本名称)は歴史的事実に照らして
も、国際法上も明らかに日本の固有の領土であり、韓国による竹島
の占拠は、国際法上の何らの根拠がない不法占拠である。韓国がこ
のような不法占拠を行っているいかなる措置も法的な正当性を持て
ない。日本国は、竹島の領有権問題を国際法に基づいて冷静に、且
つ平和的紛争解決を望んでいる。日本が竹島を実質的に支配して領
有権を再確認した1905年以前に、韓国が竹島を実質的に支配したと
いう明確な根拠を提示できなかった」という。これが日本政府の立
場である。

日本の論理が作られた経緯はこうである。

第一は、日本政府が1905年1月28日、閣議決定をしながら、「無人
島所属に関する件を審査してみると、北緯37度09分30秒、東経131
度55分、隠岐島で北西85里にあるこの無人島は、他の国が占有した
と認める形跡がない。過去1905年、中井養三郎が漁舍を建て、人足
を連れて行き、獵具を備えてアシカ捕りを始めた」「この島を竹島と

称して、今から島根県の所属の隠岐島司の所管とする。これを審査したら、1903年以来、中井養三郎という者がこの島に移住し、漁業に従事したのは、関係書類によって確認され、国際法上の占領の事実があることが認められ、これを日本の所属として島根県の所属の隠岐島司の所管とすることに無理がない」とした。

第二は、1905年2月22日の「島根県の告示40号」で「北緯37度09分30秒東経131度55分。隠岐島との距離は西北の85里に達する島嶼を竹島と称し、今から本県の所属の隠岐島司の所管と定める」とした。

第三は、対日平和條約を締結する過程で日本政府にロビーされたシーボルトが、1949年11月14日、米国務省に「リアンクール岩(独島)の再考」という意見書で「日本が前に領有していた韓国側に位置する島の処理に関連してリアンクール岩を第3條で、日本に属していること明示することを建議する。この島に対する日本の主張は古く、正当なものとされる。この島を韓国の沿岸にある島とは考えにくい。安保的な側面において、この島に気象とレーダー基地を設置すれば、米国の国家利益に役に立つ」とした。

第四は、1949年12月15日、米国が作成した対日平和條約の草案の2章第3條で「日本の領土は本州、九州、四国、北海道の4つの主要な島に対馬、竹島(リアンクールロック)、隠岐列島、佐渡などを包括して構成される」とした。

第五は、韓国政府が1952年1月18日、平和線を宣言した時、日本

の外務省の條約局の官僚であった川上健上が、1953年に「竹島の領有」を執筆してまた、これを補完し、1966年に「竹島の歴史地理学的研究」を出版し、「韓国側の文献に登場する東海の二つの島「于山島(独島)と鬱陵島は1島2名で、鬱陵島からは見えないので、韓国は歴史的に独島を知らなかった」「独島の島根県編入は、当時の一般的な慣行に従って中ノ鳥島(1908年8月8日、東京府告示第141号)の場合と同様に、内閣が決定してこれを告示した」とした。

島根県の文書担当者であった田村淸三郎も1955年に「竹島問題の研究」を発刊し、これを補完し、1930年に「島根県の竹島の新研究」を執筆して、統計した数字を羅列しながら、日本は1903年の中井養三郎の以降、1940年代までずっとアシカ捕りをして竹島を実効的に支配した」とした。

島根県は、御用学者の下條正男に扇動され、2005年に「竹島の日」の條例を制定して、「竹島問題研究会」を作り、既存の主張に基づいて新しい論理を操作して、「戦後の韓国の警備隊員が常駐することにより、50年以上に亘り不法占拠されて漁業権など日本が主権を行使することができない状況になった」「また、日本が竹島の周辺の海域での海洋調査のために測量船を派遣したことがきっかけとなって、2006年6月、日韓両国政府の間に排他的経済水域の境界確定交渉が6年ぶりに再開されたが、竹島の領有権に関する両国の主張は平行線である」「国際法上の領土取得の要件は国による当該土地の実効的占有である。日本は竹島に対する歴史的な権原を持っており、20世紀以降の措置による近代国際法上の要件も完全に充足させてい

る」と補強した。

　このように展開されてきた日本の独島論理捏造は、極右性向の安倍政権にまで引き継がれ、領土ナショナリズム的な島根県の扇動に便乗して、今日まで独島挑発を敢行している。

2. 「竹島＝日本の領土」という日本政府の論理は、一御用団体の捏造

　独島は新羅時代から今までの歴史的根拠による領土的権原によって、韓国が管轄統治している私たちの明白な固有の領土である。ところが日本政府は、「元々竹島は1905年の閣議決定で日本の領土に編入されて、1945年の終戦まで日本が実効的支配をした。「サンフランシスコ強化條約」が発効され、日本が国際社会に復帰する3ヶ月前、1952年に韓国が「李承晩ライン」を公海上に設定して不法占領した。」と主張している。このような論理は、「竹島の日」の條例制定を扇動した御用学者の下條正男が主導する「竹島問題研究会」が提供したものである。下條は「防衛白書に竹島問題が記述されたこと、外務省のホームページに竹島は日本固有の領土なのに、韓国が不法占拠したとしたのも「竹島の日」條例が制定された以来である。」と言うことからも明らかである。下條は島根県のホームページで、「日本政府は竹島問題を歴史問題や漁業の問題に限定して、韓国に同調する動きが強まった。」「日本の国家主権が侵害された半世紀の間、日本政府は、適切な措置を採らなかった。」「竹島問題の本質

は、事実上、領土問題であるが、それを解決するためには、歴史の
事実と若干の戦略が必要である。ところが、島根県ができること
を、日本政府は、なぜしなかったのだろうか?」「当初、日本政府は「
竹島の日」の條例を批判した。」とし、日本政府が独島を捨てたと非
難した。

　下條は次のように主張している。「竹島問題が歴史問題でもある
ので、2014年2月に「竹島問題、100門100答」を出版した。韓国が独
島領有権を主張すべき歴史的権原がないという事実を確認した。韓
国はこれまでどういう反論もできずにいる。慶尚北道の独島史料研
究会は、200万円(2000万ウォン)の出版費用を使って「竹島問題、100
問100答への批判」を出版してインターネットに公開したが、竹島問
題研究会の見解と韓国の見解を比較した結果、事実上の敗北を宣言
して、急にインターネットから削除した」御用学者の下條が日本政
府を批判して、自分の業績を過大評価することは、自らの無知を暴
露するものである。日本政府が独島の領有権の主張を積極的にして
いないのには、それなりの理由があった。日本が敗戦した後、1946
年に連合国は、最高司令部覚書677号で独島を日本帝国主義が侵略
した領土として考えて、独立した韓国が管轄統治するようにした。
1951年8月、日本の海上保安庁が製作した「日本領域参考図」を見る
と、1951年の対日平和條約でも独島が韓国の領土として処理された
ことが分かる。1965年の韓日協定でも、日本政府は、韓国が独島を
管轄統治していたので、日本国民の非難を避けるために、独島密約
でこれ以上実効的支配を強化しないと言う「現状維持」の條件で韓国
の管轄権を認めた。1974年の大陸棚條約でも東海上に韓国が採掘し

ていた石油開発に、共同で参加するために韓国の独島管轄権を認めたのである。

下條が独島問題に専念することになったきっかけは、新韓日漁業協定の締結である。彼は「1994年に国連海洋法條約が発効され、韓国政府は国際法に従わず、違法な竹島占拠を正当化するために接岸施設を建設し、日本政府が抗議すると反日感情を爆発させた。日本政府は韓国の反日感情を考慮して領有権問題を棚上げして、1998年末の新韓日漁業協定を締結した。その結果、日本海(東海)に排他的経済水域(EEZ)の中間線を引かずに共同管理水域が設定され、韓国漁船の不法漁撈が行なわれた。それで島根県の議会は2005年3月16日「竹島の日」の條例を制定して、竹島の領土権の確立を要求した」という歪曲された認識を持っている。新韓日漁業協定は12海里の領海と200海里の排他的経済水域を適用する国際海洋法協約に、両国が同時加入した以降のことである。日本はこれを口実に韓国の独島の管轄統治権を妨害しようと、新しい漁業協定の締結を強要した。元々、原則としては、韓国の独島と日本の隠岐の島の中間線に境界を確定しなければならなかった。ところが、日本は独島が自国の領土だとして、一方的に独島を含む暫定合意水域を設定して共同漁場管理を要求した。韓国は1997年に国際通貨基金からの金融支援を受けなければならない経済危機状況に置かれており、日本の要求を拒めなかった。

下條の無知は韓国の平和線の宣言に対しても「国交正常化の交渉と並行して公海上に「李承晩ライン」を引いて日本人の船員を拿捕し、抑留したのは在日韓国人の不法滞留者を定着させるための「法

的地位」を要求するための外交カードである。」と主張している。下條の歴史認識は無知の極致である。今日の日本政府の独島の領有権主張の論理は、まさにこのような下條の無知によって捏造されたものである。

3. 日本 捏造された独島の領有権論理、偽りが続々と明らかになる

独島は鬱陵島から眺めることができる島であり、古代に鬱陵島とともに于山国の領土として新羅に服属され、高麗、朝鮮時代を経て今日の大韓民国が、実効的に管轄統治する固有の領土である。

これまで発掘された日韓両国の数多くの古文献と古地図にも、独島が日本領土という証拠は一点もない。日本の著名な歴史学者の1965年の山辺健太郎、1979年の梶村秀樹、1987年の堀和生、2000年以降の内藤正中教授のすべてが独島は韓国領土だと論証した。

ところが、独島が日本領土という人は、日本の外務省と島根県の役人と少数の極右主義者である。これらは独島の歴史的真実を隠し、国際法を歪曲して、「1905年の島根県告示40号で独島が「主のいない島」として国際法の無主先占理論的に日本の領土となり、対日平和條約でも「日本の領土から除外されている島」に独島の名称がないので独島が日本の領土となった。

　ところが、李承晩大統領が不法に「李承晩ライン」を宣言し、日本漁船と巡視船に銃撃を加えで武力で占領した。しかし、日本は平和を愛し、独島問題を国際司法裁判所で解決することを提案したが、韓国はこれを拒絶して武力の不法占領を続けている」と事実を捏造している。

　特に竹島問題研究会は、1905年の日本帝国主義の独島編入措置を正当化するために、韓国の領土を認める古地図と古文献に対して、その時代の観点から解釈せずに、現在的観点からの位置や距離、方向などを物指しで測るように正確に適用して、どの資料も韓国の領土として証拠になることができないと否定する。日本側の古文献と古地図でも鬱陵島と独島が韓国領土という証拠が数多くある。説得力のある論証もなく、これらのすべても否定する。

　川上健上は複雑な数学の方程式を持ち出して、論理的に鬱陵島から独島が見えないと言い張った。しかし、最近の実際に撮影された写真資料から、鬱陵島と独島が互いに眺めることができるという事実が証明されたことで、日本はもはやこれを否定することはできなくなった。

　日本で独島が出てくる最も古い古文献として、1667年に鳥取藩士が執筆した「隠州視聴合記」に「この州を日本の西北境界とする。」としている句節がある。日本帝国主義が1905年に独島を編入し、その直後である1906年，極右主義者である奥原碧雲は、「移住(竹島;鬱陵島と松島;独島)を西北境界とする。」と事実を捏造した。日本政府は

これを踏襲して独島が日本領土であるという証拠だと言い張り、最近「州は、行政区域」を意味するという研究成果が出て、「隠岐の島を西北境界とする。」と修正されるに至り、もはや不合理な主張ができないようになった。

　粛宗実録に1693年と1696年の2回にわたり、漁師の安龍福は鬱陵島で日本人に会い、日本に渡り、日本の最高統治機関である幕府から鬱陵島と独島が朝鮮領土であることを(が)認められた記録がある。日本は安龍福を越境犯罪者、嘘つきとして安龍福の行跡をすべて否定した。ところが、最近、日本で「丙子年元禄覚書」と「1696年の鳥取藩答弁書」が発見され、幕府が鬱陵島と独島を朝鮮の領土として認めていたという記録が出てきた。

　1870年の朝鮮國交際始末內探書に「鬱陵島、独島が朝鮮の領土となった始末」という記述と、1877年の鬱陵島と独島を朝鮮の領土として明確に描いた「磯竹島略図」と「竹島外一島の日本の領土とは無関係であることを覚えておくこと」という太政官指令が発見されて、近代でも、独島が韓国の領土として認められたことが明らかになった。

　1696年に)幕府が竹島渡海禁止令を出して、140年余り過ぎた時点の1836年に八右衛門という密貿易業者が鬱陵島に渡海したが、死刑に処された。日本は八右衛門の陳述で「日本領の松島」に行こうとしたが、鬱陵島に漂流したとして、これが独島が日本領土という証拠だと言い張った。しかし、その後、裁判で使用された「竹嶋方角圖」

に鬱陵島と独島が朝鮮と同じ色で彩色されたことを見れば、八右衛門が朝鮮の領土である鬱陵島と独島に渡海したという理由で、処刑されたことが明らかである。また、1904年海軍省の軍艦新高号が鬱陵島と独島を調査した後、航海日誌に「朝鮮では独島と記録する。」と残したことを見れば、日本帝国が1905年に独島を編入した直前まで、韓国領土と認めていたことが明らかである。ところが、1905年に「主のいない島」なので日本領土に編入し、国際法的に日本の領土になったという主張は真っ赤な嘘である。このように日本の捏造された独島の領有権論理が偽りであることが続々と明らかにされている。

4. なぜ日本は独島を「領土問題」にするのか

日本政府は外務省のホームページに世界の主要な12カ国の言語で、独島が歴史的にも国際法的にも日本領土と論理を捏造している。李承晩大統領が「李承晩ライン」を引いて独島を不法に占領し、日本は平和的に独島問題の解決を望んでいて、3回も韓国政府に国際司法裁判所で解決しようと提案したが、韓国はその度に断ったのである。日本はこのような方法で日本国民と国際社会に向けて偽りの扇動をしている。

独島は韓国の固有の領土が正しい。元々二つの岩礁で構成されたこの島は、鬱陵島から見える島である。新羅の于山国の人々と高麗の于山城の人々は512年以前から鬱陵島に住んでいた。彼らは東海

に鬱陵島とともに、別の一つの島が存在すると本土の朝政に伝えた。世宗実録(1454年)と東国興地勝覧(1530年)には「鬱陵島、于山島の二つの島は天気が晴れて風の吹く快晴の日、互いに眺めることができる」として于山島の位置を正確に説明した。今日の独島がまさにこの時から「于山島」と呼ばれた。1417年、太宗の時には天気が晴れない場合は于山島を眺めることができなかったので、鬱陵島と于山島の2つの島の両島が人の住む島として錯覚したりもした。朝鮮の朝政は民を保護するために、島を空けて守土使を定期的に派遣して東海の2島、鬱陵島と于山島(独島)を管理した。鬱陵島は徹底的に管理されたが、于山島は小さな岩礁なので天気が晴れなければ眺めることができなくて、その存在を確認しようとした。1694年の守土使の張漢相は鬱陵島を守土して于山島を確認した。しかし、1699年の田會一、1702年の李浚明、1711年の朴錫昌などの一部の守土使は実際の于山島を見つけれず、鬱陵島の近くの竹島(竹嶼島)または観音島を于山島(いわゆる于山島、小于島、大于島)と勘違いしたりした。その後、興地圖、広興圖、靑邱圖、東興圖を描いた地図の学者は、朴錫昌の誤った地図を模倣して竹島に「于山島」と表記した。このように、朝鮮の朝政は、東海の2島、鬱陵島と于山島を領土として管理したが、今の独島である于山については、その位置を探すのに混乱を来した。

　その間に1620年代から日本の二家の漁師が鬱陵島に人が住んでいないことを知って、朝鮮領の「松島」(独島;日本呼称)を経て、「竹島」(鬱陵島;日本呼称)を70余年間往来した。1692年の釜山の漁師である安龍福が鬱陵島で日本人に会ったことがきっかけとなって領有権の

紛争が生じ、最終的に日本の中央政府である幕府が、鬱陵島に渡海禁止令を下した。1667年の隠州視聴合記、1696年の鳥取藩答弁書を見れば、幕府は「竹島」(鬱陵島)と「松島」(独島)を朝鮮の領土と認めていた。

　その後、170年余りが過ぎ近代になり日本人が再び独島を経て、鬱陵島に潜入するようになると高宗皇帝が1882年に人を集めて鬱陵島に居住民が住むようにした。1900年には「勅令41号」で鬱島郡を設置し、「鬱陵全圖、竹島、石島(独島)」を固有の領土として行政的に管理した。明治政府も1870年以降、何人かの日本人が鬱陵島開拓を提案したが、鬱陵島と独島を朝鮮の領土として描いた幕府時代の「磯竹島略図」を証拠としてすべて却下させた。ところが、日清戦争を契機に領土ナショナリズムが極に達した日本は、日露戦争を起こし、その混乱した隙を突いてこっそりと地方告示(島根県告示40号)に独島を日本領土に編入させた。日本は国際法の「無主(無主地)先取り」理論によって日本領土になったと主張している。独島は無主地ではなく、古代から韓国の固有領土であった。

　日本は日露戦争が終わりソウルに統監府を設置して、朝鮮の統治体制を完成させた後、島根県の管理役人を鬱陵島に送り口頭で発表した。沈興澤の鬱陵郡守はすぐに「本郡所属独島」が日本に窃取されたと中央政府に報告し、中央政府は統監府に抗議した。このように、当時の大韓帝国は日本の独島の窃取行為を容認していなかった。その後36年間の日本統治を受けたが、連合国が1945年に広島、長崎の原子爆弾により日本に降伏を受けいれさせて侵奪したすべて

の領土を没収、原状回復させた。独島も朝鮮独立と共に韓国領土として回復させた。

　このように独島は地理的、歴史的、国際法的に韓国の固有領土であることは明らかである。現在、日本は独島が自国の領土である唯一の証拠として、地方県に告示した「島根県告示40号」を掲げる。国際法的にふさわしいということである。国際法の基準は、誰かが最初に発見し、継続的に管理した場合、現在の管轄統治は誰かするのかである。韓国はすべての要件を満たしている。だから万が一の場合、国際司法裁判所に行っても100％勝訴である。日本はこのような事実を知っているので不利な歴史的事実を隠して、「領土問題」と言い張る。しかし、独島は国際司法裁判所の仲裁対象ではない。そこは、両者が紛争であることを認めた場合だけ扱う。日本の領有権主張は帝国主義が侵略した領土に対する執着に過ぎない。独島は韓国の固有の領土であるから、その対象となることはない。したがって、しっかりとした所有者としての意識だけが独島を守ることができる。

5. 独島を「紛争地域」として捏造する日島根県

　島根県の漁民はアシカ漁のために、独島が韓国の領土であることを知りながらも日露戦争の中、日本政府の要請により、領土編入及び貸與願を出して、編入措置した「竹島」で韓国を統治した36年間アシカ操業を独占した。この時から独島海域が大漁の漁場であること

が分かった。日本が敗戦した後、連合国が韓半島と共に独島を韓国
の管轄統治地域に戻さすことで、島根県の漁師たちは独島海域に入
れないようにされ、大漁の漁場を韓国に奪われたという認識を持つ
ようになった。しかし、日本政府は独島を連合国が韓国領土として
措置したという事実を知っていたので、領有権を主張したものの、
それは形式的なもので漁民たちの要求を無視するしかなかった。

ところが、1998年の日韓の間で独島の座標を含む水域を共同で管
理する新しい漁業協定が締結されると、島根県の漁民は偏狭な右翼
の一人である下條正男の扇動に同調して大漁の漁場を探せと日本政
府を圧迫した。下條は島根県の支援を受けて竹島問題研究会を組織
し、「ウェブ竹島問題研究所」を舞台に活動してきた。研究会は独島
が韓国の領土であることを否定して竹島が日本の領土という論理を
捏造、島根県と日本の外務省に提供することによって日本国民と国
際社会がこれらの偽で騙されている。

島根県がいくら言い張っても歴史的権原に基づいて、韓国が実効
的に管轄統治しているという事実に照らし合わせてみると、独島は
明白な韓国の固有領土である。竹島問題研究会が島根県を背景に
「竹島＝日本の領土」論を捏造して、論理を提供することで日本政府
がそこに同調して行動することが問題である。

島根県のメインホームページで「県政・統計→県情報→竹島関係
→Web竹島問題研究所」の順に入ると、Web竹島問題研究所が出て
くる。Web竹島問題研究所は2005年3月、島根県議会で「竹島の日」

の條例制定を契機に下條が座長として第1期「竹島問題研究会」を構成したが、研究会の2年間の研究成果と最新の研究情報、島根県の主張などをインターネットを通じて広報するために、下條を所長として島根県のホームページに開設したものである。

第1期の竹島問題研究会は島根県の支援を受け、2005年3月に開始し、2007年3月までに13回にわたって研究会を開催して「竹島問題に関する調査研究中間報告書」(2006年5月)と「最終報告書」(2007年3月)を島根県に提出した。2年半が過ぎ、2009年10月再び第2期の研究会が発足され、2012年3月までに10回の研究会を開催して「竹島問題に関する調査研究の第2期中間報告書」(2011年2月)と「第2期最終報告書」(2012年3月)を提出した。現在は第3期研究会が2012年10月から2015年5月までに、10回にわたった研究会の活動を終えて活動報告書を作成しているところである。

研究会には毎回15人の前後の研究委員と、県知事を含む7人ぐらいの県職員が出席した。具体的な活動としては、座長格である下條が2007年12月から2015年6月までに「実事求是;日韓のとげ、竹島問題を考える」というテーマで、韓国が新たな史料を発掘するたびに否定する論調を作成し、最近では尖閣問題にまで領域を拡大してホームページに合計41回に渡って連載した。そして、下條は2012年5月から同年9月まで4回にわたって「竹島の真実と独島の虚偽」を掲載したが、ちょうど東北亞歴史財団が日本外務省の「竹島問題を理解するための10のポイント」を批判する「日本が知らない10の独島の真実」を作成したとき、これを批判する「韓国が知らない10の独島の虚偽」

を10回に渡ってホームページに連載した。一方、副座長格の杉原隆は「杉原通信」という名前で2007年9月から2010年1月までに30回にわたって「竹島=日本の領土」論を操作する文を掲載した。この他にも研究委員と研究協力員が53回に相当する「竹島=日本の領土」論を載せた。2007年9月から初期には下條正男、杉原隆、塚本孝、舩杉力修が1、2回ずつ交互に文章を書いたが、2008年2月からは杉原隆が竹島問題研究顧問の資格で独自に活動した。2014年4月から2015年7月現在まで藤井賢二が竹島問題研究会顧問の資格で「山陰中央心新報」の「談話馮跋」のコーナーに捏造された竹島論を連載している。

また、Web竹島問題研究所は島根県と外務省が制作したパンフレット、竹島関連の写真、竹島問題を考える講座、竹島問題に関する研修会、展示会の内容紹介、竹島資料室の利用案内をはじめ、ネット市民の竹島問題についての質問にもいちいちに回答して、リンク集には関連の外部のサイトを紹介している。島根県は自分たちの論理の客観性を担保するために竹島・北方領土返還要求運動島根県大会、領土問題講演会も開催して他の領土問題も扱っているが、独島が韓国領土という事実は絶対に変えることができない。

6. 日本　島根県の「竹島=日本の領土」は虚像

日本政府は7月7日に強制徴用のために建築された「近代産業施設」をユネスコに登録した。

韓国政府の外交的努力で英語で書かれた原文に、朝鮮人の強制労働(forcedtowork)のために建築されたと明記されるようになった。ところが、日本の岸田文雄外相は、その英文は強制労働という意味ではないと言い張りながら、明らかな事実にさえも嘘をつく。

日本は過ちを過ちだと認めない国であることは明らかである。なぜだろうか。近代の日本はほぼ侵略の歴史をもとに存在した。侵略はポツダム宣言と東京裁判によって不法であったと規定された。これはすべて認めてしまえば、日本は過去もそうであったように未来も正義をかざすことができないという考え方からである。

今日の独島に対して領有権を主張する島根県の「竹島=日本の領土」にも侵略の歴史が隠れている。1903年から独島でアシカ漁を始めた島根県民の中井養三郎は、独島を韓国領土と考えて日本農商務省に斡旋してもらい韓国政府からアシカ漁の独占権を取得しようとした。ところが、日本外務省が介入して編入願いを内務省、農商務省、外務省の名前で提出したら独占権を付与すると約束した。中井は1904年9月、日露戦争中に3省の大臣当てに編入願を提出して、約束どおりに1905年から1924年までの10年ずつ、2回にわたって操業の独占権を取得した。

日本政府は、新領土として「竹島」の編入措置を取りながら、対外に公開される政府告示を避け、内密にことを進める「島根県告示(40号)を選んだ。そして1年が過ぎた後、島根県の役人が密かに鬱陵島を訪問して、沈興澤鬱島郡守にこっそりこの事実を韓国に伝えた。

　日本はなぜそうしなければならなかったのだろうか。日本は韓国、満州をはじめとする中国など大陸侵略を目標にしていたので、東京駐在のヨーロッパ大使館を通じて列強に知られてしまう日本の侵略性を隠すためだった。韓国は日露戦争後、40余年もの間日本に国権を侵奪された。

　韓国としては1945年に日本が連合国から原子爆弾を投じられ降伏することで、独立を達成した。その後、連合国は1946年、連合国最高司令部命令677号で日本の侵略によって、犠牲になった独島を含む韓半島を韓国に帰属させた。日本は1951年対日平和條約を通して「竹島」が韓国併呑の以前に合法的に取得した領土と言い張ってみたが、連合国は日本の領土として認めていなかった。

　韓国はこのような過程を通して独島を合法的に管轄統治してきている。ところが、日本政府が日本国民を相手に平和條約よって独島が日本の領土として決定されたと嘘をついた。島根県の漁民たちはこれにより「竹島の大漁漁場」を韓国に不法占領されたと考えるようになった。島根県の漁民が操業権を要求すると、1953年の韓国戦争の混乱した隙を利用して星條旗をつけた日本の巡視船が何度も独島上陸を試みた。しかし、独島義勇守備隊によって阻止された。

　1954年、島根県の文書課長の田村清三郎は、「竹島問題の研究」という本で独島のアシカを絶滅させた侵略の歴史を操作して、「竹島を管理した」と歪曲した。島根県の漁師たちは日本政府の言葉のように外交を通じて漁場を取り戻すことを期待していたが、実際には

それは不可能だった。なぜなら、日本政府が慣例的に外交文書を韓国の外交部に送って領有権は主張しているが、実質的に対日平和條約で韓国の管轄統治権を認めた連合国最高司令部命令677号を変更できなかったという事実がよく分かっていたからである。島根県の漁民たちは、このような事実を正しく理解せずに日本の外務省が積極的に前面に立ち、韓国が不法占領している「竹島の大漁漁場」を取り戻さなければならないという考えだけであった。

そのような間に1998年、日本政府は韓国の通貨危機状況を悪用して、一方的に独島の座標を含む暫定合意水域を要求して両国がこの水域を共同で管理するという新たな漁業協定を締結した。島根県の漁民たちは、これを拡大解釈してその間切望していた「竹島の大漁漁場」を取り戻したと思った。ところが、実際にの大漁漁場には接近することができなかった。

事実上、新しい漁業協定は韓国の領土である独島近海の12海里の領海に、日本漁船を接近できるようにした決定ではない。このような事実を正しく知らなかった島根県の漁民たちの不満は並大抵ではなかった。ある日突然、独島の真実をよく知りも得ない下條正男という右翼が現れて、島根県と県議会を扇動し、「竹島」の領有権の主張をそそのかした。安倍政権は偏狭な右翼に同調していたが、島根県の漁民たちはそれほど切望していた「竹島=日本の領土」が、虚想であることを知るべきである。

7. 日本政府に独島の論理を提供した下條正男

「下條さん、もうやめろ。そのような不合理で幼稚な論理に騙される人はいない」

下條正男は日本の極右学者として独島問題に限って、安倍政権で日本政府の論理を代表している。彼は島根県の竹島問題研究会の座長としての役割を認められ、現内閣府の領土主権対策企画調整室の諮問団に独島専門家として参加しており、日本政府の独島政策は彼の論理をそのまま反映している。

下條の論理が不合理で幼稚な論理にもかかわらず、日本政府が受け入れるのを見れば領土ナショナリズムは日本の文化的特性である事実を知ることができる。それでは、独島に対する下條の論理を通じて日本の文化的特性を見てみよう。

下條は1月14日「竹島問題研究会」のホームページのコラムの「実事求是-日韓のとげ、竹島問題を考える」(第46回)から2015年11月20日SBS放送局の「人文学特別講義-韓国人、私たちは誰なのか?」をテーマに放送した愼鏞廈教授の独島講義について、〈愼鏞廈教授の独島講義は宣伝用に本来伝えるべき歴史的事実を隠して恣意的な文献解釈をしている〉〈独島が1905年1月28日の閣議決定によって、日本の領土になった重要な歴史的事実がある。ところが韓国政府が1952年1月18日、突然公海上に「李承晩ライン」を設定して独島(竹島-日本名称)をその中に含ませていた。また、4月28日「サンフランシスコ強化

條約」が発効され、敗戦国の日本が国際社会に復帰する3ヶ月前のことであった。韓国政府はその間隙を悪用して1954年9月、独島を韓国領土として武力で占拠した。日本の領土の一部が侵奪されて国家主権が侵害された以上、日本政府が独島の領有権を主張するのは当然であった。ところが、愼鏞廈教授は「日本の独島侵奪野望」とし、日本側が独島を虎視眈々と狙っているとした。それは本末転倒の論理」というものである。

独島の事実に対してよく知らない日本国民や第3国の立場から見れば、下條の論理が一見妥当なように見えることもある。しかし、下條は事実を捏造している。「閣議決定」というのは韓国の固有の領土である独島に対して、日本の閣僚たちが密かに集まって密談で編入措置を決定したことであり、他国の領土に対する侵略行為という事実を著しく捏造している。

下條は愼鏞廈教授が歴史的事実を捏造した事例として、〈智證王13年の夏6月朝に「于山国の帰伏」とされているだけで、独島が鬱陵島の「可視距離内に位置する」と言う説明はない。ところが、愼鏞廈教授をはじめとする韓国側が、独島が于山国の付属島という証拠に論理を捏造した〉〈ところで、なぜ「可視距離内」という地理的与件に独島が鬱陵島の付属島という論拠にしようとするのか。それは実際に独島が鬱陵島から「見える」のである。だから韓国側では、その事実を立証するために、「世宗実録」の「地理志」と「新増東国輿地勝覧」の「見られる」という句節を鬱陵島から独島が「見える」と解釈している。韓国のこのような主張は本末転倒である。実際には17世紀末、

日本と朝鮮の間に鬱陵島の帰属を巡って領有権紛争があったとき、朝鮮側が「新増東国輿地勝覧」の「見える」という句節を韓半島から鬱陵島が「見られる」と解釈して鬱陵島を朝鮮領土だと主張した。「世宗実録」の「地理志」と「新増東国輿地勝覧」の「見える」という句節は韓半島から鬱陵島が「見える」と解釈しなければならない。したがって、韓国側は「可視距離内」という論拠を捏造して文献を恣意的に解釈している〉また、〈「世宗実録」の「地理志」は、官撰地誌として稿本段階にあって、朝鮮時代の官撰地誌として最も権威のあるのは「新増東国輿地勝覧」(1530年)であった。そのために17世紀にもそうだったように「新増東国輿地勝覧」で「見える」というのは韓半島から鬱陵島が「見える」ということである。したがって、「世宗実録」の「地理志」に「見える」ということは、韓半島から鬱陵島が「見える」ということである。〉〈愼鏞廈教授の史料作業は朝鮮史研究の基本を逸脱する傾向を見てとることができる〉と批判した。

しかし、下條の主張は捏造された論理である。

すなわち、第一、鬱陵島と独島は実際に互いに眺めることができるので、史料の論證が必要ない。第二、1454年に編纂された「世宗実録」の「地理志」が1530年に編纂された「新増東国輿地勝覧」に影響を与えるということは不合理な論理である。第三、両方の古文献の「東海には二つの島が存在する。一つの島は鬱陵島であり、他の島は于山島である。二つの島は風が吹いて天気が清明だと互いによく見える」という要旨の内容である。ところが、不合理な論理を作って個性的な解釈をすることは歴史の解釈の正しい方法ではない。

　下條はこのようにして、独島の事実に対してよく知らない日本国民はもちろん、国際社会を欺いている。無知な者のアドバイスをもとに、国際社会に逆行する政策を策定すれば、日本の国の未来は絶望的である。政治指導者たちは人材を選ぶとき「本物」と「偽物」を見分けることのできる識見がなければならない。

8. 日本が提示した独島の写真、世界の世論を欺いている

　日本の島根県の「Web竹島問題研究会」は、ホームページに「竹島関連の写真」の6枚を掲示して17世紀に独島を日本領土として確立したと主張している。日本政府は、研究会の論理を何の批判もせずに受け入れている。この写真は韓国領土としての歴史的根拠である三国史記、三国遺事、高麗史地理志、世宗実録地理志、東国輿地勝覧、東国文献備考、萬機要覧、勅令41号などに対応して日本が提示した日本領土としての証拠である。

　第一番目の資料は1953年6月、独島に「島根県と海上保安庁が合同で立てた領土札」の写真であり、第二番目の資料は「竹島(韓国領の独島)で行うアシカ操業」、第三番目の資料は「1905年2月22日に編入した島根県告示40号」、第四番目の資料は「1835年に制作した亜細亜小東洋圖」、第五番目の資料は「1857年に制作した亜細亜小東洋圖」、第六番目の資料は「1846年に製作した改正日本輿地路程全圖」の写真である。最初の3枚の写真は日本の独島侵略を象徴する内容であ

り、残りの3枚は「竹島」が日本領土という歴史的な証拠として提示した写真である。しかし、どの一つも日本の領土として証拠になるはない。研究会は錯視現象を呼び起こし、独島をよく知らない「一般大衆」、つまり日本国民はもちろん、世界の世論を欺くために捏造された史料の解釈とともに、写真資料を掲示し、まるで韓国が日本の固有領土である「竹島」を不法に占領していると騙している。

最初の史料は1953年6月、朝鮮戦争中に日本の島根県と海上保安庁の巡視船が密かに独島に上陸し、日本の領土としての札を立てる写真である。そのように建てられた札は何度にわたり独島義勇守備隊によって除去され、1954年に慶尚北道から派遣された石工たちによって岩に刻まれた「韓国領」マーカーに交換された。

第2番目の資料は年度表記はないが、日本人たちが独島でアシカ漁をする写真である。中井養三郎という日本人が1903年から韓国領土である独島で、不法アシカ操業をしたという記録がある。彼は日本政府の要請で1905年、日露戦争中、独島編入及び払い下げ要請書を提出して「島根県告示40号」にひそかに編入措置させることで日本植民地時代から、1945年終戦まで排他的にアシカ操業をした。日本政府はこれを持って「竹島」を実効的に管理した言い張る。実際には、日本の乱獲で独島アシカは絶滅られた。

第三番目の資料は1905年2月22日「竹島」を日本領土に編入措置したという「島根県告示40号」の写真である。日本はこれを近代国際法に基づいた領土取得の措置の証拠としている。日露戦争中ひそかに

島根県が告示して領土を編入したが、独島の所有権を持っている大
韓帝国政府は、その事実を知ることができなかった。日本は1906年
3月編入後の1年が過ぎた時点で、島根県の役人が鬱陵島を訪問し、
鬱島郡守の沈興澤に口頭でその事実を伝えた。郡守は次の日すぐに
蔚珍県観察使を介して大韓帝国政府に報告し、総理大臣と内部大臣
は、「ありえないとんでもないこと」と言って、それを否定して統監
府に抗議した。統監の伊藤博文さえも、そのとき1900年の勅令41号
行政区域に含まれていて、韓国が独島を管轄統治しているという事
実を確認した。

　第四、第五番目の資料は、19世紀の地図の製作者の長久保赤水が
描いた「亜細亜小東洋圖」である。両方の地図はそれぞれ1835年と
1857年に製作されたもので、韓国と日本地理の両方を表記してお
り、その中に対馬、隠岐の島とその東北部に位置した朝鮮領土の鬱
陵島と独島までも赤い色で、日本領土のように彩色されている。研
究会は「国立国会図書館所蔵の初版地図にも同じ色で彩色して区分
している」として、まるで独島が歴史的に日本の領土であるかのよ
うに解釈を捏造している。

　第六番目の資料も同じ製作者の長久保が、1846年に製作した「改
正日本輿地路程全圖」である。事実、この地図にも鬱陵島と独島が
含まれているが、彩色状態は明確ではない。ところが、研究会は
「画像で区別は難しいが、朝鮮半島は茶色、鬱陵島と独島は日本の
本土(隠岐の島)のような黄色で彩色されている」と解釈を捏造してい
る。実際には赤水が1779年に製作した「改正日本輿地路程全圖」の初

版には独島と鬱陵島が含まれているが、日本領土と同じ色で彩色されていなかった。ところが、1835年と1857年の「亜細亜小東洋圖」には、明確に鬱陵島と独島を彩色し、日本の領土に含ませていた。それは領土侵略の野望をあらわしている領土膨張地図であると言える。実際には鬱陵島と独島は、すでに1696年に安龍福事件による日朝両国の政府の談判で、日本政府(幕府)が鬱陵島は公式的に、独島は「鳥取藩答弁書」を通じて非公式的に韓国領土であることを認めた。それにもかかわらず、現安倍政権が侵略的領土膨張地図を前面に出して、独島の領有権を主張することは、時代錯誤的な領土ナショナリズムによるものである。

9. 竹島問題研究会のコミカルな歴史認識

独島は連合国が占領統治のために措置した古代以来日本の敗戦までの領土的な権原に基づいて、侵略した日本の領土を没収するというポツダム宣言とSCAPIN 677号により、韓国に管轄権と統治権が付与され、対日平和條約で677号の措置が黙認され今日の韓国が管轄統治している。

ところが、領土主権の本質を操作して、「竹島」の領有権を主張する竹島問題研究会は、2015年8月「第3期「竹島問題に関する調査研究」最終報告書」を発刊して公表した。その内容は、「第3期島根県の竹島問題研究会の最終報告書に関して(下條)、研究会の開催状況、研究レポート、資料編、付録(慶尚北道の独島資料研究会の「竹島問題

100問100答に対する批判」の客観的検証」などの5つの項目で構成された。

　実際に安倍政権における日本政府の竹島認識は、竹島問題研究会が提供した論理をそのまま踏襲している。

　下條の論理は竹島問題研究会の業績を過大評価したコミカルな小説である。「韓国が竹島の不法占拠を正当化するために、2005年に「竹島の日」の條例制定以降、急に日本を敗戦国であるドイツと比較した。戦後ドイツは過去を謝罪し、フランスと和解した。しかし、日本は過去を反省しないで、過去に侵略した独島を再び奪おうと領土的野心を表わしている。日本こそアジアの平和を壊す元凶である。独島に対する領土的野心を捨てて真剣に謝罪しなければ、日韓の和解はないという論法である。この論理は詐欺である。この論理によると独・仏関係と韓日関係は根本的に異なっている。戦後フランスは独島を侵略した韓国のように、ドイツの領土を侵奪して武力で占拠していなかった」とし、韓国が日本の領土の「竹島」を不法占領したという。

　戦後在日韓国人の法的地位獲得と在韓日本人の財産請求権の放棄については、「日本の保護国となった大韓帝国の経済が人口は台湾の4倍以上の1300万人であったが、財政規模は台湾の5分の1程度で未開の状態だった。統監府と朝鮮総督府が経済自立を目指して1945年までに、不足分を日本の国税で充当した。さらに、解放後、韓半島には朝鮮経済の80％とも言われる莫大な日本人の個人資産が残っ

ていた。韓国が「李承晩ライン」(平和線)の設定に日本の漁師を拿捕抑留して国交正常化交渉の外交カードとして活用した」として、平和線の措置が韓日協定に活用するためのものであるという。

今日の独島問題が解決されていないことについて、「日本国憲法「9條」が国際紛争を解決する手段として武力使用を放棄しているので」として、自衛隊の武力挑発をあおっている。

竹島問題研究会が「竹島問題100問100答」を出版したことについて、「韓国が独島の韓国領土という論理確証を喪失することになって、やむを得ず戦術転換をはかり、「日本の固有領土論」と「無主先占論」を批判することは、事実上の敗北を宣言したもの」として自分たちの主張が論理的に正当であると捏造した。

韓国政府の「東北亞歴史財団」の設立について、「自分たちが主導した「竹島の日」の條例制定に対応する次元で行われたものとし、また、最近の東北亞歴史財団が独島問題を封印する外交カードに慰安婦、日本海の呼称、靖国神社参拝、歴史教科書の問題などの「歴史認識」を問題にしている」として、とんでもない主張で自分たちの業績を過大評価している。

日本の朝鮮統治について「日本が巨額の費用を投入して朝鮮の人口が統治35年の間、二倍近い2550万人に増えたことを見ても収奪目的で統治したのではない。韓国が「竹島」を侵略したことを見ても、外交カードとして活用してきた「歴史認識」は捏造された歴史」とし

て、むしろ歴史を捏造した韓国が日本を侵略者に駆り立てているという。

　日本の歴史認識に関するヨーロッパの立場について「2015年5月7日欧米を中心とした日本の研究者187人が、日本の歴史家を支持する声明を発表し、戦後70年は記念すべき重要な年で、日本と隣国との間に70年間守られきた平和を祝うためのものであった」として、まるでヨーロッパが日本の歴史認識を高く評価したように事実を歪曲した。

　また、戦後70年の意味について「日本が70年間、平和を守っていこうと努力してきたが、近隣の韓国、ロシア、中国から領土の一部を奪われ、国民を拉致されるなどして今も国家主権を侵犯された状態」とした。

　韓日間の「歴史認識」に対する差は、まさに不正な方法により他国の領土を盗んだ韓国が、盗まれた日本に謝罪を要求し、過去の清算を強要したと日本は偽りをし戦後70年、「もう日本は歴史を直視しなければならない時が来た」として日本は普遍的な価値を拒否して、偏狭な日本の極右論理が正しい歴史認識という立場である。

　ただ笑って見過ごすには余りも深刻である。

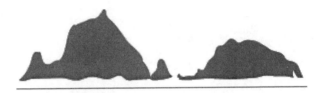

에필로그

에피로그

에필로그

　본서는 한국의 고유영토 독도에 대해 일본정부는 영유권을 주장하면서 독도가 일본영토라는 논리를 조작하고 있다. 일본의 영유권 조작방식이 어떠한 것인지를 분석한 것이 본연구의 취지였다. 본서는 〈제1부 일본의 논리조작 방식〉과 〈제2부 일본의 영유권 조작과 대응방안〉으로 구성하였다. 제1부는 죽도문제연구회의 영유권 조작 방식을 분석한 것이고, 제2부는 한국의 고유영토 독도에 대해 일본의 영유권 논리의 조작과 일본정부의 독도 영유권 도발에 관해서 지적하였다. 본서의 초출일람과 내용을 요약하면 다음과 같다.

　첫째, 〈제1장 '죽도문제연구회'의 한국영토로서의 역사적 증거 부정〉은 〈"시마네현 '죽도문제연구회'의 일본영토론 조작방식"(한국일본근대학회, 『일본근대학연구』, 44, p.393, 2014.05.31)이라는 제목으로 게재된 논문이다. 이 연구는 시마네현이 설치한 죽도문제연구회가 독도가 한국영토라는 역사적 증거를 부정하는 것에 대해 모순성을 지적한 것이다.

　둘째, 〈제2장 '죽도문제연구회'의 한국영토 '우산도=석도=독도'의 부정〉은 〈"일본의 고지도, 고문헌상의 〈우산도=석도=독도〉 부정에 대한

비판 -'죽도문제연구회'의 100문100답을 중심으로-"(한국일본문화학회,
『일본문화학보』, 62, p.309, 2014.08.31)이라는 제목으로 게재된 논문
이다. 이 연구는 죽도문제연구회가 독도가 한국영토라는 가장 분명한
역사적 증거자료인 칙령41호를 부정하기 위해 조작한 논리의 모순성을
지적한 것이다.

셋째, 〈제3장 '죽도문제연구회'의 '대일평화조약'에서의 죽도=일본영
토 주장〉은 〈"죽도문제연구회의 대일평화조약에 대한 해석조작"(〈〈한
일군사문화연구〉〉제23집, 2017.4.30, 한일군사문화학회 게재예정)이라
는 제목으로 게재된 논문이다. 이 연구는 1951년 대일평화조약에서 독
도의 법적 지위가 1946년 SCAPIN 677호에 의해 관할통치권이 한국에
있음에도 불구하고 일본이 이를 부정하기 위해 논리를 조작하는 방식
에 대해 분석한 것이다.

넷째, 〈제4장 독도문제 해결을 위한 한일 양국의 상호인식〉은 〈"한
일 양국 간의 영토문제에 대한 상호인식 -독도문제 해결 가능성 모색을
중심으로-"(한국일본근대학회, 『일본근대학연구』, 50, p.89, 2015.11.30)〉
라는 제목으로 게재된 논문이다. 이 연구는 한일관계의 정상화를 위한 독
도문제에 대한 한일양국이 취해야할 바람직한 자세에 관해서 고증한 것
이다.

다섯째, 〈제5장 한국의 고유영토로서의 독도〉과 〈제6장 일본의 침략
적 독도 도발의 현황〉 그리고 〈제7장 일본의 독도 영유권 논리 조작〉
이라는 제목의 글은 독도가 한국의 고유영토라는 것과 일본정부가 독
도의 영유권을 부정하고 일본영토라는 논리를 조작했다는 것, 그리고
독도가 일본영토라고 영유권을 도발하는 일본정부를 비판한 것이다.
이 내용은 모두 〈대구신문〉을 비롯한 일간지의 〈오피니언〉에 게재된
것이다. 〈초출일람〉은 아래와 같다.

2015-08-21

○ 독도를 '분쟁지역'으로 조작하는 日 시마네현 ... 대구신문 2015-07-24

○ 일본 시마네현의 '다케시마=일본영토'는 허상 ... 대구신문 2015-07-10

○ 편협한 국수주의자를 옹호하는 국가 ... 대구신문 2015-06-26

○ 독도 도발, 日외무성 '거짓'을 국제사회에 고발 ... 대구신문 2015-06-12

○ '독도분쟁'이라는 용어를 절대 사용하지 말자 ... 대구신문 2015-05-29

○ 독도 영유권은 세계보편적인 가치관 ... 대구신문 2015-05-15

○ 아베정권의 독도 도발, 어떻게 상대해야 하나? ... 대구신문 2015-04-17

○ '죽도의 날' 행사로 한일관계 50년 후퇴하다 ... 대구신문 2015-03-20

○ 올해도 또 독도 도발, 10번째 '죽도의 날' ... 대구신문 2015-03-06

○ '방위백서' 통한 日 독도 도발, 강력 대응해야 ... 대구신문 2015-02-06

○ 대한민국 영토 독도의 국내·외 현주소 ... 대구신문 2015-01-23

エピローグ

　本書は韓国の固有領土である独島について、日本政府は領有権を主張しながら独島が日本領土という論理を捏造している。日本の領有権の捏造方式が、どのようなものかを分析したのが本研究の趣旨であった。本書は「第1部日本の論理捏造方法〉と〈第2部日本の領有権の捏造と対応策の方案〉で構成された。第1部は竹島問題研究会の領有権捏造方法を分析したものであり、第2部は韓国の固有領土の独島に対して、日本の領有権論理の捏造と日本政府の独島の領有権挑発に関して指摘した。本書の抄出一覧と内容を要約すると次のとおりである。

　まず、〈第1章「竹島問題研究会」の韓国領土としての歴史的な証拠の否定〉は、〈「島根県「竹島問題研究会」の日本領土論の捏造方法」(韓国日本近代学会、「日本近大学研究」、44、p.393, 2014.05.31.)というタイトルで掲載された論文である。この研究は島根県が設置した竹島問題研究会が、独島が韓国領土という歴史的な証拠を否定することに対して矛盾性を指摘したものである。

第二に、「第2章「竹島問題研究会」の韓国領土の于山島=石島=独島」の否定」は〈「日本の古地図、古文献上の〈于山島=石島=独島〉否定に対する批判-「竹島問題研究会」の100問100答を中心に-」(韓国日本文化学会、「日本文化学報」、62、p.309, 2014.08.31.)というタイトルで掲載された論文である。この研究は竹島問題研究会が、独島が韓国領土であるという最も明白な歴史的証拠である勅令41号を否定するために、捏造した論理の矛盾性を指摘したものである。

第三に、「第3章「竹島問題研究会」の「対日平和條約」での竹島=日本P領土の主張〉は〈「竹島問題研究会の対日平和條約の解釈捏造」(〈〈韓日軍事文化研究〉〉第23輯, 2017.4.30, 韓日軍事文化學會の掲載予定)というタイトルで掲載された論文である。この研究は、1951年対日平和條約で独島の法的地位が、1946年SCAPIN 677号によって管轄統治権が韓国にあるにもかかわらず、日本がこれを否定するために論理を捏造する方法について分析したものである。

第四に、〈第4章独島問題を解決するための日韓両国の相互認識〉は〈「韓日両国間の領土問題への相互認識-独島問題解決の可能性の模索を中心に-」(韓国日本近代学会、「日本近大学研究」、50、p.89,2015.11.30)〉というタイトルで掲載された論文である。この研究では、日韓関係の正常化のため独島問題に対する韓日両国が取るべき望ましい姿勢に関して考証したものである。

第五に、〈第5章韓国の固有領土としての独島〉と〈第6章日本の侵略的独島挑発の現況〉そして〈第7章日本の独島に対する領有権論理

捏造〉というタイトルの記事は、独島が韓国の固有領土ということと、日本政府が独島の領有権を否定して日本の領土という論理を捏造したということ、そして独島が日本領土に領有権があると挑発する日本政府を批判したものである。この内容はすべて〈大邱新聞〉をはじめとする日刊紙の「オピニオン」に掲載されたものである。〈抄出一覧〉は以下のとおりである。

○ 日本の外務省の独島の領有権捏造と扇動行為、放置してはならないこと...大邱新聞2017-01-06

○ 日本政府の独島論理の操作経緯...大邱新聞2016-12-23

○ 日本の独島挑発は隠密で多様に強行される...大邱新聞2016-12-09

○ 「竹島=日本の領土」という日本政府の論理はある御用団体の捏造...大邱新聞2016-11-25

○ 日本で出会った二人の日本人の独島に対する考え方...大邱新聞2016-11-11

○ 日捏造された独島の領有権論理、偽りで続々と明らかになる...大邱新聞2016-10-28

○ なぜ日本は独島を「領土問題」とするか...大邱新聞2016-10-14

○ 果たして独島が「島根県告示40号」で日領土になっただろうか。...大邱新聞2016-04-15

○ 日「独島の新領土」の主張は領土ナショナリズム...大邱新聞2016-04-1

○ 日本政府に独島の論理を提供した下條正男...大邱新聞2016-03-04

○ 日領土主権対策企画調整室の諮問団の戦略報告書...大邱新聞2016-02-05

○ 日本が提示した独島写真、世界の世論を欺いている...大邱新聞2016-01-08

○ 竹島問題研究会のコミックな歴史認識...大邱新聞2015-12-11

○ 「竹島は日本の領土」という日主張把握する必要が...大邱新聞2015-11-27

○ サンフランシスコ平和條約でも独島は韓国領土であった...大邱新
　聞2015-11-13
○ 日本の嘘を論証する...大邱新聞2015-10-16
○ 日韓関係の復元のための燐国の「日本」を読み方...大邱新聞2015-09-18
○ 独島が日領土だったら、韓国がどのように占有だろうか。...大邱
　新聞2015-08-21
○ 独島を「紛争地域」で操作する日島根県...大邱新聞2015-07-24
○ 日本の島根県の「竹島=日本の領土」は虚像...大邱新聞2015-07-10
○ 偏狭な國粋主義者を擁護する国家　...大邱新聞2015-06-26
○ 独島挑発、日外務省「偽」を国際社会に告発...大邱新聞2015-06-12
○ 「独島紛争」という用語を絶対に使用しないようにしよう...大邱新
　聞2015-05-29
○ 独島の領有権は世界の普遍的な価値観...大邱新聞2015-05-15
○ 安倍政権の独島挑発、どのように対処するか。...大邱新聞2015-04-17
○ 「竹島の日」の行事で韓日関係50年後退である...大邱新聞2015-03-20
○ 今年もまた独島挑発、10回目の「竹島の日」...大邱新聞2015-03-06
○ 「防衛白書」に通じた日獨島挑発、強力に対応しなければ...大邱新
　聞2015-02-06
○ 大韓民国の領土独島の国内・外現住所...大邱新聞2015-01-23

찾아보기

ㅎ

▌저자약력▐

최장근(崔長根)

1962년 경북 경산 출생
대구대학교 일본어일본학과 졸업
일본 大東文化大學 국제관계학과 수학
일본 東京外國語大學 연구생과정 수료
일본 中央大學 법학연구과 정치학전공 석사과정졸업(법학석사)
일본 中央大學 법학연구과 정치학전공 박사과정졸업(법학박사)
서울대학교 국제대학원 연수연구원 역임
서울대학교 국제대학원 책임연구원 역임
동명대학교 교양학부 교수 역임
일본 中央大學 사회과학연구소 객원연구원
미국 머레이주립대학 방문교수
경상북도 독도연구기관통합협의체 의장 역임
현재 한국일본문화학회 회장
현재 대구대학교 일본어일본학과 교수
현재 대구대학교 독도영토학연구소 소장

주요학회활동
· 간도학회
· (사)한국영토학회
· 한국일본문화학회
· 동아시아일본학회
· 동북아시아문화학회
· 조선사연구회

· 독도학회
· 한국일어일문학회
· 대한일어일문학회
· 한일민족문제학회
· 일본지역연구회

주요저서
· 『한중국경문제연구』 백산자료원
· 『왜곡의 역사와 한일관계』 학사원
· 『일본의 영토분쟁』 백산자료원
· 『간도 영토의 운명』 백산자료원
· 『독도의 영토학』 대구대학교출판부
· 『독도문제의 본질과 일본의 영토분쟁 정치학』 제이앤씨
· 『일본문화와 정치』(개정판) 학사원
· 『일본의 독도·간도침략 구상』 백산자료원
· 『동아시아 영토분쟁의 패러다임』 제이앤씨
· 『일본의 독도 영유권 조작의 계보』 제이앤씨
· 『일본 의회 의사록이 인정하는 '다케시마'가 아닌 한국영토 독도』 제이앤씨
· 『한국영토 독도의 '고유영토론'』 제이앤씨
· 『일본의 침략적 독도도발에 대한 합리적 대응방안』 제이앤씨
· 『근대 일본지식인들이 인정한 한국의 고유영토 독도와 울릉도』 제이앤씨
　그 외 다수의 공저와 연구논문이 있음.

대구대학교 독도영토학연구소총서 ⑩

한국영토 독도, 일본의 영유권 조작 방식
韓国領土である独島に対する日本の領有権捏造の方法

초판인쇄 2017년 02월 20일
초판발행 2017년 02월 28일

저 자 최장근
발 행 인 윤석현
발 행 처 제이앤씨
책임편집 차수연
등록번호 제7-220호

주소 서울시 도봉구 우이천로 353 3F
전화 (02)992-3253(대)
전송 (02)991-1285
전자우편 jncbook@hanmail.net
홈페이지 http://www.jncbms.co.kr

ⓒ 최장근, 2017. Printed in KOREA

ISBN 979-11-5917-052-2 93340   **정가** 43,000원